VADE MECUM PRÁTICA OAB
EMPRESARIAL

Coordenação
ALVARO DE AZEVEDO GONZAGA
NATHALY CAMPITELLI ROQUE

VADE MECUM PRÁTICA OAB
EMPRESARIAL

Diretora Responsável
GISELLE TAPAI

Diretora de Operações Editoriais Brasil
ORIENE PAVAN

Equipe de Conteúdo Editorial: Bruna Schlindwein Zeni, Elisabeth Bianchi, Flávio Viana Filho, Henderson Fiirst, Ítalo Façanha Costa e Rodrigo Salgado

Coordenação Editorial
JULIANA DE CICCO BIANCO

Analistas Editoriais: Ana Beatriz de Melo Cyrino, Camila Amadi Bonfim Rosa, Emine Kizahy Barakat, Érica Hashimoto, George Silva Melo, Georgia Renata Dias, Ivo Shigueru Tomita e Laudízio Parente Júnior

Capa: Chrisley Figueiredo

Coordenação Administrativa
RENATA COSTA PALMA E ROSANGELA MARIA DOS SANTOS

Assistentes: Cibele Souza Mendes, Karla Capelas e Tatiana Leite

Editoração Eletrônica
Coordenação
ROSELI CAMPOS DE CARVALHO

Equipe de Editoração: Adriana Medeiros Chaves Martins, Ana Paula Lopes Corrêa, Carolina do Prado Fatel, Gabriel Bratti Costa, Ladislau Francisco de Lima Neto, Luciana Pereira dos Santos, Luiz Fernando Romeu, Marcelo de Oliveira Silva e Vera Lúcia Cirino

Produção gráfica: Caio Henrique Andrade

Dados Internacionais de Catalogação na Publicação (CIP)
(Câmara Brasileira do Livro, SP, Brasil)

Pedro, Paulo Roberto Bastos

    Vade Mecum prática OAB : empresarial / Paulo Roberto Bastos Pedro, Nathaly Campitelli Roque ; coordenação Alvaro de Azevedo Gonzaga, Nathaly Campitelli Roque. – 2. ed. rev., atual. e ampl. – São Paulo : Editora Revista dos Tribunais, 2013. – (Vade Mecum prática OAB)

    ISBN 978-85-203-4568-9

1. Direito - Brasil 2. Direito empresarial – Brasil 3. Direito – Manuais 4. Manuais, vade-mécuns etc. I. Roque, Nathaly Campitelli. II. Gonzaga, Alvaro de Azevedo. III. Título.

12-13432   CDU-34(81)(02)

Índices para catálogo sistemático: 1. Direito : Brasil : Vademécuns 34(81)(02) 2. Vademécuns : Direito : Brasil 34(81)(02)

Coordenação
ALVARO DE AZEVEDO GONZAGA
NATHALY CAMPITELLI ROQUE

PAULO ROBERTO BASTOS PEDRO
NATHALY CAMPITELLI ROQUE

VADE MECUM PRÁTICA OAB
EMPRESARIAL

- Noções de redação jurídica
- Síntese das principais matérias
- Como elaborar peças processuais – Modelos e peças resolvidas
- Questões discursivas respondidas
- De acordo com os últimos Exames de Ordem (OAB/FGV)

2.ª edição
revista, atualizada e ampliada

Coordenação
ALVARO DE AZEVEDO GONZAGA
NATHALY CAMPITELLI ROQUE

VADE MECUM PRÁTICA OAB
EMPRESARIAL

PAULO ROBERTO BASTOS PEDRO
NATHALY CAMPITELLI ROQUE

2.ª edição revista, atualizada e ampliada

1.ª edição: *1.ª tiragem:* janeiro de 2012; *2.ª tiragem:* março de 2012

1336

© desta edição [2013]
EDITORA REVISTA DOS TRIBUNAIS LTDA.

GISELLE TAPAI
Diretora responsável

Visite nosso *site:* www.rt.com.br

CENTRAL DE RELACIONAMENTO RT
(atendimento, em dias úteis, das 8 às 17 horas)
Tel. 0800-702-2433

e-mail de atendimento ao consumidor: sac@rt.com.br

Rua do Bosque, 820 – Barra Funda
Tel. 11 3613-8400 – Fax 11 3613-8450
CEP 01136-000 – São Paulo, SP – Brasil

TODOS OS DIREITOS RESERVADOS. Proibida a reprodução total ou parcial, por qualquer meio ou processo, especialmente por sistemas gráficos, microfílmicos, fotográficos, reprográficos, fonográficos, videográficos. Vedada a memorização e/ou a recuperação total ou parcial, bem como a inclusão de qualquer parte desta obra em qualquer sistema de processamento de dados. Essas proibições aplicam-se também às características gráficas da obra e à sua editoração. A violação dos direitos autorais é punível como crime (art. 184 e parágrafos, do Código Penal), com pena de prisão e multa, conjuntamente com busca e apreensão e indenizações diversas (arts. 101 a 110 da Lei 9.610, de 19.02.1998, Lei dos Direitos Autorais).

Impresso no Brasil [11 – 2012]

Universitário Complementar

Fechamento desta edição [01.11.2012]

ISBN 978-85-203-4568-9

À memória de meu pai, Luiz Roque Filho,
que sempre me incentivou no estudo do Direito.
À minha mãe, Zeilah, e aos meus irmãos, Viviane e Bruno,
pelo constante apoio.
Ao Alvaro, meu grande amor, amigo e parceiro.
Ao Alexandre, cuja chegada tanta alegria nos trouxe.

Nathaly Campitelli Roque

Aos meus pais, CARLOS BASTOS PEDRO e MARIA GOMES DA SILVA PEDRO, que me concederam bases sólidas de honestidade, respeito e moral.
Ao meu amor, JANAÍNA ESCOBAR BASTOS PEDRO, que, com sua paciência e amor, compreende minha ausência em tantos momentos.
Ao meu sobrinho, GUILHERME PIRES BASTOS PEDRO, fruto do amor, semente de um futuro melhor.
Aos meus irmãos, parentes, amigos, clientes e alunos, todos importantes e essenciais em minha vida.

PAULO ROBERTO BASTOS PEDRO

Praticando Direito para resolver problemas

Pioneiros no lançamento do *Vade Mecum Jurídico*, já em sua 4.ª edição, obra que vem auxiliando milhares de bacharéis e bacharelandos em todo o Brasil a se prepararem para o Exame de Ordem e para provas em geral, lançamos uma nova ideia para os estudos de segunda fase desse exame: trata-se da *Coleção Vade Mecum Prática OAB*.

Organizada em sete volumes (direito administrativo, direito civil, direito constitucional, direito empresarial, direito penal, direito do trabalho e direito tributário), procuramos manter, em todos os volumes, a identidade básica – visual e didática – da *Coleção Vade Mecum*.

Formulada de maneira simples, contendo tabelas e esquemas didáticos, e com a preocupação de não perder o rigor técnico, a *Coleção Vade Mecum Prática OAB* oferece a possibilidade de uma revisão metodicamente organizada dos principais temas exigidos constantemente nos Exames de Ordem e em provas em geral.

Todos os volumes contêm um capítulo com noções gerais de redação e técnica jurídica. Além disso, são apresentadas dicas importantes para a elaboração das provas nos moldes exigidos pelo exame da OAB.

Cada volume é elaborado com teses, peças e respostas a questões objetivas, para que o estudante possa testar seus conhecimentos, respondendo-as no próprio livro e conferindo o gabarito disposto ao final.

É importante salientar que a experiência prático-profissional e docente dos autores oferece aos estudantes de Direito acesso a informações imprescindíveis nos âmbitos profissional e acadêmico, sem perder o rigor que se espera nos estudos.

Temos uma certeza: a *Coleção Vade Mecum Prática OAB* em muito colaborará com aqueles que se encontram nessa importante fase de sua formação profissional.

Os Coordenadores

COMO LER ESTE LIVRO?

Prezado(a) leitor(a):

Esta obra foi desenvolvida de modo a lhe oferecer um estudo claro e didático sobre a prática jurídica empresarial.

Dessa forma, é destinada tanto ao bacharel que se submeterá à 2.ª fase do Exame de Ordem, em matéria empresarial, como ao advogado que precisa pesquisar e se aprofundar na matéria, uma vez que abrange a teoria, os institutos, seus procedimentos, modelos e roteiros sobre como devem ser elaboradas as peças.

A todos é oferecida uma preparação adequada e completa, em linguagem técnica acessível, com elaboração de quadros e resumos para compreensão de cada capítulo específico.

A parte teórica inserida na obra não se resume a oferecer uma mera revisão de temas jurídicos. Ao mesmo tempo em que apresenta conceitos, interage com a prática, mostrando como tais institutos podem ser aplicados nas petições.

Os objetos de estudo coincidem com aqueles que são mais empregados na elaboração de peças processuais. O material está atualizado de acordo com as recentes alterações legislativas, contemplando a visão dos Tribunais Superiores sobre as matérias escolhidas. A leitura desta parte é obrigatória para se alcançar pleno entendimento dos temas propostos, já que muitas das teses que serão utilizadas nas peças processuais estão ali explicadas.

Após o aspecto teórico de cada peça, com a exposição sobre conceito, finalidade, objeto, legitimidade, pedido liminar, procedimento e efeitos, são fornecidos quadros facilitadores para a sua produção, abrangendo competência, endereçamento, partes, causa de pedir e teses jurídicas, desenvolvimento, pedido e demais requisitos.

Como forma de conclusão das questões teóricas e dos quadros sinóticos, é fornecido um modelo específico de cada peça, que proporciona maior facilidade à prática empresarial.

Em seguida, são fornecidas situações-problema extraídas de Exames de Ordem ou criadas pelo autor. Para resolvê-las, é proposta a adoção de um roteiro, preconcebido na parte *Peças processuais*, o que evidencia que o método utilizado no desenvolvimento desta obra visou auxiliar tanto em provas e concursos de peças práticas como no cotidiano da advocacia em geral.

Na última parte, referente a *Questões*, foram selecionadas perguntas teóricas que constaram dos últimos Exames de Ordem, acompanhadas dos respectivos gabaritos. Dedique um tempo de sua preparação para a resolução dessas questões: servem como treinamento e para a familiarização com o estilo e conteúdo exigido pela banca examinadora, além de conhecimento de teses que podem ser cobradas novamente.

Dessa forma, acreditamos termos cumprido o propósito de oferecer ao leitor uma obra que realmente supra as suas necessidades, simplesmente a partir de sua leitura, com a indispensável relação entre o conhecimento teórico e o aspecto formal, compondo, assim, aquilo que se espera de um estudo relativo à prática jurídica.

Os Coordenadores

Sumário

PRATICANDO DIREITO PARA RESOLVER PROBLEMAS 9

COMO LER ESTE LIVRO? 11

PARTE I – REDAÇÃO JURÍDICA – NOÇÕES
Elaborada por Alvaro de Azevedo Gonzaga e Nathaly Campitelli Roque 17

PARTE II – SÍNTESE DE DIREITO EMPRESARIAL
Elaborada por Paulo Roberto Bastos Pedro.. 33
    CAPÍTULO I – Conceitos Básicos 35
    CAPÍTULO II – Propriedade Industrial 41
    CAPÍTULO III – Direito Societário 45
    CAPÍTULO IV – Títulos de Crédito 61
    CAPÍTULO V – Contratos Empresariais 69
    CAPÍTULO VI – Falência e Recuperação de Empresas 73

PARTE III – PEÇAS PROCESSUAIS
Elaborada por Paulo Roberto Bastos Pedro e Nathaly Campitelli Roque 87
    CAPÍTULO I – Petição Inicial 89
    CAPÍTULO II – Ação de Responsabilidade Civil contra Administrador de Sociedade Limitada 105
    CAPÍTULO III – Ação de Responsabilidade Civil contra Administrador de Sociedade por Ações 115
    CAPÍTULO IV – Ação de Obrigação de Fazer 121

CAPÍTULO V – Ação de Dissolução da Sociedade 131

CAPÍTULO VI – Ação de Indenização (Apresentação Antecipada de Cheque) ... 141

CAPÍTULO VII – Ação de Prestação de Contas Ativa.. 151

CAPÍTULO VIII – Ação de Prestação de Contas Passiva..................................... 157

CAPÍTULO IX – Mandado de Segurança 161

CAPÍTULO X – Contestação 171

CAPÍTULO XI – Noções de Tutela Executiva.. 185

CAPÍTULO XII – Liquidação.. 199

CAPÍTULO XIII – Execução de Título Extrajudicial.. 201

CAPÍTULO XIV – Execução de Título Judicial (Sentença Arbitral) 209

CAPÍTULO XV – Defesas do Executado – Embargos do Devedor 217

CAPÍTULO XVI – Embargos de Terceiro... 227

CAPÍTULO XVII – Ação Monitória.. 237

CAPÍTULO XVIII – Cautelares 245

CAPÍTULO XIX – Poder Geral de Cautela... 247

CAPÍTULO XX – Ação Cautelar de Produção Antecipada de Provas................ 259

CAPÍTULO XXI – Ação Cautelar de Exibição... 263

CAPÍTULO XXII – Ação Cautelar de Arresto 267

CAPÍTULO XXIII – Ação Cautelar de Sequestro... 271

CAPÍTULO XXIV – Procedimentos Específicos – Ação Renovatória de Locação 275

CAPÍTULO XXV – Ação de Nulidade de Marca/Patente 285

CAPÍTULO XXVI – Recuperação Judicial e Falência 291

CAPÍTULO XXVII – Falência 297

CAPÍTULO XXVIII – Contestação de Falência... 301

CAPÍTULO XXIX – Habilitação de Crédito 311

CAPÍTULO XXX – Ação Revocatória 323

CAPÍTULO XXXI – Teoria Geral dos Recursos... 331

CAPÍTULO XXXII – Agravo de Decisão de Primeiro Grau (Artigos 522 a 527, Código de Processo Civil).. 337

CAPÍTULO XXXIII – Apelação (Artigos 513 a 521, Código de Processo Civil).. 353

CAPÍTULO XXXIV – Recurso Especial e Recurso Extraordinário 365

CAPÍTULO XXXV – Reclamação no Supremo Tribunal Federal (Artigo 102, I, *l*, Constituição Federal; Artigos 13 a 18, Lei 8.038/1990; e Artigo 7.º, Lei 11.417/2006) 379

CAPÍTULO XXXVI – Réplica – Impugnação de Contestação........................... 391

CAPÍTULO XXXVII – Parecer 397

PARTE IV – QUESTÕES
Elaborada por Paulo Roberto Bastos Pedro.. 401

CAPÍTULO I – Questões de Direito Material – FGV.. 403

CAPÍTULO II – Respostas 417

PARTE I

REDAÇÃO JURÍDICA – NOÇÕES

Elaborada por Alvaro de Azevedo Gonzaga
e Nathaly Campitelli Roque

1. O Exame de Ordem. Nos termos do artigo 8.º, IV, da Lei 8.906/1994, dentre os requisitos para a inscrição como advogado está a aprovação em Exame de Ordem, cuja regulamentação foi destinada a provimento a ser editado pelo Conselho Federal da OAB (artigo 8.º, § 1.º, da Lei 8.906/1994). Atualmente, vigora para tal disciplina o Provimento 144/2011, do Conselho Federal da Ordem dos Advogados do Brasil.

Na prova prático-profissional, permite-se exclusivamente a consulta à legislação, súmulas, enunciados, orientações jurisprudenciais e precedentes normativos sem qualquer anotação ou comentário.

2. Redação jurídica. É o conjunto de regras que regulam a expressão do raciocínio e o seu discurso.

O raciocínio jurídico é o conjunto de operações mentais, de caráter eminentemente lógico, pelo qual o intérprete e o aplicador do direito analisam e sintetizam fatos, normas e valores.

O raciocínio se expressa por meio de linguagem, a qual também se volta a convencer outras pessoas da correção do raciocínio apresentado. Tal é o discurso jurídico.

3. Técnica e estilo: diferenças. O discurso jurídico compreende uma feição técnica e uma feição de estilo.

Por técnica se deve entender o conjunto de determinações normativas que regulam o discurso normativo, tais como nomenclaturas (ex.: petição inicial, apelação, recurso em sentido estrito, reclamação trabalhista), estrutura de texto (ex.: artigo 282 do Código de Processo Civil, ao determinar que a petição inicial deve ter os fundamentos de fato e de direito, além do pedido com suas especificações) e demais regras técnicas.

Por estilo deve-se compreender a forma de expressão pessoal do profissional do direito, manifestada pela preferência por determinadas expressões linguísticas. Ou seja, o estilo é a expressão das regras da técnica da petição.

Tomemos exemplo os seguintes textos:

> "Diante do exposto, requer-se a Vossa Excelência a citação do réu para responder à presente demanda no prazo legal e, ao fim de seu trâmite

regular, a procedência do pedido de condenação do réu no pagamento de R$ 10.000,00 a partir do evento danoso, além das custas processuais e honorários de advogado".

"Diante do exposto, requer-se:

a) a citação do réu para oferecer a resposta que entender cabível, no prazo de 15 dias;

b) a procedência do presente pedido, determinando-se a condenação do réu no pagamento de R$ 10.000,00, a ser acrescido dos consectários legais a partir da ocorrência do fato lesivo;

c) a condenação do réu nos encargos da sucumbência."

Veja-se que ambos representam o pedido de uma petição inicial, requisito essencial a este ato (artigo 282, IV, do Código de Processo Civil). Em que pese o conteúdo dos textos ser o mesmo, o pedido é redigido de forma diferente nos dois casos: o primeiro foi apresentado em um único parágrafo e o segundo em tópicos.

> **Resumindo**
>
> Técnica = Determinação legal, a qual deve ser observada necessariamente pelo candidato.
>
> Estilo = Expressão da regra técnica, de acordo com as preferências de cada profissional.

4. Técnica da petição. É a estrutura de qualquer petição. Toda petição deverá preencher seguintes requisitos:

a) endereçamento;

b) preâmbulo;

c) exposição dos fatos e do direito;

d) pedido ou requerimento;

e) fecho.

5. Endereçamento. Determinada a competência conforme as regras jurídicas aplicáveis ao caso, tomando-se por base os dados do problema, deverá dela constar o endereçamento, disposto no alto da petição inicial:

a) Inicia-se com a saudação ao juiz, designada pelos pronomes de tratamento "Excelentíssimo Senhor". É habitual também constar o tratamento "doutor", destinado genericamente a todos os bacharéis em direito;

b) Após, identifica-se o órgão competente em todas as suas especificações:

Juiz de Direito (na peça, o órgão deve ser identificado com letra maiúscula)	Se a demanda tiver de ser processada na primeira instância da Justiça Estadual
Juiz Federal	Se a demanda tiver de ser processada na primeira instância da Justiça Federal
Desembargador Presidente	Se a demanda tiver de ser processada na segunda instância na Justiça Estadual
Desembargador Federal Presidente	Se a demanda tiver de ser processada na segunda instância na Justiça Federal
Ministro Presidente	Se a demanda tiver de ser processada nos Tribunais Superiores (Supremo Tribunal Federal, Superior Tribunal de Justiça, Tribunal Superior de Trabalho, Superior Tribunal Militar, Tribunal Superior Eleitoral)

Caso as demandas sejam apresentadas nos tribunais, deverá ser indicado qual o tribunal competente. Se a competência for dos Tribunais de Justiça dos Estados, aponta-se o Estado da Federação ao qual pertença; se a competência for dos Tribunais Regionais Federais, assinala-se a região a que o tribunal se refere.

A redação do endereçamento é feita da seguinte forma:

Justiça Estadual	EXCELENTÍSSIMO SENHOR DOUTOR JUIZ DE DIREITO DA ... VARA CÍVEL DA COMARCA DE ...
Justiça Federal	EXCELENTÍSSIMO SENHOR DOUTOR JUIZ FEDERAL DA ... VARA CÍVEL DA SEÇÃO JUDICIÁRIA DE ... Na prática empresarial, costumamos escrever: EXCELENTÍSSIMO SENHOR DOUTOR JUIZ FEDERAL DA ... VARA CÍVEL DA JUSTIÇA FEDERAL DA SEÇÃO JUDICIÁRIA DE SÃO PAULO
Tribunal de Justiça	EXCELENTÍSSIMO SENHOR DOUTOR DESEMBARGADOR PRESIDENTE DO TRIBUNAL DE JUSTIÇA DO ESTADO DE ...
Tribunal Regional Federal	EXCELENTÍSSIMO SENHOR DOUTOR DESEMBARGADOR FEDERAL PRESIDENTE DO TRIBUNAL REGIONAL FEDERAL DA REGIÃO
Superior Tribunal de Justiça	EXCELENTÍSSIMO SENHOR DOUTOR MINISTRO PRESIDENTE DO COLENDO SUPERIOR TRIBUNAL DE JUSTIÇA
Supremo Tribunal Federal	EXCELENTÍSSIMO SENHOR DOUTOR MINISTRO PRESIDENTE DO COLENDO SUPREMO TRIBUNAL FEDERAL

Importante!

Não confunda *foro* e *fórum*: a primeira palavra expressa a competência territorial e a segunda, o prédio onde se localiza a sede da comarca ou da seção judiciária.

> **Importante!** Na justiça estadual, as divisões territoriais são chamadas *comarcas*; na justiça federal são chamadas *seções judiciárias*.

6. Preâmbulo. É a parte inicial da petição, a qual deverá conter as seguintes informações:

a) identificação do peticionário (quem apresenta a petição; se for petição inicial, incluir qualificação);

b) identificação da demanda (tipo de ação judicial, seu objeto e procedimento);

c) identificação da parte adversária;

d) identificação na manifestação, caso seja ela típica (ex: Queixa-Crime, Recurso Ordinário, Mandado de Segurança etc.);

e) apontamento dos dispositivos legais que fundamentam o requerimento, caso a norma legal assim exija.

> **Importante!** Caso a peça seja petição inicial, a qualificação completa das partes deve constar do preâmbulo.

Sua redação, desde que aponte os requisitos acima, é questão de estilo. Vejam-se os exemplos:

> *"José, já qualificado nos autos da ação de procedimento comum ordinário que lhe move Manoel, por seu advogado, vem, respeitosamente, a Vossa Excelência, apresentar sua contestação, com fundamento nos artigos 300 e seguintes do Código de Processo Civil, pelos motivos de fato e de direito a seguir apresentados".*

> *"José, já qualificado, nos autos acima mencionados, vem, por seu advogado, apresentar Contestação à Ação de Procedimento Ordinário movida por Manoel, pelos razões abaixo mencionadas".*

> **Importante!** Não crie dados que não existem no enunciado do problema. Esta criação inadequada poderá ser interpretada como tentativa de identificação do candidato e implicar nota zero.
>
> Se o enunciado não trouxer o dado necessário, mencione a informação faltante empregando reticências, conforme determinam os últimos editais de Exame de Ordem.

"Município...", "Data...", "Advogado...", "OAB...", etc.

7. Os fundamentos de fato e de direito. Toda petição representa um pedido feito por alguém a um órgão jurisdicional, com fundamento na incidência de determinada norma legal em fatos jurídicos. Por este motivo, deve o peticionário apresentar os fatos jurídicos que fundamentam seu pedido e o fundamento jurídico de sua pretensão.

Os fatos são as ocorrências relevantes para a incidência da norma legal que lastreiam o direito pretendido pelo peticionário.

Por exemplo, se o peticionário requer o recebimento de verbas trabalhistas, deve apontar os fatos que configuram sua relação de emprego com o adversário.

Usa-se o discurso narrativo, devendo o peticionário apontar datas, locais e demais circunstâncias relevantes.

O fundamento jurídico expressa o raciocínio jurídico. É muito usual a expressão do raciocínio jurídico na forma de um silogismo: premissa maior, premissa menor e conclusão. A premissa maior seria a norma jurídica; a premissa menor, os fatos; e a conclusão, a aplicação da norma ao caso concreto.

Premissa maior: A norma penal estabelece que a prisão preventiva deve ser revogada quando os motivos que a ensejaram não subsistirem posteriormente.

Premissa menor: O Réu foi preso preventivamente, uma vez que teria ameaçado uma testemunha. Este fato foi negado por ela, em audiência realizada perante este juízo.

Conclusão: Deve ser revogada a prisão do Réu.

Fundamento jurídico é diferente de fundamento legal:

Fundamento Jurídico	Fundamento Legal
Relação jurídica base que envolve as partes; qualificação que é dada pelo direito aos fatos narrados pelo Autor.	Especificação da norma positivada que o autor entende aplicável aos fatos narrados.

Em alguns casos, a aplicação do modelo de silogismo não é possível, por se tratar de fundamentação jurídica complexa, que envolve a incidência de mais de uma norma ou de analogia, dentre outras situações. De qualquer forma, deve-se observar a coerência do discurso e a sua logicidade.

8. O pedido ou requerimento. O magistrado somente age após a provocação do interessado buscando a prestação e a tutela jurisdicional, provocação formalizada pelo pedido (ou requerimento) a ele direcionado.

Observados os requisitos legais para a formulação do pedido, que variam conforme o tipo de processo (civil, penal ou trabalhista), sua redação é questão de estilo do advogado.

> *Exemplo*
> "Posto isto, requer o autor seja deferida vista dos autos fora de cartório para apresentar manifestação."
>
> "Diante do exposto, requer-se a absolvição do Réu por falta de provas na sua participação no crime."
>
> "Em conclusão, requer-se o provimento do recurso para reformar a decisão impugnada, como medida de Justiça."

9. O fecho. Toda petição deve conter a data e o local onde foi elaborada, como se determina a todos os atos processuais, e a assinatura do advogado, sob pena de o ato ser considerado não praticado (artigo 37, parágrafo único, Código de Processo Civil).

Em uma prova de Exame de Ordem, como vimos acima, é vedada a identificação do candidato. Assim, use a seguinte estrutura:

Termos em que,

pede deferimento.

Local..., Data...

Advogado.

10. Cuidados com o estilo: Em que pese o estilo ser uma marca pessoal de cada profissional, deve-se atentar para algumas regras:

a) Correção do vocabulário: os vocábulos devem ser grafados de forma correta, considerando-se a redação oficial do País, contida no Vocabulário Ortográfico da Língua Portuguesa, da Academia Brasileira de Letras;

> *Importante!*
> Deve-se atentar para o novo acordo ortográfico, que entrou em vigor a partir de 2009.

b) Correção do texto: regras gramaticais referentes à concordância verbal e nominal, regência verbal e nominal, pontuação, paragrafação, dentre outras, devem ser observadas com atenção, assim como a coerência, clareza e coesão.

11. Dicas. Para evitar erros que possam prejudicar sua nota final, seguem algumas recomendações comuns entre os especialistas em língua portuguesa:

a) Evitar vocábulos e construções rebuscadas: quanto mais rebuscada a expressão, maior a probabilidade de erros. Por este motivo, prefira vocábulos mais usuais e construções de frases em ordem direta (sujeito + verbo + predicado).

b) Evitar coloquialismos: a escrita jurídica é formal. Desta forma, não se devem utilizar gírias. Também não se devem usar expressões com significado não adotado oficialmente.

c) Atenção para o uso correto do gerúndio: o gerúndio é tempo verbal que expressa movimento. Seu uso deve ser restrito a locuções verbais (ex.: estava dirigindo) e deve ser evitado como meio de conexão entre frases (o famoso *gerundismo*: estava fazendo para estar ganhando e estar recebendo etc.). Prefira o uso de conjunções (ex.: fez para ganhar o valor combinado).

d) Evitar palavras latinas: expressões latinas somente devem ser utilizadas se consagradas, tais como: presunção *iuris tantum, fumus boni iuris, periculum in mora*. E atente para a correta grafia delas caso for utilizá-las. Em caso de dúvidas, prefira usar a língua portuguesa.

e) Tenha atenção para a estética da petição, observando as seguintes recomendações:

Recuo de 1.ª linha em parágrafos: recomenda-se o início dos parágrafos no meio da página, inclusive o preâmbulo/qualificação. Dobre suavemente a folha ao meio, formando um risco vertical, a fim de que o parágrafo seja sempre marcado, facilitando a sua observância. A regra deve ser obedecida em todo o texto.

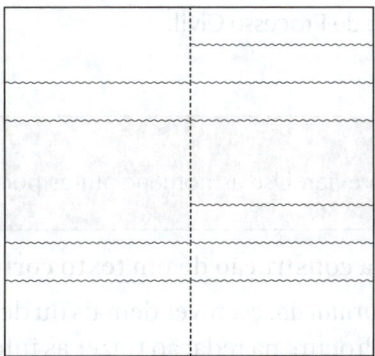

Espaço entre endereçamento e preâmbulo e qualificação: recomenda-se a utilização de 10 linhas, entre tópicos (2 linhas) e subtópicos (1 linha). Porém, verifique com atenção o espaço destinado na folha de prova e a extensão da peça: caso ela seja muito extensa, procure economizar no espaçamento;

Destaques jurídicos: para citar legislação e súmulas, utilize apenas a metade do lado direito da folha. Verifique abaixo um exemplo:

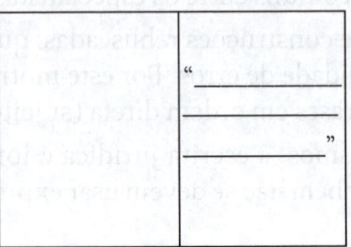

12. Rasuras. Devem-se evitar rasuras em prova de qualquer espécie. Por este motivo, há nas provas espaço para rascunho. Caso seja inevitável, use apenas um traço sobre a expressão, não risque demais, nem ponha entre parênteses, e também não use corretivo.

~~José não compareceu ao ato~~. O Réu não compareceu à assinatura do contrato.

13. Citações de textos legais. As citações de texto de lei devem seguir a redação oficial, ou seja, indicação do artigo por seu número e fonte de onde foi extraído.

Artigo 16, Lei 8.906/1994.
Artigo 64, parágrafo único, Constituição Federal.
Artigo 282, I e II, Código de Processo Civil.

Evite abreviar. Use as nomenclaturas por extenso.

14. Sugestões para a construção de um texto correto.

a) *Quantidade de informação*: escrever demais ou de menos pode prejudicar a avaliação do candidato. Procure na redação trazer as informações na exata necessidade para a solução adequada do problema.

b) *Qualidade da informação*: busque as informações que tenham as seguintes qualidades:

pertinência: aquelas que se referem exatamente ao assunto tratado;

clareza: que expressem a informação sem obscuridades (dificuldades de entendimento) ou ambiguidades (possibilidade de interpretações diferentes) ou contradições (possibilidade de interpretações colidentes);

completude: as informações contidas na resposta devem ser completas, ou seja, não se pode omitir detalhe relevante para a solução do problema.

c) *Citações*: segundo os editais, somente é autorizado o emprego de:

- Legislação não comentada, não anotada e não comparada;
- Códigos, inclusive os organizados que não possuam remissão doutrinária, jurisprudência, informativos dos tribunais ou quaisquer comentários, anotações ou comparações;
- Leis de Introdução dos Códigos;
- Instruções Normativas;
- Índice remissivo;
- Exposição de Motivos;
- Súmulas;
- Enunciados;
- Orientações Jurisprudenciais;
- Regimentos Internos;
- Resoluções dos Tribunais;
- Simples utilização de marca texto, traço ou simples remissão a artigos ou a lei;
- Separação de Códigos por cores, marcador de página, clipes ou similares.

Importante!
Sempre verifique no Edital do concurso quais são os materiais e condutas permitidos e proibidos, para evitar qualquer surpresa desagradável.

Para realizar citações corretamente, observe a hierarquia dos Tribunais (cite inicialmente um dispositivo constitucional, para depois mencionar um artigo extraído da legislação ordinária, por exemplo). Faça o mesmo em relação às súmulas (primeiro faça alusão às súmulas vinculantes do Supremo Tribunal Federal, para depois empregar súmulas do Supremo Tribunal Federal e do Superior Tribunal de Justiça e de outros Tribunais Superiores, nesta ordem).

15. Materiais proibidos. Segundo os últimos editais, verifica-se que são proibidos os seguintes materiais e procedimentos:

- Códigos comentados, anotados ou comparados;
- Jurisprudência;
- Anotações pessoais, manuscritas, impressas ou transcrições;
- Cópias reprográficas (xerox);
- Impressos da internet;
- Informativos de Tribunais;
- Livros de doutrina, revistas, apostilas, calendários e anotações;
- Dicionários ou qualquer outro material de consulta;
- Legislação comentada, anotada ou comparada;
- Súmulas, Enunciados e Orientações Jurisprudenciais comentados, anotados ou comparados;
- Utilização de *post its* para qualquer fim.

16. Sugestão para a redação das questões:

a) Questões de resposta *sim* ou *não*: repetir o núcleo da questão + afirmar ou negar + justificar:

> Pergunta: Pedro é casado com Luiza e ambos têm três filhos. Mas, diante da insuportabilidade da vida em comum, o casal desfaz o casamento. Pedro e Luiza deixaram os filhos aos cuidados dos avós maternos, já que tanto um quanto o outro trabalhavam muitas horas por dia e não tinham condições de cuidar bem dos filhos. Pretendem os avós pleitear a guarda dos netos e consultam você, advogado. Pergunta-se: tal pretensão é juridicamente aceita? Justifique.
>
> *Resposta: É possível aos avós pleitear a guarda dos netos caso a medida se revele de melhor interesse para os menores, nos termos do artigo 33 do Estatuto da Criança e do Adolescente.*

b) Perguntas que exigem *definição de institutos jurídicos*: apontar o instituto jurídico + verbo (é, consiste em, define-se como etc.) + definição + fundamento legal.

> Pergunta: Em que consiste o direito líquido e certo para fins de mandado de segurança?
>
> *Resposta: Direito líquido e certo consiste na demonstração imediata do direito da parte, por prova exclusivamente documental, já que, de acordo com a Lei 12.016/2009, não se admite instrução probatória em Mandado de Segurança.*

> **Importante!** A resposta não deve ser iniciada com a expressão "É quando", a qual se presta para apresentar exemplos.

c) Perguntas que exigem *solução jurídica ao caso concreto*: apontar o caso + solução + fundamentação jurídica.

> Pergunta: João é comerciante, cuja atividade é a venda de produtos eletrônicos. Pretendendo aumentar seu faturamento, passou a prestar serviços de assistência técnica para os consumidores que adquirissem seus produtos. João recebeu a visita de um auditor da Fazenda Estadual que exigiu demonstração de recolhimento de ICMS sobre o acréscimo da receita. João procura você, advogado, para orientação. Qual seria sua orientação?
>
> *Resposta: No caso concreto, João passou a prestar serviços, os quais são passíveis de tributação pelo ISS e não pelo ICMS, como se verifica das hipóteses de incidência constitucionais de cada um dos impostos. Sendo assim, João não pode recolher ICMS sobre os valores decorrentes do serviço de assistência técnica. Para evitar autuação pelo não recolhimento de ICMS, poderá João se valer de medida judicial preventiva, tal como mandado de segurança contra o ato ou ação declaratória de inexistência de relação jurídico-tributária.*

17. O Edital do Exame de Ordem: a regra máxima do certame. Conforme estabelece o mencionado artigo 11 do Provimento 144/2011 do Conselho Federal da Ordem dos Advogados Brasil, o exame de ordem será estabelecido em edital. Ou seja, o detalhamento das regras acima mencionadas foi destinado ao edital a ser publicado quanto da elaboração do exame.

Sendo assim, o Edital expedido pela instituição organizadora é a regra máxima do certame, estando nele detalhados aspectos como forma das provas, critérios de correção, pontos a serem abordados, requisitos para a participação nas provas, recursos, material que pode ser utilizado na segunda fase etc.

> **Importante!** Leia o edital completo do exame de ordem de que for participar, para se informar sobre detalhes da avaliação e evitar surpresas desagradáveis.

18. Determinações do Edital para a prova prático-profissional. Nos últimos exames, são estabelecidas as seguintes regras para a prova prático-profissional:

a) as provas serão manuscritas, em letra legível, com caneta esferográfica de tinta azul ou preta;

b) será atribuída nota zero ao examinando que não atender ao conteúdo avaliado, deixar a questão em branco, ou manuscrever em letra ilegível;

> **Importante!**
> É indiferente se a letra é cursiva (letra de mão) ou de forma – deve ser ela legível, sob pena de prejudicar o desempenho do candidato.

c) se o candidato for portador de necessidade especial, poderá contar com auxílio de agente devidamente treinado, em havendo requerimento neste sentido, sendo proibido tal auxílio em outras situações;

d) não sendo observada a ordem da transcrição das questões ou o limite de linhas estabelecido no caderno definitivo, a nota será zero;

e) é proibida qualquer tentativa de identificação. Assim, as peças profissionais deverão ser subscritas utilizando-se apenas a palavra "Advogado", e os dados não fornecidos no problema que sejam de exigência legal devem ser apontados com expressões como "Município...", "Data...", "Advogado", "OAB...", sempre seguidos por reticências;

19. Critérios de correção das provas prático-profissionais. Conforme os últimos editais, será avaliada a adequação das respostas ao problema apresentado. A redação da peça profissional tem valor máximo de cinco pontos e as quatro questões práticas terão valor máximo de 1,25 (um e vinte e cinco) pontos. Será considerado aprovado o candidato que alcançar nota mínima de 6,0 (seis) pontos, proibido o arredondamento.

Receberá nota zero:

a) a peça prática que seja inadequada para a solução do problema (incluídas as peças que justifiquem o indeferimento liminar por inépcia, rito processual equivocado ou impossibilidade de aplicação do princípio da fungibilidade em caso de recursos);

b) a resposta à questão prática que seja incoerente com a situação proposta ou que seja deixada em branco.

20. O conteúdo da prova. Cada edital traz um anexo com o conteúdo a ser exigido nas provas. É este o conteúdo que deve ser estudado pelo candidato para garantir a sua aprovação.

21. Dicas de preparação para a prova.

a) busque ter familiaridade com o material que será utilizado na prova. Utilize em seu estudo a legislação que será empregada quando da elaboração da avaliação, tomando a cautela de não fazer anotações ou comentários no texto. Isto facilitará o manuseio e o encontro das informações necessárias;

b) use os índices constantes na legislação; verifique os índices sistemático e remissivo constantes nos códigos e *vade mecum*;

c) caso verifique a existência de posicionamentos divergentes para resolver a questão proposta, aponte a controvérsia e mencione todas as correntes;

d) procure realizar simulados e resolver as provas anteriormente aplicadas. É o momento para verificar se o material que você pretende utilizar na prova é adequado e para treinar a obediência ao tempo destinado para a resolução da peça e das questões;

e) não deixe nenhuma questão em branco. Se não lembrar a resposta, redija uma resposta genérica, apontando o fundamento legal pertinente ao tema proposto.

PARTE II

SÍNTESE DE DIREITO EMPRESARIAL

Elaborada por Paulo Roberto Bastos Pedro

Capítulo I

Conceitos Básicos

1. Teoria de empresa no direito brasileiro. No direito brasileiro, após mais de um século de vigência da teoria de atos do comércio, contida na primeira parte do Código Comercial de 1850, em que o comerciante era aquele que praticava os atos de mercancia, tivemos sua revogação pelo artigo 2.045, Código Civil.

Na atualidade é vigente a teoria de empresa, em que o empresário é identificado não pelo ato, mas pela forma pela qual exerce a sua atividade.

2. Definição de empresa. A empresa poderá ser explorada tanto por uma pessoa física, o empresário individual, quanto por uma pessoa jurídica, a sociedade; porém, no que tange à empresa, temos em termos técnicos que esta é sinônimo da atividade exercida pelo empresário, ou pela sociedade.

3. Empresário (artigo 966, Código Civil). É a pessoa física ou jurídica que exerce profissionalmente uma atividade econômica de forma organizada para a produção ou a circulação de bens ou de serviços.

4. Elementos da definição.

a) *profissionalismo*: compreende o exercício da atividade pelo empresário com habitualidade, além da pessoalidade do empresário ou de parceiros e colaboradores, sendo, também, necessária a organização de elementos inerentes à atividade empresarial;

b) *atividade econômica*: o empresário deve exercer atividade de circulação de riquezas com o objetivo de lucratividade;

c) *organização de fatores*: o empresário deve organizar o capital, a mão de obra, os insumos e todo o conhecimento referente àquela atividade empresarial.

5. Espécies de empresário.

a) *empresário individual*: é a pessoa física a explorar uma atividade empresarial, de acordo com o artigo 966, Código Civil;

b) *sociedade empresária*: é a pessoa jurídica explorando uma empresa, de acordo com o artigo 966, Código Civil;

c) *empresário individual com responsabilidade limitada* – Eireli (artigo 980-A, Código Civil): é pessoa física que explora atividade empresarial, de acordo com o artigo 966, Código Civil; porém, ao contrário do empresário individual, tem personalidade jurídica, conforme artigo 44, VI, Código Civil, e limitação de responsabilidade, sempre atrelada à integralização do capital social, que não poderá ser inferior a 100 vezes o valor do salário mínimo vigente (artigo 980-A, Código Civil).

6. Capacidade empresarial (artigo 972, Código Civil). Para que um sujeito possa exercer atividade empresarial deverá ter capacidade civil e não estar impedido por lei.

No que se refere à *capacidade civil*: os absolutamente incapazes e os relativamente incapazes, conforme os artigos 3.º e 4.º, Código Civil, não poderão exercer atividade de empresários.

O menor, mesmo não emancipado, poderá exercer atividade de empresário, quando vier a receber cotas através de herança. Todavia, neste caso, serão necessárias autorização judicial e a nomeação de um tutor (artigo 974, Código Civil).

Já a *incapacidade superveniente* ocorrerá quando o empresário perder sua capacidade no gozo de sua atividade. Poderá, mediante autorização judicial, continuar no exercício desta, desde que exista nomeação de curador.

O tutor ou curador nomeado, caso não possa exercer atividade empresarial, nomeará, com a aprovação do juiz, um ou mais gerentes (artigo 975, Código Civil).

No que se refere ao *impedimento legal*, não poderão exercer a atividade empresarial, na qualidade de empresários individuais, os funcionários públicos da União, Estados e Municípios (IN 97, DNRC), os juízes de direito (art. 95, parágrafo único, I, CF), os promotores de justiça (art. 128, § 5.º, II, *c*, CF), os falidos não reabilitados (art. 102, LFR), os condenados por crimes falimentares (art. 181, § 1.º, LFR), os estrangeiros titulares de visto temporário no País (art. 99, Lei 6.815/1980), as pessoas condenadas, ainda que temporariamente, ao ingresso em cargos públicos, os leiloeiros, cônsules, militares das forças armadas que estejam na ativa (IN 97, DNRC), dentre outros.

> **Importante!** Os incapazes poderão integrar sociedade, desde que o sócio incapaz não exerça a administração e o capital esteja totalmente integralizado, devendo ainda o sócio relativamente incapaz ser assistido e o sócio absolutamente incapaz representado (artigo 974, § 3.º,I a III, Código Civil).

7. Obrigações dos empresários.

a) efetuar a sua inscrição no Registro Público de Empresas Mercantis (artigo 967, Código Civil);

b) manter a escrituração regular de seus negócios, bem como efetuar o levantamento das demonstrações contábeis periódicas (artigo 1.179, Código Civil);

c) fazer a escrituração dos livros empresariais (artigo 1.179, Código Civil).

O livro Diário, previsto no artigo 1.180, Código Civil, será o único livro obrigatório comum a todo e qualquer empresário. No entanto, existem outros livros que são obrigatórios, mas específicos à atividade exercida, como é o caso do Livro de Registro de Duplicatas (artigo 19, Lei 5.474/1968).

Livros empresariais são meios mecanizados em que o empresário registra como sua atividade está sendo exercida. Além de escriturados, deverão ser autenticados pela Junta Comercial do Estado para que tenham eficácia probatória.

Importante!
Segundo o artigo 970, Código Civil, não necessitam de registro os empresários rurais e os pequenos empresários (artigo 68, Lei Complementar 123/2006).

As microempresas e empresas de pequeno porte (artigo 3.º, I e II, Lei Complementar 123/2006) devem escriturar Livro-Caixa e Livro de Registro de Inventário (artigos 26, § 2.º, e 27, Lei Complementar 123/2006), em substituição ao livro Diário.

8. Nome empresarial (artigos 1.155 a 1.158, Código Civil). Será adotado tanto pelo empresário quanto pela sociedade quando do seu registro. Será o instrumento pelo qual o empresário será reconhecido, identificado.

Não se confunde o nome com a marca, tampouco com o título do estabelecimento, visto que o nome identifica o empresário, enquanto a marca identifica e distingue um produto ou o serviço.

9. Espécies de nome empresarial. São a razão social e a denominação, para as sociedades, além da firma do empresário individual.

A razão social, conhecida também como firma social, será composta pelo nome civil dos sócios acrescido do tipo societário ao final; já a denominação será compreendida pela adoção de um nome fantasia (ou nome civil dos sócios), acrescido da atividade exercida e do tipo societário ao final.

A firma individual terá o nome civil do empresário acrescido de sua atividade.

O nome empresarial terá proteção conferida pela Junta Comercial do Estado (artigo 33, Lei 8.934/1994).

10. Registro Público de Empresas Mercantis (Lei 8.934/1994). Encontra-se a cargo do DNRC (Departamento Nacional de Registro do Comércio) e das Juntas Comerciais.

Constitui-se o DNRC de órgão integrante do Ministério do Desenvolvimento, Indústria e Comércio Exterior, tendo tal órgão, como atribuição, a criação de normas gerais que disciplinem o registro de empresas, possuindo o poder de fiscalização e supervisão dos atos praticados pelas juntas comerciais. No entanto, não possui o poder de intervenção dentro das juntas comerciais.

11. Juntas comerciais (artigo 32, Lei 8.934/1994). Possuem função meramente executiva, que se constitui da prática de certos atos meramente registrários. São eles:

a) *matrícula* dos membros auxiliares do comércio, como os leiloeiros, tradutores públicos e intérpretes comerciais, trapicheiros e administradores de armazéns gerais;

b) *arquivamento* de qualquer ato de constituição, alteração, dissolução ou extinção de empresários e sociedades empresárias;

c) *autenticação* dos livros empresariais.

12. Efeitos dos atos a serem arquivados nas juntas comerciais (artigo 36, Lei 8.934/1994). Se encaminhados a registro nos 30 (trinta) dias subsequentes à sua assinatura, retroagirão à data da assinatura (ou seja, a data em que foi consumado o ato); do contrário, os atos levados a registro só terão eficácia a contar da data em que efetivamente foram encaminhados a arquivamento.

13. Estabelecimento empresarial (artigo 1.142, Código Civil). Consiste no conjunto de bens, corpóreos e incorpóreos, organizados pelo empresário para o exercício de sua atividade.

O *estabelecimento* se distingue do *ponto empresarial*, compreendendo apenas o espaço físico onde o empresário explora a sua atividade.

O estabelecimento poderá ser objeto de alienação, que compreende a venda do estabelecimento. O nome do contrato de alienação é "trespasse" empresarial. Não pode ser confundido com a cessão de cotas de uma sociedade, que apenas consiste em transferência das cotas sociais.

14. Venda do estabelecimento (artigos 1.144 a 1.146, Código Civil). O contrato de trespasse só terá eficácia após o efetivo registro diante da Junta Comercial do Estado, além da publicação na imprensa oficial.

O alienante (vendedor) deverá permanecer com bens em seu patrimônio para solver o seu passivo, podendo obter, para a alienação, a anuência dos credores ou mesmo antecipar o pagamento destes (artigo 1.145, Código Civil).

A inobservância das regras (artigo 1.145, Código Civil) implica ocorrência de alienação irregular do estabelecimento empresarial, que, segundo a legislação falimentar (artigo 94, III, *c*, Lei 11.101/2005), será considerada um ato de falência.

O adquirente (comprador) do estabelecimento empresarial ficará responsável pelo pagamento de todos os débitos, mesmo que anteriores à alienação, que deverão estar devidamente contabilizados.

O alienante permanecerá solidariamente responsável por tais débitos pelo prazo de 1 (um) ano, contado da publicação do contrato, referentes aos créditos vencidos. Para os demais créditos a vencer, o prazo também será de 1 (um) ano, contado, todavia, da data do vencimento (artigo 1.146, Código Civil).

Quanto às *dívidas tributárias*, o adquirente (comprador) ficará responsável de forma integral pelo pagamento de todas as dívidas em caso de cessar o alienante (vendedor) a atividade exercida. Poderá a responsabilidade do adquirente ser subsidiária à do alienante, caso o último continue exercendo atividade ou caso, dentro do prazo de 6 meses, inicie nova atividade no mesmo ramo, ou em ramo diverso (artigo 133, Código Tributário Nacional).

No que se refere à concorrência, estabelece-se que, não havendo qualquer disposição determinada pelas partes em contrário, o alienante não poderá, pelo prazo de 5 (cinco) anos, concorrer com o adquirente (artigo 1.147, Código Civil).

15. Ação renovatória de aluguel (artigo 51, Lei 8.245/1991). O ponto (local onde a atividade é exercida) é objeto proteção conferida pela legislação locatícia através da ação renovatória de locação.

Configura-se a renovatória em procedimento judicial, que visa renovar compulsoriamente o contrato de locação empresarial.

A renovatória poderá ser intentada pelo locatário-empresário se presentes os seguintes requisitos:

a) celebração de contrato escrito e com prazo determinado;

b) este contrato ou a soma de vários contratos ininterruptos a renovar seja de cinco anos;

c) o locatário esteja explorando sua atividade, no mesmo ramo, pelo prazo mínimo e ininterrupto de três anos;

d) ajuizamento da demanda judicial no interregno de 1 (um) ano a 6 (seis) meses antes do vencimento do contrato, sob pena de decadência.

O locador, mesmo que o locatário preencha os requisitos necessários, poderá retomar o imóvel mediante procedimento chamado *exceção de retomada*, podendo esta ser exercida em uma das hipóteses abaixo:

a) através da existência de obras determinadas pelo poder público (artigo 52, I, Lei 8.245/1991);

b) uso próprio (artigo 52, II, Lei 8.245/1991);

c) transferência de estabelecimento do próprio locador, de seu cônjuge ou herdeiro (artigo 52, II, Lei 8.245/1991);

d) por proposta insuficiente do locatário (artigo 72, II, Lei 8.245/1991);

e) quando existir melhor proposta de terceiro (artigo - 72, III, Lei 8.245/1991).

> **Importante!**
> A ação renovatória de locação poderá ser utilizada na locação em *shopping center* (artigo 52, § 2.º, Lei 8.245/1991), podendo o locador inclusive pleitear a retomada baseada no prejuízo que tal locação causa ao empreendimento.

No entanto, na renovatória de locação em *shopping center*, não poderá arguir em sua defesa o uso próprio, ou a alegação de transferência de estabelecimento existente há mais de um ano, sendo o locador, seu cônjuge, ascendente ou descendente os detentores da maioria do capital social.

Os bens organizados para o exercício da atividade empresarial possuem valoração diferenciada se vendidos em conjunto, visto que reunidos fazem com que o estabelecimento obtenha "expectativa de lucros". Assim, tem o estabelecimento um "sobrevalor", chamado de "aviamento" ou "fundo de comércio".

Capítulo II

Propriedade Industrial

1. Propriedade industrial. Os bens imateriais, bens incorpóreos, que muitas vezes compõem o estabelecimento empresarial – e que são passíveis de exploração econômica por parte do empresário ou da sociedade empresária – são protegidos pelo direito industrial.

Tais bens são: a invenção e o modelo de utilidade (protegidos por carta patente), o desenho industrial e a marca (protegidos por certificado de registro), com regulamentação na Lei 9.279/1996 (Lei de Propriedade Industrial).

Os direitos à exploração econômica dos bens da propriedade serão concedidos pelo INPI (Instituto Nacional de Propriedade Industrial).

2. Invenção. Será algo novo, decorrente do intelecto humano, passível de aplicação industrial. No entanto, o legislador não a definiu.

3. Modelo de utilidade (artigo 9.º, Lei de Propriedade Industrial). Configura-se em um aprimoramento da invenção. Segundo a lei, será o objeto – ou parte deste – de uso prático, suscetível de aplicação industrial, que apresente nova forma ou disposição, envolvendo ato inventivo, que resulte em melhoria funcional no seu uso ou em sua fabricação.

4. Concessão da carta patente de invenção e de modelo de utilidade. Será necessário o preenchimento dos seguintes requisitos:

a) *novidade* (artigo 11, Lei de Propriedade Industrial): é aquilo não compreendido no estado da técnica, ou seja, aquilo cuja existência era desconhecida dos cientistas do INPI;

b) *atividade inventiva* (artigo 13, Lei de Propriedade Industrial): a criação não poderá ser decorrência óbvia do estado de sua técnica;

c) *aplicação industrial* (artigo 15, Lei de Propriedade Industrial): deverá ter aplicação industrial;

d) *desimpedimento* (artigo 18, Lei de Propriedade Industrial): não será suscetível de patente aquilo que afronta a moral, os bons costumes, a segurança, a ordem ou a saúde pública e aquilo que for decorrente da transformação do núcleo atômico, assim como o ser vivo.

5. Vigência (artigo 40, *caput* e parágrafo único, Lei de Propriedade Industrial). A carta patente de invenção terá vigência de 20 anos, contados do depósito, não podendo o prazo ser inferior a 10 anos, contados da concessão.

Já o modelo de utilidade terá vigência de 15 anos, contados do depósito, não podendo o prazo ser inferior a 7 anos, contados da concessão.

6. Extinção (artigo 78, Lei de Propriedade Industrial). A extinção da patente ocorrerá pela expiração do prazo de vigência; pela renúncia de seu titular; pela caducidade; pela falta de pagamento da retribuição anual (artigo 84, § 2.º, e artigo 87, Lei de Propriedade Industrial); ou pela não manutenção de procurador domiciliado no País quando o titular de uma patente residir no exterior (artigo 217, Lei de Propriedade Industrial).

Com a extinção, a patente cairá em domínio público.

7. Certificado de registro. O certificado de registro consiste no documento que assegura ao seu autor o direito de propriedade industrial, tanto do desenho industrial quanto da marca. No entanto, existe certa divergência quanto aos requisitos de concessão para os bens imateriais.

8. Desenho industrial (artigo 95, Lei de Propriedade Industrial). Trata-se da forma plástica ornamental de um objeto ou do conjunto de linhas e cores que possam ser aplicado em um produto, proporcionando-lhe resultado visual novo em sua configuração externa. É uma nova estética, um novo *design*, concedido a determinado objeto já existente.

9. Requisitos para o certificado de registro.

a) *novidade* (artigo 96, Lei de Propriedade Industrial): o desenho industrial deve ser uma novidade, não compreendida no estado de sua técnica, ou seja, desconhecida pelos cientistas do INPI;

b) *originalidade* (artigo 97, Lei de Propriedade Industrial): o desenho será considerado original quando for resultante de uma configuração visual distintiva em relação a outros objetos já conhecidos;

c) *desimpedimento* (artigo 100, Lei de Propriedade Industrial): não serão passíveis de registro os desenhos contrários à moral, aos bons costumes, que ofendam a honra ou a imagem das pessoas, que sejam contrários à liberdade de consciência, crença ou culto religioso.

10. Vigência (artigo 108, Lei de Propriedade Industrial). O prazo de duração do certificado de registro de desenho industrial será de 10 anos, contados da data do depósito, podendo ser prorrogado por até três períodos sucessivos de 5 anos cada.

11. **Extinção (artigo 119, Lei de Propriedade Industrial).** A extinção do certificado de registro se dá: pela expiração do prazo de vigência; pela renúncia de seu titular; pela falta de pagamento da retribuição anual; pela não manutenção de procurador domiciliado no País quando o titular de uma patente residir no exterior (artigo 217, Lei de Propriedade Industrial).

12. **Marca (artigo 123, I, Lei de Propriedade Industrial).** A marca configura-se em um sinal distintivo, visivelmente perceptível, que identifica um produto ou serviço.

13. **Marca de certificação (artigo 123, II, Lei de Propriedade Industrial).** Certificado conferido a produto ou serviço que atenda a padrões técnicos ou de qualidade concedidos por órgãos públicos ou particulares (ex.: produto certificado pelo Inmetro).

14. **Marca coletiva (artigo 123, III, Lei de Propriedade Industrial).** Especifica produtos ou serviços produzidos ou prestados por membros filiados a determinada entidade, ou organização não governamental (ex.: Empresa "Amiga do Bem").

Assim como os outros institutos já estudados, a marca, para que possa ser objeto de registro, deverá obrigatoriamente atender a certos requisitos.

15. **Novidade relativa.** A marca não necessita ser uma expressão linguística ou signo inédito, ou seja, uma novidade absoluta.

16. **Não colidência com marca notória.** Não poderá tal marca ser igual a marca já existente de maneira notória, mesmo que tal marca não tenha registro.

17. **Não impedimento.** Não poderá ser registrada a marca caso esteja prevista no artigo 124, Lei de Propriedade Industrial, que traz diversos signos que não são passíveis de registro, como cores, brasões, armas oficiais do Estado, bandeiras, nome civil, dentre outros.

18. **Vigência (artigo 133, Lei de Propriedade Industrial).** O prazo de vigência do registro será de 10 anos, contados da sua concessão, prorrogáveis por períodos iguais e sucessivos de 10 anos.

19. **Extinção (artigo 142, Lei de Propriedade Industrial).** O registro de marcas extingue-se pela expiração do prazo de vigência, pela renúncia total ou parcial, pela caducidade ou pela não manutenção de procurador domiciliado no País quando o titular de uma patente residir no exterior (artigo 217, Lei de Propriedade Industrial).

20. **Marca de alto renome.** É aquela que está devidamente registrada no Brasil, é dotada de proteção especial em todos os ramos de atividade (artigo 125, Lei de Propriedade Industrial).

21. **Marca notoriamente conhecida.** É aquela que, independentemente de registro diante do INPI, goza de proteção, devido à adesão do País à Convenção de Paris para Proteção da Propriedade Industrial (artigo 126, Lei de Propriedade Industrial).

Capítulo III

Direito Societário

1. Sociedades. Configuram-se pela união de pessoas (físicas ou jurídicas) que reciprocamente se obrigam a contribuir com bens ou serviços para a formação do capital social, exercendo atividade econômica e partilhando os resultados desta atividade. São pessoas jurídicas de direito privado (artigo 44, II, Código Civil).

As sociedades são personificadas e não personificadas. As primeiras são aquelas que possuem registro de seu ato constitutivo no órgão competente, devendo a sociedade empresária efetuar registro na Junta Comercial do Estado, enquanto a sociedade simples, no Cartório de Registro Civil de Pessoas Jurídicas (artigo 1.150, Código Civil). Já a sociedade de advogados se constitui em sociedade simples, com registro na Ordem dos Advogados do Brasil, no Conselho Seccional de sua sede (artigo 15, § 1.º, Lei 8.906/1994).

A inscrição do ato constitutivo no órgão competente forma a pessoa jurídica, que terá titularidade negocial, processual e patrimonial.

2. Sociedade não personificada. É a sociedade que não detém personalidade jurídica, ou seja, não possui registro dos seus atos constitutivos em órgãos de registro de empresas. São elas: as sociedades em comum e as sociedades em conta de participação.

3. Sociedade em comum. Conhecida também como sociedade de fato ou irregular, é aquela que não possui registro de seus atos constitutivos no órgão competente, seja pela falta de registro do contrato, seja pela própria inexistência de contrato social.

Nesse tipo de sociedade, os sócios nas relações entre si ou com terceiros somente por escrito podem comprovar a existência da sociedade, enquanto o terceiro poderá comprovar a sua existência de qualquer maneira.

As dívidas e os bens da sociedade constituem patrimônio especial em que todos os sócios são seus titulares.

Nesse tipo de sociedade, os sócios têm responsabilidade ilimitada e solidária pelas obrigações que a sociedade vier a contrair. Contudo, o benefício de ordem (responsabilidade subsidiária, do artigo 1.024, Código Civil) não se aplica aos sócios que praticam atos de gestão.

Assim, os sócios que não são administradores têm responsabilidade subsidiária, ilimitada e solidária, enquanto os sócios administradores têm responsabilidade direta, ilimitada e solidária.

4. Sociedade em conta de participação (artigos 991 a 996, Código Civil). Sociedade que tem característica de parceria, utilizada também para investimentos, em que uma categoria pratica atos em nome próprio enquanto a outra tem a identidade preservada. Nesta sociedade duas são as categorias de sócios:

a) *sócio ostensivo*: é aquele que age em nome próprio e sob sua responsabilidade, contratando para a sociedade e tendo responsabilidade por aquilo que contratar, assumindo obrigações perante terceiros (artigo 991, Código Civil);

b) *sócio participante*: também conhecido como sócio oculto, tem seus direitos e obrigações descritos no contrato social existente entre as partes.

A sociedade em conta de participação não é detentora de personalidade, pois, mesmo que venha a efetuar a inscrição dos seus atos no órgão competente, não lhe será concedida a personalidade jurídica (artigo 993, Código Civil).

A contribuição que cada sócio destinar nesta sociedade constituirá patrimônio especial, que deverá ser utilizado para a realização de seus negócios (artigo 994, Código Civil).

A falência do sócio ostensivo acarreta dissolução da sociedade e liquidação da conta, sendo o saldo considerado crédito quirografário; já a falência do oculto gera, por consequência, a aplicação dos efeitos da falência nos contratos bilaterais (artigo 994, §§ 2.º e 3.º, Código Civil, e artigo 117, Lei 11.101/2005).

5. Sociedade personificada. É aquela detentora de personalidade jurídica, adquirida quando da inscrição dos seus atos constitutivos no órgão competente, sendo certo que temos no direito brasileiro duas espécies de sociedades personificadas: a sociedade simples e a sociedade empresária.

6. Sociedade simples (artigo 966, Código Civil). Consiste naquela pessoa jurídica que exerce a exploração de uma atividade econômica em regra não empresarial, como a atividade de natureza intelectual, científica, literária ou artística (artigo 966, parágrafo único, Código Civil).

Também é o tipo supletivo à vontade das partes, ou seja, caso a sociedade não adote nenhum tipo societário, será regida pelas normas da sociedade simples (artigo 997 e seguintes, Código Civil).

As cooperativas serão sempre sociedades simples (artigo 982, parágrafo único, Código Civil).

7. Constituição da sociedade simples. A sociedade simples se constitui mediante contrato escrito, particular ou público, que terá algumas cláusulas obrigatórias (artigo 997, Código Civil).

Essa sociedade deverá efetuar a inscrição de seus atos constitutivos no Cartório de Registro Civil de Pessoas Jurídicas.

8. Responsabilidade. Na sociedade simples, em regra, a responsabilidade dos sócios é subsidiária (artigo 1.024, Código Civil), ou seja, caso os bens da sociedade não sejam suficientes para saldar todas as dívidas, os sócios responderão pelo saldo faltante, conforme sua participação societária, salvo quando a sociedade contiver cláusula de responsabilidade solidária (artigo 1.023, Código Civil).

9. Capital social (artigo 1.006, Código Civil). É o montante de recursos necessários para que a sociedade possa começar e exercer suas atividades. É formado por contribuições dos sócios, que nesta sociedade poderá se constituir de bens, créditos ou mesmo serviços.

10. Administração na sociedade simples. A sociedade simples é administrada por uma ou mais pessoas físicas, sócias ou não, nomeadas em contrato social ou em ato separado, desde que este último esteja averbado no termo de constituição da sociedade.

Caso o contrato social não determine a quem compete a administração, ela será exercida separadamente por cada um dos sócios, sendo que neste caso cada sócios poderá impugnar o ato do outro, cabendo assim a decisão a respeito da matéria aos sócios, por maioria de votos (artigo 1.013, § 1.º, Código Civil).

O administrador que realizar operações em desacordo com a vontade da maioria, sendo sabedor de tal situação, responderá por perdas e danos (artigo 1.013, § 2.º, Código Civil).

Para o exercício da atividade de administrador da sociedade simples, a pessoa física deve ser capaz, não estar impedida por lei, além de não ter sido condenado por pena que vede o acesso a cargos públicos (artigo 1.011, § 1.º, Código Civil).

Caso o administrador, agindo com culpa, venha a praticar atos prejudiciais à sociedade, responderá então diante da sociedade e dos terceiros prejudicados por tal ação culposa no desempenho de suas funções (artigo 1.016, Código Civil).

Os administradores deverão prestar contas aos sócios, apresentando-lhes anualmente inventário, bem como balanço patrimonial e de resultados econômicos (artigo 1.020, Código Civil).

11. Deliberações sociais na sociedade simples. Na sociedade simples, os sócios votam proporcionalmente ao valor de suas cotas.

As deliberações serão tomadas em regra por maioria de votos (artigo 1.010, Código Civil).

Porém, as modificações das cláusulas obrigatórias do contrato social (artigo 997, Código Civil) dependem da aprovação de todos os sócios (artigo 999, Código Civil).

12. Dissolução da sociedade simples (artigo 1.033, Código Civil). A dissolução poderá tomar a forma *extrajudicial*, pelo vencimento do prazo de duração; consenso unânime dos sócios; deliberação dos sócios; falta de pluralidade de sócios por mais de 180 dias; e extinção, na forma da lei, de autorização para funcionar.

A dissolução ocorrerá *judicialmente* (artigo 1.034, Código Civil) quando anulado seu ato constitutivo, verificado o exaurimento de seu fim social ou sua inexequibilidade.

> *Importante!*
> Quando a sociedade se tornar unipessoal, este sócio remanescente poderá requerer a transformação do registro da sociedade para empresário individual (artigo 1.033, parágrafo único, Código Civil, acrescentado pela LC 128/2008).

13. Sociedade empresária (artigo 966, Código Civil). Configura-se na pessoa jurídica que explora uma empresa.

O registro dessa sociedade se faz diante da Junta Comercial do Estado (artigo 1.150, Código Civil), existindo obrigatoriedade quanto à adoção de tipo societário (artigo 983, Código Civil).

14. Tipos societários. Prevê o Código Civil a existência de cinco tipos societários, que podem ser sociedades simples (adoção facultativa) e sociedades empresárias (adoção obrigatória).

15. Sociedade em nome coletivo (artigos 1.039 a 1.044, Código Civil). Serve para regulamentar a sociedade de pessoas, sendo vedada, portanto, a presença de uma pessoa jurídica como sócia.

No que se refere à responsabilidade, temos que os sócios responderão de forma subsidiária (artigo 1.024, Código Civil), visto tratar-se de sociedade personificada. No entanto, tais sócios responderão também de forma ilimitada e solidária pelas obrigações sociais assumidas (artigo 1.039, Código Civil).

A administração dessa sociedade deverá ser obrigatoriamente dos sócios, sendo vedado que estes nomeiem um ou mais administradores não sócios para tal função.

O nome empresarial adotado deverá sempre ser a firma, não sendo permitido a essa sociedade adotar outra espécie de nome empresarial.

As matérias que não forem regulamentadas pelos artigos das sociedades em nome coletivo serão submetidas ao disposto nas normas das sociedades simples.

16. Sociedade em comandita simples (artigos 1.045 a 1.051, Código Civil). É formada pela presença de duas categorias de sócios: o *sócio comanditado* e o *sócio comanditário*.

	Sócio comanditado	Sócio comanditário
Quem pode ser	Deverá sempre ser uma pessoa física.	Poderá ser pessoa física ou pessoa jurídica.
Responsabilidade pelas obrigações sociais	Subsidiária, ilimitada e solidária.	Subsidiária e limitada ao valor de cotas (artigo 1.045, Código Civil).
Administração	Compete a ele.	Não exerce a administração, sob pena de ter responsabilidade ilimitada pelas obrigações sociais.
Firma social	É do sócio comanditado.	Não pode ter seu nome incluído no da sociedade, sob pena de ter responsabilidade ilimitada pelas obrigações sociais.

No caso de morte do sócio comanditário, continuará a sociedade com os seus sucessores, que irão determinar aquele que os represente (artigo 1.050, Código Civil).

Quando da falta de administradores, os sócios comanditários deverão efetuar a nomeação destes, que não serão considerados sócios – serão apenas administradores provisórios. No entanto, tal prazo não poderá perdurar por mais de 180 dias, caso em que poderá ocorrer uma das hipóteses de dissolução dessa sociedade (artigo 1.051, parágrafo único, Código Civil).

17. Sociedade em comandita por ações (artigos 1.090 a 1.092, Código Civil; artigos 280 a 284, Lei 6.404/1976). Com referência a este tipo societário, deve ser aplicado o disposto nas normas das sociedades anônimas, sem prejuízo do disposto no Código Civil.

Nesta sociedade, os acionistas estarão divididos em duas categorias:

a) *acionista diretor*, que tem responsabilidade *ilimitada* e *solidária* pelas obrigações sociais;

b) *acionista comum*, que terá responsabilidade *limitada* e *não solidária* em relação ao valor das ações.

Quanto à administração desta sociedade, será exercida exclusivamente por seus acionistas, sendo vedado o exercício da administração a terceiros estranhos à sociedade, mesmo que nomeados no ato constitutivo (artigo 1.091, § 2.º, Código Civil).

O nome empresarial a ser utilizado poderá ser tanto a razão social, quanto a denominação.

18. Sociedade limitada (artigos 1.052 a 1.087, Código Civil). Caracteriza-se pela limitação da responsabilidade dos sócios ao montante do capital social integralizado.

A seu regime jurídico aplicam-se de forma subsidiária as regras pertinentes às sociedades simples. No entanto, quando houver previsão contratual, poderão ser aplicadas supletivamente as regras pertinentes às sociedades anônimas, previstas na Lei 6.404/1976.

19. Nome empresarial da sociedade limitada. Nesta sociedade, o nome empresarial poderá ser da espécie firma social ou denominação, devendo ser acrescentado da expressão "limitada" ou "Ltda." ao final.

20. Capital social da sociedade limitada. Na sociedade limitada será o capital social dividido em cotas, que terão valores iguais ou desiguais.

Quando a contribuição do sócio for através de um bem, este terá seu valor determinado pelo sócio, no entanto, todos responderão exata estimativa dada ao bem, pelo prazo de cinco anos (artigo 1.055, § 1.º, Código Civil), sendo vedada a contribuição que consista em serviços (artigo 1.055, § 2.º, Código Civil).

A. *Aumento do capital social*: uma vez integralizado o capital social, este poderá ser objeto de aumento através do ingresso de novos sócios, ou da contribuição dos sócios existentes a buscar o seu aumento. É certo que os sócios terão o direito de preferência na subscrição de novas cotas, na proporção de sua respectiva participação societária (artigo 1.081, Código Civil).

B. *Redução do capital social*: poderá ocorrer se, após a sua integralização, houver perdas irreparáveis. Quando se verificar que o capital social é excessivo em relação ao objeto da sociedade, também será causa para a redução do capital a dissolução parcial da sociedade.

21. Responsabilidade da sociedade limitada. Nesta sociedade os sócios terão responsabilidade subsidiária, limitada ao valor de sua contribuição para a formação do capital social, e não solidária, desde que esteja o capital social totalmente integralizado.

Caso não esteja o capital integralizado, os sócios serão solidariamente responsáveis pela quantia que falta ser objeto de integralização.

Pela *subscrição*, temos o ato em que o sócio se compromete a contribuir com certa quantia para a formação do capital social, recebendo em contrapartida a participação societária já mencionada.

Já pelo instituto da *integralização*, o sócio cumpre aquilo a que havia se comprometido na subscrição, ou seja, ele efetua a sua contribuição para a formação do capital social.

Quando o sócio praticar atos contrários à lei ou ao contrato social, passa a responder de forma ilimitada pelas obrigações decorrentes de sua deliberação ilícita (artigo 1.080, Código Civil).

22. Cessão de cotas na sociedade limitada. Os sócios nas relações entre si poderão ceder livremente as suas cotas. Já nas relações com terceiros, esta cessão será livre desde que não exista oposição de sócios que detenham no mínimo um quarto do capital da sociedade ou exista no contrato cláusula de preferência.

23. Administração da sociedade limitada. Na sociedade limitada, a administração será exercida por uma ou mais pessoas físicas que deverão ser designadas no contrato social ou em ato apartado, podendo tais administradores ser sócios ou não.

No caso do administrador eleito em ato apartado, a sua posse deverá ser lavrada no livro de atas da sociedade (artigo 1.062, Código Civil).

Não poderão fazer parte da administração da sociedade limitada os impedidos descritos no § 1.º do artigo 1.011, Código Civil.

Na sociedade limitada com regência pela lei das sociedades por ações não poderão integrar a administração os impedidos do artigo 147, § 1.º, Lei 6.404/1976.

O mandato do administrador se extingue na hipótese de renúncia ao cargo, de sua destituição ou do término do mandato, caso o contrato social ou o ato em apartado que o elegeu fixe tal prazo.

No que tange à destituição do administrador sócio, esta poderá ocorrer desde que preenchido o quórum legal.

Cabe ao administrador representar a sociedade e praticar todos os atos necessários ao seu andamento.

Ao final de cada exercício social, deverá o administrador elaborar inventário, além de balanço patrimonial e de resultado econômico (artigo 1.065, Código Civil).

24. Conselho fiscal. Trata-se de um órgão cuja existência será facultativa nas sociedades limitadas, tendo como funções principais auxiliar os sócios na fiscalização dos administradores da sociedade, bem como na condução dos negócios sociais.

O conselho será composto por no mínimo três membros e seus suplentes, podendo tais membros ser sócios ou não, sendo eleitos em assembleia ordinária para mandato anual, cabendo aos minoritários que detenham pelo menos um quinto do capital social o direito de eleger um dos membros do conselho (artigo 1.066, Código Civil).

Assim como os membros da administração, não poderão fazer parte do conselho fiscal aquelas pessoas descritas no artigo 1.011, § 1.º, Código Civil.

Também não poderão fazer parte do conselho fiscal as pessoas consideradas impedidas de forma específica (vide artigo 1.066, § 1.º, Código Civil).

25. Assembleia de sócios na sociedade limitada (artigo 1.078, Código Civil). Constitui-se de um conclave a ser realizado ao menos uma vez por ano, nos quatro primeiros meses seguintes ao término do exercício social.

A assembleia tem competência para deliberar sobre qualquer matéria de interesse da sociedade.

26. Convocação na sociedade limitada. Em regra, será efetuada pelos administradores da sociedade. Contudo, a assembleia também poderá ser convocada por qualquer sócio, pelos sócios que detenham mais de um quinto do capital social ou mesmo pelo conselho fiscal, conforme causas legais (artigo 1.073, Código Civil).

A convocação deverá ser elaborada mediante a publicação de anúncio de convocação por, no mínimo, três vezes no *Diário Oficial* da União ou do Estado e em jornal de grande circulação, sendo que a primeira publicação do anúncio deverá anteceder a assembleia em no mínimo oito dias, sendo as demais colocadas livremente em qualquer data.

A convocação pela segunda vez deverá seguir as mesmas regras da primeira, sendo que o primeiro anúncio da segunda convocação deverá anteceder a assembleia em no mínimo cinco dias (artigo 1.152, § 3.º, Código Civil).

27. Instalação. Em primeira convocação, para que a assembleia tenha inicio, será necessária a presença de sócios que representem no mínimo três quartos do capital social. Já em segunda convocação, a assembleia instala-se com qualquer número de presentes (artigo 1.074, Código Civil).

28. Deliberações sociais.

Quórum deliberativo	Matérias
Unanimidade	a) eleição de administrador não sócio através do contrato social enquanto o capital não estiver totalmente integralizado (artigo 1.061, Código Civil);
	b) aprovação da operação societária de transformação (artigo 1.114, Código Civil).
Três quartos do capital social	a) aprovação de alterações no contrato social; aprovação da dissolução da sociedade; aprovação das operações societárias de incorporação e fusão e cessação do estado de liquidação (artigo 1.071, V e VI, Código Civil);
	b) eleição de sócio como administrador através do contrato social.
Dois terços do capital social	a) eleição de administrador não sócio com base no contrato social, quando o capital estiver totalmente integralizado (artigo 1.061, Código Civil);
	b) destituição de administrador nomeado pelo contrato social (artigo 1.063, § 1.º, Código Civil).

Quórum deliberativo	Matérias
Maioria absoluta (maioria do capital social)	Eleição de sócio, realizada em ato separado do contrato social; destituição dos administradores, fixação da remuneração dos administradores quando o contrato não mencionar e pedido de recuperação judicial (artigo 1.071, II, III, IV e VIII, Código Civil).
Maioria simples (maioria do capital social presente na assembleia)	Aprovação das contas dos administradores, bem como nos casos em que a lei não exigir um quórum específico (artigo 1.071, I, Código Civil).

29. Recesso na sociedade limitada. O sócio que não concordar com certas deliberações relativas à mudança do contrato social – ou com a incidência de alguma operação societária de incorporação ou fusão – poderá se manifestar em contrário, e, nos 30 dias subsequentes à realização da assembleia ou reunião que decidiu tal operação, efetuar seu pedido de retirada da sociedade (artigo 1.077, Código Civil).

30. Dissolução da sociedade limitada. Ocorre de forma igual à da sociedade simples, como visto acima.

A assembleia de sócios poderá ser substituída por uma reunião de sócios quando a sociedade tiver até 10 sócios e existir previsão de tal substituição no contrato social.

31. Sociedade por ações. Constitui-se a sociedade anônima de uma sociedade de capital, que sempre será considerada sociedade empresária, tendo, portanto, seus atos constitutivos registrados na Junta Comercial do Estado. Sua regulamentação é disciplinada pela Lei 6.404/1976.

Essa sociedade terá seu capital dividido em ações, sendo a responsabilidade dos acionistas limitada ao preço de emissão das ações subscritas ou adquiridas.

Tais sociedades classificam-se em (artigo 4.º, Lei 6.404/1976):

a) *sociedade anônima de capital aberto*: é a companhia que detém autorização conferida pela Comissão de Valores Mobiliários (CVM) para a negociação de seus títulos em mercados abertos primários (mercado de balcão) e secundários (bolsa de valores);

b) *sociedade anônima de capital fechado*: é aquela que não detém a citada autorização, não negociando títulos nos mercados abertos.

32. Nome empresarial da sociedade anônima. Nessas sociedades, o nome empresarial será sempre da espécie denominação, com a expressão "sociedade anônima" ou "S/A" ao final do nome empresarial.

Também é permitida a utilização da expressão "companhia" ou "Cia." Neste caso, porém, a inserção será no início ou no máximo até a metade do nome empresarial.

33. Capital social da sociedade anônima. Será dividido em ações, cabendo uma ou diversas a cada acionista.

A sua formação poderá ser mediante contribuições em dinheiro, bens ou créditos.

No caso da contribuição através da transferência de bens, a valoração dos bens será feita mediante avaliação efetuada por três peritos, ou por empresa especializada, nomeados em assembleia geral (artigo 8.º, Lei 6.404/1976).

34. Constituição da sociedade. Deverá o estatuto da companhia indicar a presença de ao menos dois acionistas, que subscreverão todo o capital da companhia.

Do capital da companhia previsto no estatuto, ao menos 10% deverão estar integralizados em dinheiro, mediante depósito desta quantia no Banco do Brasil ou em outra instituição autorizada pela Comissão de Valores Mobiliários.

> *Importante!*
> Quando a sociedade for instituição financeira, o percentual de integralização será de no mínimo 50% do capital social subscrito (artigo 27, Lei 4.595/1964).

35. Valores mobiliários. São títulos emitidos pelas sociedades anônimas, representando para estas sociedades uma forma de captação de recursos. Já para aqueles que venham a adquiri-los, representam um investimento. São valores mobiliários: ações, debêntures, partes beneficiárias, bônus de subscrição e *commercial papers*.

36. Ações. É espécie de valor mobiliário que representa a aquisição de um direito de sócio, assim como uma parcela do capital social.

No tocante à espécie, as ações serão:

Ordinárias	Atribuem ao seu adquirente direitos comuns àqueles de qualquer outro acionista. Os detentores dessas ações poderão exercer o direito de voto em assembleias, bem como terão direito a recebimento de dividendos. Tais ações serão obrigatórias.
Preferenciais	Atribuem ao seu titular certas preferências, que poderão ser vantagens (artigo 17, Lei 6.404/1976) com ou sem restrições (artigo 111, Lei 6.404/1976). Os acionistas poderão ter: a) prioridade no recebimento de dividendos fixos ou mínimos; b) prioridade no recebimento do reembolso de capital social; c) direito ao recebimento de dividendo em valor superior às ações ordinárias. As ações preferenciais, que contiverem restrição quanto ao direito de voto, serão emitidas em no máximo 50% do total de ações.
De fruição	Poderão ser ordinárias ou preferenciais. No entanto, seu acionista já as amortizou, ou seja, já recebeu aquilo que receberia em caso de liquidação da sociedade.

Com referência a sua forma, o fator determinante na classificação abaixo será justamente o ato jurídico de transferência acionária. Sendo assim, as ações poderão ser:

Nominativas	Transferência ocorrerá mediante registro no livro de transferências, arquivado na sede da sociedade (artigo 31, Lei 6.404/1976).
Escriturais	Transferência ocorrerá mediante o registro efetuado perante a instituição financeira responsável pela custódia das ações (artigo 34, Lei 6.404/1976).

37. Debêntures (artigos 52 a 74, Lei 6.404/1976). São valores mobiliários que conferem ao seu titular um direito de crédito contra a companhia emissora.

A escritura de emissão é que determina as características das debêntures, que obrigatoriamente deverão conter o seu valor nominal, o vencimento, a remuneração dos debenturistas e a forma de garantia, dentre outras especificações.

As debêntures são classificadas quanto à sua espécie, conforme disposição do artigo 58 e seguintes, Lei 6.404/1976, em:

Debênture de garantia real	Atribui ao seu titular um crédito de garantia real, caso a companhia venha a falir.
Debênture com garantia flutuante	Atribui ao debenturista um crédito de privilégio geral.
Debênture quirografária	Atribui ao seu titular um crédito sem garantias (credor quirografário).
Debênture subordinada	O debenturista terá preferência apenas em relação aos acionistas, caso ocorra a falência (abaixo dos quirografários).

38. Partes beneficiárias. Previstas nos artigos 46 a 51, Lei 6.404/1976, são títulos que representam a aquisição de direito de crédito eventual contra a companhia emissora, consistente na participação de até 10% nos lucros da companhia.

Somente companhias fechadas poderão emitir tais títulos, sendo certo que a emissão poderá ser de forma gratuita ou onerosa.

39. Bônus de subscrição. São títulos que conferem ao seu titular direito de preferência na subscrição de novas ações a serem emitidas pela sociedade (artigos 75 a 79, Lei 6.404/1976).

40. *Commercial papers*. São valores mobiliários previstos na Instrução Normativa 134/1990, da Comissão de Valores Mobiliários. Têm a estrutura de uma nota promissória.

Têm por objetivo a captação de recursos para restituição a curto prazo, visto que o prazo de resgate destes se dá entre 30 dias, no mínimo, e 180 dias, no máximo, para a companhias de capital fechado; e entre 30 dias, no mínimo, e 360, no máximo, para as companhias de capital aberto.

41. Direitos essenciais dos acionistas (artigo 109, Lei 6.404/1976).

a) participação dos lucros sociais;

b) participação no acervo da companhia em caso de liquidação;

c) fiscalização, na forma prevista na Lei, dos administradores da companhia;

d) preferência na subscrição de novas ações, debêntures ou partes beneficiárias conversíveis em ações, bem como dos bônus de subscrição;

e) direito de retirar-se da sociedade, nos casos previstos em lei.

O direito de retirada poderá ser exercido quando o acionista for dissidente de determinadas deliberações da assembleia geral (como nas matérias previstas nos artigos 136, I a VI, IX, 221, 230 e 252, Lei 6.404/1976).

42. Acordo de acionistas (artigo 118, Lei 6.404/1976). Os acionistas poderão livremente efetuar acordos entre eles, referentes ao poder de controle da sociedade, bem como sobre o direito de voto nas assembleias e a alienação de ações e preferências para a sua aquisição.

O acordo só poderá ser oponível a terceiros, depois de averbados no livro de registro e arquivado na sede da companhia.

43. Acionista controlador. Será a pessoa física ou jurídica – ou um grupo de pessoas vinculadas por acordo de voto – que for titular de ações que correspondam a mais da metade do capital votante da companhia.

Tal acionista, ou grupo destes, deverá usar a prerrogativa de seu poder de controle, sempre no intuito de realizar o objeto social desta companhia, cumprindo a sua função social.

44. Órgãos societários. Dentro das companhias serão divididos em quatro espécies: assembleia geral, conselho de administração, diretoria e conselho fiscal.

45. Assembleia geral. Configura-se pelo órgão supremo dentro da organização de uma companhia, competente para deliberar sobre quaisquer assuntos de competência da sociedade.

46. Assembleia geral ordinária (artigo 132, Lei 6.404/1976). Será realizada anualmente, nos quatro primeiros meses após o término do exercício social, sendo que tal assembleia possui competência para a apreciação de matérias específicas:

a) tomar as contas dos administradores, examinar, discutir e votar as demonstrações financeiras;

b) deliberar sobre a destinação do lucro líquido do exercício e a distribuição de dividendos;

c) eleger os administradores e os membros do conselho fiscal, quando for o caso;

d) aprovar a correção monetária da expressão do capital social.

47. Assembleia geral extraordinária. Será realizada a qualquer tempo, e possui competência para a deliberação de todo e qualquer assunto, exceto os de competência privativa da assembleia geral ordinária.

48. Convocação da assembleia geral. Deverá ser convocada pelo conselho de administração. Caso este não exista, a convocação incumbe à diretoria. No entanto, a convocação poderá ser efetuada também pelo conselho fiscal e por acionistas nas causas previstas em lei (artigo 123, parágrafo único, Lei 6.404/1976).

49. Instalação da assembleia geral. Para que tenha início a assembleia geral em primeira convocação, é necessária a presença de acionistas que detenham pelo menos um quarto do capital social com direito a voto.

Em segunda convocação, o quórum de instalação desta assembleia será livre.

Em assembleia, o acionista poderá ser representado por outro acionista, por administrador da sociedade ou por seu advogado, desde que exista procuração com poderes específicos há menos de um ano (artigo 126, § 1.º, Lei 6.404/1976).

> *Importante!*
> Caso a assembleia seja convocada para deliberar sobre a reforma do estatuto social, é necessária, então, para a instalação em primeira convocação, a presença de acionistas que detenham no mínimo dois terços do capital social.

50. Deliberações da assembleia geral. Dentro da assembleia os acionistas votam de acordo com o valor de suas ações, existindo dois quóruns deliberativos:

a) *quórum geral* (artigo 129, Lei 6.404/1976): consiste na maioria do capital social votante presente na assembleia, excluídos os votos em branco para as deliberações. Tal quórum é considerado geral;

b) *quórum qualificado* (artigo 136, Lei 6.404/1976): será o quórum correspondente à maioria do capital social, para as matérias legalmente estabelecidas.

> *Importante!*
> As companhias de capital fechado poderão fixar a existência de um terceiro quórum denominado quórum estatutário (artigo 129, § 1.º, Lei 6.404/1976).

51. Conselho de administração (artigo 140, Lei 6.404/1976). Com existência facultativa, consiste em órgão deliberativo, composto por no mínimo três membros, acionistas, residentes no País e eleitos para mandato de até três anos, cabendo reeleição.

Dentre outras atribuições estão as de fixar as orientações do negócio da companhia e eleger e destituir diretores (artigo 142, Lei 6.404/1976).

> **Importante!**
> O conselho de administração será obrigatório em companhias de capital aberto, de economia mista e de capital autorizado (artigo 138, § 2.º, Lei 6.404/1976).

52. Diretoria da sociedade anônima. Órgão executivo, formado por no mínimo dois membros, acionistas ou não, residentes no País e eleitos pelo conselho de administração, caso exista, ou pela assembleia geral, para mandato de até três anos, cabendo reeleição.

Até um terço dos membros do conselho de administração poderá fazer parte da diretoria.

A diretoria tem como funções primordiais representar a sociedade e praticar todos os atos de gestão necessários ao seu bom andamento (artigo 143, Lei 6.404/1976).

53. Deveres dos diretores.

a) *diligência*: deverá o administrador agir com a diligência que todo homem emprega na administração de seus próprios negócios (artigo 153, Lei 6.404/1976);

b) *cumprimento de suas obrigações*: o administrador deverá exercer as suas atribuições sempre no interesse da companhia (artigo 154, Lei 6.404/1976);

c) *lealdade*: não poderá o administrador usar a sociedade em benefício próprio ou de outrem, vedado também omitir-se, visando à obtenção de vantagens para si (artigo 155, Lei 6.404/1976).

54. Impedidos de participar dos órgãos de administração (artigo 147, § 1.º, Lei 6.404/1976). Não poderão integrar os órgãos da administração, tampouco o conselho fiscal, aqueles qualificados como impedidos.

55. Conselho fiscal da sociedade anônima. Constitui órgão de existência obrigatória nas sociedades anônimas, porém de funcionamento facultativo, já que a sua instalação irá depender da deliberação dos acionistas.

Tem função de auxiliar os acionistas e a assembleia geral na fiscalização dos administradores da companhia (artigo 163, Lei 6.404/1976).

Terá composição de no mínimo três e no máximo cinco membros, pessoas físicas, acionistas ou não, além de seus respectivos suplentes, todos residentes no País, com nível universitário ou que tenham exercido, no mínimo por três anos, cargo de administrador de empresas ou de conselheiro fiscal, devendo tais membros ser eleitos pela assembleia geral para mandato de até um ano.

Além dos impedidos já mencionados, não poderão fazer parte do conselho fiscal: o administrador da sociedade ou de sociedade por ele controlada; o empregado da sociedade ou de sociedade por ele controlada; além do cônjuge ou parente até o terceiro grau dos administradores (artigo 162, § 2.º, Lei 6.404/1974).

56. Dissolução, liquidação e extinção da sociedade anônima. A sociedade irá dissolver-se de pleno direito nas hipóteses legais (artigo 206, I, Lei 6.404/1976).

57. Operações societárias.

a) *transformação* (artigo 220, Lei 6.404/1976): consiste na operação pela qual a sociedade efetua a mudança de seu tipo societário, sem incorrer em dissolução ou em hipóteses de liquidação;

b) *incorporação* (artigo 227, Lei 6.404/1976): nesta, uma ou mais sociedades (incorporadas) são absorvidas por outra sociedade (incorporadora), que irá sucedê-las em todos os direitos e obrigações;

c) *fusão* (artigo 228, Lei 6.404/1976): é a operação societária em que duas ou mais sociedades se unem, formando, assim, uma terceira sociedade, que as sucederá em todos os direitos e obrigações;

d) *cisão* (artigo 229, Lei 6.404/1976): pelo instituto da cisão, uma companhia transfere parcelas de seu patrimônio social para uma ou mais sociedades. A cisão será total quando ocorrer extinção da companhia cindida, mas pode ser parcial, quando isso não ocorrer.

Capítulo IV

Títulos de Crédito

1. Título de crédito (artigo 887, Código Civil). É o documento necessário ao exercício do direito literal e autônomo nele contido. Somente produz efeito quando preencha os requisitos de lei.

2. Princípios. São princípios cambiários a cartularidade, a literalidade e a autonomia das obrigações cambiárias:

a) *cartularidade*: este princípio determina que o crédito deverá constar de uma determinada cártula, de um documento corpóreo, devendo o credor, para o exercício de seu direito, estar na posse de tal cártula;

b) *literalidade*: o direito deverá estar expresso de forma literal na cártula, só produzindo efeitos cambiários o que estiver descrito no próprio título;

c) *autonomia das obrigações cambiárias*: tem por objetivo esclarecer que os títulos de crédito estão, em regra, desvinculados da relação jurídica que os gerou.

3. Classificação.

a) quanto ao seu modelo;

b) quanto a sua estrutura;

c) no que se refere a sua emissão e também a sua circulação.

4. Modelo. Quanto ao modelo, os títulos de crédito poderão ser:

a) *de modelo livre*: são aqueles que não necessitam de qualquer padrão específico, devendo ser emitidos com observância apenas dos requisitos legais;

b) *de modelo vinculado*: são aqueles a que a lei atribui padrão específico de emissão, como é o caso da duplicata e do cheque. No caso do último, sua emissão só poderá ocorrer em formulário próprio, fornecido pelo banco sacado.

5. Estrutura. No referente à estrutura, os títulos de crédito classificam-se em:

a) *promessa de pagamento*: o título de crédito compreende uma relação jurídica entre duas partes: o emissor (sacador) e o beneficiário, também chamado de tomador – exemplo, nota promissória;

b) *ordem de pagamento*: a relação jurídica será entre três membros: o sacador, aquele que dá a ordem de pagamento; o sacado, aquele ao qual a ordem é endereçada; e, por último, o tomador, que será o beneficiário da ordem de pagamento. Assim, temos como espécies de ordem de pagamento o cheque, a duplicata e a letra de câmbio.

6. **Emissão.** Quanto à sua emissão classificam-se em:

a) *títulos de crédito causais*: aqueles cuja emissão depende da existência de fato anterior que a autorize, como no caso da duplicata – sua emissão está condicionada à emissão anterior de uma fatura ou nota fiscal-fatura, proveniente de uma compra e venda mercantil ou de uma prestação de serviços. Também são causais o conhecimento de depósito e o conhecimento de transporte;

b) *títulos de crédito não causais*: aqueles cuja emissão não necessita da existência de qualquer causa anterior, como é o caso do cheque, da letra de câmbio e da nota promissória.

7. **Circulação.** No que tange às hipóteses de circulação, os títulos de créditos se classificam em:

a) *títulos de crédito ao portador*: aqueles que não ostentam o nome do credor e, por isso, transferem-se mediante simples tradição. Na atualidade, o direito brasileiro prevê a existência de apenas um título de crédito ao portador: o cheque, até o valor de R$ 100,00 (cem reais);

b) *títulos de crédito nominativos*: aqueles em que há um beneficiário da ordem.

No entanto, os títulos de crédito nominativos se dividem em duas categorias: os nominativos "à ordem" e os nominativos "não à ordem". São títulos nominativos "à ordem" aqueles que se transferem mediante endosso. Já os nominativos não à ordem são transferidos por meio da cessão civil de crédito.

8. **Atos cambiários.** Os principais atos cambiários são o saque, o aceite, o endosso, o aval e o protesto.

9. **Saque.** Constitui saque a ordem de pagamento dada pelo sacador para que seu sacado efetue o pagamento daquele título ao tomador indicado na cártula. O saque consiste na emissão propriamente dita do título de crédito.

10. **Aceite.** O aceite consiste em um ato cambiário inerente às ordens de pagamento.

O ato cambiário do aceite deverá ser lançado no anverso, ou seja, na face do título, vinculando o sacado ao pagamento do título como devedor principal, podendo, em alguns casos, tal aceite ser facultativo ou obrigatório (artigo 21, Decreto 57.663/1966).

11. **Aceite parcial.** Caso o aceite seja facultativo e o sacado não aceitar tal ordem de pagamento, este não estará vinculado ao pagamento do título, ocorrendo, ainda, o vencimento antecipado do título de crédito.

Ocorrendo a recusa do aceite, poderá ela ser total ou parcial. A recusa será total quando o sacado simplesmente recusar a ordem de pagamento. No entanto, caso ele aceite e efetue algumas alterações na ordem, teremos as hipóteses do aceite limitativo ou modificativo, caracterizadas como hipóteses de recusa parcial do aceite.

Pelo aceite modificativo, o sacado efetuará algumas mudanças na ordem de pagamento, vinculando-se a este conforme estiver estipulado em seu aceite. Já pela recusa limitativa, ele aceita, mas efetua uma redução no valor da obrigação, vinculado-se ao pagamento de acordo com seu aceite.

12. Endosso. Constitui o endosso ato cambiário pelo qual o credor, neste ato chamado de endossante, transfere a um terceiro, denominado endossatário, um título de crédito nominativo à ordem (artigo 11, Decreto 57.663/1966).

Tal transferência, em regra, vincula o endossante na qualidade de coobrigado, exceto quando no endosso existir cláusula denominada *sem garantia*. No entanto, para que tal cláusula tenha eficácia, deverá haver a concordância do endossatário.

É vedado o endosso parcial (artigo 12, Decreto 57.663/1966).

13. Modalidades de endosso. O endosso se classifica em:

a) *endosso em branco*: ocorre quando o endossatário, no ato do endosso, não é identificado, o que acarreta a transformação do título de nominativo para "ao portador";

b) *endosso em preto*: ocorre quando, no ato da transferência, o endossante identifica aquele que será o endossatário.

14. Endosso impróprio. Neste enfoque temos:

a) *endosso-mandato* ou *endosso-procuração*: o endossatário-mandatário exerce atividade na condição de mandatário, podendo cobrar o título de crédito e, inclusive, dar quitação deste (artigo 18, Decreto 57.663/1966);

b) *endosso-caução* ou *endosso-penhor*: o endossatário, caso não ocorra o pagamento do título, se tornará credor pignoratício do título de crédito (artigo 19, Decreto 57.663/1966).

15. Aval. Constitui o aval ato cambiário pelo qual um sujeito, denominado avalista, garante o pagamento do título, ou seja, caso o devedor, neste ato chamado de avalizado, não pague, o avalista garantirá o pagamento da obrigação.

A obrigação assumida pelo avalista é autônoma em relação à obrigação do avalizado, não existindo, neste caso, qualquer hipótese de benefício de ordem. Assim, o instituto não se confunde com a fiança.

O aval é concedido por meio de assinatura na face ou no verso do título, acrescida da expressão "por aval".

16. Protesto. O protesto de títulos consiste no ato formal e solene pelo qual se provam a inadimplência e o descumprimento de determinada obrigação cambiária (artigo 1.º, Lei 9.492/1997).

Para os títulos de crédito, o protesto por falta de pagamento gera o direito de efetuar a cobrança em face do coobrigado do título.

Cabe, todavia, mencionar que o protesto também poderá ser utilizado para a comprovação do descumprimento de outras obrigações cambiárias. É o caso do protesto por falta de aceite e por falta de devolução.

17. Principais espécies de títulos de crédito. Dentre os títulos de crédito existentes em nosso direito, podemos destacar as principais espécies, quais sejam: a letra de câmbio, a nota promissória, a duplicata, o cheque, o conhecimento de transporte, o conhecimento de depósito e o *warrant*.

18. Letra de câmbio.

Definição	Consiste em uma ordem de pagamento, que pode ser à vista ou a prazo, dada pelo emissor do título, também chamado de sacador, endereçada a um terceiro, que também poderá ser chamado de sacado, determinando que este efetue o pagamento de tal quantia ao beneficiário tomador indicado no título de crédito (artigo 1.º, Decreto 2.044/1908).
Requisitos	Aqueles previstos no artigo 1.º, Decreto 57.663/1966.
Aceite	Será facultativo, não sendo então o sacado obrigado a lançar tal ordem de pagamento. Caso a lance, estará vinculado ao seu pagamento na qualidade de devedor principal. Todavia, se o sacado não aceitar a ordem de pagamento, ocorrerá o vencimento antecipado do título de crédito.
Endosso	O endossante irá transferir a letra de câmbio nominativa à ordem ao seu endossatário, vinculando-se ao seu pagamento na qualidade de coobrigado.
Pagamento	a) *à vista*: o sacado, ao receber o título, já deverá honrar seu pagamento; b) *a certo termo da data*: a contagem do vencimento começará a partir da emissão da letra de câmbio, em conformidade com o que mencionar a cártula; c) *a certo termo da vista*: a cártula mencionará o prazo de vencimento, que começará a ser contado a partir do aceite do sacado; d) *a dia certo*: ocorrerá quando a cártula mencionar o dia exato em que ocorrerá o seu vencimento.
Protesto	a) *por falta de aceite*: gera o vencimento antecipado do título de crédito; b) *por falta de pagamento*: gera o direito de cobrança em face do codevedor da obrigação. O prazo para o ato é de dois dias.
Ação cambial (execução)	a) três anos para o exercício do direito em face do devedor principal e seus avalistas, contados do seu vencimento; b) um ano para o exercício do direito em face dos coobrigados e seus avalistas, contado da data do protesto do título; c) seis meses para a ação de regresso do coobrigado em face do devedor principal, contados do pagamento do título, ou da data em que foi acionado judicialmente para efetuar o pagamento.

19. Nota promissória.

Definição	Consiste em promessa de pagamento efetuada pelo devedor, também chamado de emissor ou subscritor, de realizar o pagamento daquela quantia na data estipulada na cártula, ao seu beneficiário, ou tomador (credor).
Requisitos	Previstos no artigo 75, Decreto 57.663/1966.
Aceite	Não se aplica à nota promissória, por ser o título promessa de pagamento.
Endosso	Quando o endossante transferir o título de crédito nominativo à ordem ao seu endossatário, além da transferência haverá a vinculação do endossante ao pagamento da cártula na qualidade de coobrigado.
Pagamento	a) *à vista*: ocorrerá no instante em que o tomador apresentar o título ao seu subscritor para o devido recebimento; b) *a certo termo da data*: a contagem do vencimento começará a partir da emissão da nota promissória, em conformidade com o que mencionar a cártula; c) *a certo termo da vista*: a cártula mencionará o prazo de vencimento, que começará a ser contado a partir do visto do subscritor do título; d) *a dia certo*: ocorrerá quando a cártula mencionar o dia exato em que ocorrerá o seu vencimento.
Protesto	Só poderá ser utilizado para a comprovação da falta de pagamento, gerando o direito de cobrança em face do codevedor da obrigação. O prazo para o protesto por falta de pagamento será de 2 dias úteis após o seu vencimento.
Ação cambial (execução)	a) três anos para o exercício do direito em face do devedor principal e seus avalistas, contados do seu vencimento; b) um ano para o exercício do direito em face dos coobrigados e seus avalistas, contado da data do protesto do título; c) seis meses para a ação de regresso do coobrigado em face do devedor principal, contados do pagamento do título, ou da data em que este foi acionado judicialmente para efetuar o pagamento.

20. Duplicata.

Definição	Configura-se em uma ordem de pagamento dada pelo sacador (emissor) do título, em face de seu sacado, proveniente de uma compra e venda mercantil ou de uma prestação de serviços (Lei 5.474/1968).
Requisitos	Previstos em lei (artigo 2.º, § 1.º, Lei 5.474/1968).
Aceite	A duplicata será de aceite obrigatório, independentemente da vontade do sacado, que, mesmo não a aceitando, estará vinculado ao seu pagamento, salvo nas exceções dispostas em lei. Na duplicata de compra e venda mercantil, o comprador poderá deixar de aceitar a duplicata nas hipóteses do artigo 8.º, Lei 5.474/1968. Na duplicata de prestação de serviços, a recusa poderá ocorrer nas hipóteses do artigo 21, Lei 5.474/1968.

Endosso	A transferência será sempre por meio de endosso, visto ser título nominativo à *ordem* (artigo 2.º, § 1.º, VII, Lei 5.474/1968).
Pagamento	a) *à vista*: ocorrerá no instante em que o tomador apresentar o título ao seu subscritor para o devido recebimento; b) *a dia certo*: ocorrerá quando a cártula mencionar o dia exato em que ocorrerá seu vencimento.
Protesto	Serve para comprovar o descumprimento de certas obrigações cambiárias, como a falta de aceite, de devolução ou de pagamento. O prazo do protesto será de no máximo 30 dias contados de seu vencimento, no caso do não pagamento.
Ação cambial (execução)	a) três anos para o exercício do direito em face do devedor principal e seus avalistas, contados do seu vencimento; b) um ano para o exercício do direito em face dos coobrigados e seus avalistas, contado da data do protesto do título; c) um ano para a ação de regresso do coobrigado em face do devedor principal, contado do pagamento do título, ou da data em que foi acionado judicialmente para efetuar o pagamento.

21. Cheque.

Definição	Trata-se de ordem de pagamento à vista, dada pelo emissor do título mediante provisão de fundos que possui com a instituição financeira, para o pagamento da quantia descrita na cártula em ser favor ou de terceiros.
Requisitos	Com previsão legal (artigo 1.º, Lei 7.357/1985).
Aceite	Vedado no cheque (artigo 6.º, Lei 7.357/1985).
Endosso	No cheque, a transferência deverá ser feita por meio do instituto do endosso, quando superior a R$ 100,00 (cem reais) (artigo 17, Lei 7.357/1985). Quando inferior, a transferência será feita por meio da tradição.
Prazo de apresentação do cheque	O cheque deverá ser levado a pagamento, ou seja, apresentado ao banco para liquidação, no prazo de 30 dias, contados de sua emissão, quando este for de mesma praça. Caso seja de praça diversa, o prazo de apresentação será de 60 dias, contados de sua emissão (artigo 33, Lei 7.357/1985). A perda do prazo de apresentação gera a perda do direito de executar os codevedores do título caso este venha a ser apresentado, se ocorrida a devolução por insuficiência de fundos.
Protesto	O protesto do cheque só poderá ocorrer na modalidade falta de pagamento, vez que não existe aceite neste título, devendo tal protesto ser realizado durante o prazo de apresentação. O principal objetivo do protesto é gerar o direito de cobrança em face dos codevedores, o que, neste caso, ocorrerá com a simples apresentação do título no prazo.

Ação cambial (execução)	O prazo para exercício de cobrança do cheque por meio da execução será de 6 meses, contados do término da data de apresentação ao banco sacado (artigo 59, Lei 7.357/1985).
	Caso o credor tenha por objetivo mover a ação em face dos codevedores, deverá apresentar o cheque dentro do prazo legal.

22. Modalidades de cheque. Os cheques poderão ser classificados, no que tange à sua espécie, da seguinte maneira:

a) *cheque visado*: neste, o sacado, a pedido do emitente ou de portador legítimo do cheque, lança no seu verso um visto, certificando a existência de fundos suficientes para a liquidação do título;

b) *cheque administrativo*: consiste em cheque emitido pelo próprio banco sacado, para a sua liquidação em favor de terceiros, em uma de suas agências;

c) *cheque cruzado*: terá dois traços transversais na face do título, impedindo o seu desconto diretamente junto ao caixa do banco;

d) *cheque para ser levado em conta*: o emitente ou o portador proíbem o pagamento em dinheiro, mediante cláusula que contenha a expressão "para ser levado em conta", nesta hipótese o título só poderá ser creditado em favor daquele indicado no próprio título, no momento de sua emissão.

21. Conhecimento de transporte. Tem por finalidade primordial comprovar o recebimento de determinada mercadoria por uma transportadora, que assume a obrigação de entregar a mercadoria em seu correto destino (Decreto 19.473/1930).

No entanto, tal conhecimento será passível de endosso, que transferirá a propriedade da mercadoria, podendo, assim, ser negociada mediante o citado instituto.

22. Conhecimento de depósito e *warrant*. São títulos emitidos pelos armazéns gerais, representando o depósito e a guarda de mercadorias (Decreto 1.102/1903).

Assim como o conhecimento de transporte, poderão tais títulos ser objeto de endosso. Neste caso, ocorrerá, então, a transferência da propriedade da mercadoria depositada.

Capítulo V

Contratos Empresariais

1. Contrato de representação comercial. É contrato empresarial caracterizado como modalidade de escoamento de mercadorias em que o representante comercial – que poderá ser representante autônomo ou pessoa jurídica – obriga-se, mediante remuneração, a realizar negócios empresariais, em caráter não eventual, em nome de outra parte, denominada representada (artigo 1.º, Lei 4.886/1965).

O contrato poderá ser celebrado por escrito ou de forma verbal, não existindo nesta relação jurídica qualquer vínculo empregatício, vedada a inclusão de cláusula *del credere* (artigo 43, Lei 4.886/1965).

2. Cláusulas obrigatórias. O contrato de representação deverá conter obrigatoriamente as cláusulas indicadas no artigo 27, Lei 4.886/1965.

3. Obrigações do representante.

a) buscar pedidos de compra em nome do representado, expandindo o negócio desta;

b) fornecer, quando solicitada, informação detalhada sobre o andamento dos negócios;

c) agir sempre de acordo com as orientações do representado, não podendo, salvo autorização expressa, conceder abatimentos ou dilação de prazos (artigos 28 e 29, Lei 4.886/1965).

4. Obrigações do representado.

a) pagar ao representante a sua comissão quando do pagamento dos pedidos ou da proposta;

b) respeitar cláusula de exclusividade de zona, não podendo vender diretamente sua mercadoria naquela determinada zona onde o representante exerce a atividade, devendo, se incorrer em tal falta, indenizar o representado.

5. Rescisão do contrato de representação. A rescisão contratual ocorrerá por qualquer uma das partes, sem justo motivo. Tendo sido o contrato firmado há menos de 6 meses, não caberá indenização.

Quando firmado há mais de seis meses sem prazo, caberá à parte que o denunciar conceder aviso prévio de 30 dias, ou pagar indenização correspondente a 1/3 das comissões dos últimos 3 meses (artigo 34, Lei 4.886/1965).

O representado poderá rescindir o contrato sem pagar qualquer indenização quando a causa da rescisão tiver sido dada pelo representante (artigo 35, Lei 4.886/1965).

Já quando a rescisão ocorrer por vontade do representado de forma injustificada, deverá ele pagar a quantia equivalente a 1/12 (um doze avos) do total das comissões recebidas durante o tempo do contrato, valor este acrescido de correção monetária.

Também será devida a indenização quando o contrato for rescindido pelo representante em virtude de justo motivo (artigo 36, Lei 4.886/1965).

6. Contrato de agência. Trata-se de contrato pelo qual uma pessoa (agente) assume, em caráter não eventual e sem vínculo de dependência, a obrigação de promover, à conta de outra (proponente) e mediante retribuição, a realização de certos negócios, em zonas determinadas (artigo 710, Código Civil).

Nesta modalidade contratual, deverá o agente praticar seus atos com diligência, atento às instruções que foram dadas pelo proponente, arcando com as despesas necessárias ao desempenho do negócio, salvo quando houver disposição contratual em contrário (artigos 712 e 713, Código Civil).

Por sua vez, deverá o proponente remunerar o agente pelos negócios concluídos dentro de sua zona, devendo indenizar o agente, no caso de cessar o atendimento de suas propostas sem que exista justo receio, sempre respeitando a cláusula de exclusividade (artigo 714, Código Civil).

O contrato poderá ser rescindido imotivadamente, quando celebrado por prazo indeterminado, desde que haja aviso prévio de 90 dias (artigo 720, Código Civil).

7. Contrato de distribuição. O contrato de distribuição se diferencia do contrato de agência, pois naquele o distribuidor tem à sua disposição a coisa a ser negociada.

No que tange aos direitos e obrigações e à extinção deste contrato, devem ser aplicadas as disposições pertinentes ao contrato de agência.

8. Contrato de concessão comercial. Essa modalidade contratual disciplina apenas o comércio de veículos automotores terrestres, como automóveis, caminhões, ônibus, tratores e máquinas agrícolas. Caso o contrato verse sobre outros bens, será caracterizado como atípico (Lei 6.729/1979).

Nesta modalidade contratual, uma das partes, a chamada concessionária, obriga-se a efetuar a comercialização dos produtos fabricados pela outra parte, denominada concedente.

Vale frisar que a exclusividade, bem como a territorialidade, devem ser fruto de acordo entre as partes, não prevendo a lei obrigatoriedade quanto isso.

9. Contrato de franquia (*franchising*). Modalidade de contrato empresarial no qual uma das partes, denominada franqueador, autoriza o uso de sua marca ao franqueado, podendo tal contrato prever a autorização para a venda exclusiva ou semiexclusiva dos produtos do franqueador, sendo que este último efetuará ainda a cessão de sua tecnologia operacional de trabalho, tudo mediante remuneração (artigo 2.º, Lei 8.955/1994).

A lei de franquias não menciona quais serão os direitos e obrigações de cada parte, tampouco traz hipóteses de extinção do contrato – assim, tais questões deverão ser disciplinadas pelos contratantes.

A legislação traz a obrigatoriedade de o franqueador fornecer ao interessado em tornar-se franqueado a Circular de Oferta de Franquia, que deverá ser escrita em linguagem clara e acessível, contendo todas as informações sobre a empresa franqueadora, bem como sobre a atividade exercida (artigo 3.º, Lei 8.955/1994).

Determina a lei de franquias que tal contrato, para ser válido, deverá ser firmado por escrito e assinado na presença de duas testemunhas, e independe de registro em cartório ou qualquer outro órgão público (artigo 6.º, Lei 8.955/1994).

10. Contrato de alienação fiduciária em garantia. No contrato de alienação, o fiduciante (devedor) mantém a posse direta do bem alienado, sendo considerado seu depositário; já o agente fiduciário (credor) tem a posse indireta, mantendo o seu domínio resolúvel, visto que, após o cumprimento dos pagamentos por parte do fiduciante, deverá o agente-fiduciário transferir-lhe o bem (artigo 1.º, Dec.-lei 911/1969).

Em caso de inadimplência, o agente-fiduciário poderá requerer judicialmente a busca e apreensão do bem, e, caso este não esteja na posse do fiduciante, a ação poderá ser convertida em ação de depósito.

11. Contrato de arrendamento mercantil (*leasing*). Nesta modalidade de contrato o arrendador (instituição financeira) disponibiliza um bem para uso do arrendatário, que efetua o pagamento de uma contraprestação mensal, podendo o arrendatário, ao final do contrato, adquirir o bem, prorrogar o contrato, ou mesmo devolvê-lo (Lei 6.099/1974 e Resolução 2.309/1996 do BACEN).

São modalidades deste contrato o *leasing* financeiro e o *leasing* operacional.

12. *Leasing* financeiro. Consiste na modalidade mais comum de *leasing*, em que o arrendatário adquire certo bem para sua utilização, devendo, por consequência, efetuar retribuição mensal, podendo ao final adquirir tal bem mediante pagamento de valor residual, que, aliás, poderá ser pago mensalmente, acrescido das parcelas referentes à utilização.

Nesta modalidade, muito comum é a incidência do *leasing* de retorno, ou *leasing back,* em que um sujeito efetua a alienação de seu bem a um arrendador, mas permanece na sua posse, na qualidade de arrendatário.

13. Leasing operacional. Consiste tal modalidade em contrato em que o proprietário de certos bens efetua o seu arrendamento, mediante o pagamento das prestações. No entanto, o arrendador estará incumbido de prestar os serviços de assistência técnica de tais bens, objeto do arrendamento, durante a vigência do contrato. A duração mínima do contrato é de 90 dias.

Capítulo VI

Falência e Recuperação de Empresas

1. Introdução. A Lei 11.101/2005 regulamenta o instituto da falência e da recuperação de empresas.

Os meios de recuperação – judicial, extrajudicial e especial (para ME e EPP) – são procedimentos que têm por objetivo auxiliar o empresário na superação de uma crise econômica e financeira, proporcionando, assim, a continuação de suas atividades.

Já a falência tem por objetivo afastar o empresário devedor de seu patrimônio, nomeando um administrador judicial, que irá arrecadar e vender esse patrimônio e utilizar os recursos advindos para satisfação dos credores.

Nos itens 2 a 17 trataremos da matéria comum tanto à recuperação judicial quanto à falência. Já nos itens 18 a 25 trataremos da recuperação judicial, enquanto do item 27 em diante a matéria será estritamente a da falência.

2. Qualidade do devedor (artigo 1.º, Lei 11.101/2005). O empresário e a sociedade empresária poderão, de acordo com a legislação, obter os benefícios da recuperação (judicial ou extrajudicial). Contudo, poderão falir.

3. Excluídos da falência e da recuperação (artigo 2.º, Lei 11.101/2005). A legislação não se aplica:

a) a empresas públicas e sociedades de economia mista;

b) a instituições financeiras públicas ou privadas, cooperativas de crédito, consórcios, entidades de previdência complementar, sociedades operadoras de plano de assistência à saúde, sociedades seguradoras, sociedades de capitalização.

4. Juízo competente. Será o juízo especial (vara da falência ou vara empresarial) quando este existir, ou o juízo civil (competência material).

Quanto à competência territorial, o competente será o juízo do principal estabelecimento do devedor, ou da filial de empresa que tenha sede fora do Brasil.

5. Administrador judicial. Será profissional idôneo, preferencialmente advogado, economista, administrador de empresas ou contador ou mesmo pessoa jurídica especializada nessa matéria, com a incumbência de auxiliar o juiz na administração da massa dos bens do empresário devedor na recuperação judicial e da massa falida em caso de falência.

Não poderá exercer o cargo de administrador judicial aquele que, nos últimos 5 anos, quando exercia o cargo de administrador ou membro do comitê de credores, foi destituído, deixou de prestar contas dentro do prazo legal, ou teve a sua prestação de contas desaprovada (artigo 30, Lei 11.101/2005).

A remuneração do administrador judicial, no que tange ao seu valor e à sua forma, deverá ser fixada pelo juiz. No entanto, tal quantia não excederá a cinco por cento do valor devido aos credores submetidos à recuperação judicial ou do valor de venda dos bens na falência, sendo reservados 40% de sua remuneração para pagamento após a prestação de contas (artigo 24, Lei 11.101/2005).

6. Atividades do administrador judicial tanto na falência quanto na recuperação judicial. Serão as atividades previstas na legislação (artigo 22, Lei 11.101/2005).

7. Assembleia geral de credores (artigo 35, Lei 11.101/2005). Trata-se de uma espécie de reunião de credores, que consiste em um órgão da falência ou da recuperação de empresas, em que os credores ali devem deliberar sobre assuntos de seu interesse.

A assembleia será composta pelas seguintes classes de credores (artigo 41, 11.101/2005): "I – titulares de créditos derivados da legislação do trabalho ou decorrentes de acidentes de trabalho; II – titulares de créditos com garantia real; III – titulares de créditos quirografários, com privilégio especial, com privilégio geral ou subordinados".

8. Assembleia geral de credores na recuperação judicial. Tem competência para deliberar sobre todas as matérias previstas na legislação (artigo 35, I, Lei 11.101/2005):

a) aprovação, rejeição ou modificação do plano de recuperação judicial apresentado pelo devedor;

b) a constituição do Comitê de Credores, a escolha de seus membros e sua substituição;

c) o pedido de desistência do devedor, nos termos do § 4.° do artigo 52 da Lei;

d) o nome do gestor judicial, quando do afastamento do devedor;

e) qualquer outra matéria que possa afetar os interesses dos credores;

9. Assembleia geral de credores na falência. Tem competência para deliberar sobre os itens previstos em lei (artigo 35, II, Lei 11.101/2005):

a) a constituição do Comitê de Credores, a escolha de seus membros e sua substituição;

b) a adoção de outras modalidades de realização do ativo, na forma do artigo 145 da Lei;

c) qualquer outra matéria que possa afetar os interesses dos credores.

10. Convocação (artigo 35, § 2.º, Lei 11.101/2005). A assembleia geral de credores deverá ser convocado pelo juiz, quando houver determinação legal, ou quando julgar necessário, podendo ainda ser convocada por credores que representem pelo menos 25% dos créditos, devendo o anúncio anteceder a assembleia em ao menos 15 dias.

11. Instalação (artigo 37, § 2.º, Lei 11.101/2005). A assembleia de credores será instalada em primeira convocação com a presença de credores que representem mais da metade dos créditos de cada classe, computados pelo valor, e, em segunda convocação, com qualquer número.

Será presidida pelo administrador judicial, que designará um secretário dentre os credores presentes. Nesta assembleia, os credores serão divididos em classes de credores, da seguinte maneira (artigo 41, Lei 11.101/2005):

a) titulares de créditos derivados da legislação do trabalho ou decorrentes de acidentes de trabalho;

b) titulares de créditos com garantia real;

c) titulares de créditos quirografários, com privilégio especial, com privilégio geral ou subordinados.

12. Deliberações (artigo 42, Lei 11.101/2005). Em regra, as matérias serão aprovadas quando deliberadas com obediência ao quórum correspondente a mais da metade do valor total dos créditos presentes na assembleia, exceto a aprovação do plano de recuperação judicial e a aprovação de forma alternativa para realização do ativo.

13. Aprovação do plano de recuperação judicial (artigo 45, Lei 11.101/2005). Para a aprovação do plano de recuperação judicial será necessário um quórum qualificado, correspondente à aprovação de todas as categorias de créditos, devendo tal plano ser aprovado na classe dos empregados pela maioria simples dos credores presentes, não sendo considerado o crédito destes.

Já nas demais classes de credores, deverá haver a aprovação de credores que representem mais da metade dos créditos e, cumulativamente, com a maioria dos presentes.

14. A aprovação de forma alternativa de realização do ativo na falência (artigo 46, Lei 11.101/2005). Nesta hipótese, prevê a lei que será necessária a aprovação de credores que representem pelo menos 2/3 (dois terços) dos créditos presentes na assembleia.

15. Comitê de Credores (artigo 26, Lei 11.101/2005). Órgão de existência facultativa, compõe-se de um representante indicado pela classe de credores trabalhistas, com dois suplentes, um representante indicado pela classe de credores com direitos reais ou privilégios especiais, mais dois suplentes, além de um credor indicado pela classe de credores quirografários e com privilégios gerais, com dois suplentes.

16. Atribuições do Comitê na falência. São todas as matérias previstas no artigo 27, I, Lei 11.101/2005.

17. Atribuições do Comitê na recuperação judicial. Na recuperação, além das matérias já mencionadas, o comitê poderá manifestar-se sobre as matérias previstas no artigo 27, II, Lei 11.101/2005.

18. Recuperação judicial. Consiste em procedimento judicial que tem por objetivo fazer com que o empresário supere crise econômico-financeira para assim continuar a sua atividade empresarial, promovendo a manutenção dos empregos, da fonte produtora e da função social da empresa.

19. Requisitos da recuperação judicial. Poderá requerer a recuperação judicial o empresário, ou a sociedade empresária, que:

a) exerça atividade há mais de dois anos;

b) não seja falido, ou, se o foi, que suas obrigações já estejam extintas;

c) não tenha, há menos de cinco anos, obtido concessão da recuperação judicial;

d) não tenha, há menos de oito anos, obtido a concessão da recuperação especial, para micro e pequenas empresas;

e) não tenha sido condenado ou não tenha na empresa, como administrador ou sócio controlador, pessoa condenada por crime falimentar.

20. Pedido de recuperação judicial (artigo 51, Lei 11.101/2005). O empresário que esteja em crise e preencha os requisitos deverá requerer a recuperação judicial através de petição inicial contendo todos os documentos que o artigo citado determina.

21. Autorização para processamento (artigo 52, Lei 11.101/2005). O juiz autorizará o processamento da recuperação judicial através de despacho que conterá:

a) a nomeação do administrador judicial;

b) a dispensa da apresentação de certidões negativas para que o devedor exerça suas atividades;

c) a ordem para suspensão de todas as ações ou execuções contra o devedor;

d) a determinação para que o devedor efetue prestação mensal de contas enquanto perdurar a recuperação judicial, sob pena de destituição de seus administradores;

e) a intimação do Ministério Público e a comunicação por carta às Fazendas Públicas Federal e de todos os Estados e Municípios em que o devedor tiver estabelecimento;

f) a expedição de edital contendo resumo do pedido e da decisão que deferiu a recuperação judicial, relação nominal dos credores e advertência a respeito das habilitações de créditos.

22. Plano de recuperação judicial. O plano de recuperação judicial deverá ser apresentado em juízo, no prazo improrrogável de 60 dias contados da publicação do despacho que autorizou o processamento da recuperação judicial.

Caso o plano contemple o pagamento de créditos decorrentes da legislação do trabalho ou de acidentes do trabalho, esses deverão ser pagos no prazo máximo de um ano.

Já dívidas relativas a salários em atraso deverão ser pagas no prazo máximo de 30 dias, até o limite de 5 salários mínimos por trabalhador (artigo 54, parágrafo único, Lei 11.101/2005).

23. Aprovação do plano de recuperação judicial (artigo 55, Lei 11.101/2005). A aprovação será tácita quando, publicada a relação de credores, não forem feitas objeções no prazo de 30 dias.

Também será aprovado o plano que, mesmo rejeitado por qualquer credor no prazo mencionado acima, vier a ser aprovado em assembleia de credores.

24. Concessão da recuperação judicial (artigo 57, Lei 11.101/2005). Após a aprovação do plano, o empresário deverá juntar aos autos as certidões negativas de débitos tributários.

Feito isso, o juiz, mediante sentença, concederá a recuperação judicial (artigo 58, Lei 11.101/2005).

Da decisão do juiz caberá o *recurso de agravo*, que poderá ser interposto por qualquer credor ou pelo Ministério Público (artigo 59, § 2.º, Lei 11.101/2005).

25. Convolação em falência (artigo 73, Lei 11.101/2005). É a transformação da recuperação judicial em falência, ocorrendo nas seguintes hipóteses:

a) por deliberação da assembleia geral de credores;

b) pela não apresentação do plano de recuperação judicial no prazo;

c) pelo não cumprimento do plano de recuperação judicial dentro do prazo de dois anos (artigo 61, § 2.º, Lei 11.101/2005).

26. Recuperação judicial de microempresas e empresas de pequeno porte (artigo 51, Lei 11.101/2005). Essas empresas poderão requerer a recuperação especial, que obedece às mesmas regras.

O plano de recuperação especial abrangerá apenas os créditos quirografários, podendo o devedor saldar a totalidade deste passivo em até 36 parcelas mensais, iguais e sucessivas, corrigidas monetariamente e acrescidas de juros legais de no máximo 12% ao ano.

A primeira parcela deste plano poderá ser saldada num prazo de até 180 dias.

27. Recuperação extrajudicial (artigo 161, § 1.º, Lei 11.101/2005). Trata-se de modalidade de recuperação que não abrange os créditos trabalhistas, nem os fiscais.

A recuperação extrajudicial poderá ser classificada em duas espécies:

Recuperação extrajudicial de homologação facultativa	Aquela em que o plano apresentado contou com a anuência de todos os credores, ou seja, na assembleia de credores, todos o aprovaram. O plano terá plena validade, sendo mera liberalidade da parte levá-lo para homologação em juízo.
Recuperação extrajudicial de homologação obrigatória	Se não houver aprovação da totalidade, mas de ao menos 3/5 dos credores, prescinde o plano de homologação em juízo para que seja válido.

28. Falência (artigo 75, Lei 11.101/2005). Configura-se em procedimento judicial caracterizado por uma execução coletiva, que tem por objetivo promover o afastamento do empresário devedor da administração de seu patrimônio, nomeando administrador judicial que será o responsável pela arrecadação, guarda e alienação deste patrimônio.

29. Pressupostos de falência. Além de o devedor ser empresário ou sociedade empresária, é necessário que exista insolvência jurídica por parte do devedor, além de sentença declaratória de falência.

30. Insolvência jurídica. São hipóteses que ensejam o pedido de falência:

Impontualidade injustificada (artigo 94, I, Lei 11.101/2005)	Ocorrerá quando o empresário, sem relevante razão de direito, deixar de pagar obrigação líquida, devidamente materializada em um ou vários títulos executivos que representem quantia equivalente, no mínimo, a 40 salários mínimos.
Execução frustrada (artigo 94, II, Lei 11.101/2005)	a) durante o procedimento executório, o executado devidamente citado da ação não deposita a quantia em juízo; b) assim como não nomeia bens a penhora quando de sua intimação.

31. Atos de falência. A falência também poderá ser requerida quando o empresário praticar atos previstos no artigo 94, III, Lei 11.101/2005.

32. Pedido de falência (legitimados a pedir a falência do devedor: artigo 97, Lei 11.101/2005). A falência poderá ser requerida:

a) pelo próprio devedor, na hipótese da autofalência – esta ocorrerá mediante requerimento do devedor no juízo da falência, quando ele estiver em crise econômico-financeira e julgar que não poderá atender aos requisitos para pleitear a sua recuperação judicial;

b) pelo cônjuge sobrevivente, por qualquer herdeiro do devedor ou pelo inventariante;

c) pelo cotista ou acionista do devedor na forma da lei, ou do ato constitutivo da sociedade;

d) por qualquer credor.

33. Resposta do réu (artigo 98, Lei 11.101/2005). Após citação do devedor, este poderá apresentar contestação no prazo de 10 dias.

No prazo da contestação, poderá o réu efetuar o depósito elisivo, que consiste em depósito do valor da ação acrescido dos honorários advocatícios. Quando ocorrer o depósito elisivo, ficará afastada a possibilidade de decretação da falência.

34. Sentença declaratória de falência. A sentença é declaratória e constitutiva, visto que, além de declarar a falência do empresário, é responsável pelo início da fase falimentar do processo.

A sentença deverá ter o conteúdo genérico de qualquer sentença judicial, com observância pelo juiz dos requisitos do artigo 458, Código de Processo Civil, e dos requisitos específicos, que estão previstos na legislação de falência (vide artigo 99, Lei 11.101/2005).

35. Recursos. Da sentença declaratória de falência caberá o *recurso de agravo por instrumento* no prazo de 10 dias, contados da publicação do edital no *Diário Oficial*, sendo competente para interpor tal medida judicial o próprio falido, o credor ou o representante do Ministério Público, embora não seja comum este último efetuar tal pleito.

Já da sentença que denegar o pedido de falência caberá o *recurso de apelação* (artigo 100, Lei 11.101/2005).

36. Juízo universal (artigo 76, Lei 11.101/2005). O juízo da falência é indivisível e competente para conhecer todas as ações sobre bens e interesses do falido.

> **Importante!** Tal juízo não terá competência para apreciação e julgamento das ações trabalhistas, ações que versem sobre tributos, ações em que a União for parte, bem como sobre obrigações ilíquidas, além das ações em que o falido for autor ou litisconsorte ativo.

37. Efeitos da sentença declaratória de falência. Os efeitos da sentença declaratória de falência serão estudados em quatro etapas: quanto à pessoa do falido, quanto aos bens deste, quanto aos seus contratos e quanto aos seus credores.

38. Efeitos quanto à pessoa do falido. Este ficará inabilitado para exercer qualquer atividade empresarial, desde a decretação da falência até a sua extinção, perdendo o direito de administrar seus bens ou deles dispor, podendo, no entanto, fiscalizar a administração da massa falida.

A lei impõe ao falido o cumprimento de todas as obrigações legais (artigo 104, Lei 11.101/2005).

39. Efeitos quanto aos bens do falido (artigo 108, Lei 11.101/2005). Com a decretação da quebra, o falido perderá o direito à administração de seus bens, bem como não poderá dispor mais deles.

Os bens deverão ser arrecadados pelo administrador judicial, podendo o falido acompanhar a arrecadação, e ficarão sob a guarda do citado administrador judicial ou de pessoa por este escolhida, podendo ser alienados ou adjudicados pelos credores.

40. Efeitos quanto aos contratos do falido (artigo 117, Lei 11.101/2005).

a) quando forem bilaterais, não se resolverão pela falência, podendo, aliás, ser cumpridos pelo administrador judicial quando for verificada redução ou para evitar o aumento do passivo daquela massa falida. Poderão ainda ser cumpridos tais contratos quando forem necessários à preservação e manutenção de seus ativos, sempre necessitando tais hipóteses de autorização do Comitê de Credores;

b) contratos unilaterais também poderão ser cumpridos com a autorização do Comitê de Credores, quando tal fato reduzir ou evitar o aumento do passivo da massa falida ou for necessária a manutenção e preservação do ativo da massa falida (artigo 118, Lei 11.101/2005);

c) o contrato de mandato, com a decretação de falência, terá os seus efeitos cessados, cabendo ainda ao mandatário prestar contas desta cessação (artigo 120, Lei 11.101/2005);

d) quanto aos contratos de conta corrente, o devedor deve considerá-los encerrados no momento da decretação de sua falência (artigo 121, Lei 11.101/2005).

41. Efeitos quanto aos credores (artigo 77, da Lei 11.101/2005). A sentença declaratória de falência, quanto aos credores do falido, gera: a formação da massa de credores; a suspensão das ações e execuções individuais; o vencimento antecipado dos créditos; e a suspensão da fluência de juros.

42. Efeitos quanto aos atos do falido. Alguns atos praticados pelo empresário poderão ser declarados ineficazes, existindo hipóteses de ineficácia objetiva e subjetiva.

43. Ineficácia objetiva. São os atos que, se praticados pelo empresário, serão declarados ineficazes de ofício pelo juiz:

a) o pagamento de dívidas não vencidas realizado pelo devedor dentro do termo legal, por qualquer meio extintivo do direito de crédito, ainda que pelo desconto do próprio título;

b) o pagamento de dívidas vencidas e exigíveis realizado dentro do termo legal, por qualquer forma que não seja a prevista pelo contrato;

c) a constituição de direito real de garantia, inclusive a retenção, dentro do termo legal, tratando-se de dívida contraída anteriormente. Se os bens dados em hipoteca forem objeto de outras posteriores, a massa falida receberá a parte que devia caber ao credor da hipoteca revogada;

d) a prática de atos a título gratuito, desde 2 anos antes da decretação da falência;

e) a renúncia a herança ou a legado, até 2 anos antes da decretação da falência;

f) a venda ou transferência de estabelecimento feita sem o consentimento expresso ou o pagamento de todos os credores, a esse tempo existentes, não tendo restado ao devedor bens suficientes para solver o seu passivo, salvo se, no prazo de 30 dias, não houver oposição dos credores, após serem devidamente notificados judicialmente ou pelo oficial do Registro de Títulos e Documentos;

g) os registros de direitos reais e de transferência de propriedade entre vivos, por título oneroso ou gratuito, ou a averbação relativa a imóveis realizados após a decretação da falência, salvo se tiver havido prenotação anterior.

44. Termo legal de falência (artigo 99, II, Lei 11.101/2005). É o período considerado suspeito, consistindo em um interregno de no máximo 90 dias contados do pedido de falência, do pedido de recuperação judicial ou do primeiro protesto realizado. Será fixado pelo juiz na sentença declaratória de falência.

Durante o termo legal da falência alguns atos praticados pelo falido poderão ser considerados sem eficácia, como aqueles enumerados no art. 129, I a III, Lei 11.101/2005.

Os atos acima mencionados, assim como outros previstos no artigo 129, estão no rol da ineficácia objetiva – independentemente da comprovação de fraude, terão sua ineficácia declarada.

Dessa forma, serão ineficazes (art. 129, I a VII, Lei 11.101/2005):

a) o pagamento de dívidas não vencidas realizado dentro do termo legal, por qualquer meio extintivo de direito, ainda que pelo desconto do próprio;

b) o pagamento de dívidas vencidas e exigíveis realizado dentro do termo, por qualquer forma que não seja a prevista no contrato;

c) a constituição de direito real de garantia dentro do termo legal, em se tratando de dívida contraída anteriormente;

d) a prática de atos a título gratuito, nos 2 anos anteriores à decretação da falência;

e) a renúncia a herança ou a legado, nos 2 anos anteriores à decretação da falência;

f) a venda irregular do estabelecimento empresarial;

g) os registros de direitos reais e de transferência de propriedade realizados após a decretação da falência, salvo se tiver ocorrido prenotação anterior.

45. Ineficácia subjetiva. Têm ineficácia subjetiva os atos que, se praticados pelo empresário, poderão ser revogados. Todavia, para isso será necessário que a revogação seja declarada mediante procedimento denominado ação revocatória.

46. Ação revocatória (artigo 130, Lei 11.101/2005). É a ação revocatória procedimento judicial que poderá ser intentado pelo administrador judicial, pelo Ministério Público, bem como por qualquer credor, com o objetivo de revogação de atos praticados pelo falido com a intenção de fraudar credores.

A ação revocatória poderá ser promovida: contra todos os que figuraram no ato ou que, por efeito dele, foram pagos, garantidos ou beneficiados; contra os terceiros adquirentes, se estes tinham conhecimento da intenção do devedor de prejudicar os seus credores; além de contra os terceiros ou os legatários destes (artigo 133, Lei 11.101/2005).

O juízo competente para o julgamento desta ação é o juízo da falência, devendo a ação ser proposta no prazo máximo de 3 anos contados da decretação da falência (artigo 132, Lei 11.101/2005).

A sentença que julgar procedente a ação revocatória determinará o retorno dos bens em espécie à massa falida, em seu valor de mercado, acrescido, se for o caso, das perdas e danos, podendo o juiz, inclusive, a requerimento do autor, ordenar o sequestro de bens do patrimônio do devedor, cabendo desta sentença recurso de apelação (artigo 135, Lei 11.101/2005).

A ação revocatória serve para revogar os atos de ineficácia subjetiva.

47. Fase falimentar. A fase falimentar inicia-se com a sentença declaratória de falência.

48. Mensuração do passivo. Consiste na fase de verificação dos créditos, em que o administrador judicial, com base em livros contábeis, documentos comerciais e fiscais do devedor, busca a formação do quadro geral de credores.

A sentença declaratória de falência determina que o falido apresente a relação com todos os seus credores no prazo de 5 dias, sob pena de desobediência (artigo 99, III, Lei 11.101/2005).

Caso não faça a apresentação, caberá ao administrador judicial formar uma relação inicial de credores e apresentá-la em juízo.

49. Verificação e habilitação dos créditos (artigo 7.º, Lei 11.101/2005). Compete ao administrador judicial, com base nos livros contábeis e nos documentos mercantis, além daqueles que lhe forem habilitados pelos credores, a formulação do "quadro geral de credores". Pode o administrador judicial contar inclusive com o auxílio de empresas ou profissionais habilitados, certo que esta habilitação será idêntica tanto na falência quanto na recuperação judicial.

Nesses termos, tanto na modalidade falimentar quanto na de recuperação, os créditos serão publicados em edital, tendo os credores o prazo de 15 dias para apresentar ao administrador judicial ou as habilitações ou as suas divergências (artigo 7.º, § 1.º, Lei 11.101/2005).

Com base nas informações que possui, bem como nas informações obtidas nas habilitações e divergências apresentadas, o administrador fará uma nova relação no prazo de 45 dias, contados do final do prazo mencionado anteriormente, que será republicada (artigo 7.º, § 2.º, Lei 11.101/2005).

No prazo de 10 dias, contados da republicação, o Comitê de Credores, qualquer credor, o próprio devedor, ou os seus sócios, além dos membros do Ministério Público, agindo como fiscais da lei, poderão efetuar impugnações contra a relação de credores, devendo tais impugnações ser apresentadas perante o juiz da falência, que deverá autuá-las e processá-las em apartado, cabendo agravo de instrumento de sua decisão (artigo 8.º, Lei 11.101/2005).

50. Arrecadação do ativo (artigo 108, Lei 11.101/2005). O administrador judicial, em ato contínuo à assinatura do termo de compromisso, efetuará a arrecadação dos bens e documentos. É a fase da arrecadação do ativo do falido.

Os bens e documentos serão arrecadados separadamente ou em bloco, no local onde se encontram, ficando tais bens sob a guarda do administrador judicial ou de pessoa por ele escolhida, podendo o falido ou qualquer representante ser nomeado depositário dos bens.

Exceção poderá ser feita aos bens perecíveis, deterioráveis, sujeitos a considerável desvalorização ou que sejam de conservação arriscada, pois poderão ser vendidos antecipadamente, logo após a arrecadação e a avaliação, desde que haja autorização judicial, após serem ouvidos o Comitê e o falido no prazo de 48 horas (artigo 113, Lei 11.101/2005).

Já aqueles créditos que não forem objetos de impugnações formarão o quadro geral de credores.

51. Pedido de restituição (artigo 85, Lei 11.101/2005). Será cabível para o proprietário de bem arrecadado em processo de falência, ou que se encontrava em poder do devedor quando de sua decretação, cabendo também tal pedido de restituição de coisa vendida a crédito e entregue ao devedor nos 15 dias anteriores ao requerimento de sua falência, se ainda não alienada.

O pedido de restituição deverá ser fundamentado com a descrição da coisa, sendo autuado em separado, juntamente com os documentos que o instruem, determinando-se ainda a intimação do falido, do Comitê de Credores e do administrador judicial para que, no prazo de 5 dias, se manifestem, valendo como contestação a manifestação contrária à restituição (artigo 87, Lei 11.101/2005).

A sentença que reconhecer o direito do requerente determinará a entrega da coisa no prazo de 48 horas, cabendo, da sentença que julga o pedido de restituição, apelação sem efeito suspensivo (artigo 88, Lei 11.101/2005).

Quando não couber, no caso específico, o pedido de restituição, fica resguardado o direito do credor de propor os embargos de terceiro, nos termos do Código de Processo Civil (artigo 93, Lei 11.101/2005).

52. Realização do ativo (artigo 140, Lei 11.101/2005). Os bens arrecadados deverão ser levados a liquidação, que será realizada da seguinte forma, observada a ordem de preferência:

a) alienação da empresa, com a venda de seus estabelecimentos em bloco;

b) alienação da empresa, com a venda de suas filiais ou unidades produtivas isoladamente;

c) alienação em bloco dos bens que integram cada um dos estabelecimentos do devedor;

d) alienação dos bens individualmente considerados.

Assim, o juiz, após ouvir o administrador judicial e atendendo às observações do Comitê de Credores, quando houver, ordenará que se proceda à alienação do ativo, sob as seguintes modalidades (artigo 142, Lei 11.101/2005):

a) leilão por lances orais;

b) propostas fechadas;

c) pregão.

53. Pagamentos. Após todo o procedimento de mensuração do passivo e arrecadação e venda do ativo, já existindo o quadro geral de credores, deverá, então, o administrador judicial promover o pagamento dos credores da massa falida.

Os pagamentos são feitos por classe, até o esgotamento das obrigações referentes a cada uma:

1.ª classe	Pagamentos referentes aos créditos de natureza estritamente salarial vencidos nos três meses anteriores à decretação da falência, até o limite de cinco salários mínimos por trabalhador. Deverão ser efetuados tão logo exista disponibilidade em caixa (artigo 151, Lei 11.101/2005).
2.ª classe	Pagamentos referentes aos créditos provenientes dos pedidos de restituição, caso já não mais exista aquele bem (artigo 86, parágrafo único, Lei 11.101/2005).
	Pagamentos referentes aos créditos extraconcursais, como: a) créditos posteriores à falência; b) remunerações devidas ao administrador judicial e seus auxiliares; c) créditos derivados da legislação do trabalho, ou decorrentes de acidentes do trabalho relativos a serviços prestados posteriormente à decretação da falência;

	d) despesas provenientes da arrecadação, administração e realização do ativo, custas judiciais provenientes de ações ou execuções em que a massa falida tenha sido vencida (artigo 84, Lei 11.101/2005).
	Pagamentos referentes aos créditos concursais, como: a) créditos derivados da legislação do trabalho, limitados a 150 salários mínimos por credor, e os decorrentes de acidentes do trabalho; b) créditos com garantia real até o limite do valor do bem gravado; c) créditos tributários; d) créditos com privilégio especial; e) créditos com privilégio geral; f) créditos quirografários; g) créditos subordinados (artigo 83, Lei 11.101/2005).

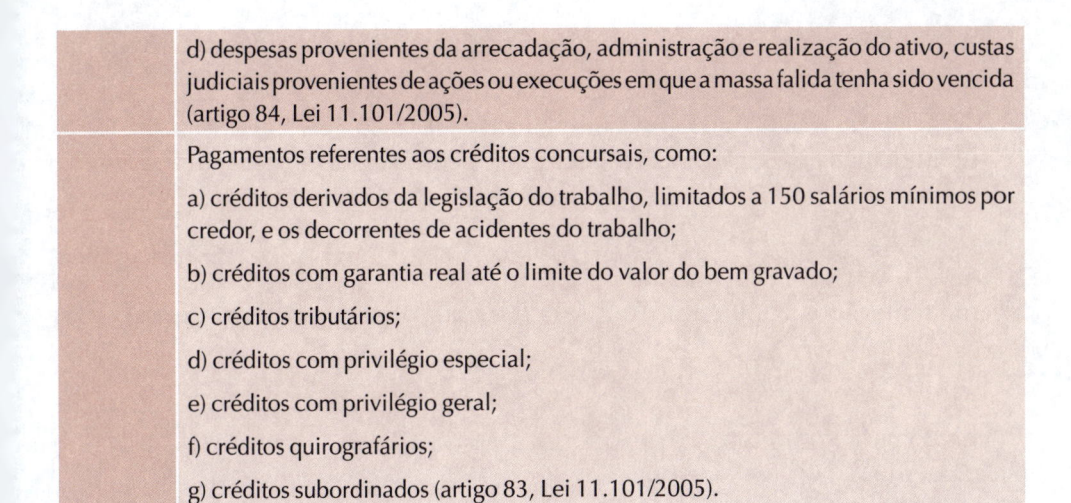

54. Encerramento (artigo 154, Lei 11.101/2005). Após a realização de todo o ativo e o pagamento aos credores, o administrador judicial deverá apresentar suas contas ao juiz no prazo de 30 dias. Tais contas ficarão à disposição dos interessados para eventuais impugnações, no prazo de 10 dias.

Após, o juiz intimará o Ministério Público para que, no prazo de 5 dias, se manifeste. Caso ocorram impugnações ou manifestações contrárias do Ministério Público, deverá ser ouvido o administrador.

Cumpridas tais providências, julgará o juiz as contas do administrador. Caso rejeite tais contas, fixará em sentença as suas responsabilidades, cabendo de tal sentença apelação. Quando aceitas as contas, o administrador, no prazo de 10 dias, deverá apresentar o relatório final da falência, que será encerrada pelo juiz mediante sentença (artigo 156, Lei 11.101/2005).

Da sentença de encerramento da falência caberá o *recurso de apelação* (artigo 156, parágrafo único, Lei 11.101/2005).

55. Extinção das obrigações do falido (artigo 158, Lei 11.101/2005). As obrigações do falido estarão extintas:

a) pelo pagamento de todos os créditos;

b) pelo pagamento, depois de realizado todo o ativo, de mais de 50% do passivo quirografário;

c) pelo decurso do prazo de 5 anos contados do encerramento da falência, se o falido não tiver sido condenado por crime falimentar;

d) pelo decurso do prazo de 10 anos contados do encerramento da falência, se o falido tiver sido condenado por crime falimentar.

PARTE III

PEÇAS PROCESSUAIS

Elaborada por Paulo Roberto Bastos Pedro
e Nathaly Campitelli Roque

Capítulo I

Petição Inicial

1. Definição. A petição inicial representa o primeiro ato do processo, portanto esta deverá ser intentada sempre que a prestação jurisdicional necessitar ser obtida, e, para que assim seja, é imprescindível não existir qualquer demanda processual em curso que cuide da mesma ação (com idênticas partes, causa de pedir e pedido).

A petição inicial será de rito ordinário quando não tivermos para o caso concreto a aplicação de nenhum procedimento especial ou quando o caso não se encaixar nas circunstâncias de aplicação do procedimento sumário.

A utilização do procedimento sumário se dará nas seguintes hipóteses:

I – nas causas cujo valor não exceda a 60 vezes o valor do salário mínimo;

II – nas causas, qualquer que seja o valor:

a) de arrendamento rural e de parceria agrícola;

b) de cobrança ao condômino de quaisquer quantias devidas ao condomínio;

c) de ressarcimento por danos em prédio urbano ou rústico;

d) de ressarcimento por danos causados em acidente de veículo de via terrestre;

e) de cobrança de seguro, relativamente aos danos causados em acidente de veículo, ressalvados os casos de processo de execução;

f) de cobrança de honorários dos profissionais liberais, ressalvado o disposto em legislação especial;

g) que versem sobre revogação de doação;

h) nos demais casos previstos em lei, como na cobrança de comissões pelo representante comercial, conforme artigo 39, Lei 4.886/1965.

Diante de uma ação que segue o procedimento sumário, a estruturação da peça se fará nos mesmos moldes da petição inicial pelo procedimento ordinário. No entanto, algumas observações devem ser feitas:

a) o autor não deverá requerer a citação do réu para apresentar defesa no prazo de 15 dias, mas sim apresentá-la na audiência (artigo 278, Código de Processo Civil);

b) o autor deverá apresentar o rol de testemunhas na inicial, bem como elaborar quesitos e também indicar o assistente técnico se isso for necessário, em conjunto com os pedidos (artigo 276, Código de Processo Civil).

2. Identificando no problema a elaboração de uma petição inicial. Saberemos que a peça a ser desenvolvida consiste em uma petição inicial, se observarmos, da leitura atenta do problema, as seguintes características:

a) a parte a ser defendida é o autor;

b) não há menção à defesa do réu ou à decisão judicial nos autos;

c) há descrição dos fatos e do direito de forma mais detalhada.

3. O passo a passo da petição inicial. Toda petição inicial deve seguir os requisitos legais estabelecidos no artigo 282, Código de Processo Civil, independentemente do rito ou do processo.

Sendo assim, deverão constar da petição inicial:

4. O juiz ou tribunal a quem é dirigida. Na estrutura da petição inicial, o preâmbulo apontará o órgão destinatário do pedido do autor.

Para verificar qual é a autoridade correta, devemos nos valer das regras referentes à competência (artigo 88 e seguintes, Código de Processo Civil).

E, como ali mencionado, devemos verificar no enunciado as partes envolvidas, a matéria, se há competência especial de Tribunal, o local e o valor da causa.

> **Importante!**
> A competência só será totalmente determinada ao se conjugarem todos os critérios previstos em lei conforme os dados apresentados no problema.

5. O endereçamento. Determinada a competência, deverá ela constar do endereçamento, disposto no alto da petição inicial:

a) inicia-se com a saudação ao juiz, designada pelos pronomes de tratamento "Excelentíssimo Senhor". É habitual também constar o tratamento "doutor", destinado genericamente a todos os bacharéis em direito;

b) após, identifica-se o órgão competente em todas as suas especificações:

Juiz de Direito	Se a demanda tiver de ser processada na primeira instância da Justiça Estadual.
Juiz Federal	Se a demanda tiver de ser processada na primeira instância da Justiça Federal.

Desembargador Presidente	Se a demanda tiver de ser processada na segunda instância na Justiça Estadual.
Desembargador Federal Presidente	Se a demanda tiver de ser processada na segunda instância na Justiça Federal.
Ministro Presidente	Se a demanda tiver de ser processada nos Tribunais Superiores (Supremo Tribunal Federal, Superior Tribunal de Justiça, Tribunal Superior do Trabalho, Superior Tribunal Militar, Tribunal Superior Eleitoral).

c) sendo a causa de competência da primeira instância, deverá se apontado o foro competente, segundo as regras dos artigos 94 a 100, Código de Processo Civil.

> **Importante!**
> Na justiça estadual, as divisões territoriais são chamadas *comarcas*; na justiça federal, são chamadas *seções judiciárias*.

Se a demanda for apresentada no tribunal, deverá ser indicado qual o tribunal. Se a competência for dos Tribunais de Justiça dos Estados, aponta-se o Estado da Federação ao qual pertence; se a competência for dos Tribunais Regionais Federais, aponta-se a região que o tribunal alcança.

A redação do endereçamento ficará da seguinte forma (nos exemplos, tomam-se a cidade e o Estado de São Paulo):

Justiça Estadual	EXCELENTÍSSIMO SENHOR DOUTOR JUIZ DE DIREITO DA VARA CÍVEL DA COMARCA DE SÃO PAULO
Justiça Federal	EXCELENTÍSSIMO SENHOR DOUTOR JUIZ FEDERAL DA SEÇÃO JUDICIÁRIA DE SÃO PAULO
Tribunal de Justiça	EXCELENTÍSSIMO SENHOR DOUTOR DESEMBARGADOR PRESIDENTE DO TRIBUNAL DE JUSTIÇA DO ESTADO DE SÃO PAULO
Tribunal Regional Federal	EXCELENTÍSSIMO SENHOR DOUTOR DESEMBARGADOR FEDERAL PRESIDENTE DO TRIBUNAL REGIONAL FEDERAL DA TERCEIRA REGIÃO

> **Importante!**
> Não confunda *foro* e *fórum*: a primeira palavra expressa a competência territorial e a segunda, o prédio onde se localiza a sede da comarca ou da seção judiciária.

6. Os nomes, prenomes, estado civil, profissão, domicílio e residência do autor e do réu. São os dados pessoais que identificam as partes.

Além desses dados, usa-se indicar o número do Registro Geral (RG) e o número do Cadastro de Pessoas Físicas do Ministério da Fazenda (CPF/MF) a fim de evitar os problemas causados por eventuais homônimos. Para pessoas jurídicas, indicam-se o Cadastro Nacional de Pessoas Jurídicas (CNPJ), o endereço da sede e o nome do seu sócio gerente ou do seu responsável.

Em casos da vida real, o autor normalmente apresenta seus documentos pessoais e traz as informações que tem sobre o réu, podendo o advogado pedir ao autor que providencie os dados faltantes – caso não seja possível obter essas informações, mencionará que os dados são ignorados.

Caso o réu se encontre em local incerto ou não sabido, deverá ser requerida sua citação por edital.

Nas peças para concursos (Exame de Ordem, ingresso em carreiras jurídicas), deve-se atentar para os dados como postos no problema.

> **Importante!** Não invente dados que não existem no problema. Se o enunciado não trouxer o dado necessário, faça menção ao dado faltante com reticências, como determinam os editais do Exame de Ordem.

> **Exemplo**
> CAIO [sobrenome], [nacionalidade], [estado civil], [profissão], portador da cédula de identidade RG n.º ..., inscrito no CPF/MF sob n.º ..., residente e domiciliado na Rua ..., cidade ..., Estado ...

Em havendo litisconsórcio, todos os coautores e corréus devem ser qualificados.

> **Exemplo**
> TÍCIO [sobrenome], [nacionalidade], [estado civil], [profissão], portador da cédula de identidade RG n.º ..., inscrito no CPF/MF sob n.º ..., residente e domiciliado na Rua ..., cidade ..., Estado ...; e MÉVIO [sobrenome] ..., [nacionalidade] ..., [estado civil] ..., [profissão] ..., portador da cédula de identidade RG n.º ..., inscrito no CPF/MF sob n.º ..., residente e domiciliado na Rua ..., cidade ..., Estado ...

Sendo o autor ou o réu pessoa jurídica, a redação deverá ser a seguinte:

> SOCIEDADE X, inscrita no CNPJ sob n.° ..., cuja sede se localiza na Rua ..., cidade ..., Estado ..., representada por seu administrador ou diretor, Sr. [nome e sobrenome], [estado civil], [profissão], portador da cédula de identidade RG n.° ..., inscrito no CPF/MF sob n.° ..., residente e domiciliado na Rua ..., cidade ..., Estado ...

7. Fatos que fundamentem o pedido. Os fatos consistem na causa de pedir remota do pedido. Serão eles a base da defesa do réu e a eles estará vinculado o juiz quando da produção de provas e do julgamento da causa.

Deverão os fatos ser narrados em ordem cronológica, com indicação de data e local de sua ocorrência. Deverão constar da petição todos aqueles que se revelem úteis para o esclarecimento da causa e que garantam a vitória do autor. Deve ser adotada a *forma narrativa*, evitando-se opiniões ou juízos sobre os fatos.

Em caso da vida real, o advogado deve obter todos esses dados com seu cliente, ao ouvi-lo e estudar os documentos por ele apresentados. Em petição para concurso (Exame de Ordem ou para carreiras jurídicas), porém, *os fatos devem ser narrados como no problema proposto, sem se acrescentar nenhum detalhe.*

Exemplo

> O Autor, acompanhado de Tício, caminhava pelas imediações da Rua Rosa, altura do n. 600, no dia 13 de maio de 2011, por volta das 17 horas, levando consigo seus três cachorros.
>
> Ao abrir o semáforo, o Autor atravessava pela faixa de pedestres quando foi atropelado por um veículo XYZ, placas (número), dirigido pelo Réu.
>
> O Réu desceu rapidamente do veículo e, ao ver que o Autor conseguiu se levantar, foi embora, sem prestar qualquer socorro.
>
> O Autor foi socorrido por um outro vizinho, Sr. Mévio, que o levou para o Hospital do Servidor Público, onde ficou internado. O Autor teve um corte profundo na cabeça, precisando levar treze pontos, e fraturou o braço direito, conforme prontuário juntado. Precisou tomar medicamentos, conforme documentos juntados, que custaram R$ 500,00.
>
> Também, o Autor ficou imobilizado por 30 dias, não podendo trabalhar em sua marcenaria, tendo prejuízos no valor de R$ 5.000,00, e perdeu vários negócios já assumidos, que somam R$ 30.000,00, já que precisará fazer fisioterapia e contratar mais um assistente para seu negócio.
>
> Tentou o Autor contato com o Réu por diversas oportunidades, sendo que este não atende sequer seus telefonemas.

8. Fundamentos jurídicos do pedido. Por fundamentos jurídicos devemos entender a determinação da relação jurídica que envolve as partes e que justifica a pretensão do autor em se ver atendido, mesmo que coercitivamente.

> **Importante!**
> Não se confundem o fundamento jurídico e a fundamentação legal (que pode constar, preferencialmente).
>
> É desnecessária a transcrição de dispositivos de lei federal. Apenas o direito estrangeiro, a lei estadual e municipal, assim como o costume jurídico, devem ter a vigência comprovados (artigo 337, Código de Processo Civil).

No direito, o discurso utilizado é o argumentativo, demonstrando-se a relação entre os fatos e o seu fundamento jurídico e apresentando-se a conclusão (reconhecimento do direito do autor).

Em havendo mais de um fundamento, a operação deverá ser repetida com cada um deles.

> **Exemplo**
>
> Relação entre fatos e fundamento jurídico
>
> Estabelece a lei civil que aquele que causar dano, por culpa sua, fica responsável por sua indenização. A responsabilidade civil subjetiva se configura se presentes quatro requisitos: evento danoso, dano (dano emergente e lucro cessante), nexo de causalidade e culpa.
>
> No caso acima narrado, fica evidente pelos fatos narrados o preenchimento dos requisitos legais:
>
> a) em primeiro, verifica-se que o Réu, condutor e proprietário do veículo, ao não cumprir com seu dever de cuidado na condução do automóvel, ultrapassou o sinal fechado e atropelou o Autor, demonstrando o evento e a culpa do Réu;
>
> b) tal evento causou danos físicos ao Autor e sua incapacidade para o trabalho, ficando evidente o nexo de causalidade;
>
> c) além do mais, os prejuízos também estão evidenciados e consistem no valor gasto com medicamentos e no valor dos contratos e dos negócios perdidos.
>
> Conclusão
>
> Diante do acima narrado e da resistência do Réu em compensar o Autor pelos prejuízos sofridos, outra alternativa não resta ao Autor senão se valer da presente medida para receber os valores que lhe são devidos.

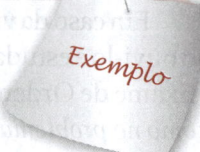

9. O pedido, com suas especificações. Nos termos do artigo 286 e seguintes, Código de Processo Civil, deve o pedido ser certo e determinado, ou seja, deverá o autor trazer ao juiz a tutela que deseja (declaração, constituição, condenação) e, em se tratando de demanda condenatória, deve trazer o valor que pretende, com base nos fatos narrados.

10. O pedido genérico. Poderá ser *feito pedido genérico* nas seguintes hipóteses, caso descritas no problema:

Hipótese	Exemplo
Quando a ação tratar de bens universais, de valor que o réu não possa aferir.	Lides sobre herança, bibliotecas.
Quando não for possível determinar, de modo definitivo, as consequências do ato ou do fato ilícito.	Autor ainda está convalescendo ou ainda não há como aferir os danos causados a um imóvel.
Quando a determinação do valor da condenação depender de ato que deva ser praticado pelo réu.	O réu detém todos os documentos que possibilitam a fixação do montante devido ao autor e se nega a entregá-los.

11. Pedidos cumulados. São os seguintes os casos de cumulação de pedidos:

Espécie	Caso	Exemplo
Alternativo	A obrigação é alternativa, nos termos do artigo 252, Código Civil.	O réu se desonera da dívida entregando R$ 6.000,00 ou uma moto, sendo que a escolha a ele cabe.
Sucessivo	O primeiro pedido não puder ser acatado.	Caso o contrato não seja anulado por vício de consentimento, deverá ser rescindido, por conta do inadimplemento do réu.
Cumulado	Mais de um pedido é formulado, pretendendo o autor o atendimento de todos.	O autor pretende indenização por dano moral e material decorrente de um ato ilícito.

São requisitos da cumulação:

a) que os pedidos sejam compatíveis entre si;

b) que seja competente para conhecer deles o mesmo juízo;

c) que seja adequado para todos os pedidos o tipo de procedimento.

Quando, para cada pedido, corresponder tipo diverso de procedimento, admitir-se-á a cumulação, se o autor empregar o procedimento ordinário.

Importante!

Em uma prova, deve ser requerida a condenação no ônus da sucumbência, nos honorários de advogado e nos juros legais, e correção monetária, apesar de o juiz poder concedê-los de ofício (pedidos implícitos).

> **Exemplo**
>
> Posto isto, é a presente para requerer o regular processamento do feito e, ao final, a procedência da presente ação, a fim de condenar a Ré no pagamento do valor de R$ 500,00 (quinhentos reais), devidos pelos medicamentos, R$ 5.000,00 (cinco mil reais), devidos pelos prejuízos resultantes da paralisação das atividades, e mais R$ 30.000,00 (trinta mil reais), a título de lucros cessantes, acrescidos de juros legais e correção monetária a partir da data do evento danoso, além das custas processuais e honorários advocatícios.

12. O valor da causa. É o valor apontado pelo autor que se presta à fixação das custas judiciais, à fixação de honorários, à condenação em litigância de má-fé, dentre outros.

> **Importante!**
>
> Tem o valor da causa relação direta com o pedido, porém não necessariamente corresponde ao valor da condenação pretendida nem com a condenação a ser obtida ao final da causa, caso a demanda seja julgada procedente.
>
> Mesmo em caso de pedido genérico, a causa deverá ter um valor.

É determinado de acordo com as regras dos artigos 259 e 260, Código de Processo Civil, que pode ser:

a) na ação de cobrança de dívida, a soma do principal, da pena e dos juros vencidos até a propositura da ação;

b) havendo cumulação de pedidos, a quantia correspondente à soma dos valores de todos eles;

c) sendo alternativos os pedidos, o de maior valor;

d) se houver também pedido subsidiário, o valor do pedido principal;

e) quando o litígio tiver por objeto a existência, validade, cumprimento, modificação ou rescisão de negócio jurídico, o valor do contrato;

f) na ação de alimentos, a soma de 12 (doze) prestações mensais, pedidas pelo autor;

g) na ação de divisão, de demarcação e de reivindicação, a estimativa oficial para lançamento do imposto;

h) quando se pedirem prestações vencidas e vincendas, tomar-se-á em consideração o valor de umas e outras;

i) o valor das prestações vincendas será igual a uma prestação anual, se a obrigação for por tempo indeterminado, ou por tempo superior a 1 (um) ano; se por tempo inferior, será igual à soma das prestações.

> **Exemplo**
>
> No caso do pedido do exemplo acima, o valor da causa é determinado pela soma dos pedidos (artigo 259, II, Código de Processo Civil). A redação seria:
>
> "Dá-se à causa o valor de R$ 35.500,00 (trinta e cinco mil e quinhentos reais), para os devidos fins".

13. As provas com que o autor pretende demonstrar a verdade dos fatos. Ao final, deverão constar da petição inicial as provas com as quais o autor pretende provar suas alegações.

No procedimento comum ordinário, é praxe o juiz dar oportunidade de as partes detalharem as provas. Porém, em uma prova, deverá o candidato apresentá-las da forma a mais detalhada possível, dentro das especificações do problema. Em não havendo essas especificações, optará pelo protesto genérico de provas.

> **Exemplo**
>
> Protesta-se provar o alegado por todos os meios de prova em direito admitidos, especialmente pelos documentos que acompanham a presente, documentos novos, depoimento pessoal dos prepostos da Ré, oitiva de testemunhas, e todas as demais que se fizerem necessárias ao longo da presente demanda.

> **Importante!**
>
> No procedimento comum sumário, deve acompanhar a petição inicial o rol de testemunhas (caso necessária a prova oral) e os quesitos e indicação de assistente técnico (caso necessária a prova pericial).

14. O requerimento de citação do réu. Deve ser observado o artigo 222, Código de Processo Civil, para a citação pessoal, e o artigo 231 e seguintes, para a citação por edital.

A citação com hora certa depende da tentativa frustrada do oficial de justiça, caso ele conclua pela ocultação dolosa do réu (artigos 227-229, Código de Processo Civil). Por isso, não deve ser requerida na petição inicial.

> **Exemplo**
>
> Requer-se a citação do Réu no endereço supramencionado, sob pena de sofrer os efeitos da revelia.

15. Intimação do advogado. Nos termos do artigo 39, I, Código de Processo Civil, deve haver a menção do endereço em que o advogado receberá suas intimações.

Na prática, este endereço constará da procuração ou do papel timbrado do escritório. Em uma prova, porém, esta menção é obrigatória. Poderá vir no preâmbulo da petição inicial (após a qualificação do autor) ou ao fim, no pedido.

> Requer o subscritor sua intimação no seguinte endereço [endereço].
>
> *Exemplo*

16. Pedido de justiça gratuita. Caso o autor seja pessoa pobre, poderá ser beneficiário da isenção de taxas judiciárias regrada pela Lei 1.060/1950. Para tanto, é suficiente a afirmação de que a parte é pobre. Poderá o juiz requerer esclarecimentos sobre a condição patrimonial da parte e o réu poderá impugnar a concessão do benefício por meio próprio (impugnação aos benefícios da justiça gratuita – artigo 7.º, Lei 1.060/1950).

Na prática, aconselha-se o advogado a obter junto à parte declaração por ela assinada.

> *Importante!*
> Em uma prova, o pedido somente deve ser realizado se houver menção neste sentido no problema.

> Requer o Autor a concessão dos benefícios da justiça gratuita por ser pessoa pobre na acepção jurídica do termo (Lei 1.060/1950).
>
> *Exemplo*

17. Rol das petições constantes dos próximos capítulos.
Em matéria empresarial, temos algumas petições iniciais recorrentes de que trataremos nesta obra, quais sejam:

a) petição inicial de ação de responsabilidade civil do administrador de sociedade limitada e também de sociedade por ações;

b) petição inicial de ação de obrigação de fazer;

c) petição inicial de ação de dissolução de sociedade;

d) petição inicial de ação indenizatória referente à apresentação antecipada de cheque;

e) petição inicial da ação de prestação de contas;

f) petição inicial de mandado de segurança;

g) petição inicial de execução de título extrajudicial;

h) petição inicial de ação monitória;

i) petição inicial de ação renovatória de locação;

j) petição inicial de ação de anulação de registro de marca;

k) petição inicial de ação de contrafação;

l) petição inicial de pedido de recuperação judicial;

m) petição inicial de pedido de falência;

n) petição inicial de ação revocatória.

18. Esquema – Quadro sinótico – Petição inicial.

```
EXCELENTÍSSIMO SENHOR DOUTOR [autoridade competente – regras da
Constituição Federal e do Código de Processo Civil]

[Espaço de dez linhas para despacho judicial]

                        AUTOR [nome completo], [naciona-
lidade], [estado civil], [profissão], RG n.° ..., CPF n.° ...,
[endereço], por seu advogado, que receberá intimações no [ende-
reço], vem, respeitosamente, a Vossa Excelência, propor a pre-
sente ...


                        Quando for pessoa jurídica:

                        Sociedade [nome empresarial],
devidamente inscrita no CNPJ sob o n.° ..., com sede na [endere-
ço], neste ato representada por seu administrador [nome civil],
nacionalidade], [estado civil], [profissão], RG n.° ..., CPF n.°
... [endereço], por seu advogado, que receberá intimações no
[endereço], vem, respeitosamente, a Vossa Excelência, propor a
presente AÇÃO [nome da demanda], pelo procedimento comum ordi-
nário/sumário, em face do Réu [nome completo], [nacionalidade],
[estado civil], [profissão], RG n.° ..., CPF n.° ..., [endereço],
pelos motivos de fato e de direito que a seguir expõe:

[Espaço de duas linhas]

                        I – DOS FATOS

[Espaço de uma linha]

[Narrar os fatos como descritos no problema, observando a ordem
cronológica, em discurso narrativo]

[Espaço de duas linhas]

                        II – DO DIREITO

[Espaço de uma linha]

[Apresentar o fundamento jurídico do pedido, fazendo a relação
entre os fatos e sua qualificação jurídica de forma a apresentar
como conclusão a necessidade de ser atendida a pretensão do autor]
```

[Espaço de duas linhas]

III - DO PEDIDO

[Espaço de uma linha]

De todo o exposto, requer-se:

a) a citação do Réu por carta, para responder aos termos da presente, sob pena de sofrer os efeitos da revelia;

b) a procedência da presente demanda para ... [nos termos do problema, conforme a pretensão seja declaratória, constitutiva ou condenatória, lembrando que o pedido deve ser certo e determinado, exceto nas hipóteses do artigo 286, Código de Processo Civil, em que se pode fazer pedido genérico];

c) a condenação do Réu nos ônus da sucumbência e honorários de advogado.

[Espaço de duas linhas]

IV - DAS PROVAS

[Espaço de uma linha]

Protesta provar o alegado por todos os meios de prova em direito admitidos.

[Espaço de duas linhas]

V - DO VALOR DA CAUSA

[Espaço de uma linha]

Dá-se à causa o valor de [conforme regras dos artigos 258 a 260, Código de Processo Civil]

[Espaço de uma linha]

Termos em que,

pede deferimento.

[Espaço de uma linha]

Local e data.

[Espaço de uma linha]

Advogado...

19. A petição inicial no procedimento comum sumário. Como acima mencionado, a petição inicial do procedimento comum sumário respeitará os mesmos requisitos da petição inicial do procedimento comum ordinário, devendo o autor observar as seguintes diferenças:

Requerimento de citação	Nos termos do artigo 277, Código de Processo Civil, será requerida a citação do réu para comparecimento em audiência, na qual deverá ser apresentada defesa, sob pena de, em se tratando de direitos disponíveis, sofrer os efeitos da revelia.
Requerimento de provas	Caso o autor pretenda produzir as provas testemunhal e pericial, deverá apresentar, na petição inicial (artigo 276, Código de Processo Civil): a) o rol de testemunhas (indicação do nome completo, qualificação e endereço para intimação); b) a indicação do assistente técnico (indicação do nome completo, qualificação e endereço para intimação); c) quesitos (rol de perguntas, que objetivam o esclarecimento dos fatos, a serem respondidas pelo perito).

20. Exercício resolvido: petição inicial do procedimento comum sumário

---

EXCELENTÍSSIMO SENHOR DOUTOR [autoridade competente – regras da Constituição Federal e do Código de Processo Civil]

[Espaço de dez linhas para despacho judicial]

AUTOR [nome completo], [nacionalidade], [estado civil], [profissão], RG n.º ..., CPF n.º ... [endereço], por seu advogado, que receberá intimações no [endereço], vem, respeitosamente, a Vossa Excelência, propor a presente AÇÃO [nome da demanda], pelo procedimento comum sumário em face de RÉU [nome completo], [nacionalidade], [estado civil], [profissão], RG n.º ..., CPF n.º ..., [endereço], pelos motivos de fato e de direito que a seguir expõe:

[Espaço de duas linhas]

I – DOS FATOS

[Espaço de uma linha]

[Narrar os fatos como descritos no problema, respondendo às questões Como? Onde? Por quê? Quando? Quanto? Para quê?]

[Espaço de duas linhas]

II – DO DIREITO

[Espaço de uma linha]

[Apresentar o fundamento jurídico do pedido, fazendo a relação entre os fatos e sua qualificação jurídica de forma a apresentar como conclusão a necessidade de ser atendida a pretensão do autor]

[Espaço de duas linhas]

III - DO PEDIDO

[Espaço de uma linha]

De todo o exposto, requer-se:

a) a citação do Réu por carta, para comparecimento à audiência de tentativa de conciliação a ser designada por este juízo, sob pena de sofrer os efeitos da revelia;

b) a procedência da presente demanda para [nos termos do problema, conforme a pretensão seja declaratória, constitutiva ou condenatória, lembrando que o pedido deve ser certo e determinado, exceto nas hipóteses do artigo 286, Código de Processo Civil, em que se pode realizar pedido genérico];

c) a condenação do Réu nos ônus da sucumbência e honorários de advogado.

[Espaço de duas linhas]

IV - DAS PROVAS

[Espaço de uma linha]

Protesta provar o alegado por todos os meios de prova em direito admitidos, consistentes nos documentos juntados, oitiva do Réu em depoimento pessoal, oitiva de testemunhas, perícias e todas as que se fizerem necessárias ao longo da presente demanda.

[Espaço de duas linhas]

V - DO VALOR DA CAUSA

[Espaço de uma linha]

Dá-se à causa o valor de ...

[Espaço de uma linha]

Termos em que,

pede deferimento.

[Espaço de uma linha]

```
                        Local e data.
[Espaço de uma linha]
                        Advogado.
[Espaço de uma linha]
                        Rol de testemunhas
                        Assistente técnico
                        Quesitos
```

Capítulo II

Ação de Responsabilidade Civil contra Administrador de Sociedade Limitada

1. Objeto e objetivo. A ação de responsabilidade civil contra o administrador de sociedade limitada tem por objetivo ressarcir a sociedade limitada dos prejuízos que esta sofreu em virtude de atos praticados pelo administrador da sociedade.

Em regra, os administradores de sociedade limitada não possuem responsabilidade pessoal pelos atos legais praticados no âmbito empresarial, necessários ao andamento das atividades.

No entanto, o administrador poderá ser responsabilizado em virtude de prejuízos que causar à sociedade.

Também existe a possibilidade de os administradores de empresa de sociedade limitada serem pessoalmente responsabilizados por atos que praticarem em contrariedade à legislação, ou mesmo ao objeto da sociedade limitada.

2. Responsabilidade do administrador perante terceiros. Quando na sociedade limitada tiverem aplicação as normas das sociedades simples, terá o administrador responsabilidade pessoal diante de terceiros solidariamente com a sociedade, quando praticar atos em nome da sociedade antes de averbado à margem da inscrição da sociedade o instrumento de nomeação (artigo 1.012, Código Civil).

A responsabilidade pessoal do administrador ocorrerá também quando praticar ato de gestão após a dissolução da sociedade (artigo 1.036, Código Civil).

Nesta hipótese estamos tratando de responsabilidade pessoal do administrador, sendo a primeira hipótese em conjunto com a sociedade, e, na última, isoladamente, perante o terceiro que com ele contratou.

3. Responsabilidade do administrador perante a sociedade e seus sócios. O administrador também poderá responder perante a sociedade e seus sócios nas seguintes hipóteses:

a) responsabilidade pessoal do administrador pelas perdas e danos sofridos pela sociedade, quando ele praticar atos em desacordo com a vontade da maioria (artigo 1.013, § 2.º, Código Civil);

b) responsabilidade pessoal por culpa no desempenho de suas funções (artigo 1.016, Código Civil);

c) responsabilidade pessoal do administrador quando empregar créditos da sociedade em proveito próprio ou de terceiros, causando prejuízos aos sócios (artigo 1.017, Código Civil);

d) responsabilidade pessoal pela distribuição de lucros fictícios – nesta hipótese, a responsabilidade será solidária com aquele sócio que recebeu o lucro (artigo 1.009, Código Civil).

Já quando houver, na sociedade limitada, aplicação supletiva das normas de sociedades por ações, a responsabilidade será pessoal nas seguintes hipóteses:

a) se agir com dolo ou culpa dentro de suas atribuições ou poderes (artigo 158, I, Lei 6.404/1976);

b) se violar a legislação ou o estatuto da companhia (artigo 158, II, Lei 6.404/1976);

c) se for conivente com atos irregulares praticados por outros administradores, ou negligenciar em descobri-los, ou, ainda, quando deles tiver conhecimento, deixar de agir para impedir a sua prática (artigo 158, § 1.º, Lei 6.404/1976);

d) se não cumprir os deveres impostos por lei para assegurar o funcionamento normal da companhia, com isso causando prejuízos (artigo 158, § 2.º, Lei 6.404/1976).

Nas hipóteses que mencionamos, em que o administrador tem responsabilidade perante a sociedade, deverá esta então promover a competente ação de responsabilidade civil, visando ser ressarcida daquele prejuízo que o administrador lhe causou.

4. A petição inicial da ação de responsabilidade civil. A petição inicial deverá estar em plena conformidade com os requisitos do artigo 282, Código de Processo Civil.

No que se refere ao direito material, deverá estar caracterizada uma das hipóteses acima descritas, devendo existir a citação nominativa do artigo de lei no contexto da petição.

5. Identificando no problema o cabimento de ação de responsabilidade civil. Verificamos ser cabível a ação de responsabilidade civil quando o problema trazido pelo examinador fizer menção à existência de sociedade limitada que sofreu prejuízo em virtude de ato (de ação ou de omissão) de seu administrador.

Necessário se faz que o agente (administrador) tenha praticado ou deixado de praticar algum ato, e isto esteja implícito na problemática.

Também se mostra essencial que, em virtude de sua existência, tenha ocorrido o prejuízo da sociedade limitada.

6. A petição inicial da ação de responsabilidade civil do administrador.

Previsão legal	Artigo 282, Código de Processo Civil; artigos 1.009, 1.012, 1.013, § 2.º, 1.016, 1.017 ou 1.036, Código Civil; artigo 158, Lei 6.404/1976.
Cabimento	Quando a sociedade, em virtude de atos de seu administrador, vier a sofrer prejuízos.
Competência	Será competente a Justiça Comum (Estadual) do domicílio do administrador, réu da ação, que causou prejuízo para a sociedade.
Partes do processo	Regra geral: autor – sociedade; réu – administrador da sociedade.
Fatos	Demonstrar na peça inicial que as atividades do administrador causaram prejuízo à sociedade, e por esse motivo se está buscado a prestação jurisdicional.
Direito	Apresentar a qualificação jurídica dos fatos narrados, observando-se para o ato a aplicabilidade de um dos artigos acima mencionados.
Pedidos	Procedência total da ação, condenando o réu ao pagamento do valor do prejuízo que a sociedade sofreu, acrescido de juros desde a citação.
	Citação do réu para o oferecimento de contestação no prazo legal.
	Condenação do réu ao pagamento de custas e honorários advocatícios.
	Que as citações e intimações sejam enviadas ao patrono que assina a peça inicial, cumprindo o disposto no artigo 39, I, do Código de Processo Civil.
Valor da causa	O valor do prejuízo para o qual se busca ressarcimento.

7. Esquema: ação de responsabilidade civil.

```
EXCELENTÍSSIMO SENHOR DOUTOR JUIZ DE DIREITO DA VARA ... DA CO-
MARCA DE ... DO ESTADO DE ...

[Espaço de dez linhas]

                        AUTOR [nome completo], [naciona-
lidade], [estado civil], [profissão], RG n.º ..., CPF n.º ...
[endereço], por seu advogado, que receberá intimações no [ende-
reço], vem, respeitosamente, a Vossa Excelência, propor a pre-
sente

                   Quando for pessoa jurídica:

                   Sociedade [nome empresarial],
devidamente inscrita no CNPJ sob o n.º ..., com sede na [endere-
ço], neste ato representada por seu administrador [nome civil],
```

nacionalidade], [estado civil], [profissão], RG n.º ..., CPF n.º ... [endereço], por seu advogado, que receberá intimações no [endereço], vem, respeitosamente, a Vossa Excelência, propor a presente AÇÃO DE REPARAÇÃO DE DANOS pelo procedimento ordinário, em face de RÉU [nome civil], [nacionalidade], [estado civil], portador da cédula de identidade RG n.º ..., devidamente inscrito no CPF/MF sob o n.º ..., residente e domiciliado na [endereço], pelos motivos de fato e de direito que a seguir expõe.

[Espaço de duas linhas]

I - DOS FATOS
[Espaço de uma linha]

[Narrar os fatos como descritos no problema, que evidenciam a existência de prejuízos sofridos pela sociedade em virtude de atos praticados pelo administrador]

[Espaço de duas linhas]

II - DO DIREITO
[Espaço de uma linha]

[Apresentar o fundamento jurídico do pedido, fazendo a relação entre os fatos e sua qualificação jurídica, demonstrando que os prejuízos gerados devem ser ressarcidos]

[Fazer referência aos dispositivos legislativos, como os artigos 1.009, 1.012, 1.013, 1.016, 1.017 e 1.036, Código Civil, e artigo 158, Lei 6.404/1976]

[Espaço de duas linhas]

III - DO PEDIDO
[Espaço de uma linha]

De todo o exposto, requer-se:

a) a citação do Réu por meio de oficial de justiça, requerendo desde já os benefícios do artigo 172, § 2.º, do Código de Processo Civil, para responder aos termos da presente, sob pena de sofrer os efeitos da revelia;

b) a procedência da presente demanda, declarando o administrador responsável pelos prejuízos causados;

c) a condenação do Réu ao ressarcimento dos prejuízos sofridos pela requerente, devendo ser acrescidos ao valor juros e correção monetária;

d) a condenação do Réu ao pagamento de custas e honorários advocatícios;

```
                              e) que as intimações sejam envia-
das ao patrono que esta subscreve, com endereço na... (artigo
39, I, Código Processo Civil).

[Espaço de duas linhas]

                              IV - DAS PROVAS
[Espaço de uma linha]
                              Protesta provar o alegado por to-
dos os meios de prova em direito admitidos, consistentes nos
documentos juntados, oitiva do Réu em depoimento pessoal, oitiva
de testemunhas, perícias e todas as que se fizerem necessárias ao
longo da presente demanda.

[Espaço de duas linhas]

                              V - DO VALOR DA CAUSA
[Espaço de uma linha]
                              Dá-se à causa o valor de ... [va-
lor do prejuízo causado]
[Espaço de uma linha]
                              Termos em que,

                              pede deferimento.
[Espaço de uma linha]
                              Local, data.
[Espaço de uma linha]
                              Advogado...
```

8. Questão resolvida.

A sociedade limitada Som Perfeito Ltda., dedicada ao comércio de aparelhos de som, tem quatro sócios, Arlindo, Ximenes, Hermano e Suzana, todos com participação idêntica no capital social e com poder de administração isolada. A sociedade é reconhecida no mercado por sua excelência no ramo e desfruta de grande fama e prestígio em seu ramo de negócio, tendo recebido vários prêmios de revistas. Entusiasmado com as novas tecnologias de transmissão de imagem, como HDTV, "blue ray" e outras, e entendendo haver sinergias entre esse ramo de comércio e o da sociedade, Ximenes propõe aos sócios que passem, também, a comercializar televisões, aparelhos de DVD e "telões". Após longa discussão, os demais sócios, contra a opinião de Ximenes, decidiram não ingressar nesse novo ramo de negócio, decisão essa que não foi objeto de ata formal de reunião de sócios, mas foi testemunhada por vários empregados da sociedade e foi também objeto de troca de e-mails entre os sócios.

Um ano depois, com o mercado de equipamentos de imagem muito aquecido, à revelia dos demais sócios, a sociedade, representada por Ximenes, assina um contrato para aquisição de 200 televisões que são entregues 90 dias após. As televisões são comercializadas, mas, devido a diversas condições mercadológicas e, principalmente, à inexperiência da sociedade nesse ramo de negócio, sua venda traz um prejuízo de R$ 135.000,00 para a empresa, conforme indicado por levantamento dos contadores e auditores da sociedade.

Os demais sócios, profundamente irritados com o proceder de Ximenes e com o prejuízo sofrido pela sociedade, procuram um profissional de advocacia, pretendendo alguma espécie de medida judicial contra Ximenes.

Tendo em vista a situação hipotética acima, redija, na condição de advogado(a) constituído(a) pela sociedade, a peça processual adequada para a defesa de sua constituinte, indicando, para tanto, todos os argumentos e fundamentos necessários.

Resolução

No problema descrito acima, verificamos a existência de sociedade limitada composta por quatro sócios, sendo que a participação de cada um deles tem a mesma proporção, ou seja, 25% cada um, existindo também a administração isolada, ou seja, todos os sócios têm poderes de administração, são os administradores da sociedade.

O sócio Ximenes decidiu ingressar com a sociedade em outro ramo de atuação, o que não foi aceito pelos demais sócios, como provas documentais (e-mails) e testemunhais (empregados).

Ximenes, mesmo com a discordância dos sócios, ingressou no ramo, trazendo um prejuízo de R$ 135.000,00 para a sociedade.

Os sócios, irritados com a conduta de Ximenes, procuram advogado, que deverá propor a medida para reaver os prejuízos causados à sociedade.

Não cabe outra medida senão a ação de reparação de danos contra os atos de Ximenes, que trouxeram prejuízos calculados em R$ 135.000,00 para a sociedade, haja vista que Ximenes, por ser administrador, poderia praticar atos em nome da sociedade, mas, em virtude dos prejuízos que causou, detém responsabilidade.

```
EXCELENTÍSSIMO SENHOR DOUTOR JUIZ DE DIREITO DA VARA ... DA CO-
MARCA DE ... DO ESTADO DE ...

[Espaço de dez linhas]

                          SOM PERFEITO LTDA., pessoa ju-
rídica de direito privado, inscrita no CNPJ sob o n.º ..., com
sede [endereço], representada por seu administrador Sr. ...,
```

[nacionalidade], [profissão], [estado civil], portador da cédula de identidade RG n.º ..., inscrito no CPF/MF sob o n.º ..., por meio de seu procurador e advogado devidamente constituído mediante procuração anexa (documento 1), vem à presença de Vossa Excelência propor a presente AÇÃO DE REPARAÇÃO DE DANOS, pelo procedimento ordinário, em face de Ximenes, [nacionalidade], [estado civil], portador da cédula de identidade RG n.º ..., devidamente inscrito no CPF/MF sob o n.º ..., residente e domiciliado na [endereço] pelos motivos de fato e de direito que a seguir expõe.

[Espaço de duas linhas]

I - DOS FATOS

[Espaço de uma linha]

A sociedade Som Perfeito Ltda. dedica-se ao comércio de aparelhos de som, detendo em seus quadros societários a presença de quatro sócios, Arlindo, Ximenes, Hermano e Suzana, todos com participação idêntica no capital social e com poder de administração isolada.

A sociedade é reconhecida no mercado por sua excelência no ramo e desfruta de grande fama e prestígio em seu ramo de negócio, tendo recebido vários prêmios de revistas.

Entusiasmado com as novas tecnologias de transmissão de imagem, como HDTV, "blue ray" e outras, e entendendo haver sinergias entre esse ramo de comércio e o da sociedade, o sócio Ximenes propôs aos demais sócios que a sociedade também passasse a comercializar televisões, aparelhos de DVD e "telões".

Tal proposta após longa discussão, não foi aceita pelos demais sócios que compõem o quadro societário. Essa circunstância é facilmente comprovada por meio dos "e-mails" trocados entre os sócios e também por testemunhas do ocorrido.

No entanto, em desacordo com a opinião dos demais sócios, o sócio Ximenes, em nome da sociedade, à revelia dos demais sócios, assinou contrato para aquisição de 200 televisões, que foram entregues após 90 dias.

As televisões são comercializadas, mas devido a diversas condições mercadológicas e, principalmente, à inexperiência da sociedade nesse ramo de negócio, as vendas trouxeram um prejuízo de R$ 135.000,00 para a empresa, conforme indicado por levantamento dos contadores e auditores da sociedade.

[Espaço de duas linhas]

II - DO DIREITO

[Espaço de uma linha]

        O administrador de sociedade, que, no regular exercício de gestão, praticar ato que traga prejuízo a esta, deverá responder pelos prejuízos que causou.

        No caso em tela, Ximenes, em total desacordo com aquilo que foi deliberado pelos demais sócios em mensagens trocadas, ingressou em ramo em que a sociedade não atuava, causando-lhe prejuízos.

        A possibilidade de a sociedade pleitear junto a Ximenes o ressarcimento daquilo que teve de prejuízo está em acordo com o estipulado no artigo 1.013, § 2.º, do Código Civil, que dispõe:

> "Art. 1.013. A administração da sociedade, nada dispondo o contrato social, compete separadamente a cada um dos sócios."
>
> "§ 1.º (...)"
>
> "§ 2.º Responde por perdas e danos perante a sociedade o administrador que realizar operações, sabendo ou devendo saber que estava agindo em desacordo com a maioria."

        No presente caso, temos que o sócio e administrador Ximenes acabou praticando o ato em total desacordo com a maioria dos demais sócios, que não tinham a intenção de explorar este ramo de atuação.

        Os atos contrários aos anseios dos demais sócios trouxeram um prejuízo de R$ 135.000,00 para a sociedade, que deverá ser ressarcido pelo verdadeiro responsável, o sócio e administrador Ximenes.

[Espaço de duas linhas]

III - DO PEDIDO

[Espaço de uma linha]

        De todo o exposto, requer-se:

        a) a citação do Réu Ximenes por meio de oficial de justiça, requerendo desde já os benefícios do artigo 172, § 2.º, do Código de Processo Civil, para responder aos termos da presente, sob pena de sofrer os efeitos da revelia;

        b) a procedência da presente demanda, declarando o administrador Ximenes responsável pelos prejuízos causados a Som Perfeito Ltda.;

c) a condenação do Réu Ximenes ao ressarcimento dos prejuízos sofridos pela requerente, estipulados em R$ 135.000,00 (cento e trinta e cinco mil reais), que deverão ser acrescidos de juros e correção monetária, conforme artigo 405 do Código Civil;

d) a condenação do Réu ao pagamento de custas e honorários advocatícios;

e) que as intimações sejam enviadas ao patrono que esta subscreve, com endereço na ... (artigo 39, I, Código de Processo Civil).

[Espaço de duas linhas]

IV - DAS PROVAS

[Espaço de uma linha]

Protesta provar o alegado por todos os meios de prova em direito admitidos, especialmente pela juntada de documentos, como as correspondências eletrônicas trocadas entre os sócios, oitiva do Réu em depoimento pessoal, oitiva de testemunhas, perícias e todas as que se fizerem necessárias ao longo da presente demanda.

[Espaço de duas linhas]

V - DO VALOR DA CAUSA

[Espaço de uma linha]

Dá-se à causa o valor de R$ 135.000,00 (cento e trinta e cinco mil reais).

[Espaço de uma linha]

Termos em que,

pede deferimento.

[Espaço de uma linha]

Local, data.

[Espaço de uma linha]

Advogado...

Capítulo III

Ação de Responsabilidade Civil contra Administrador de Sociedade por Ações

1. Objeto e objetivo. A ação de responsabilidade civil contra o administrador de sociedade por ações tem por objetivo ressarcir a sociedade por ações dos prejuízos que esta sofreu em virtude de atos praticados pelo diretor/administrador da sociedade.

Em regra, os administradores de sociedade por ações não possuem responsabilidade pessoal pelos atos legais praticados no âmbito da atividade, necessários ao andamento da atividade empresarial.

No entanto, o administrador poderá ser responsabilizado em virtude de prejuízos que causar a sociedade, conforme prevê o artigo 158 da Lei 6.404/1976.

2. Responsabilidade do administrador perante a sociedade e seus sócios. O diretor de sociedade por ações terá responsabilidade pelos prejuízos que causar nas seguintes hipóteses:

a) dentro de suas atribuições ou poderes agir com dolo ou culpa (artigo 158, I, Lei 6.404/1976);

b) violar legislação ou estatuto da companhia (artigo 158, II, Lei 6.404/1976);

c) for conivente com atos irregulares praticados por outros administradores, ou negligenciar em descobri-los, ou, ainda, quando tiver conhecimento, deixar de agir para impedir a sua prática (artigo 158, § 1.º, Lei 6.404/1976);

d) não cumprir os deveres impostos por lei para assegurar o funcionamento normal da companhia (artigo 158, § 2.º, Lei 6.404/1976).

Nas hipóteses que mencionamos, em que o administrador tem responsabilidade perante a sociedade, deverá esta, então, promover a competente ação de responsabilidade civil, visando ser ressarcida daquele prejuízo que o administrador lhe causou.

O administrador, em regra, não terá responsabilidade pelos atos ilícitos de outros administradores, exceto se com eles for conivente, se negligenciar em descobri-los ou se, deles tendo conhecimento, deixar de agir para impedir a sua prática (artigo 158, § 1.º, Lei 6.404/1976).

A ação de responsabilidade civil contra aqueles que causarem prejuízos à companhia deverá ser proposta pela companhia (na figura dos diretores remanescentes) após deliberação pela assembleia geral, que deverá também substituir os administradores envolvidos (artigo 159, §§ 1.º e 2.º, Lei 6.404/1976).

Qualquer acionista poderá promover a ação de responsabilidade, caso os diretores, após deliberação da assembleia aprovando a propositura da ação, não o façam no prazo de 3 (três) meses (artigo 159, § 3.º, Lei 6.404/1976).

A ação também poderá ser proposta em caso da não aprovação pela assembleia geral – nesta hipótese, os acionistas que detenham no mínimo 5% do capital social poderão promover a ação em nome da companhia (artigo 159, § 4.º, Lei 6.404/1976).

Ação de Responsabilidade Civil	
1.ª hipótese	Proposta pela própria companhia (diretoria remanescente) após deliberações em assembleia geral.
2.ª hipótese	Proposta por qualquer acionista caso, aprovada em assembleia, a ação não seja proposta no prazo de 3 (três) meses.
3.ª hipótese	Proposta por acionistas que representem no mínimo 5% do capital social, mesmo que a assembleia tenha rejeitado a propositura.

4. A petição inicial da ação de responsabilidade civil. A petição inicial deverá estar em plena conformidade com os requisitos do artigo 282, Código de Processo Civil.

No que se refere ao direito material, deverá estar caracterizada uma das hipóteses acima descritas, devendo existir a citação nominativa do artigo de lei no contexto da petição.

5. Identificando no problema o cabimento de ação de responsabilidade civil. Verificamos ser ação de responsabilidade civil quando o problema trazido pelo examinador fizer menção à existência de sociedade por ações que sofreu prejuízo em virtude de ato (de ação ou de omissão) de seu administrador.

Necessário se faz que o agente (administrador) tenha praticado ou deixado de praticar algum ato, e isso esteja implícito na problemática.

Também se mostra essencial que em virtude de sua existência tenha ocorrido o prejuízo da sociedade limitada.

6. A petição inicial da ação de responsabilidade civil do administrador.

Previsão legal	Artigo 282, Código de Processo Civil; artigos 158 e 159, Lei 6.404/1976.
Cabimento	Quando a sociedade, em virtude de atos de seus diretores, vier a sofrer prejuízos.
Competência	Será competente a Justiça Comum (Estadual) do domicílio do administrador réu da ação que causou prejuízo para a sociedade.
Partes do processo	Regra geral: autor – sociedade; réu – administrador da sociedade.
Fatos	Demonstrar na peça inicial que as atividades do administrador causaram o prejuízo à sociedade, e por esse motivo se está buscado a prestação jurisdicional.
Direito	Apresentar a qualificação jurídica dos fatos narrados, observando-se para o ato a aplicabilidade de um dos artigos acima mencionados.
Pedidos	De procedência total da ação, condenando-se o réu ao pagamento do valor do prejuízo que a sociedade sofreu, acrescido de juros desde a citação. Citação do réu para o oferecimento de contestação no prazo legal. Condenação do réu ao pagamento de custas e honorários advocatícios. Que as citações e intimações sejam enviadas ao patrono que assina a peça inicial, cumprindo-se o disposto no artigo 39, I, Código de Processo Civil.
Valor da causa	O valor do prejuízo cujo ressarcimento se busca.

7. Esquema: ação de responsabilidade civil.

```
EXCELENTÍSSIMO SENHOR DOUTOR JUIZ DE DIREITO DA COMARCA DE ...
DO ESTADO DE ...

[Espaço de dez linhas]

                            AUTOR [quando pessoa jurídica,
que será identificado pelo nome empresarial], [pessoa jurídica de
direito privado], inscrita no CNPJ sob o n.° ..., com sede [ende-
reço], por seu advogado, que receberá intimações no [endereço],
vem, respeitosamente, a Vossa Excelência, propor a presente AÇÃO
DE REPARAÇÃO DE DANOS PELO PROCEDIMENTO ORDINÁRIO em face de RÉU
[nome civil], [nacionalidade], [estado civil], portador da cédu-
la de identidade RG n.° ..., devidamente inscrito no CPF/MF sob
o n.° ..., residente e domiciliado na [endereço], pelos motivos
de fato e de direito que a seguir expõe:
```

[Espaço de duas linhas]

I – DOS FATOS

[Espaço de uma linha]

[Narrar os fatos como descritos no problema, que evidenciam a existência de prejuízos sofridos pela sociedade em virtude de atos praticados pelo administrador]

[Espaço de duas linhas]

II – DO DIREITO

[Espaço de uma linha]

[Apresentar o fundamento jurídico do pedido, fazendo a relação entre os fatos e sua qualificação jurídica, demonstrando que os prejuízos gerados devem ser ressarcidos]

[Fazer referência aos dispositivos legislativos, como os artigos. 158 e 159 da Lei 6.404/1976]

[Espaço de duas linhas]

III – DO PEDIDO

[Espaço de uma linha]

De todo o exposto, requer-se:

a) a citação do Réu através de oficial de justiça, requerendo desde já os benefícios do artigo 172, § 2.º, do Código de Processo Civil, para responder aos termos da presente, sob pena de sofrer os efeitos da revelia;

b) a procedência da presente demanda, declarando o administrador responsável pelos prejuízos causados;

c) a condenação do Réu ao ressarcimento dos prejuízos sofridos pela requerente, devendo ao valor serem acrescidos juros e correção monetária;

d) a condenação do Réu ao pagamento de custas e honorários advocatícios;

e) que as intimações sejam enviadas ao patrono que esta subscreve, com endereço na ... [artigo 39, I, Código de Processo Civil]

[Espaço de duas linhas]

IV – DAS PROVAS

[Espaço de uma linha]

Protesta provar o alegado por todos os meios de prova em direito admitidos, consistentes nos documentos juntados, oitiva do Réu em depoimento pessoal, oitiva de testemunhas, perícias e todas as que se fizerem necessárias ao longo da presente demanda.

[Espaço de duas linhas]

V – DO VALOR DA CAUSA

[Espaço de uma linha]

Dá-se à causa o valor de [valor do prejuízo causado].

[Espaço de duas linhas]

Termos em que,

pede deferimento.

[Espaço de uma linha]

Local, data

[Espaço de uma linha]

Advogado...

Capítulo IV

Ação de Obrigação de Fazer

A petição inicial poderá contemplar obrigação de fazer consubstanciada em relação contratual ou mesmo por força da legislação.

Assim, obrigações assumidas em relações contratuais, caso não cumpridas, poderão ser objeto de obrigação de fazer, determinada em ação judicial.

Na ação que tenha por objeto o cumprimento de obrigação de fazer ou de não fazer, o juiz concederá a tutela específica da obrigação, ou, se for procedente o pedido, determinará as providências que assegurem um resultado prático equivalente ao do adimplemento da obrigação.

Neste enfoque, temos:

a) tutela específica: prestação consignada em favor do autor, da mesma forma como prevista;

b) resultado prático equivalente: prestação que substitua a prevista no título.

Peça prática.

Previsão legal	Artigo 282 (petição inicial), c/c artigo 461, Código de Processo Civil.
Cabimento	Obrigação prevista em contrato ou mesmo por força de legislação.
Competência	Será competente a Justiça Comum (estadual).
Partes do processo	Autor: o credor da obrigação de fazer. Réu: o obrigado a fazer.
Fatos	Demonstrar na peça inicial que existe a obrigação de fazer legal ou contratual.
Direito	Demonstrar de forma cristalina a existência de obrigação de praticar ato, prevista de forma legal ou contratual, conforme previsão no artigo 461, Código de Processo Civil.

Pedidos	A citação do réu para contestar a ação sob pena de revelia. A procedência da ação, concedendo a tutela específica da obrigação ou determinando providências que assegurem o resultado prático equivalente ao do adimplemento. A condenação do réu ao pagamento de custas e honorários advocatícios. Que as citações e intimações sejam enviadas ao patrono que assina a peça inicial, cumprindo-se o disposto no artigo 39, I, Código de Processo Civil.
Valor da causa	Valor do contrato ou da obrigação que deverá ser cumprida.

Esquema: ação de obrigação de fazer.

```
EXCELENTÍSSIMO SENHOR DOUTOR JUIZ DE DIREITO DA ... VARA CIVEL
DA COMARCA DE ... DO ESTADO DE ...

[Espaço de dez linhas]

                         AUTOR [se pessoa jurídica, nome
empresarial], devidamente inscrita no CNPJ/MF sob o n.° ..., com
sede na ..., representada por seu administrador Sr. ..., [nacio-
nalidade], [estado civil], portador da cédula de identidade RG
n.° ..., devidamente inscrito no CPF/MF sob o n.° ..., por seu
procurador e advogado que esta subscreve (documento 01 anexo),
vem, perante Vossa Excelência, propor a presente AÇÃO ORDINÁRIA
DE OBRIGAÇÃO DE FAZER CUMULADA COM PERDAS E DANOS, fundada nos
artigos 282 e 461 do Código de Processo Civil,em face de RÉU, [se
pessoa jurídica, nome empresarial], pessoa jurídica de direito
privado, devidamente inscrita no CNPJ/MF sob o n.° ..., com sede
na ..., pelas razões de fato e de direito a seguir expostas:

[Espaço de duas linhas]

                         I - DOS FATOS

[Espaço de uma linha]

[Narrar a situação jurídica apresentada pelo examinador]

[Espaço de duas linhas]

                         II - DO DIREITO

[Espaço de uma linha]

[Apresentar o fundamento jurídico do pedido, fazendo a relação
entre os fatos e sua qualificação jurídica de forma a apresentar
como conclusão a necessidade de ser atendida a pretensão do au-
tor]

[Espaço de duas linhas]
```

III - DO PEDIDO

[Espaço de uma linha]

Diante de todo o exposto, requer:

a) a citação do Réu, por meio de oficial de justiça, requerendo desde já os benefícios o artigo 172, § 2.º, do Código de Processo Civil, para que satisfaça a sua obrigação no sentido de ...;

b) a condenação do Réu ao pagamento de multa diária em caso de não cumprimento de sua obrigação como determinado por esse Juízo;

c) a condenação do executado ao pagamento de custas e honorários advocatícios, devendo os últimos ser fixados pelo juiz ao despachar a medida inicial;

d) que as intimações sejam enviadas ao patrono que assina a peça inicial, cumprindo-se o disposto no artigo 39, I, do Código de Processo Civil.

[Espaço de duas linhas]

IV - DAS PROVAS

[Espaço de uma linha]

Protesta provar o alegado por todos os meios de prova em direito admitidos, consistentes nos documentos juntados, oitiva do Réu em depoimento pessoal, oitiva de testemunhas, perícias e todas as que se fizerem necessárias ao longo da presente demanda.

[Espaço de duas linhas]

V - DO VALOR DA CAUSA

[Espaço de uma linha]

Dá-se à causa o valor de [se o dado constar do problema], para os devidos fins.

[Espaço de uma linha]

Termos em que,

pede deferimento.

[Espaço de uma linha]

Local e data

[Espaço de uma linha]

Advogado...

Questão resolvida.

João, empresário individual e um grande chefe de cozinha, manteve, ao longo de 10 anos, um restaurante de comida portuguesa, que contava com clientela fiel e constante. Todavia, seduzido pela proposta feita por Marcos, um de seus fornecedores, alienou seu estabelecimento por R$ 300.000,00, valor suficiente para que João se aposentasse. Entretanto, depois de dois anos sem realizar atividades empresariais no ramo, formou com José a sociedade Restaurante Veneza Ltda., um sofisticado restaurante de cozinha italiana. A antiga clientela de João, tomando conhecimento do novo empreendimento, passou a frequentá-lo, desviando-se do antigo restaurante, alienado a Marcos, que, por sua vez, ao tomar pé da situação, procurou um advogado para ajuizar uma ação para inibir a conduta de João, bem como haver os prejuízos por ele experimentados.

Diante da situação hipotética apresentada acima, elabore, de forma fundamentada, a petição inicial de Marcos.

Resolução

No caso em tela, a própria questão menciona que o candidato deveria promover petição inicial em nome de Marcos, restando ao candidato apenas a identificação do que deveria constar nesta petição inicial, o seu procedimento e o pedido.

Marcos adquiriu estabelecimento empresarial junto a João pagando pelo estabelecimento a quantia de R$ 300.000,00, o que originalmente determinou a aposentadoria de João; todavia, dois anos depois do negócio, João formou com José outra sociedade, desviando a clientela de Marcos.

Marcos adquiriu estabelecimento empresarial de João, que no prazo de dois anos passou a exercer concorrência perante Marcos, com a inauguração de outro restaurante.

Não há no problema menção expressa do que foi ajustado pelas partes no que se refere à concorrência, o que determina a aplicação do artigo 1.147, Código Civil: "Art. 1.147. Não havendo autorização expressa, o alienante do estabelecimento não pode fazer concorrência ao adquirente, nos cinco anos subsequentes à transferência".

Sendo assim, a petição inicial deveria versar sobre a obrigação de o alienante (João) não realizar concorrência com o adquirente Marcos, requerendo tutela antecipada determinando o fechamento de portas do estabelecimento empresarial de João, com aplicação de multa diária em caso de não cumprimento, e condenação em perdas e danos.

PEÇA RESOLVIDA

```
EXCELENTÍSSIMO SENHOR DOUTOR JUIZ DE DIREITO DA ... VARA CÍVEL
DA COMARCA DE ... DO ESTADO DE ...
```

[Espaço de dez linhas]

MARCOS [nome civil completo], [nacionalidade], [estado civil], empresário no ramo de restaurantes, portador da cédula de identidade RG n.º ..., devidamente inscrito no CPF/MF sob o n.º ..., residente e domiciliado na [endereço], por seu procurador e advogado que esta subscreve (documento 1 anexo), vem, perante Vossa Excelência, propor a presente AÇÃO ORDINÁRIA DE OBRIGAÇÃO DE FAZER CUMULADA COM PERDAS E DANOS, fundada nos artigos 273 e 461 do Código de Processo Civil, cumulada com o artigo 1.147 do Código Civil, em face de JOÃO [nome civil completo], [nacionalidade], [estado civil], empresário no ramo de restaurantes, portador da cédula de identidade RG n.º ..., devidamente inscrito no CPF/MF sob o n.º ..., residente e domiciliado na [endereço], pelos motivos de fato e de direito a seguir expostos:

[Espaço de duas linhas]

I - DOS FATOS

[Espaço de uma linha]

O Autor adquiriu junto a João, empresário individual e um grande chefe de cozinha, estabelecimento empresarial, consistente em um restaurante de cozinha portuguesa que o Réu explorou ao longo de 10 anos.

O restaurante objeto da alienação contava com clientela fiel e constante; porém, o Réu, seduzido pela proposta feita pelo Autor, então um de seus fornecedores, alienou seu estabelecimento por R$ 300.000,00, valor suficiente para que o Réu se aposentasse.

Entretanto, o Réu, depois de dois anos sem realizar atividades empresariais no ramo, formou com José a sociedade Restaurante Veneza Ltda., um sofisticado restaurante de cozinha italiana.

A antiga clientela do Réu, tomando conhecimento do novo empreendimento, passou a frequentá-lo, desviando-se do antigo restaurante, alienado ao Autor.

Baseado nos fatos descritos acima, não restaram outras alternativas ao Autor, senão a de ajuizar uma ação para inibir a conduta de João, bem como haver os prejuízos por ele experimentados.

[Espaço de duas linhas]

II - DO DIREITO

[Espaço de uma linha]

Trata-se de ação de obrigação de fazer, com o objetivo de evitar que o Réu continue a exercer atividade empresarial em concorrência com o Autor, visto o último ter adquirido o estabelecimento empresarial.

[Espaço de duas linhas]

a) Da concorrência na aquisição do estabelecimento empresarial

[Espaço de uma linha]

A respeito da aquisição do estabelecimento empresarial, dispõe o artigo 1.147 do Código Civil que o alienante do estabelecimento empresarial não poderá fazer concorrência ao alienante pelo período de 5 (cinco) anos, exceto se existir autorização expressa. Senão vejamos:

> "Art. 1.147. Não havendo autorização expressa, o alienante do estabelecimento não pode fazer concorrência ao adquirente, nos cinco anos subsequentes à transferência."

Sendo assim, o fato de o Réu, no período de 2 anos após a alienação, estar exercendo atividade no ramo de restaurantes e comprovadamente levando a sua freguesia para o novo estabelecimento constitui afronta ao artigo 1.147 do Código Civil supracitado.

[Espaço de duas linhas]

b) Da obrigação de fazer

[Espaço de uma linha]

No que se refere à obrigação de fazer, dispõe o artigo 461 do Código de Processo Civil o que segue:

> "Art. 461. Na ação que tenha por objeto o cumprimento de obrigação de fazer ou não fazer, o juiz concederá a tutela específica da obrigação ou, se procedente o pedido, determinará providências que assegurem o resultado prático equivalente ao do adimplemento."

No que se refere à alienação do estabelecimento empresarial, como já mencionado acima, o alienante, pelo período de 5 anos, não poderá fazer concorrência ao adquirente, o que de fato vem ocorrendo, haja vista estar o alienante explorando atividade no mesmo ramo de seu antigo estabelecimento empresarial.

Com efeito, não resta alternativa ao Autor senão a de buscar a prestação jurisdicional para que o Réu possa cumprir com sua obrigação legal, ou seja, permanecer sem exercer atividade empresarial em concorrência ao adquirente do estabelecimento.

[Espaço de duas linhas]

c) Das perdas e danos

[Espaço de uma linha]

O exercício da atividade empresarial pelo Réu vem acarretando diversos prejuízos ao Autor, que teve de dispor de valor considerável para adquirir o estabelecimento empresarial, e na atualidade vê a freguesia que adquiriu consumindo no restaurante do antigo proprietário, Réu na presente ação.

A conduta do Réu, de concorrer de forma ilegítima com o Autor, vem gerando diversos prejuízos ao Autor.

Nesse sentido dispõe o artigo 186 do Código Civil:

"Art. 186. Aquele que, por ação ou omissão voluntária, negligência ou imprudência, violar direito e causar dano a outrem, ainda que exclusivamente moral, comete ato ilícito."

Destarte, temos que a conduta ativa do Réu em exercer atividade em concorrência com o Autor vem lhe causando diversos prejuízos.

O ato ilícito do Réu deverá ser reconhecido por esse Juízo, com a condenação do Réu ao pagamento das perdas e dos danos que causou ao Autor.

[Espaço de duas linhas]

d) Da liminar

[Espaço de uma linha]

Nos termos do artigo 461, § 3.º, do Código de Processo Civil, poderá ser determinada a obrigação de fazer ou de não fazer liminarmente, em havendo a demonstração de "fumus boni iuris" e "periculum in mora".

Nesse sentido, temos que o contrato de venda do estabelecimento, em que pese não conter cláusula expressa, contém proteção legal de não permitir a concorrência pelo período de 5 anos.

O fato de o novo estabelecimento, que vem retirando a clientela do Autor, ter como sócio o Réu demonstra a existência de prova inequívoca.

O Autor tem verificado a queda de seu faturamento, em virtude de sua clientela estar migrando para o estabelecimento empresarial concorrente, o que o fez ingressar com a presente medida judicial, visto estar sofrendo prejuízos financeiros.

A continuação da atividade empresarial do Réu faz com que a cada dia perca o Autor a sua clientela, causando dano irreparável, visto que todo seu investimento está sendo perdido em virtude da perda dessa freguesia necessária para a sua atividade.

[Espaço de duas linhas]

III – DO PEDIDO

[Espaço de uma linha]

Diante de todo o exposto requer:

a) a concessão de tutela antecipada determinando o fechamento das portas do estabelecimento empresarial do Réu, com aplicação de multa diária em valor a ser fixado por esse Juízo em caso de não cumprimento da determinação judicial;

b) a confirmação da tutela concedida, fechando o estabelecimento empresarial do Réu;

c) a condenação do Réu pelas perdas e danos que causou ao Autor, devendo os valores ser apurados em termos de liquidação de sentença;

d) a citação do Réu, por meio de oficial de justiça, requerendo desde já os benefícios o artigo 172, § 2.º, do Código de Processo Civil, para, querendo, contestar a ação;

e) a condenação do executado ao pagamento de custas e honorários advocatícios;

f) que as intimações sejam enviadas ao patrono que assina a peça inicial, cumprindo-se do disposto no artigo 39, I, do Código de Processo Civil.

[Espaço de duas linhas]

IV – DAS PROVAS

[Espaço de uma linha]

Protesta provar o alegado por todos os meios de prova em direito admitidos, consistentes nos documentos juntados, oitiva do Réu em depoimento pessoal, oitiva de testemunhas, perícias e todas as que se fizerem necessárias ao longo da presente demanda.

[Espaço de duas linhas]

                V - DO VALOR DA CAUSA

                Dá-se à causa o valor de ....

[Espaço de uma linha]

                Termos em que,

                pede deferimento.

[Espaço de uma linha]

                Local e data.

[Espaço de uma linha]

                Advogado...

Capítulo V

Ação de Dissolução da Sociedade

1. Objeto e objetivo. A ação de dissolução de sociedade tem por objetivo encerrar judicialmente a sociedade, pondo fim à personalidade jurídica ora adquirida com o registro no órgão competente. A dissolução tem por objetivo, verificada a causa dissolutória, iniciar a liquidação do ativo da pessoa jurídica para o pagamento do passivo social e, consequentemente, dar ensejo à partilha do acervo que ficou remanescente. Após a citada partilha, teremos a extinção da pessoa jurídica.

Duas são as espécies de dissolução, a judicial e a extrajudicial, podendo ser a dissolução total ou parcial.

Na sociedade limitada, teremos dissolução extrajudicial nas seguintes hipóteses:

a) quando ocorrer o vencimento do prazo de duração, salvo se, vencido este e sem oposição de sócio, não entrar a sociedade em liquidação, caso em que se prorrogará por tempo indeterminado;

b) pelo consenso unânime dos sócios;

c) por deliberação dos sócios, por maioria absoluta, na sociedade de prazo indeterminado;

d) pela falta de pluralidade de sócios, não reconstituída no prazo de 180 dias;

e) pela extinção, na forma da lei, de autorização para funcionar.

Como o próprio nome demonstra, não será necessária a existência de ação judicial para a pretensão.

Serão casos de dissolução judicial as hipóteses previstas no artigo 1.034, Código Civil:

a) quando anulada a sua constituição;

b) quando exaurido o fim social;

c) quando verificada a sua inexequibilidade.

A inexequibilidade do objeto é também conhecida como quebra do *affectio societatis*.

Poderá ocorrer, ainda, caso seja uma sociedade empresária, a sua dissolução total quando verificada a decretação de sua falência (artigo 1.044, Código Civil).

As sociedades por ações podem ser dissolvidas extrajudicialmente nos seguintes casos (Art.206 LSA): (previsão legal?)

a) pelo término do prazo de duração;

b) nos casos previstos no estatuto;

c) por deliberação da assembleia geral (artigo 136, X);

d) pela existência de um único acionista, verificada em assembleia geral ordinária, se o mínimo de dois não for reconstituído até a assembleia do ano seguinte, ressalvado o disposto no artigo 251;

e) pela extinção, na forma da lei, da autorização para funcionar.

Já a dissolução judicial poderá ocorrer nas hipóteses que seguem:

a) quando anulada a sua constituição, em ação proposta por qualquer acionista;

b) quando provado que não pode preencher o seu fim, em ação proposta por acionistas que representem 5% ou mais do capital social;

c) em caso de falência, na forma prevista na respectiva lei.

Também pode ocorrer a dissolução parcial da sociedade (término da sociedade em relação a um sócio), circunstância essa gera a necessidade de ação de dissolução também, com a consequente apuração de haveres sociais do sócio excluído ou retirante.

O sócio poderá ser excluído judicialmente pela maioria dos demais sócios em virtude de falta grave ou incapacidade superveniente (artigo 1.030, Código Civil).

Já a retirada do sócio poderá se dar pelas circunstâncias previstas no artigo 1.029, Código Civil (retirada imotivada) ou pelas hipóteses do artigo 1.077, Código Civil (retirada motivada).

Nessas hipóteses, poderá a ação ter o título de Ação de Dissolução Parcial de Sociedade.

2. A petição inicial da ação de dissolução de sociedade. A ação de dissolução de sociedade tem sua previsão legal nos artigos 655 a 674 do Código de Processo Civil de 1939, tendo aplicabilidade a antiga legislação processual por força do artigo 1.218, VII, do atual Código de Processo Civil.

Além dos artigos do antigo Código de Processo Civil, deverá a petição inicial estar em plena conformidade com os requisitos do artigo 282 do atual Código de Processo Civil.

Na ação de dissolução também é recomendado que a petição inicial seja cumulada com a apuração dos haveres do sócio, visto que, com o fim da sociedade, detêm os sócios direito à partilha do patrimônio da sociedade em proporção com a quantidade de cotas ou ações que ele possuir.

No que se refere ao valor das cotas, isso deverá estar em acordo com balanço especial levantado para se apurar o patrimônio da sociedade, conforme prevê o artigo 1.031, Código Civil.

3. Identificando no problema o cabimento de ação de dissolução de sociedade. Verificamos tratar-se de ação de dissolução de sociedade quando o problema trazido pelo examinador faz menção à existência de sociedade independentemente do tipo societário, onde alguma das hipóteses, como a quebra do *affectio societatis*, tenha ocorrido.

Necessário se faz que o problema evidencie que a continuidade da sociedade se mostra insustentável.

4. A petição inicial da ação de dissolução de sociedade.

Previsão legal	Artigo 655, Código de Processo Civil de 1939; artigo 282, Código de Processo Civil; artigos 1.034, II (exaurimento do objeto ou quebra do *affectio societatis*), 1.029 e 1.077 (retirada), 1.030 (exclusão), Código Civil; artigo 206, Lei 6.404/1976; artigo 1.031, Código Civil (apuração de haveres)
Cabimento	Quando a sociedade estiver atravessando alguma das hipóteses previstas nos artigos acima mencionados.
Competência	Será competente a Justiça Comum (Estadual) do local onde estiver localizada a sede da sociedade, isso se não existir, no contrato, foro de eleição.
Partes do Processo	Regra geral: Autor: sócio da sociedade que pretende a sua dissolução; sócio da sociedade que está pleiteando sua própria retirada; sócios que pretendem a exclusão de outro sócio. Réu: a sociedade, em caso de dissolução total; sociedade ou sócio que esteja sendo excluído pelos demais.
Fatos	Demonstrar, na peça inicial, que as circunstâncias do caso concreto ensejam a possibilidade de dissolução da sociedade.
Direito	Apresentar a qualificação jurídica dos fatos narrados, observando-se, para o ato, a aplicabilidade de um dos artigos acima mencionados.

Pedidos	De procedência total da ação, determinando a dissolução da sociedade conforme artigo 655, Código de Processo Civil de 1939. Apuração dos haveres do sócio em balanço levantado para aquela finalidade, conforme artigo 1.031, Código Civil. Citação do réu para o oferecimento de contestação no prazo legal. Condenação do réu ao pagamento de custas e honorários advocatícios. Que as citações e intimações sejam enviadas ao patrono que assina a peça inicial, cumprindo-se o disposto no artigo 39, I, Código de Processo Civil.
Valor da causa	Em caso de dissolução total será o valor do capital social da sociedade; já em caso de dissolução parcial será o valor das cotas do sócio excluído ou retirante.

5. Esquema: ação de dissolução parcial de sociedade.

```
EXCELENTÍSSIMO SENHOR DOUTOR JUIZ DE DIREITO DA COMARCA DE ...
DO ESTADO DE ...

[Espaço de dez linhas]

                         Sócio [nome civil], [nacionali-
dade], [estado civil], [profissão], portador da cédula de iden-
tidade RG n.° ..., devidamente inscrito no CPF/MF sob o n.° ...,
residente e domiciliado na [endereço], por seu advogado, que
esta subscreve (documento anexo), que receberá intimações no
[endereço], vem, respeitosamente, à Vossa Excelência, propor a
presente AÇÃO DE DISSOLUÇÃO PARCIAL DE SOCIEDADE COM APURAÇÃO DE
HAVERES em face de RÉU [nome civil], [nacionalidade], [estado
civil], portador da cédula de identidade RG n.° ..., devidamente
inscrito no CPF/MF sob o n.° ..., residente e domiciliado na [en-
dereço], e RÉ (Sociedade) [nome empresarial], inscrita no CNPJ
sob o n.° ..., com sede na [endereço], pelos motivos de fato e
de direito que a seguir expõe:

[Espaço de duas linhas]

                            I - DOS FATOS
[Espaço de uma linha]

[Narrar os fatos como descritos no problema, que evidenciam a
existência de necessidade de dissolução total ou parcial da so-
ciedade]

[Espaço de duas linhas]
```

II - DO DIREITO

[Espaço de uma linha]

[Apresentar o fundamento jurídico do pedido, fazendo a relação entre os fatos e sua qualificação jurídica, demonstrando que os prejuízos gerados devem ser ressarcidos]

[Fazer referência aos dispositivos legislativos: artigo 655, Código de Processo Civil/1939; artigo 282, Código de Processo Civil; artigos 1.034, II (exaurimento do objeto ou quebra do affectio societatis), 1.029 e 1.077 (retirada), 1.030 (exclusão), 1.031 (apuração de haveres), Código Civil; e artigo 206, Lei 6.404/1976]

[Espaço de duas linhas]

III - DO PEDIDO

[Espaço de uma linha]

De todo o exposto, requer-se:

a) a citação dos Réus através de oficial de justiça, requerendo desde já os benefícios do artigo 172, § 2.º, do Código de Processo Civil, para responder aos termos da presente, sob pena de sofrer os efeitos da revelia;

b) a procedência da presente demanda, determinando a dissolução da sociedade conforme previsão do artigo 655 do Código de Processo Civil de 1939;

c) a apuração dos haveres sociais, determinando o pagamento do valor patrimonial das cotas ao sócio retirante ou excluído;

d) a condenação do Réu ao pagamento de custas e honorários advocatícios;

e) que as intimações sejam enviadas ao patrono que esta subscreve, com endereço na ... [artigo 39, I, Código de Processo Civil]

[Espaço de duas linhas]

IV - DAS PROVAS

[Espaço de uma linha]

Protesta provar o alegado por todos os meios de prova em direito admitidos, consistentes nos documentos juntados, oitiva dos Réus em depoimentos pessoais, oitiva de testemunhas, perícias e todas as que se fizerem necessárias ao longo da presente demanda.

[Espaço de duas linhas]

```
                              V - DO VALOR DA CAUSA
[Espaço de uma linha]
                              Dá-se à causa o valor de [valor
do prejuízo causado].
[Espaço de uma linha]

                              Termos em que,

                              pede deferimento.
[Espaço de uma linha]

                              Local e data.

[Espaço de uma linha]

                              Advogado...
```

6. Questão resolvida.

João e José, amigos de longa data, constituíram a sociedade Souza & Silva Comércio e Indústria de Móveis. Cada qual detinha 50% das quotas da sociedade e ambos a administravam. As afinidades eram muitas, mas, com o passar dos anos, as diferenças vieram à tona. As dificuldades do mercado acabaram contaminando a relação entre os sócios, que frequentemente passaram a brigar. No ápice de uma discussão, chegou a haver agressão física: João desferiu dois socos na face de José. A manutenção da sociedade tornou-se insustentável.

Tentou-se chegar a um consenso acerca de eventual compra das quotas de José por João, o que não foi possível. Tentou-se também a alienação das quotas de José a um terceiro, o que não contou com a anuência de João. José, por fim, não querendo permanecer no empreendimento, procurou um advogado para promover ação de dissolução da sociedade.

Considerando a situação hipotética acima, elabore, de forma fundamentada, a petição inicial da ação de dissolução da sociedade existente entre João e José.

Resolução

No problema descrito acima, o examinador, após mostrar que a existência da sociedade era inviável, esclareceu ao examinado que o objetivo do sócio José é o de promover a dissolução da sociedade.

Mesmo que tal informação não existisse, os fatos, principalmente a demonstração de que a manutenção da sociedade seria impossível e que José não tinha o objetivo de permanecer na sociedade, demonstram a necessidade de propositura de ação de dissolução de sociedade.

No entanto, também será necessário que José receba o valor relativo a 50% do patrimônio social, o que deverá ocorrer mediante o procedimento da apuração de haveres.

PEÇA RESOLVIDA

EXCELENTÍSSIMO SENHOR DOUTOR JUIZ DE DIREITO DA COMARCA DE ... DO ESTADO DE ...

[Espaço de dez linhas]

JOSÉ [nacionalidade], [estado civil], portador da cédula de identidade RG n.° ..., devidamente inscrito no CPF/MF sob o n.° ..., residente e domiciliado na [endereço], através de seu procurador e advogado devidamente constituído mediante procuração em anexo (documento 1), vem à presença de Vossa Excelência propor a presente AÇÃO DE DISSOLUÇÃO PARCIAL DE SOCIEDADE CUMULADA COM APURAÇÃO DE HAVERES em face de João, [nacionalidade], [estado civil], portador da cédula de identidade RG n.° ..., devidamente inscrito no CPF/MF sob o n.° ..., residente e domiciliado na [endereço], e Souza & Silva Comércio e Indústria de Móveis, pessoa jurídica de direito privado, devidamente inscrita no CNPJ/MF sob o n.° ..., com sede na [endereço], pelos motivos de fato e de direito que a seguir expõe:

[Espaço de duas linhas]

I - DOS FATOS

[Espaço de uma linha]

João e José, amigos de longa data, constituíram a sociedade Souza & Silva Comércio e Indústria de Móveis.

Cada qual detinha 50% das quotas da sociedade e ambos a administravam.

As afinidades eram muitas, mas, com o passar dos anos, as diferenças vieram à tona. As dificuldades do mercado acabaram contaminando a relação entre os sócios, que frequentemente passaram a brigar.

No ápice de uma discussão, chegou a haver agressão física: João desferiu dois socos na face de José. A manutenção da sociedade tornou-se insustentável.

Tentou-se chegar a um consenso acerca de eventual compra das quotas de José por João, o que não foi possível.

Tentou-se também a alienação das quotas de José a um terceiro, o que não contou com a anuência de João. José, por fim, não querendo permanecer no empreendimento, procurou um advogado para promover ação de dissolução da sociedade.

[Espaço de duas linhas]

II - DO DIREITO

[Espaço de uma linha]

Do "affectio societatis"

O "affectio societatis" representa requisito essencial para a existência de uma sociedade, seja ela simples ou empresária.

Nesse aspecto dispõe o artigo 981 do Código Civil:

> "Art. 981. Celebram contrato de sociedade as pessoas que reciprocamente se obrigam a contribuir, com bens ou serviços, para o exercício de atividade econômica e a partilha, entre si, dos resultados."

Sendo assim, requisito para a existência da sociedade é o "affectio societatis" ora citado.

No presente caso, temos que a afeição societária, condição essencial para sua existência, foi completamente destruída, haja vista as constantes brigas entre os sócios, que inclusive chegaram ao absurdo de agressões do sócio João em face do requerente.

Sob esse enfoque, prevê o artigo 1.034 do Código Civil:

> "Art. 1.034. A sociedade pode ser dissolvida judicialmente, a requerimento de qualquer dos sócios, quando:
>
> (...)
>
> II - exaurido o fim social, ou verificada a sua inexequibilidade."

A terminologia inexequibilidade significa inviabilidade, o que se conforma à atual situação da sociedade, que na atualidade se demonstra insustentável.

Sendo assim, não restou ao requerente outra alternativa senão a de valer-se do disposto no artigo 655 do Código de Processo Civil de 1939, que dispõe:

> "Art. 655. A dissolução de sociedade civil, ou mercantil, nos

casos previstos em lei ou no contrato social, poderá ser declarada, a requerimento de qualquer interessado, para o fim de ser promovida a liquidação judicial."

Tendo em vista a quebra do "affectio societatis" ocorrida entre os sócios, temos que necessária se mostra a sua declaração judicial, com a consequente apuração dos haveres sociais e pagamento ao sócio retirante.

[Espaço de duas linhas]

III - DO PEDIDO

[Espaço de uma linha]

De todo o exposto, requer-se:

a) a citação dos Réus através de oficial de justiça, requerendo desde já os benefícios do artigo 172, § 2.º, do Código de Processo Civil, para responder aos termos da presente, sob pena de sofrer os efeitos da revelia;

b) a procedência da presente demanda, determinando a dissolução parcial da sociedade, conforme previsão do artigo 655 do Código de Processo Civil de 1939;

c) a apuração dos haveres sociais, determinando o pagamento do valor patrimonial das cotas ao sócio José, na forma do art. 1.031 do CC.;

d) a condenação dos Réus ao pagamento de custas e honorários advocatícios;

e) que as intimações sejam enviadas ao patrono que esta subscreve, com endereço na ... (artigo 39, I, do Código de Processo Civil).

[Espaço de duas linhas]

IV - DAS PROVAS

[Espaço de uma linha]

Protesta provar o alegado por todos os meios de prova em direito admitidos, especialmente pela juntada de documentos, oitiva do Réu em depoimento pessoal, oitiva de testemunhas, perícias e todas as que se fizerem necessárias ao longo da presente demanda.

[Espaço de duas linhas]

V - DO VALOR DA CAUSA

Dá-se à causa o valor de R$ ...
[valor da ação].

[Espaço de uma linha]

                    Termos em que,

                    pede deferimento.

[Espaço de uma linha]

                    Local e data.

[Espaço de uma linha]

                    Advogado...

Capítulo VI

Ação de Indenização
(Apresentação Antecipada de Cheque)

1. Objeto e objetivo. A ação indenizatória busca o restabelecimento de situação patrimonial, tendo em vista prejuízo que sofreu o autor em virtude de ato causado pelo réu da demanda.

Várias são as situações em que será cabível a medida de indenização por danos patrimoniais e inclusive morais, por atos que foram praticados.

Uma das modalidades admitidas se dá pela apresentação antecipada de cheque pré-datado, conhecido também como pós-datado.

Em que pese a lei do cheque (Lei 7.357/1985) estabelecer que o cheque consiste em ordem de pagamento à vista, a prática nos mostra a existência de situações em que as partes chegam ao acordo de que o cheque deverá ser apresentado junto à instituição financeira em período específico, estabelecido na própria cártula.

Essa prática se demonstra importante meio de venda de produtos, promovendo oferta de crédito àquele que não detém todo o valor para a compra do bem naquele exato momento.

Em virtude disso, firmou-se entendimento que admite a existência jurídica dessa prática já tão comum no âmbito comercial. Essa previsão jurídica é tão intensa que acabou a matéria por ser sumulada pelo Superior Tribunal de Justiça, através da Súmula 370, que admite a incidência de danos morais em caso de apresentação antecipada do título:

"Súmula 370. Caracteriza dano moral a apresentação antecipada de cheque pré-datado".

2. A petição inicial da ação de indenização. A petição inicial deverá estar em plena conformidade com o regulado no artigo 282, Código de Processo Civil, sendo instruída com todas as provas que evidenciem a situação.

Deverá o candidato explicar o regime jurídico do cheque como ordem de pagamento à vista, esclarecendo, porém, ser prática comercial amparada pela jurisprudência a apresentação posterior em data previamente acordada, deixando evidente que a apresentação antecipada do cheque fere o pactuado entre as partes.

3. **Identificando no problema o cabimento de indenização em virtude da apresentação antecipada de cheque.** Verificamos ser a ação cabível quando fica demonstrada no problema a existência de relação jurídica em que as partes estabelecem entre si que o pagamento da medida deverá ocorrer mediante a apresentação de cheque em data futura, acordo este descumprido pelo credor do título.

Também importante para a propositura da ação de indenização é a prova de que ocorreu dano ao proponente.

Importante que o dano moral, previsto na Súmula 370 do Superior Tribunal de Justiça, necessita da prova de sua existência, sem a necessidade de se provar a ocorrência do dano, conforme se verifica da leitura da súmula.

4. **A petição inicial de indenização em virtude da apresentação antecipada de cheque.**

Previsão legal	Artigo 5.º, V, Constituição Federal; artigos 186 e 187, Código Civil; Súmula 370, Superior Tribunal de Justiça.
Cabimento	Quando da existência de prejuízo do autor em virtude de ato praticado pelo réu, que não cumpriu acordo expressado no título para depósito em data futura.
Competência	Será competente a Justiça Comum (Estadual), no foro do domicílio do réu, conforme artigo 94, Código de Processo Civil.
Partes do processo	a) Autor: emissor de título pós-datado que não teve sua data respeitada; b) Réu: credor que não respeitou a data aprazada, causando prejuízo ao autor.
Fatos	Demonstrar na peça inicial que o acordo estava fixado na cártula creditícia, atentando-se para a problemática trazida pelo examinador, sem acrescentar nenhum outro fato.
Direito	Apresentar a qualificação jurídica dos fatos narrados, observando-se: a) a demonstração do prejuízo material para configuração dos artigos 186 e 187, Código Civil; b) aplicação da Súmula 370, Superior Tribunal de Justiça.
Pedidos	De procedência total do pedido do autor, no sentido de condenar o réu ao ressarcimento dos danos materiais e morais sofridos pelo autor. Citação do réu para o oferecimento de contestação no prazo legal, sob pena de aplicação dos efeitos da revelia. Condenação do réu ao pagamento de custas e honorários advocatícios. Que as citações e intimações sejam enviadas ao patrono que assina a peça inicial, cumprindo-se o disposto no artigo 39, I, Código de Processo Civil. Protesto por provas.
Valor da causa	Valor do prejuízo sofrido e que deverá ser ressarcido.

5. Esquema: ação de indenização em virtude de apresentação antecipada de cheque.

EXCELENTÍSSIMO SENHOR DOUTOR JUIZ DE DIREITO DA ... VARA CÍVEL DA COMARCA DE ... DO ESTADO DE ...

[Espaço de dez linhas]

                              AUTOR [quando pessoa jurídica, será identificada pelo nome empresarial], pessoa jurídica de direito privado, inscrita no CNPJ sob o n.° ..., com sede [endereço], por seu advogado, que receberá intimações no [endereço], vem, respeitosamente, a Vossa Excelência, propor a presente AÇÃO DE REPARAÇÃO DE DANOS, pelo procedimento comum ordinário, com fundamento nos artigos 5.°, V, da Constituição Federal e 186 e 187 do Código Civil e Súmula 370 do Superior Tribunal de Justiça, em face de RÉ [nome empresarial], inscrita no CNPJ sob o n.° ..., com sede [endereço], pelos motivos de fato e de direito que a seguir expõe:

[Espaço de duas linhas]

                    I - DOS FATOS

[Espaço de uma linha]

[Narrar os fatos como descritos no problema, que evidenciam a existência da relação jurídica e a apresentação antecipada de cheque, sem acrescentar nenhum elemento novo]

[Espaço de duas linhas]

                    II - DO DIREITO

[Espaço de uma linha]

[Apresentar o fundamento jurídico do pedido, fazendo a relação entre os fatos e sua qualificação jurídica, demonstrando que o cabimento da ação indenizatória em virtude do ato praticado pelo réu, de apresentação antecipada de cheque, está caracterizado na Súmula 370 do Superior Tribunal de Justiça]

[Espaço de duas linhas]

                    III - DO PEDIDO

[Espaço de uma linha]

                    De todo o exposto, requer-se:

a) a procedência total do pedido do Autor, no sentido de condenar o Réu ao ressarcimento dos danos materiais e morais sofridos pelo Autor;

> b) a citação do Réu, para que, querendo, apresente sua contestação, no prazo legal, sob pena de aplicação dos efeitos da revelia;
>
> c) a condenação do Réu ao pagamento de custas e honorários advocatícios;
>
> d) que as citações e intimações sejam enviadas ao patrono que assina a peça inicial, cumprindo-se o disposto no artigo 39, I, do Código de Processo Civil.
>
> [Espaço de duas linhas]
>
> IV – DAS PROVAS
>
> [Espaço de uma linha]
>
> Protesta provar o alegado por todos os meios de prova em direito admitidos, consistentes nos documentos juntados, oitiva do Réu em depoimento pessoal, oitiva de testemunhas, perícias e todas as que se fizerem necessárias ao longo da presente demanda.
>
> [Espaço de duas linhas]
>
> V – DO VALOR DA CAUSA
>
> [Espaço de uma linha]
>
> Dá-se à causa o valor de R$ ...
>
> [Espaço de uma linha]
>
> Termos em que,
>
> pede deferimento.
>
> [Espaço de uma linha]
>
> Local e data...
>
> [Espaço de uma linha]
>
> Advogado...

7. Questão resolvida.

(OAB-GO 2006-1) João da Silva comprou no dia 10 de janeiro de 2006 um aparelho de TV de 29 polegadas na loja Casa Carioca, dando em pagamento 5 (cinco) cheques no valor de R$ 250,00 (duzentos e cinquenta reais), sendo o primeiro à vista e os quatro restantes "pré-datados", com vencimento para 10 de fevereiro, 10 de março, 10 de abril e 10 de maio, respectivamente. Ocorre que no dia 10 de março a loja apresentou ao banco, para saque, também os cheques vencíveis em abril e maio, o que veio a prejudicar o comprador, que não possuía fundos suficientes em sua conta, acarretando ao mesmo, além da falta de crédito na praça e a retomada do bem adquirido, o encerramento de sua conta bancária. Indignado, o cliente decidiu processar a loja. Como advogado de João, promova a ação cabível no caso em tela.

Resolução

No caso em questão, o autor, João da Silva, adquiriu aparelho de televisão acordando com a loja Casa Carioca que o pagamento deveria ocorrer mediante a emissão de 5 (cinco) cheques, sendo um à vista e os demais em 4 (quatro) cheques com datas futuras.

Os dois primeiros cheques foram apresentados no prazo acordado; no entanto, os dois últimos foram apresentados antecipadamente.

A apresentação antecipada do título demonstra o descumprimento de obrigação assumida entre as partes, gerando prejuízo a João da Silva, que, para ter o ressarcimento, deverá ingressar com a ação judicial de reparação de danos patrimoniais e morais sofridos.

PEÇA RESOLVIDA

```
EXCELENTÍSSIMO SENHOR DOUTOR JUIZ DE DIREITO DA ... VARA CÍVEL
DA COMARCA DE ... DO ESTADO DE ...

[Espaço de dez linhas]

                        João da Silva, [nacionalidade],
[estado civil], [profissão], residente e domiciliado na [ende-
reço], portador da cédula de identidade RG n.° ..., devidamente
inscrito no CPF/MF sob o n.° ..., através de seu procurador e
advogado devidamente constituído mediante procuração anexo (do-
cumento 1), vem à presença de Vossa Excelência propor a presente
AÇÃO DE REPARAÇÃO DE DANOS, pelo procedimento comum ordinário,
com fundamento no artigo 5.°, V, da Constituição Federal e nos
artigos 186 e 187 do Código Civil e na Súmula 370 do Superior
Tribunal de Justiça, em face de Casa Carioca, pessoa jurídica
de direito privado da espécie sociedade empresária, com sede na
[endereço], devidamente inscrita no CNPJ sob o n.° ..., pelas
razões de fatos e de direito a seguir expostos.

[Espaço de duas linhas]

                        I - DOS FATOS

[Espaço de uma linha]

                        O Autor comprou, no dia 10 de
janeiro de 2006, um aparelho de TV de 29 polegadas junto à Em-
presa-ré.
```

Foi ajustado que o pagamento deveria ocorrer mediante a compensação de 5 (cinco) cheques no valor de R$ 250,00(duzentos e cinquenta reais) cada um deles, sendo o primeiro à vista e os quatro restantes "pré-datados", com vencimento para 10 de fevereiro, 10 de março, 10 de abril e 10 de maio, respectivamente.

Ocorre que no dia 10 de março a loja apresentou ao banco, para saque, além do cheque com vencimento naquela data, também os cheques vencíveis em abril e maio.

A atitude da Empresa-ré acabou por prejudicar o comprador, que não possuía fundos suficientes em sua conta, acarretando a ele, além da falta de crédito na praça e a retomada do bem adquirido, o encerramento de sua conta bancária.

[Espaço de duas linhas]

II - DO DIREITO

[Espaço de uma linha]

Trata-se de ação que objetiva demonstrar a irregular conduta da Empresa-ré, que causou diversos prejuízos de ordem material e moral ao Autor da medida.

A. Da apresentação antecipada do cheque

O cheque consiste em ordem de pagamento à vista; no entanto, a prática comercial aceita a existência de título para depósito em data futura.

O Autor da medida acordou com a Ré que os depósitos deveriam ocorrer nas datas aprazadas, sendo certo que os dois últimos títulos foram apresentados de modo antecipado.

O fato de ter a Ré descumprido o acordado caracteriza a existência de dano moral, podendo também gerar o dano material. Senão, vejamos:

B. Do dano moral

A apresentação antecipada do título demonstra a incidência de dano moral, conforme orientação do Superior Tribunal de Justiça, através da Súmula 370:

> "Caracteriza dano moral a apresentação antecipada de cheque pré-datado."

Sendo assim, a mera apresentação antecipada do título caracteriza a existência do dano moral.

O Autor da medida teve seu crédito abalado, tendo em vista que não possuía fundos em sua conta bancária, o que ocasionou a negativa quanto à oferta de crédito para ele.

O prejuízo foi ainda maior em virtude do encerramento de sua conta bancária efetuado pela instituição financeira, de forma prematura.

Também incide a aplicação do artigo 186 do Código Civil, que aduz:

> "Art. 186. Aquele que, por ação ou omissão voluntária, negligência ou imprudência, violar direito e causar dano a outrem, ainda que exclusivamente moral, comete ato ilícito."

Portanto, a ocorrência de ato ilícito restou configurada por ter a Ré apresentado antecipadamente os títulos ainda não vencidos.

C. Do dano material

A atitude da Empresa-ré, em não respeitar o prazo estabelecido nos cheques pré-datados, trouxe, além do dano moral, prejuízo material ao Autor.

Tendo em vista que os valores relativos aos 2 (dois) últimos cheques não foram compensados, o Autor teve o bem que havia adquirido retomado pela Empresa-ré.

Sendo assim, além de efetuado o pagamento de três parcelas de R$ 250,00 (duzentos e cinquenta reais), totalizando a quantia de R$ 750,00 (setecentos e cinquenta reais), teve o Autor o seu bem retomado.

A ilegal atitude da Empresa-ré trouxe prejuízo financeiro ao Autor, que, mesmo tendo desembolsado o valor referente a mais da metade do bem, acabou ficando sem este.

Nos termos do artigo 186, citado acima, aquele que, por ação ou omissão voluntária, negligência ou imprudência, violar direito e causar dano a outrem, comete ato ilícito – o que ocorreu no caso em tela.

A conduta da Ré também se enquadra na previsão contida no artigo 187 do Código Civil, que afirma:

> "Art. 187. Também comete ato ilícito o titular de um direito que, ao exercê-lo, excede manifestamente os limites impostos pelo seu fim econômico ou social,

pela boa-fé ou pelos bons costumes."

Destarte, a conduta da Ré excedeu manifestamente os limites impostos por um costume comercial brasileiro, qual seja a emissão de título para compensação em data futura, tendo trazido prejuízos ao Autor, que passou a ter restrição de crédito e teve o bem adquirido retomado pelo credor, além da conta encerrada pela instituição financeira.

[Espaço de duas linhas]

III - DOS PEDIDOS

[Espaço de uma linha]

Diante dos fatos e argumentos aduzidos, requer:

a) a procedência total do pedido do Autor, no sentido de condenar a Ré ao ressarcimento dos danos materiais e morais sofridos pelo Autor, acrescidos de juros e correção monetária;

b) a citação da Ré para que, querendo, apresente sua contestação, no prazo legal, sob pena de aplicação dos efeitos da revelia;

c) a condenação da Ré ao pagamento de custas e honorários advocatícios;

d) que as citações e intimações sejam enviadas ao patrono que assina a peça inicial, cumprindo-se o disposto no artigo 39, I, do Código de Processo Civil.

[Espaço de duas linhas]

IV - DAS PROVAS

[Espaço de uma linha]

Protesta provar o alegado por todos os meios de prova em direito admitidos, consistentes nos documentos juntados, oitiva do Réu em depoimento pessoal, oitiva de testemunhas, perícias e todas as que se fizerem necessárias ao longo da presente demanda.

[Espaço de uma linha]

V - DO VALOR DA AÇÃO

[Espaço de uma linha]

Dá-se à causa o valor de R$ ...

[Espaço de uma linha]

Nesses termos,

pede deferimento.

[Espaço de uma linha]

Local e data.

[Espaço de uma linha]

Advogado...

Capítulo VII

Ação de Prestação de Contas Ativa

1. Objeto e objetivo. A ação de prestação de contas configura-se em procedimento que tem por objetivo exigir a prestação de contas daquele que administra bens ou interesses, estando o procedimento previsto nos artigos 914 a 919, Código de Processo Civil.

A ação de prestação de contas poderá ser proposta tanto por aquele que tem o interesse em exigir, como por aquele que possui obrigação de prestá-las, sendo que a doutrina identifica a primeira como prestação de contas ativa e a segunda como prestação de contas passiva.

A ação de prestação de contas tem relevo no direito empresarial em vários aspectos, como na possibilidade que possuem os sócios de exigirem dos administradores da sociedade esta prestação, ou no inverso, como quando os administradores buscam a prestação jurisdicional para demonstrar suas contas.

Também é muito importante nas sociedades em conta de participação (artigos 991 a 996, Código Civil), em que o procedimento para sua liquidação não será o de dissolução de sociedade com apuração de haveres, mas sim o procedimento da prestação de contas.

2. A petição inicial da ação de prestação de contas ativa. A petição inicial deverá estar em plena conformidade com o regulado nos artigos 914 a 919, Código de Processo Civil.

O autor, quando na prestação de contas ativa, deverá requerer a citação do réu para, no prazo de 5 dias, apresentar as contas ou sua contestação.

3. Identificando no problema o cabimento de ação de prestação de contas e os seus elementos. Verificamos que se trata de ação de prestação de contas quando houver a liquidação de sociedade em conta de participação.

Também existirá quando o problema evidenciar que os sócios estão necessitando analisar as contas enquanto os administradores se negam a prestá-las, ou no inverso, quando os sócios não estão manifestando interesse na análise de contas, porém os administradores necessitam prestá-las.

4. A petição inicial da ação de prestação de contas ativa.

Previsão legal	Artigos 914 a 919, Código de Processo Civil.
Cabimento	Na liquidação de sociedades em conta de participação e quando sócios necessitarem da prestação de contas dos administradores e fizerem a exigência de modo judicial (prestação de contas ativa) Também será cabível quando os administradores necessitarem apresentar as contas aos sócios (prestação de contas passiva)
Competência	Será competente a Justiça Comum (Estadual) de onde estiver localizado aquele que estiver sendo exigido a prestar contas ou a analisar contas que estão sendo apresentadas.
Partes do processo	Autor: aquele que estiver exigindo as contas. Réu: aquele obrigado a apresentar as contas.
Fatos	Demonstrar na peça inicial a necessidade da prestação de contas, atentando para a problemática apresentada pelo examinador, sem a inclusão de nenhum fato.
Direito	Apresentar a qualificação jurídica dos fatos narrados, demonstrando a necessidade da prestação e justificando essa possibilidade nos artigos 914 a 919, Código de Processo Civil.
Pedidos	Requerer a citação do réu para, no prazo de 5 dias, apresentar as contas, ou oferecer sua contestação; Requerer a aplicação do artigo 330, Código de Processo Civil, em caso de não apresentação de contas nem contestação no prazo legal, condenando-se o réu a prestar as contas em 48 horas, sob pena de não lhe ser lícito impugnar as contas que o autor apresentar. Requerer a designação de audiência de instrução e julgamento quando houver necessidade de produção de provas. Requerer a condenação do réu ao pagamento de custas e honorários advocatícios; Requerer que as citações e intimações sejam enviadas ao endereço do patrono, cumprindo-se o disposto no artigo 39, I, Código de Processo Civil.
Valor da causa	O valor do total das contas que serão apresentadas ou o valor das contas que foram apresentadas. Em provas e concursos poderá ser inserido: Dá-se à causa o valor de R$ ...

5. Esquema: ação de prestação de contas ativa.

EXCELENTÍSSIMO SENHOR DOUTOR JUIZ DE DIREITO DA COMARCA DE ...
DO ESTADO DE ...

[Espaço de dez linhas]

AUTOR [quando pessoa jurídica, será identificada pelo nome empresarial], pessoa jurídica de direito privado, inscrita no CNPJ sob o n.° ..., com sede [endereço], por seu advogado, que receberá intimações no [endereço], vem, respeitosamente, a Vossa Excelência, propor a presente AÇÃO DE PRESTAÇÃO DE CONTAS em face da RÉ [nome empresarial], inscrita no CNPJ sob o n.° ..., com sede [endereço], pelos motivos de fato e de direito que a seguir expõe:

[Espaço de duas linhas]

I - DOS FATOS

[Narrar os fatos como descritos no problema, que evidenciam a existência da necessidade de prestação de contas]

[Espaço de duas linhas]

II - DO DIREITO

[Espaço de uma linha]

[Apresentar o fundamento jurídico do pedido, fazendo a relação entre os fatos e sua qualificação jurídica, demonstrando a necessidade jurisdicional para a apresentação das contas]

[Espaço de duas linhas]

III - DO PEDIDO

[Espaço de uma linha]

De todo o exposto, requer-se:

a) a citação do Réu através de oficial de justiça, requerendo desde já os benefícios do artigo

172, § 2.º, do Código de Processo Civil, para, no prazo de 5 (cinco) dias, apresentar as contas ou oferecer contestação;

b) a aplicação do artigo 330 do Código de Processo Civil em caso de não apresentação de contas nem contestação no prazo legal, condenando-se o Réu a prestar contas no prazo de 48 (quarenta e oito) horas, sob pena de não ser lícito impugnar as contas que o Autor apresentar;

c) a designação de audiência de instrução e julgamento caso as partes necessitem produzir provas;

d) a condenação do Réu ao pagamento de custas e honorários advocatícios;

e) que todas as intimações sejam enviadas ao endereço do patrono, cumprindo-se o disposto no artigo 39, I, do Código de Processo Civil.

[Espaço de duas linhas]

IV - DAS PROVAS

[Espaço de uma linha]

Protesta provar o alegado por todos os meios de prova em direito admitidos, consistentes nos documentos juntados, oitiva do Réu em depoimento pessoal, oitiva de testemunhas, perícias e todas as que se fizerem necessárias ao longo da presente demanda.

[Espaço de duas linhas]

V - DO VALOR DA CAUSA

[Espaço de uma linha]

Dá-se à causa o valor de ...

[Espaço de uma linha]

Termos em que,

pede deferimento.

[Espaço de uma linha]

Local e data.

[Espaço de uma linha]

Advogado...

Capítulo VIII

Ação de Prestação de Contas Passiva

1. Objeto e objetivo. A ação de prestação de contas configura-se em procedimento que tem por objetivo exigir a prestação de contas daquele que administra bens ou interesses, estando o procedimento previsto nos artigos 914 a 919, Código de Processo Civil.

A ação de prestação de contas poderá ser proposta tanto por aquele que tem o interesse em exigir, como por aquele que possui obrigação de prestá-las, sendo que a doutrina identifica a primeira como prestação de contas ativa e a segunda como prestação de contas passiva.

A ação de prestação de contas tem relevo no direito empresarial em vários aspectos, como na possibilidade que possuem os sócios de exigir dos administradores da sociedade esta prestação, ou no inverso, quando os administradores buscam a prestação jurisdicional para demonstrar suas contas.

Também muito importante nas sociedades em conta de participação (artigos 991 a 996, Código Civil), cujo procedimento para a liquidação não será o de dissolução de sociedade com apuração de haveres, mas sim o procedimento da prestação de contas.

2. A petição inicial da ação de prestação de contas passiva. A petição inicial deverá estar em plena conformidade com o regulado nos artigos 914 a 919, Código de Processo Civil.

Aquele que tiver a obrigação de prestar contas e ingressar com a ação deverá requerer a citação do réu para em 5 dias aceitar as contas apresentadas, ou contestar a ação.

3. Identificando no problema o cabimento de ação de prestação de contas e os seus elementos. Verificaremos ser ação de prestação de contas quando tivermos liquidação de sociedade em conta de participação.

Também caberá quando o problema evidenciar que os sócios estão necessitando analisar as contas enquanto os administradores se negam a prestá-las, ou, ao inverso, quando os sócios não estiverem manifestando interesse na análise de contas, porém os administradores necessitam prestá-las.

4. A petição inicial da ação de prestação de contas passiva.

Previsão legal	Artigos 914 a 919, Código de Processo Civil.
Cabimento	Na liquidação de sociedades em conta de participação. Se os sócios necessitarem da prestação de contas dos administradores e fizerem a exigência de modo judicial (prestação de contas ativa). Se os administradores necessitarem apresentar as contas aos sócios (prestação de contas passiva).
Competência	Será competente a Justiça Comum (Estadual) de onde estiver localizado aquele que estiver sendo exigido a prestar contas ou analisar contas que estão sendo apresentadas.
Partes do processo	Autor: aquele que estiver apresentando as contas. Réu: aquele obrigado a analisar as contas apresentadas.
Fatos	Demonstrar na peça inicial a necessidade da prestação de contas, atentando-se à problemática apresentada pelo examinador, sem a inclusão de nenhum fato.
Direito	Apresentar a qualificação jurídica dos fatos narrados, demonstrando a necessidade de prestação e justificando essa possibilidade nos artigos 914 a 919, Código de Processo Civil.
Pedidos	Requerer: a) a citação do réu para, no prazo de 5 dias, aceitar as contas apresentadas, ou oferecer sua contestação; b) o julgamento das contas em caso de não apresentação de contestação ou declaração de aceitação das contas por parte do réu; c) a designação de audiência de instrução e julgamento se houver necessidade de produção de provas; d) a condenação do réu ao pagamento de custas e honorários advocatícios; e) que as citações e intimações sejam enviadas ao endereço do patrono, cumprindo-se o dispositivo do artigo 39, I, Código de Processo Civil.
Valor da causa	O valor do total das contas que serão apresentadas ou o valor das contas que foram apresentadas. Em provas e concursos poderá ser inserido: Dá-se à causa o valor de R$ ...

5. Esquema: ação de prestação de contas passiva.

EXCELENTÍSSIMO SENHOR DOUTOR JUIZ DE DIREITO DA ... VARA DA CO-
MARCA DE ... DO ESTADO DE ...

[Espaço de dez linhas]

                                      AUTOR, [nacionalidade], [estado civil], [profissão], inscrita no CPF sob o n.° ..., com [endereço], por seu advogado, que receberá intimações no [endereço], vem, respeitosamente, a Vossa Excelência, propor a presente AÇÃO DE PRESTAÇÃO DE CONTAS em face da RÉ [nome empresarial], inscrita no CNPJ sob o n.° ..., com sede em [endereço], pelos motivos de fato e de direito que a seguir expõe:

[Espaço de duas linhas]

                              I - DOS FATOS

[Espaço de uma linha]

[Narrar os fatos como descritos no problema, que evidenciam a existência da necessidade de prestação de contas]

[Espaço de duas linhas]

                              II - DO DIREITO

[Espaço de uma linha]

[Apresentar o fundamento jurídico do pedido, fazendo a relação entre os fatos e sua qualificação jurídica, demonstrando a necessidade de prestação jurisdicional para a apresentação das contas]

[Espaço de duas linhas]

                              III - DO PEDIDO

[Espaço de uma linha]

                        De todo o exposto, requer-se:

                        a) a citação do Réu por intermédio de oficial de justiça, requerendo desde já os benefícios do artigo 172, § 2.°, do Código de Processo Civil, para, no prazo de 5 (cinco) dias, aceitar as contas apresentadas ou oferecer contestação;

                        b) a aplicação do artigo 330 do Código de Processo Civil em caso de não apresentação de contestação no prazo legal, ou declaração do Réu de aceite das contas apresentadas;

c) a designação de audiência de instrução e julgamento, caso as partes necessitem produzir provas;

d) a condenação do Réu ao pagamento de custas e honorários advocatícios;

e) que as citações e intimações sejam enviadas ao endereço do patrono, cumprindo o dispositivo do artigo 39, I, do Código de Processo Civil.

[Espaço de duas linhas]

IV - DAS PROVAS

[Espaço de uma linha]

Protesta provar o alegado por todos os meios de prova em direito admitidos, consistentes nos documentos juntados, oitiva do Réu em depoimento pessoal, oitiva de testemunhas, perícias e todas as que se fizerem necessárias ao longo da presente demanda.

[Espaço de duas linhas]

V - DO VALOR DA CAUSA

[Espaço de uma linha]

Dá-se à causa o valor de R$ ...

[Espaço de uma linha]

Termos em que,

pede deferimento.

[Espaço de uma linha]

Local e data.

[Espaço de uma linha]

Advogado ...

Capítulo IX

Mandado de Segurança

1. Objeto e objetivo. O mandado de segurança consiste em instrumento cujo objetivo é o de proteger direito líquido e certo, não amparado por *habeas corpus* ou *habeas data*, em virtude de ato ilegal ou com abuso de poder praticado por autoridade, fundada no artigo 5.º, LXIX, Constituição Federal e Lei 12.016/2009.

O direito líquido e certo é aquele comprovado de plano, em virtude de a situação fática, da qual resulta aquele direito, estar bem delineada, com os argumentos e os documentos constantes da petição inicial, sendo certo que, em mandado de segurança, a única prova admitida será a prova documental.

São autoridades para efeitos do mandado de segurança os representantes ou órgãos de partidos políticos e os administradores de entidades autárquicas, bem como os dirigentes de pessoas jurídicas ou as pessoas naturais no exercício de atribuições do poder público (artigo 1.º, § 1.º, Lei 12.016/2009).

Os citados acima deverão constar no polo passivo do mandado de segurança, devendo o impetrante requerer a expedição de ofício para a pessoa jurídica de direito público à qual está vinculada a autoridade coatora.

Será da competência da Justiça Federal quando o ato praticado pela autoridade coatora tiver consequências de ordem patrimonial a serem suportadas pela União, ou entidade por ela controlada (artigo 2.º, Lei 12.016/2009).

A concessão de liminar poderá ocorrer no mandado de segurança, desde que os requisitos do *fumus boni iuris* e do *periculum in mora* estejam presentes.

2. A petição inicial do mandado de segurança. A petição inicial deverá preencher os requisitos estabelecidos no artigo 282, Código de Processo Civil, e ser apresentada com todos os documentos que forem necessários para comprovar o alegado na inicial, indicando, além da autoridade coatora, a pessoa jurídica que esta integra (artigo 6.º, Lei 12.016/2009).

Caso o autor não tenha em seu poder toda a documentação em virtude de estar esta em estabelecimento ou repartição pública ou em poder de autoridade que se recuse a fornecê-la por certidão ou em poder de terceiros, o autor poderá requerer que o juiz ordene a sua apresentação em documento original ou cópias autenticadas.

Deverá o autor do mandado de segurança requerer:

a) a expedição de notificação à autoridade coatora para que esta conceda informações no prazo de 10 dias (artigo 7.º, I, Lei 12.016/2009);

b) que seja dada ciência do feito ao órgão de representação judicial da pessoa jurídica interessada, enviando cópia da inicial sem documentos, para que, querendo, ingresse no feito (artigo 7.º, II, Lei 12.016/2009);

c) que se suspenda o ato que deu motivo ao pedido, quando houver fundamento relevante e do ato impugnado puder resultar a ineficácia da medida, caso seja finalmente deferida, sendo facultado exigir do impetrante caução, fiança ou depósito, com o objetivo de assegurar o ressarcimento à pessoa jurídica (artigo 7.º, III, Lei 12.016/2009);

d) a intimação do Ministério Público para, querendo, intervir no feito (artigo 12, Lei 12.016/2009);

Contra a decisão de primeiro grau caberá apelação (artigo 14, Lei 12.016/2009).

Importante lembrar que a legislação que trata do mandado de segurança não admite o pagamento de honorários advocatícios (artigo 25, Lei 12.016/2009).

3. Identificando no problema o cabimento do mandado de segurança. Verificamos se tratar de mandado de segurança quando o problema mencionar a existência de ato ilegal ou contendo abuso, praticado por autoridade, que não tenha amparo em *habeas corpus* ou *habeas data*.

4. A petição inicial do mandado de segurança.

Previsão legal	Artigo 5.º, LXIX, Constituição Federal e Lei 12.016/2009.
Cabimento	Contra ato ilegal ou praticado com abuso de poder por autoridade, não protegido por *habeas corpus* ou *habeas data*.
Competência	Será competente a Justiça Comum (Estadual) quando o ato praticado pela autoridade coatora tiver consequências de ordem patrimonial a serem suportadas pelo Estado, ou entidade por ele controlada.
	Será competência da Justiça Federal quando o ato praticado pela autoridade coatora tiver consequências de ordem patrimonial a serem suportadas pela União, ou entidade por ela controlada (artigo 2.º, Lei 12.016/2009)
Partes do processo	Impetrante (que ingressa com o mandado de segurança).
	Impetrado (autoridade coatora).

Fatos	Demonstrar na peça inicial o ato praticado pela autoridade, não podendo ser inserido nenhum fato novo em provas e concursos.
Direito	Apresentar a qualificação jurídica dos fatos narrados, demonstrando a existência do ato ilegal ou com abuso de poder praticado pela autoridade coatora, desenvolvendo raciocínio jurídico. Em caso de pedido liminar, deverá o candidato descrever a existência do *fumus boni iuris*, ou seja, do direito líquido e certo que detém o impetrante e que foi violado pela autoridade coatora. Descrever também o *periculum in mora*, demonstrando o que a ilegalidade poderá gerar de prejuízos ao impetrante.
Pedidos	De concessão de liminar quando existir o *fumus boni iuris* e o *periculum in mora* (artigo 7.º, III, Lei 12.016/2009). De expedição de ofício para a autoridade coatora para que esta preste informações no prazo de 10 dias (artigo 7.º, I, Lei 12.016/2009). De intimação do Ministério Público para, querendo, intervir no feito (artigo 12, Lei 12.016/2009). De expedição de ofício dando ciência ao órgão de representação judicial da autoridade coatora (artigo 7.º, II, Lei 12.016/2009). De julgamento de procedência do mandado de segurança, tornando definitiva a liminar concedida. Que as citações e intimações sejam enviadas ao patrono que assina a peça inicial, cumprindo-se do dispositivo do artigo 39, I, Código de Processo Civil.
Valor da causa	Atribuir valor à causa.

5. Esquema: Mandado de segurança.

```
EXCELENTÍSSIMO SENHOR DOUTOR JUIZ DE DIREITO DA ... VARA CÍVEL
DA COMARCA DE ... DO ESTADO DE ...

[ou]

EXCELENTÍSSIMO SENHOR DOUTOR JUIZ FEDERAL DA ... VARA CÍVEL DA
SEÇÃO JUDICIÁRIA DE ...

[Espaço de dez linhas]

                        AUTOR [quando pessoa jurídica,
será identificada pelo nome empresarial], pessoa jurídica de di-
reito privado, inscrita no CNPJ sob o n.º ..., com sede [ende-
reço], por seu advogado, que receberá intimações no [endereço],
vem, respeitosamente, à Vossa Excelência, propor o presente
MANDADO DE SEGURANÇA, COM PEDIDO LIMINAR, contra ato praticado
pelo [indicar a autoridade coatora], pelos motivos de fato e de
direito que a seguir expõe:
```

[Espaço de duas linhas]

I - DOS FATOS

[Espaço de uma linha]

[Narrar os fatos como descritos no problema, que evidenciam a prática de ato ilegal ou praticado com abuso de poder - artigo 1.º, Lei 12.016/2009]

[Espaço de duas linhas]

II - DO DIREITO

[Espaço de uma linha]

[Apresentar o fundamento jurídico do pedido, fazendo a relação entre os fatos e sua qualificação jurídica, demonstrando a existência do ato ilegal ou praticado com abuso de poder e a necessidade do cabimento do mandado de segurança, conforme determina o artigo 5.º, LXIX, Constituição Federal e a Lei 12.016/2009]

[Quando existir pedido liminar, demonstrar a existência do *fumus boni iuris*, ou seja, do direito líquido e certo que detém o impetrante e que foi violado pela autoridade coatora; e do *periculum in mora*, demonstrando que a ilegalidade poderá gerar prejuízos ao impetrante].

[Espaço de duas linhas]

III - DO PEDIDO

[Espaço de uma linha]

De todo o exposto, requer-se:

a) a concessão de liminar na forma do artigo 7.º, inciso III, da Lei 12.016/2009, com a expedição de ofício ao [autoridade coatora] determinando [descrever aquilo que se pretende em sede de liminar];

b) a expedição de notificação da autoridade coatora para prestar informações no prazo de 10 dias, conforme determinação do artigo 7.º, inciso III, da Lei 12.016/2009;

c) a intimação do membro do Ministério Público para, querendo, intervir no feito, na forma do artigo 12 da Lei 12.016/2009;

d) a expedição de ofício dando ciência do feito ao órgão de representação judicial da autoridade coatora, na forma do artigo 7.º, inciso II, da Lei 12.016/2009;

e) a ciência da pessoa jurídica à qual pertence a autoridade coatora, para, querendo, ingressar no feito;

```
                         f)  o  julgamento  procedente  do
    feito, tornando definitiva a liminar de segurança concedida;

                         g) que as citações e intimações
    sejam enviadas ao patrono que assina a peça inicial, cumprindo-
    -se assim o disposto no artigo 39, inciso I, do Código de Pro-
    cesso Civil.

    [Espaço de duas linhas]
                              IV - DAS PROVAS
    [Espaço de uma linha]
                              Protesta provar o alegado por to-
    dos os meios de prova em direito admitido.

    [Espaço de duas linhas]
                              V - DO VALOR DA CAUSA
    [Espaço de uma linha]
                              Dá-se à causa o valor de R$ ...
    [Espaço de uma linha]


    [Espaço de uma linha]
                              Termos em que,

                              pede deferimento.
    [Espaço de uma linha]
                              Local e data.

    [Espaço de uma linha]
                                        Advogado ...
```

6. Questão resolvida.

(Elaborada pelo autor) Rubens Massa, médico pediatra, decidiu montar uma loja que terá o objetivo de explorar atividade de venda de peças para automóveis. Rubens já alugou espaço comercial e iniciou os contatos com os fornecedores. No entanto, para iniciar sua atividade de modo regular, buscou o seu registro na Junta Comercial do Estado de São Paulo como empresário individual. Em que pese ter Rubens efetivado a entrega de toda a documentação necessária para a sua inscrição, a Junta Comercial indeferiu o seu pedido, alegando que a atividade de médico não é considerada empresarial. Rubens, inconformado, promoveu todas as medidas administrativas pertinentes, porém não obteve êxito. Inconformado com a decisão, Rubens procura seu escritório com o objetivo de conseguir o prosseguimento do registro, já que está com imóvel locado e não pretende iniciar sua atividade na irregularidade.

Baseado nos fatos descritos acima, elabore a medida judicial cabível para viabilizar o registro de seu cliente.

Resolução

No problema descrito acima, verificamos que Rubens Massa, desejoso de iniciar atividade empresarial no ramo de venda de peças de automóvel (tendo, inclusive, reunido bens para iniciá-la), buscou o seu registro como "empresário" perante a Junta Comercial do Estado de São Paulo.

Porém, em virtude de sua profissão, a de médico, a Junta Comercial negou seu registro, alegando a sua condição de médico, que não é considerada atividade empresarial.

Tentou novamente o registro, promovendo todas as medidas administrativas pertinentes, porém não obteve êxito.

Temos que a atividade de médico não é empresarial, porém esta é a profissão de Rubens Massa, que tenta registro na Junta Comercial com o objetivo de exercer atividade no ramo da comercialização de peças, que é atividade empresarial. Assim, não existe nenhuma incompatibilidade ou impedimento para que Rubens exerça atividade empresarial em ramo diverso daquele em que atua como profissional liberal.

A medida cabível então é o mandado de segurança contra ato praticado pelo Presidente da Junta Comercial do Estado de São Paulo, buscando em sede de medida liminar a autorização para o seu registro, pois a sua negativa acaba retirando do autor o direito líquido e certo de registro, podendo a continuidade da negativa causar prejuízos ao impetrante, pois até imóvel já alugou para exercer a sua atividade.

O Presidente da Junta Comercial do Estado, em que pese ser nomeado pelo Governador do Estado, no que tange ao registro do empresário, exerce atividade sob orientação do DNRC (Departamento Nacional de Registro de Comércio), autoridade federal – sendo assim, o mandado de segurança deverá ser promovido perante a Justiça Federal.

PEÇA RESOLVIDA

```
EXCELENTÍSSIMO SENHOR DOUTOR JUIZ FEDERAL DA ... VARA CÍVEL DA
SEÇÃO JUDICIÁRIA DE SÃO PAULO

[Espaço de dez linhas]

                         Rubens Massa, [nacionalidade],
[estado civil], médico pediatra, residente e domiciliado no [en-
dereço], portador da cédula de identidade RG n.º ..., devidamen
te inscrito no CPF/MF sob o n.º ..., através de seu procurador e
advogado devidamente constituído mediante procuração anexo (do-
cumento 1), vem à presença de Vossa Excelência propor o presente
MANDADO DE SEGURANÇA COM PEDIDO LIMINAR, fundado no artigo 5.º,
```

inciso LXIX, da Constituição Federal, em cotejo com o artigo 1.º da Lei 12.016/2009, contra ato praticado pelo Presidente da Junta Comercial do Estado de São Paulo, Sr. [nome civil] pelas razões de fato e de direito a seguir expostas.

[Espaço de duas linhas]

I – DOS FATOS

[Espaço de uma linha]

O impetrante, médico pediatra, decidiu montar um estabelecimento empresarial que terá por objetivo explorar a venda de peças para automóveis. Dando os primeiros passos de seu negócio, já alugou espaço comercial e iniciou os contatos com os fornecedores.

No entanto, para iniciar a sua atividade de modo regular, buscou o seu registro na Junta Comercial do Estado de São Paulo como empresário individual. Porém, em que pese ter o impetrante efetivado a entrega de toda a documentação necessária para a sua inscrição, a Junta Comercial indeferiu o seu pedido, alegando que a atividade de médico não é considerada empresarial.

O impetrante, inconformado, promoveu todas as medidas administrativas pertinentes, porém não obteve êxito, pois alega a Junta Comercial do Estado de São Paulo que a profissão do impetrante impede o registro como empresário.

[Espaço de duas linhas]

II – DO DIREITO

[Espaço de uma linha]

Trata-se de mandado de segurança contra o Presidente da Junta Comercial do Estado de São Paulo, que negou o registro do impetrante na qualidade de empresário individual no ramo da venda de peças de automóveis, conforme documentação anexa (documento 2).

A negativa de registro tem por base a profissão de médico do impetrante.

[Espaço de duas linhas]

II.1 – DO DIREITO LÍQUIDO E CERTO

[Espaço de uma linha]

O impetrante buscou perante a Junta Comercial do Estado de São Paulo o seu registro na condição de empresário individual, cumprindo assim requisito legislativo previsto no artigo 967 do Código Civil, que dispõe:

"Artigo 967. É obrigatória a inscrição do empresário no Registro Público de Empresas Mercantis da respectiva sede, antes do início de sua atividade".

Busca o impetrante cumprir a exigência legislativa de inscrição no órgão competente na condição de empresário.

Segundo o artigo 966 do Código Civil:

"Artigo 966. Considera-se empresário quem exerce profissionalmente atividade econômica organizada para a produção ou a circulação de bens ou de serviços.

"Parágrafo único. Não se considera empresário quem exerce profissão intelectual, de natureza científica, literária ou artística, ainda com o concurso de auxiliares ou colaboradores, salvo se o exercício da profissão constituir elemento de empresa".

Sendo assim, o impetrante busca o registro em virtude de estar iniciando a atividade empresarial no ramo da comercialização de peças de veículos automotivos, atividade esta considerada econômica e que será exercida com profissionalismo e de modo organizado.

A legislação indica que a atividade intelectual, científica, literária e artística não é considerada atividade empresarial, e, sendo assim, temos que o médico não é considerando empresário.

Todavia, o registro que busca o impetrante não é para o exercício da medicina, mas sim para a exploração do comércio de peças automotivas.

Em termos, a atitude da Junta Comercial do Estado em não promover o registro do impetrante fere direito líquido e certo deste, de exercer a atividade empresarial no ramo comercial.

[Espaço de duas linhas]

II.2 – DO "FUMUS BONI IURIS"

[Espaço de uma linha]

Detém o impetrante o direito líquido e certo de registro de sua atividade no órgão competente, qual seja a Junta Comercial do Estado, haja vista que, em que pese ter como profissão a medicina, está buscando registro na condição de empresário do ramo de comercialização de peças.

Segundo a Instrução Normativa 97/2003, não poderão os médicos exercer atividade de modo simultâneo da medicina e exploração de farmácia, o que não é o caso.

A negativa do impetrado acaba por ferir direito líquido e certo do impetrante, quanto ao exercício de modo regular da atividade de empresário.

[Espaço de duas linhas]

II.3 – DO "PERICULUM IN MORA"

[Espaço de uma linha]

Como acima aludido, busca o impetrante registro para o exercício de atividade empresarial no ramo da comercialização de peças para veículos automotores, tendo inclusive locado espaço comercial e iniciado contato com fornecedores.

Os compromissos assumidos pelo impetrante, como o pagamento de prestação locatícia, já vêm ocorrendo, e a negativa de registro poderá causar danos irreparáveis ao impetrante, visto que terá de dispor de valores para o cumprimento de suas obrigações sem que tenha rendimentos para estas despesas.

[Espaço de duas linhas]

III – DOS PEDIDOS

[Espaço de uma linha]

Diante dos fatos e argumentos aduzidos, requer-se:

a) a concessão de liminar na forma do artigo 7.º, inciso III, da Lei 12.016/2009, com a expedição de ofício ao Presidente da Junta Comercial do Estado de São Paulo determinando o imediato registro do impetrante na condição de empresário individual;

b) a expedição de notificação da autoridade coatora para prestar informações no prazo de 10 dias, conforme determinação do artigo 7.º, inciso III, da Lei 12.016/2009;

c) a intimação do membro do Ministério Público para, querendo, intervir no feito, na forma do artigo 12 da Lei 12.016/2009;

d) a expedição de ofício dando ciência do feito ao órgão de representação judicial da autoridade coatora, na forma do artigo 7.º, inciso II, da Lei 12.016/2009;

e) o julgamento procedente do feito, tornando definitiva a liminar de segurança concedida;

f) que as citações e intimações sejam enviadas ao patrono que assina a peça inicial, cumprindo-se o dispositivo do artigo 39, inciso I, do Código de Processo Civil.

[Espaço de duas linhas]

IV - DAS PROVAS

[Espaço de uma linha]

Protesta provar o alegado por todos os meios de prova em direito admitidos.

[Espaço de duas linhas]

V - DO VALOR DA CAUSA

[Espaço de uma linha]

Dá-se à causa o valor de R$ ...

[para efeitos de alçada]

[Espaço de uma linha]

Nesses termos,

pede deferimento.

[Espaço de uma linha]

Local e data.

[Espaço de uma linha]

Advogado ...

Capítulo X

Contestação

1. Objeto e objetivo. A contestação é a forma que tem o réu de defender-se contra-argumentando tudo aquilo que está contido na peça inicial.

Em caso de inexistência, gera aplicação dos efeitos da revelia, tornando confessa a matéria arguida na petição inicial.

É prevista no artigo 300 e seguintes, Código de Processo Civil, cabendo defesa processual e meritória na mesma peça processual defensiva.

2. Identificando no problema o cabimento de contestação. Verificamos que se trata de contestação quando a problemática evidenciar que houve a citação do devedor e que o prazo para a apresentação ainda não se esgotou.

3. Contestação.

Previsão legal	Artigo 300, Código de Processo Civil.
Cabimento	Quando existir ação em curso contra o devedor que, citado, ainda está no lapso temporal para a apresentação de sua peça defensiva, ou seja, da sua contestação.
Competência	Será competente o juízo no qual o pedido inicial está sendo processado.
Partes do processo	Réu: quem vai responder os argumentos da inicial, identificado também como contestante. O autor poderá ser chamado de contestado.
Resumo da inicial	Trazer no primeiro tópico o resumo do pedido do autor, atentando-se para os elementos contidos no problema, sem a adição de nenhum dado que não aqueles.
Defesa	Dividir a defesa em defesa preliminar (processual) e de mérito (argumentos materiais que impossibilitam o pedido do autor).

Pedidos	Acolhimento da preliminar de (especificar qual, se de inexistência ou nulidade de citação, incompetência, inépcia da inicial, perempção, litispendência, coisa julgada, conexão, incapacidade de parte, carência de ação), nos termos do artigo 301, inciso (inserir o correspondente), Código de Processo Civil, a fim de extinguir o feito sem o julgamento do mérito, com fundamento no artigo 267, inciso (inserir o correspondente), Código de Processo Civil. No mérito, a declaração de improcedência do pedido do autor com base na (trazer a argumentação meritória) e a condenação do autor ao pagamento de custas e honorários advocatícios. Que as citações e intimações sejam enviadas ao patrono que assina a peça inicial, cumprindo-se o dispositivo do artigo 39, I, Código de Processo Civil.

4. Esquema: contestação.

```
EXCELENTÍSSIMO SENHOR DOUTOR JUIZ DE DIREITO DA ... VARA CÍVEL
DA COMARCA DE ... DO ESTADO DE ...
[Espaço de dez linhas]
Autos n.° ...
[Espaço de uma linha]
                              SOCIEDADE [indicar o nome], já
qualificada, nos autos da ação de [inserir o título da ação ini-
cial], que lhe promove [inserir o nome do Autor], igualmente
qualificado, por seu advogado e procurador que esta subscreve
(procuração anexa – documento 1), vem, respeitosamente, à pre-
sença de Vossa Excelência apresentar sua contestação, com fun-
damento no artigo 300 e seguintes do Código de Processo Civil,
pelos fundamentos a seguir expostos:
[Espaço de duas linhas]
                    I - BREVE RELATO DA INICIAL
[Espaço de uma linha]
[O candidato deverá descrever o fato narrado pelo examinador,
sem acrescentar nenhum fato ou argumento novo]
[Espaço de duas linhas]
                        II - PRELIMINARMENTE
[Espaço de uma linha]
[Nesse item, deverá o candidato verificar se a ação não contém ou
não algum vício processual que esteja previsto no artigo 301,
Código de Processo Civil.

Existindo, deverá argumentar sobre a preliminar, informando ao
final que o processo comporta extinção sem julgamento do mérito,
nos termos do artigo 267, inciso correspondente, do Código de
Processo Civil.

Caso exista mais de uma preliminar, indicamos dividi-las em tó-
picos.]
```

[Espaço de duas linhas]

III – MERITORIAMENTE

[Espaço de uma linha]

[Nesta parte, deverá o candidato inserir sua defesa meritória, aplicando o direito material ao problema apresentado, desenvolvendo o seu raciocínio jurídico].

[Deverá o candidato contra-argumentar tudo o que puder, item por item, sem deixar nada sem defesa].

[Assim como na defesa processual (preliminar), indicamos que o candidato, caso tenha mais de um argumento, elabore defesa em tópicos.]

[Espaço de duas linhas]

IV – DO PEDIDO

[Espaço de uma linha]

De todo o exposto, requer-se:

a) o acolhimento da preliminar de ..., nos termos do artigo 301 do Código de Processo Civil, a fim de extinguir o feito sem o julgamento do mérito com fulcro no artigo 267, ..., do Código de Processo Civil;

b) caso não seja esse o entendimento de Vossa Excelência, requer-se, no mérito, a improcedência do pedido inicial formulado pelo Autor, em virtude de ...;

c) a condenação do Autor ao pagamento de honorários advocatícios e também ao pagamento de custas processuais;

d) que as intimações sejam enviadas ao patrono que assina a contestação, cumprindo o disposto no artigo 39, I, do Código de Processo Civil.

[Espaço de duas linhas]

V – DAS PROVAS

[Espaço de uma linha]

Protesta provar o alegado por todos os meios de prova em direito admitidos, consistentes nos documentos juntados, oitiva do Réu em depoimento pessoal, oitiva de testemunhas, perícias e todas as que se fizerem necessárias ao longo da presente demanda.

[Espaço de uma linha]

Termos em que,

pede deferimento.

[Espaço de uma linha]

Local e data.

[Espaço de uma linha]

Advogado ...

5. Questão resolvida.

(Exame de Ordem 2004-1) Eficaz Administração e Serviços Ltda., pessoa jurídica de direito privado, domiciliada em Brasília-DF e atuante no ramo de prestação de serviços de limpeza e conservação, manteve contato telefônico, com o objetivo de adquirir mercadorias necessárias às suas atividades, com Ripestre Produtos Ltda., que se apresentou como possível fornecedora.

No entanto, nenhuma mercadoria solicitada foi entregue no domicílio de Eficaz Administração e Serviços Ltda.

Nada obstante a inexistência de relação jurídica entre as partes, a Ripestre Produtos Ltda. sacou 2 duplicatas, D1 e D2, contra a Eficaz Administração e Serviços Ltda., tendo sido o primeiro título, D1, descontado perante pessoa jurídica que atua em serviços de *factoring*, a Faturize Fomento Ltda.

A Ripestre Produtos Ltda., então, protestou a segunda duplicata no Cartório do Primeiro Ofício de Notas de Brasília-DF, domicílio de Eficaz Administração e Serviços Ltda. O mesmo foi levado a efeito pela pessoa jurídica Faturize Fomento Ltda., com a primeira duplicata, perante o Cartório do 2.º Ofício de Notas de Brasília-DF.

Os indevidos protestos geraram diversos dissabores e contratempos à Eficaz Administração e Serviços Ltda., que teve seu crédito ilegitimamente perturbado por atos culposos da Ripestre Produtos Ltda. e da Faturize Fomento Ltda., razão pela qual ajuizou, contra as duas últimas, ação declaratória de inexistência de relação jurídica e de nulidade de atos jurídicos combinada com a ação de indenização por danos materiais e morais, a qual foi distribuída para a 2.ª Vara Cível de Brasília-DF.

Na qualidade de procurador da Ripestre Produtos Ltda. e da Faturize Fomento Ltda., em face da situação hipotética acima descrita, redija contestação, abordando, necessariamente, os aspectos seguintes:

- legitimidade de parte passiva;
- responsabilidade pela reparação dos danos materiais e morais;
- validade da prova dos danos materiais e morais alegados;
- validade e requisitos do ato jurídico de protesto de duplicata.

Resolução

No problema descrito acima, verificamos a existência de ação com o objetivo de declarar a inexigibilidade de título de crédito expedido por Ripestre Produtos Ltda.

No polo passivo da demanda, encontram-se Ripestre Produtos Ltda e Faturize Fomento Ltda., que apenas descontou os títulos.

Na presente ação, temos que não deveriam ser emitidas as duplicatas D1 e D2, emitidas por Ripestre contra Eficaz, uma delas tendo sido protestada por Ripestre e outra por Faturize.

O próprio problema nos mostra o que deverá ser arguido na presente ação: a ilegitimidade passiva, que no caso em tela só poderá ser pleiteada por Faturize Fomento Ltda., o que deverá ocorrer em sede de defesa preliminar.

Também deverá ser arguida a responsabilidade para reparação de danos materiais e morais, que também não caberá à Faturize Fomento Ltda., visto que esta apenas descontou os valores.

No mérito deverão ser refutados os argumentos de danos materiais e morais, pois a autora deveria ter comprovado os prejuízos que sofreu.

PEÇA RESOLVIDA

EXCELENTÍSSIMO SENHOR DOUTOR JUIZ DE DIREITO DA 2.ª VARA CÍVEL DE BRASÍLIA - DISTRITO FEDERAL

[Espaço de dez linhas]

Processo n.º ...

[Espaço de uma linha]

Ripestre Produtos Ltda., já qualificada, e Faturize Fomento Mercantil Ltda., também já qualificada nos autos da AÇÃO DECLARATÓRIA, que lhe promove Eficaz Administração e Serviços Ltda., igualmente qualificada, vêm por seu advogado e procurador que esta subscreve (procuração anexa - Doc. 1 - Ripestre; procuração anexa - Documento 2 - Faturize), respeitosamente à presença de Vossa Excelência apresentar a sua CONTESTAÇÃO, com fundamento no artigo 300 e seguintes do Código de Processo Civil, na Lei 5.474/1968 e na Lei 9.492/1997, pelos fundamentos a seguir expostos:

[Espaço de duas linhas]

I - BREVE RELATO DA INICIAL

[Espaço de uma linha]

A Autora Eficaz Administração e Serviços Ltda., pessoa jurídica de direito privado, domiciliada em Brasília-DF e atuante no ramo de prestação de serviços de limpeza e conservação, manteve contato telefônico, com o objetivo de adquirir mercadorias necessárias às suas atividades, com a contestante Ripestre Produtos Ltda., que se apresentou como possível fornecedora.

No entanto, nenhuma mercadoria solicitada foi entregue no domicílio de Eficaz Administração e Serviços Ltda.

Nada obstante a inexistência de relação jurídica entre as partes, a Ripestre Produtos Ltda., primeira contestante, sacou 2 duplicatas, D1 e D2, contra a Eficaz Administração e Serviços Ltda., tendo sido o primeiro título, D1, descontado perante pessoa jurídica que atua em serviços de *factoring*, a Faturize Fomento Ltda (segunda contestante).

A Ripestre Produtos Ltda., então, protestou a segunda duplicata no Cartório do Primeiro Ofício de Notas de Brasília-DF, domicílio de Eficaz Administração e Serviços Ltda. O mesmo foi levado a efeito pela pessoa jurídica Faturize Fomento Ltda., com a primeira duplicata, perante o Cartório do 2.º Ofício de Notas de Brasília-DF.

Os indevidos protestos geraram diversos dissabores e contratempos à Eficaz Administração e Serviços Ltda., que teve seu crédito ilegitimamente perturbado por atos culposos da Ripestre Produtos Ltda. e da Faturize Fomento Ltda., razão pela qual ajuizou, contra as duas últimas, ação declaratória de inexistência de relação jurídica e de nulidade de atos jurídicos combinada com a ação de indenização por danos materiais e morais.

[Espaço de duas linhas]

II – PRELIMINARMENTE – ILEGITIMIDADE DE PARTE

[Espaço de uma linha]

A segunda contestante, Faturize Fomento Ltda., tem como principal atividade a de fomento mercantil, ou seja, a administração e antecipação de crédito junto aos seus clientes.

Sendo assim, recebeu da primeira contestante (Ripestre Produtos Ltda.) a duplicata D1, que foi devidamente descontada [valor do título entregue à primeira contestante].

No entanto, em virtude do não pagamento do título em questão, a segunda contestante (Faturize Fomento Ltda.) protestou o título perante o Cartório do 2.º Ofício de Notas de Brasília-DF.

A Autora intenta medida buscando a declaração de inexistência de relação jurídica e de nulidade de atos jurídicos combinada com reparação de danos materiais e morais.

Temos que, se alguma conduta ilegítima existiu, essa foi praticada pela primeira contestante (Ripestre Produtos Ltda.), que emitiu a duplicata D1 e descontou os valores alusivos a esta perante a segunda contestante (Faturize Fomento Ltda.), gerando inclusive prejuízos para esta última.

Nestes termos dispõe o artigo 301, X, do Código de Processo Civil:

> "Art. 301. Compete-lhe, porém, antes de discutir o mérito, alegar:
>
> (...)
>
> X – carência de ação;
>
> (...)".

Assim, em virtude de não poder integrar o polo passivo da demanda, o que tem por consequência a carência de ação, deverá ser o feito extinto sem o julgamento do mérito em relação à contestante Faturize Fomento Ltda., na forma do artigo 267 do Código de Processo Civil, que prevê:

> "Art. 267. Extingue-se o processo, sem resolução de mérito:
>
> (...)
>
> VI - quando não concorrer qualquer das condições da ação, como a possibilidade jurídica, a legitimidade das partes e o interesse processual;
>
> (...)."

Em termos, em virtude de não haver nenhuma relação jurídica entre a segunda contestante (Faturize Fomento Ltda.), não poderá esta figurar no polo passivo da demanda, o que deverá ser acolhido por esse Juízo.

Assim, a reparação de danos patrimoniais e morais, caso estes existam, deverá ser somente de responsabilidade da primeira contestante (Ripestre Produtos Ltda.).

[Espaço de duas linhas]

III - NO MÉRITO

[Espaço de uma linha]

No mérito, temos que o pedido inicial não deverá prosperar em razão da ausência de requisitos para o regular processamento do pedido e consequente condenação das contestantes. Senão vejamos:

[Espaço de uma linha]

DOS DANOS MATERIAIS E MORAIS

[Espaço de uma linha]

Aduz a Autora que os indevidos protestos ensejaram diversos dissabores e contratempos, haja vista seu crédito ter sido ilegitimamente perturbado por atos culposos das contestantes.

No entanto, não se depreende na petição inicial nenhuma prova eficaz de prejuízo financeiro ou moral sofrido pela Autora.

Entendemos que os danos morais são lesões sofridas pelas pessoas físicas ou jurídicas em certos aspectos de sua personalidade, caracterizados, no entanto, sempre por via de reflexos produzidos por ação ou omissão de outrem.

A expressão dano moral tecnicamente qualifica o prejuízo extrapatrimonial, possuindo um sentido mais amplo e genérico, pois representa lesão aos valores morais e bens não patrimoniais, reconhecidos pela sociedade, tutelados pelo Estado e protegido pelo ordenamento jurídico.

Não verificamos na peça inicial nenhuma prova específica dos danos que alega ter sofrido a Autora. No entanto, se esse for o entendimento de Vossa Excelência, temos que não poderá existir condenação em face da segunda contestante (Faturize Fomento Ltda.), visto ser essa parte ilegítima na relação jurídica.

Em termos impugnam desde já ambas as contestantes a existência dos danos morais e materiais, visto não existir na peça inicial, tampouco nos autos, demonstração de qualquer prejuízo sofrido pela Autora.

[Espaço de duas linhas]

IV – DO PEDIDO

[Espaço de uma linha]

De todo o exposto, requer-se:

a) o acolhimento da preliminar de ilegitimidade de parte, a fim de ser extinto o feito sem o julgamento do mérito em relação à contestante Faturize Fomento Ltda., com fulcro no artigo 267, VI, do Código de Processo Civil em face da segunda contestante (Faturize Fomento Ltda.);

b) o indeferimento da petição inicial em relação à contestante Faturize Fomento Ltda., em virtude de ser a corré parte manifestamente ilegítima, na forma do artigo 295, II, do Código de Processo Civil.

Caso não seja esse o entendimento de Vossa Excelência, requer;

c) no mérito, a improcedência do pedido da Autora de indenização pelos danos morais e materiais que alega ter sofrido em virtude de não haver nos autos prova dos prejuízos causados;

d) a condenação do Autor ao pagamento de honorários advocatícios e também ao pagamento de custas processuais;

f) que as intimações sejam enviadas ao patrono que assina a peça inicial, cumprindo o disposto no artigo 39, I, do Código de Processo Civil.

[Espaço de duas linhas]

V – DAS PROVAS

[Espaço de uma linha]

Protesta provar o alegado por todos os meios de prova em direito admitidos, consistentes nos documentos juntados, oitiva do Réu em depoimento pessoal, oitiva de testemunhas, perícias e todas as que se fizerem necessárias ao longo da presente demanda.

[Espaço de uma linha]

Termos em que,

pede deferimento.

[Espaço de uma linha]

Local e data.

[Espaço de uma linha]

Advogado ...

6. QUESTÃO RESOLVIDA

No dia 02.01.2005, Caio Moura foi regularmente nomeado diretor financeiro da ABC S.A., sociedade anônima aberta, tendo, na mesma data, assinado o termo de sua posse no competente livro de atas.

O artigo 35 do estatuto social da companhia era expresso em outorgar ao diretor financeiro amplos poderes para movimentar o caixa da sociedade do modo como entendesse mais adequado, podendo realizar operações no mercado financeiro sem necessidade de prévia aprovação dos outros membros da administração.

No entanto, em 03.02.2006, Caio Moura efetuou operação na então Bovespa (atualmente BM&FBovespa) que acarretou prejuízo de R$ 10.000.000,00 (dez milhões de reais) à ABC S.A.

A despeito do ocorrido, Caio Moura permaneceu no cargo até a assembleia geral ordinária realizada em 303.02.2007, por meio da qual os acionistas da companhia deliberaram (i) aprovar sem reservas as demonstrações financeiras relativas ao exercício de 2006; (ii) não propor ação de responsabilidade civil contra Caio Moura; e (iii) eleger novos diretores, não tendo Caio Moura sido reeleito.

A ata dessa assembleia foi devidamente arquivada na Junta Comercial do Estado do Rio Grande do Sul e publicada nos órgãos de imprensa no dia 07.02.2007.

Todavia, em 15.02.2010, ainda inconformados com a deliberação societária em questão, XZ Participações Ltda. e WY Participações Ltda., acionistas que, juntos, detinham 8% (oito por cento) do capital social da companhia, ajuizaram, em face de Caio Moura, ação de conhecimento declaratória de sua responsabilidade civil pelas referidas perdas e condenatória em reparação dos danos causados à companhia, com base nos artigos 159, § 4.º, e 158, II, ambos da Lei 6.404/1976.

Esse processo foi distribuído à 1.ª Vara Cível da Comarca da Capital do Estado do Rio Grande do Sul.

Citado, Caio Moura, que sempre atuou com absoluta boa-fé e visando à consecução do interesse social, procura-o. Elabore a peça adequada.

Resolução

No problema descrito acima, verificamos a existência de ação de conhecimento com o objetivo de declarar a responsabilidade civil de Caio Moura pelos prejuízos sofridos pela ABC S.A.

No polo ativo da demanda encontram-se os acionistas XZ Participações Ltda. e WY Participações Ltda., acionistas que, juntos, detêm 8% (oito por cento) do capital social da companhia. Já no polo passivo da demanda encontra-se Caio Moura.

Na presente ação, as autoras alegam que Caio Moura causou prejuízos à companhia por conta de negócio praticado em 03.02.2006, requerendo assim condenação deste ao ressarcimento dos prejuízos.

As autoras possuem legitimidade para propor a medida, amparadas que estão no artigo 159, § 4.º, Lei 6.404/1976.

No entanto, temos que a presente demanda encontra-se prescrita, visto ter sido proposta na data de 15.02.2010, quando a ata da deliberação que aprovou as contas de Caio Moura foi publicada na imprensa oficial (após o devido arquivamento) na data de 07.02.2007, assim prescrita a ação de responsabilidade civil (artigo 287, II, *b*, 2, Lei 6.404/1976).

Também encontra-se a pretensão para anulação de assembleia que aprovou as contas (artigo 286, Lei 6.404/1976).

Além disso, a atividade de Caio Moura estava amparada pelo estatuto da companhia, que admitia a possibilidade de este movimentar o caixa da empresa, não agindo com violação da lei ou do estatuto, tampouco com dolo ou culpa, o que acarretaria a possibilidade da ação (artigo 158, Lei 6.404/1076), atuando o administrador de boa-fé, visando os interesses da companhia (artigo 159, § 6.º, Lei 6.404/1076).

Ademais, seria interessante ser frisado também que o administrador teve suas contas aprovadas, sem reservas, o que o exonera de responsabilidade (artigo 134, § 3.º, Lei 6.404/1976).

PEÇA RESOLVIDA

```
EXCELENTÍSSIMO SENHOR DOUTOR JUIZ DE DIREITO DA 1.ª VARA CÍVEL
DA COMARCA DA CAPITAL DO ESTADO DO RIO GRANDE DO SUL

[Espaço de dez linhas]
                                   Processo n.º ...
[Espaço de uma linha]

                         CAIO MOURA, já qualificado nos au-
tos da AÇÃO DECLARATÓRIA DE RESPONSABILIDADE CIVIL, que lhe
promovem XZ Participações Ltda. e WY Participações Ltda., igual-
mente qualificadas, veem, por seu advogado e procurador que esta
subscreve (procuração anexa - Doc. 1), respeitosamente, à pre-
sença de Vossa Excelência apresentar a sua CONTESTAÇÃO, com fun-
damento no artigo 300 e seguintes do Código de Processo Civil e
na Lei 6.404/1976, pelos fundamentos a seguir expostos:

[Espaço de duas linhas]
                         I - BREVE RELATO DA INICIAL
[Espaço de uma linha]
                         Trata-se a presente de ação de-
claratória de responsabilidade civil que as Autoras XZ Partici-
pações Ltda. e WY Participações Ltda. promovem em face de Caio
Moura, ex-administrador de ABC S.A., nomeado no dia 02.01.2005,
```

que permaneceu no cargo até o dia 03.02.2007, atuando sempre com absoluta boa-fé e visando à consecução do interesse social da companhia.

A ação, como se denota, foi proposta em 15.02.2010, tendo como argumentos os artigos 159, § 4.º, e 158, II, ambos da Lei 6.404/1976.

Alegam as Autoras que em 03.02.2006 Caio Moura efetuou operação na então Bovespa (atualmente BM&FBovespa) que acarretou prejuízo de R$ 10.000.000,00 (dez milhões de reais) à ABC S.A.

Notório é o fato de que o Réu permaneceu no cargo até a assembleia geral ordinária realizada em 03.02.2007, por meio da qual os acionistas da companhia deliberaram (i) aprovar sem reservas as demonstrações financeiras relativas ao exercício de 2006; (ii) não propor ação de responsabilidade civil contra Caio Moura; e (iii) eleger novos diretores, não tendo Caio Moura sido reeleito, como já aludido.

A ata dessa assembleia foi devidamente arquivada na Junta Comercial do Estado do Rio Grande do Sul e publicada nos órgãos de imprensa no dia 07.02.2007.

[Espaço de duas linhas]

II – DA PRESCRIÇÃO

[Espaço de uma linha]

Como já mencionado acima, a ação foi proposta na data de 15.02.2010. No entanto, a assembleia realizada em 03.02.2007 teve sua ata arquivada na Junta Comercial do Estado do Rio Grande do Sul e publicada nos órgãos de imprensa no dia 07.02.2007, tendo, portanto, decorrido prazo superior a 3 (três) anos.

Nestes termos dispõe o artigo 287, II, *b*, 2, da Lei 6.404/1976:

"Art. 287. Prescreve:

(...)

II – em 3 (três) anos:

(...)

b) a ação contra os fundadores, acionistas, administradores, liquidantes, fiscais ou sociedade de comando, para deles haver reparação civil por atos culposos ou dolosos, no caso de violação de lei, do estatuto ou da convenção do grupo, contado o prazo:

(...)

2) para os acionistas, administradores, fiscais e sociedades de comando, da data da publicação da ata que aprovar o balanço referente ao exercício em que a violação tenha ocorrido;

(...)".

Assim, temos que a ação deveria ter sido proposta anteriormente ao que de fato foi, o que caracteriza a ocorrência de prescrição.

A respeito da prescrição, o artigo 269, IV, do Código de Processo Civil prevê:

"Art. 269. Haverá resolução de mérito:

(...)

IV - quando o juiz pronunciar a decadência ou a prescrição;

(...)".

Em termos, tendo em vista a propositura da ação no prazo descrito, verifica-se a ocorrência da prescrição.

Com efeito, outra alternativa não restará a Vossa Excelência senão a de pronunciar a existência da prescrição, extinguindo o feito com resolução de mérito.

[Espaço de duas linhas]

III - NO MÉRITO

[Espaço de uma linha]

No mérito, temos que o pedido inicial não deverá prosperar em razão da ausência de requisitos para o regular processamento do pedido e consequente condenação do contestante. Senão, vejamos:

[Espaço de uma linha]

DA ATIVIDADE EM CONFORMIDADE COM O ESTATUTO E COM A BOA-FÉ

[Espaço de uma linha]

Alegam as Autoras que, em virtude de ter o Réu praticado negócios na então Bovespa, que acarretaram prejuízo à companhia, este deveria ser responsabilizado em razão desses prejuízos com base no artigo 158, II, da Lei 6.404/1976.

No entanto, o citado artigo que fundamenta a pretensão das Autoras aduz que responderá civilmente o administrador que proceder com violação de lei ou do estatuto.

Neste aspecto, o artigo 35 do estatuto social da companhia outorga, de modo expresso, ao diretor amplos poderes para movimentar o caixa da sociedade do modo como entender mais adequado, podendo, inclusive, realizar operações no mercado financeiro sem a necessidade de prévia aprovação dos outros membros da administração.

Assim sendo, a atividade exercida pelo Réu junto à antiga Bovespa (BM&FBovespa) compreende lícita operação expressamente autorizada pelo estatuto social, o que não acarreta a sua violação e a consequente responsabilização.

No mais, o Réu, na consecução de suas atribuições, sempre as exerceu com a mais absoluta boa-fé e dentro das autorizações estatutárias existentes.

Neste enfoque, em virtude do exercício da atividade do administrador em conformidade com o princípio da boa-fé, outra não será a alternativa senão a de reconhecer a exclusão da responsabilidade do administrador, conforme prevê o artigo 159, § 6.º, da Lei 6.404/1976.

[Espaço de duas linhas]

DA APROVAÇÃO DAS CONTAS PELA ASSEMBLEIA GERAL

A assembléia geral realizada em 03.02.2007, que teve a sua ata arquivada na Junta Comercial do Estado do Rio Grande do Sul e publicada nos órgãos de imprensa no dia 07.02.2007, aprovou sem reservas as demonstrações financeiras relativas ao exercício social que se encerrou em 31.12.2006, deliberando também pela não propositura de ação de responsabilidade civil em face de administrador, ora Réu nesta ação.

A respeito da aprovação de contas sem reserva em assembleia, aduz a Lei 6.404/1976:

"Art. 134. (...)

(...)

§ 3.º A aprovação, sem reserva, das demonstrações financeiras e das contas, exonera de responsabilidade os administradores e fiscais, salvo erro, dolo, fraude ou simulação (art. 286).

(...)".

Assim, tendo em vista a decisão da assembleia, exonerado de qualquer responsabilidade encontra-se o Réu.

Ainda com base no supracitado artigo legal, eventual responsabilidade em face do administrador só poderia ocorrer após anulação da assembleia em ação própria, devendo ainda ser comprovado o erro, o dolo, a fraude ou a simulação.

[Espaço de duas linhas]

IV - DO PEDIDO

[Espaço de uma linha]

De todo o exposto, requer-se:

a) que seja pronunciada a prescrição, determinando-se a extinção do feito com resolução de mérito na forma dos artigos 269, IV, e 329 do Código de Processo Civil;

b) o indeferimento da petição inicial em virtude da prescrição, na forma do artigo 295, IV, do Código de Processo Civil;

Caso não seja esse o entendimento de Vossa Excelência, requer:

c) no mérito, a improcedência do pedido dos Autores de que seja o Réu declarado responsável pelos prejuízos sofridos por ABC S.A., em virtude de ter o Réu agido de acordo com o estatuto, sem a sua violação, tendo sido suas contas devidamente aprovadas sem reserva;

d) a condenação dos Autores ao pagamento de honorários advocatícios e também ao pagamento de custas processuais;

e) que as intimações sejam enviadas ao patrono que assina a peça inicial, cumprindo-se o disposto no artigo 39, I, do Código de Processo Civil.

[Espaço de duas linhas]

V - DAS PROVAS

[Espaço de uma linha]

Protesta provar o alegado por todos os meios de prova em direito admitidos, consistentes nos documentos juntados, oitiva do Réu em depoimento pessoal, oitiva de testemunhas, perícias e todas as que se fizerem necessárias ao longo da presente demanda.

[Espaço de uma linha]

Termos em que,

pede deferimento.

[Espaço de uma linha]

Local e data.

[Espaço de uma linha]

Advogado ...

Capítulo XI

Noções de Tutela Executiva

1. Conceito de execução forçada. Com a tutela jurisdicional executiva pretende-se a exigência concreta da satisfação da prestação, estabelecida em sentença judicial ou em outro documento idôneo, diante do inadimplemento culposo do devedor. O Estado é compelido a agir em favor do credor, a fim de entregar a este o resultado mais próximo do exato cumprimento voluntário da prestação.

São suas características:

Estatalidade	A execução forçada é monopólio do Poder Judiciário, já que compreende atos que se destinam a cumprir a prestação cobrada de maneira impositiva.
Definitividade	O cumprimento total da prestação terá o efeito de liberar o devedor do vínculo obrigacional.
Substitutividade	A atuação do Estado substitui a vontade das partes, não sendo necessária a anuência do devedor para o cumprimento da prestação, nem a anuência do credor para a atuação dos meios legais para a medida.

2. Modelos de execução no Código de Processo Civil: execução autônoma e processo sincrético. O sistema vigente no Código de Processo Civil adotou dois modelos para o cumprimento forçado das obrigações:

Tipo de execução	Ação autônoma	Processo sincrético
Características	Processa-se em ação própria, formando relação jurídica processual própria, com procedimento próprio.	Para direitos que necessitem de prévio reconhecimento pelo Poder Judiciário, a execução forçada ocorrerá no próprio processo de conhecimento, em uma fase de execução, não gerando processo autônomo para o cumprimento do julgado.

Tipo de execução	Ação autônoma	Processo sincrético
Vinculação a processo de conhecimento para a formação do título	NÃO	SIM
Cabimento	Para o caso de inadimplemento de obrigações líquidas, certas e exigíveis, contidas em títulos executivos extrajudiciais.	Para o caso de inadimplemento de obrigações contidas em títulos executivos judiciais.

3. Meios de execução. Meio de execução é o poder dado por lei ao juiz para satisfazer a pretensão do exequente. Os meios de execução são:

Meio	Característica	Quais são
Meios diretos ou de *sub-rogação*	O Estado-juiz invade o patrimônio do devedor, dentro dos limites determinados pelo devido processo legal, a fim de obter o bem ou o crédito devido ao credor.	Penhora, avaliação e alienação forçada.
Meios indiretos ou de *coerção*	Uso de meios intimidatórios do devedor como forma de forçá-lo ao adimplemento voluntário.	Multa cominatória (*astreinte*), meios instrumentais, prisão por dívida de alimentos (artigo 733, Código de Processo Civil).

4. Espécies de execução. Conforme o tipo de obrigação e o tipo de título executivo, define-se a modalidade de procedimento executivo a ser adotado:

Tipo de título/ Tipo de obrigação	Título executivo judicial	Título executivo extrajudicial
Obrigação de fazer e de não fazer	Tutela específica de obrigação de fazer e de não fazer (artigo 461, Código de Processo Civil).	Execução de obrigação de fazer e de não fazer (artigo 632 e seguintes, Código de Processo Civil).
Obrigação de dar	Tutela específica de obrigação de dar coisa (artigo 461-A, Código de Processo Civil).	Execução de obrigação para a entrega de coisa (artigo 621 e seguintes, Código de Processo Civil).
Obrigação de entregar dinheiro	Cumprimento de sentença (artigo 475-I e seguintes, Código de Processo Civil).	Execução por quantia certa contra devedor solvente (artigo 646 e seguintes, Código de Processo Civil).

Tipo de título/ Tipo de obrigação	Título executivo judicial	Título executivo extrajudicial
Obrigações especiais	Obrigações de fazer especiais (artigo 466, Código de Processo Civil). Legislação extravagante.	Execução contra a Fazenda Pública (artigo 730, Código de Processo Civil). Execução de alimentos (artigo 732, Código de Processo Civil). Legislação extravagante.

> **Importante!**
> A execução por quantia certa contra devedor insolvente, independentemente do título, é realizada pelo rito do artigo 748 e seguintes, Código de Processo Civil.

5. Princípios da execução. Além dos princípios gerais do processo, a execução forçada é regida pelos seguintes princípios:

Patrimonialidade	A execução é sempre real, ou seja, sempre incide sobre o patrimônio do devedor, sendo vedada a prisão por dívidas, salvo em caso de dívidas de alimentos (artigo 5.º, LXVII, Constituição Federal), ou a imposição de punição corporal.
Dignidade da pessoa humana	A execução deve satisfazer ao credor, sem, porém, submeter o devedor a situação degradante.
Especificidade da execução (ou exato cumprimento)	A obrigação deverá ser cumprida exatamente como avençado, sendo a conversão em perdas e danos apenas subsidiária, seja pela impossibilidade do cumprimento da obrigação específica, seja por opção do credor.
Suficiência (ou satisfatividade)	A execução será realizada na exata medida da satisfação do direito do credor (obrigação e seus acréscimos legais ou contratuais).
Menor gravosidade para o devedor	Caso seja possível a prática do ato de execução por mais de uma forma, este será efetivado seguindo a forma menos onerosa para o devedor (artigo 620, Código de Processo Civil).
Disponibilidade da execução	A execução é realizada no interesse do credor, sendo voltada a satisfazer, mesmo contra a vontade do devedor, a prestação devida (artigo 569, Código de Processo Civil).
Lealdade processual	São vedados atos atentatórios à dignidade da justiça, havendo a previsão de sanções (artigos 593, 600 e 601, Código de Processo Civil).

> **Importante!**
> Na arbitragem, não há poderes para o árbitro executar as decisões por ele proferidas, sendo necessário o ajuizamento de demanda executiva (Lei 9.307/1996).

6. Partes na execução forçada.

Legitimidade ativa:

Rol legal	Como identificar o legitimado.
Credores originários (artigo 566, Código de Processo Civil)	Aqueles previstos no título executivo.
Ministério Público	Nos casos previstos em lei (p. ex., artigo 68, Código de Processo Penal, na hipótese de cumprimento de ação civil *ex delicto*).
Credores derivados (artigo 567, Código de Processo Civil)	Aqueles que substituem o credor original: a) o *espólio* (conjunto de bens deixados pelo falecido, que tem legitimidade até a homologação da partilha); b) os *sucessores* (herdeiros e legatários, na forma da lei civil); c) os *cessionários do crédito* (transferência por ato entre vivos); d) o *sub-rogado no crédito* (que substitui o credor, gozando das mesmas garantias, por força de lei ou contrato).

Legitimidade passiva: Como devedores – a parte legítima passiva da execução – podem figurar na execução forçada:

Rol legal	Como identificar o legitimado.
Devedor originário (artigo 568, I, Código de Processo Civil)	Reconhecido como tal no título executivo.
Derivados	a) o *espólio*, os *herdeiros* e os *sucessores* do devedor (artigo 568, II, Código de Processo Civil); b) o *novo devedor* que assumiu o débito, com autorização do credor (artigo 568, III, Código de Processo Civil); c) o *fiador* judicial (artigo 568, IV, Código de Processo Civil); d) o *responsável tributário*, na forma da lei vigente (artigo 568, V, Código de Processo Civil), hipótese que se aplica apenas à cobrança de créditos tributários.

7. Títulos executivos. Títulos executivos são os escritos considerados pela lei como hábeis a ensejar a execução forçada. É neles que se consubstancia a obrigação líquida, certa e exigível que ensejará a execução. Dividem-se em duas categorias:

a) Títulos executivos judiciais – são produzidos por processo judicial ou de arbitragem. Ensejam a execução na forma de cumprimento de sentença (artigos 475-A a 475-R, Código de Processo Civil) ou satisfação de obrigação de dar coisa, fazer ou não fazer (artigos 461 e 461-A, Código de Processo Civil, respectivamente). São eles:

Sentença proferida no processo civil que reconheça a existência de obrigação de fazer, não fazer, entregar coisa ou pagar quantia	Decorrente de ação de conhecimento, estando ou não transitada em julgado.
Sentença penal condenatória transitada em julgado	A sentença penal tem como efeito estabelecer a obrigação de indenizar; o *quantum* deverá ser apurado em fase preparatória de liquidação de sentença. No Juizado Especial Criminal, pode o juiz determinar a composição cível dos danos causados por ato criminoso de baixa periculosidade, executando-se o crédito como sentença cível.
Sentença homologatória de conciliação ou transação, ainda que inclua matéria não posta em juízo	Resultante de acordo realizado nos autos de qualquer feito, desde que preveja obrigação passível de cumprimento. Poderá o título conter, até mesmo, obrigação não objeto do litígio original.
Sentença arbitral	Decisão proferida em sede arbitragem, realizada nos moldes da Lei 9.307/1996.
Acordo extrajudicial, de qualquer natureza, homologado judicialmente	Resultante de acordo realizado entre as partes e submetido ao crivo judicial, por procedimento de jurisdição voluntária (artigo 1.103 e seguintes, Código de Processo Civil).
Sentença estrangeira homologada pelo Superior Tribunal de Justiça	No procedimento de homologação, não se discute o conteúdo da decisão, mas tão somente a forma. É expedida carta de sentença, a qual constituirá o título executivo (artigo 484, Código de Processo Civil), cuja competência para execução será da Justiça Federal (artigo 109, X, Constituição Federal).
Formal e certidão de partilha	São documentos que comprovam a partilha dos bens. Somente são títulos executivos perante os herdeiros e sucessores constantes dos títulos, não vinculando terceiros. O processamento da cobrança se fará no mesmo juízo do inventário.

b) Títulos executivos extrajudiciais – são gerados pelos interessados, em situações contratuais, como regra. Ensejam ação autônoma de execução, que tomará o rito adequado para a obrigação contida no documento. O rol dos títulos está previsto no artigo 585, Código de Processo Civil:

Hipótese legal	Em que consistem
A letra de câmbio, a nota promissória, a duplicata, a debênture e o cheque.	São títulos de crédito, cujo regime legal está previsto na legislação específica.
A escritura pública ou outro documento público assinado pelo devedor; o documento particular assinado pelo devedor e por duas testemunhas; o instrumento de transação referendado pelo Ministério Público, pela Defensoria Pública ou pelos advogados dos transatores.	É modalidade residual. Caso o documento não se enquadre em uma das modalidades abaixo e as partes quiserem ter um título executivo, deverão obter a chancela de duas testemunhas ou das autoridades citadas.
Os contratos garantidos por hipoteca, penhor, anticrese e caução, bem como os de seguro de vida.	Os quatro primeiros são modalidades de direitos de garantia. Como decorrência de sua formação nos termos da lei civil, a garantia deles constante poderá ser exigida por processo autônomo de execução. O último é modalidade de contrato, previsto nos artigos 757 a 777, Código Civil, ou em legislação especial.
O crédito decorrente de foro e laudêmio.	São valores exigidos a título de enfiteuse, modalidade de direito real existente no Código Civil de 1916 e extinta pelo Código Civil de 2002. Porém, como as enfiteuses já realizadas foram mantidas (artigo 2.038, Código Civil), a execução é o meio para exigir o crédito delas decorrente.
O crédito, documentalmente comprovado, decorrente de aluguel de imóvel, bem como de encargos acessórios, tais como taxas e despesas de condomínio.	Se celebrado por escrito, o contrato de locação e encargos acessórios é título executivo.
O crédito de serventuário de justiça, de perito, de intérprete, ou de tradutor, quando as custas, emolumentos ou honorários forem aprovados por decisão judicial.	Apesar de serem fixados em sentença judicial, por opção legislativa, serão estes créditos objeto de execução extrajudicial.
A certidão de dívida ativa da Fazenda Pública da União, dos Estados, do Distrito Federal, dos Territórios e dos Municípios, correspondente aos créditos inscritos na forma da lei.	A dívida ativa é aquela estabelecida pela Lei 4.320/1964, constituída na forma da Lei 6.830/1980. É o único título executivo deste rol que tem constituição unilateral, já que decorre de processo administrativo prévio de apuração do *an* e do *quantum debeatur*.
Todos os demais títulos a que, por disposição expressa, a lei atribuir força executiva.	Um exemplo é o crédito devido a advogado, por força do artigo 24, Estatuto da Ordem dos Advogados do Brasil (Lei 8.906/1994).

> **Importante!**
> Os títulos de crédito e contratos celebrados no exterior poderão ser considerados títulos executivos, desde que se enquadrem em uma das situações acima mencionadas.

Também, o título, para ter eficácia executiva, há de satisfazer aos requisitos de formação exigidos pela lei do lugar de sua celebração (nos termos do artigo 9.º, Lei de Introdução às Normas do Direito Brasileiro) e indicar o Brasil como o lugar de cumprimento da obrigação.

Não depende de homologação pelo Supremo Tribunal Federal para ensejar a execução forçada.

8. Responsabilidade patrimonial (artigos 591 a 597, Código de Processo Civil).

Regra geral	Respondem pelos créditos todos os bens presentes e futuros do devedor, salvo as restrições estabelecidas em lei, como é o caso dos bens impenhoráveis.
Falecimento do devedor	Suas obrigações não se extinguem, respondendo os bens deixados (o espólio) por elas. Responderão os herdeiros apenas em relação aos bens e valores recebidos como herança.
Responsabilidade de terceiro	Do *sucessor a título singular*: em caso de execução fundada em direito real ou obrigação reipersecutória.
	Ineficácia contra titular de direito real de garantia: a alienação de bem aforado ou gravado por penhor, hipoteca, anticrese ou usufruto será ineficaz em relação ao senhorio direto, ou ao credor pignoratício, hipotecário, anticrético, ou usufrutuário, que não houver sido intimado (artigo 619, Código de Processo Civil).
	Do outro cônjuge, sobre seus bens próprios, reservados ou sua meação: sendo o caso de sociedade conjugal e sendo a obrigação assumida por só um dos cônjuges, nas hipóteses autorizadas por lei.
	Fiador: sobre os débitos assumidos pelo afiançado.
	Dos sócios: a) poderão ter seus bens passíveis de execução nos casos de não integralização das cotas da sociedade limitada, de hipótese de desconsideração de pessoa jurídica e de outros casos previstos em lei; ou b) em sendo a sociedade devedora de responsabilidade ilimitada.

> **Importante!**
>
> Terão benefício de ordem:
>
> a) o fiador, em relação aos bens do afiançado, desde que não tiver aberto mão expressamente deste benefício;
>
> b) o sócio, em relação aos bens da sociedade.
>
> Caso o fiador ou o sócio paguem a dívida, haverá sub-rogação no crédito, prosseguindo-se a execução nos mesmos autos contra o devedor.

9. Proteção à boa-fé na execução forçada (artigos 598 a 601, Código de Processo Civil). Tem o devedor o dever de proceder de boa-fé, sendo-lhe vedada a prática de qualquer ato que vise frustrar ilicitamente a satisfação do direito do credor. Assim procedendo, poderá ser responsabilizado pela prática de ato atentatório à dignidade da Justiça. O artigo 600, Código de Processo Civil, enuncia os atos desta natureza:

a) fraude à execução;

b) oposição maliciosa à execução, empregando ardis e meios artificiosos;

c) resistência injustificada às ordens judiciais;

d) se intimado, não indica ao juiz, em 5 (cinco) dias, quais são e onde se encontram os bens sujeitos a penhora e seus respectivos valores.

Havendo a prática de ato atentatório à dignidade da Justiça, o devedor será punido com multa fixada pelo juiz, em montante não superior a 20% (vinte por cento) do valor atualizado do débito em execução, sem prejuízo de outras sanções de natureza processual ou material, multa essa que reverterá em proveito do credor, sendo exigível na própria execução.

Poderá o juiz relevar a pena, se o devedor se comprometer a não mais praticar qualquer dos atos definidos no artigo 600 e der fiador idôneo, que responda ao credor pela dívida principal, juros, despesas e honorários advocatícios.

10. Fraude à execução. Consiste na dissipação do patrimônio do devedor com a intenção de inviabilizar a execução. Nos termos do artigo 593, Código de Processo Civil, nos atos de oneração ou alienação de bens ocorridos quando:

a) sobre eles pender ação fundada em direito real;

b) ao tempo da alienação ou oneração, corria contra o devedor demanda capaz de reduzi-lo à insolvência;

c) nos demais casos expressos em lei;

d) no caso de haver penhora de créditos, se o terceiro negar o débito em conluio com o devedor, ou der a ele a quitação.

A fraude à execução será reconhecida nos próprios autos da demanda executiva e torna sem efeito para a execução a alienação ou a oneração do bem.

> **Importante!**
> A fim de conceder maior garantia ao direito do credor, nos termos do artigo 615-A, Código de Processo Civil, o exequente poderá, no ato da distribuição da ação executiva, obter certidão comprobatória do ajuizamento da demanda, com identificação das partes e valor da causa, para fins de averbação no registro de imóveis, registro de veículos ou registro de outros bens sujeitos à penhora ou arresto.

Fraude à execução se distingue da fraude contra credores:

Defeito	Fraude à execução (artigo 593, Código de Processo Civil).	Fraude contra credores (artigos 158 a 165, Código Civil).
Características	*Havendo demanda judicial em face do devedor*, ocorrendo uma das hipóteses acima descritas.	Há a prática de negócio jurídico *anterior à demanda judicial* que tenha os seguintes elementos: a) conluio entre devedor e adquirente (que é presumido nos negócios gratuitos e no caso de insolvência notória); e b) redução do devedor à insolvência.
Modo de reconhecimento	Na própria ação de conhecimento ou execução.	Pela ação pauliana, que terá como efeito tornar o negócio ineficaz em relação à massa dos credores.

11. Nulidade da execução. Nos termos do artigo 618, Código de Processo Civil, é nula a execução:

a) se o título executivo extrajudicial não corresponder a obrigação certa, líquida e exigível;

b) se o devedor não for regularmente citado;

c) se instaurada antes de se verificar a condição ou de ocorrido o termo, nos casos do artigo 572.

Também haverá nulidade no processo executivo ou no cumprimento de sentença nos casos previstos em lei, devendo ser observadas as formalidades para constrição e alienação de bens, nas cobranças de dívidas pecuniárias, entre diversas outras.

Constatada a nulidade, declaram-se ineficazes os atos decorrentes do ato nulo e determina-se o refazimento dos atos anulados, aplicando-se o regime de nulidades estabelecido no processo de conhecimento.

12. Os ritos de execução.

Execução de título executivo judicial

Tipo de obrigação	Meios executórios	Defesa	Procedimento
Fazer e não fazer	Multa cominatória e meios instrumentais	Nos próprios autos, por petição	Artigo 461, Código de Processo Civil
Entrega de coisa	Multa cominatória e meios instrumentais	Nos próprios autos, por petição	Artigo 461-A, Código de Processo Civil
Cumprimento de sentença	Penhora Avaliação Alienação forçada	Por impugnação, nas hipóteses previstas em lei, após a penhora.	Artigo 475-J e seguintes, Código de Processo Civil

Execução de título executivo extrajudicial

Tipo de obrigação	Meios executórios	Defesa	Procedimento
Fazer e não fazer	Multa cominatória e meios instrumentais	Embargos à execução	Artigo 632 e seguintes, Código de Processo Civil
Entrega de coisa	Multa cominatória e meios instrumentais	Embargos à execução	Artigo 621 e seguintes, Código de Processo Civil
Execução por quantia certa contra devedor solvente	Penhora Avaliação Alienação forçada	Embargos à execução	Artigo 646 e seguintes, Código de Processo Civil

13. Execução provisória (artigo 475-O, Código de Processo Civil). É possível a execução provisória da sentença cível. É necessário o preenchimento dos seguintes requisitos:

a) sentença civil ainda não transitada em julgado;

b) impugnação por recurso não dotado de efeito suspensivo.

A execução provisória segue *por conta e risco do credor* (se reformada ou anulada a decisão condenatória, o cumprimento provisório ficará sem efeito) e se processa por carta de sentença, cujos requisitos estão no artigo 475-O, Código de Processo Civil.

Como forma de garantir futuros prejuízos ao devedor, decorrentes de cobrança injusta, estabelece a lei a necessidade de caução a ser oferecida pelo credor.

Poderá ser dispensada a caução na execução provisória (artigo 475-O, § 2.º, Código de Processo Civil):

a) de crédito de natureza alimentar, decorrente de relação de parentesco ou por ato ilícito, até o limite de 60 vezes o salário mínimo, caso o exequente demonstre situação de carência;

b) se pender recurso de agravo de instrumento junto ao Superior Tribunal de Justiça ou ao Supremo Tribunal Federal, exceto se a dispensa acarretar dano ao devedor.

> **Importante!**
> A tutela antecipada será cumprida conforme o rito do cumprimento provisório de sentença, a teor do artigo 273, § 3.º, Código de Processo Civil.

14. Quadro comparativo: cumprimento de sentença e execução por quantia certa.

	Cumprimento de sentença (artigo 475-I e seguintes, Código de Processo Civil)	Execução por quantia certa (artigo 646 e seguintes, Código de Processo Civil)
Título executivo	Judicial (artigo 475-I, Código de Processo Civil).	Extrajudicial (artigo 585, Código de Processo Civil).
Prazo para cumprimento voluntário	15 dias (artigo 475-J, Código de Processo Civil).	3 dias (artigo 652, Código de Processo Civil).
Cumprimento voluntário no prazo legal	Não incidência da multa de 10% (artigo 475-J, Código de Processo Civil).	Desconto de metade da verba honorária (artigo 652-A, parágrafo único, Código de Processo Civil).
Defesa	Impugnação (artigo 475-L, Código de Processo Civil).	Embargos de devedor (artigo 745 e seguintes, Código de Processo Civil).
Execução provisória	Cabível para a sentença cível ainda não transitada em julgado (artigo 475-I, § 1.º, Código de Processo Civil).	Quando os embargos forem julgados procedentes e tenham efeito suspensivo e se pender apelação recebida no efeito devolutivo (artigo 587, Código de Processo Civil).

15. A petição inicial na execução.

Execução de título executivo judicial

No caso de título executivo judicial, é necessária mera petição do credor, informando o inadimplemento da parte.

> **Importante!**
> Se o título executivo contiver obrigação de pagar quantia, o requerimento é indispensável para início da fase executória.

Tal petição deverá ter os seguintes requisitos:

Endereçamento	a) Sentença cível: ao juízo da instância originária perante o qual se processou a causa.
	b) Demais títulos: ao juízo cível competente, nos termos das regras de competência previstas na Constituição Federal e no Código de Processo Civil.
Legitimidade	Ativa: do credor.
	Passiva: do devedor.
Fundamento	a) Existência do título líquido, certo e exigível.
	b) Existência de inadimplemento do devedor, após o prazo de cumprimento voluntário (obrigação de pagar dinheiro) ou após prazo razoável (obrigação de dar, fazer ou não fazer).
Requerimento	a) Se sentença cível: determinação dos atos executórios necessários (penhora, se obrigação de pagar; incidência de multa ou outro instrumento, se obrigação de dar, fazer ou não fazer;
	b) Demais títulos: citação do devedor na demanda e atuação dos meios executórios necessários.

> **Importante!**
> Se a obrigação a ser cumprida for de pagar e o título for definitivo, deverá o credor requerer a incidência da multa de 10% e juntar memória de cálculo discriminada, com o detalhamento do valor total cobrado.

Execução de título executivo extrajudicial

Como se trata de ação autônoma, deverá a execução ser iniciada por petição inicial, com os seguintes requisitos:

Endereçamento	Ao juízo cível competente, nos termos das regras de competência previstas na Constituição Federal e no Código de Processo Civil.
Legitimidade	Ativa: do credor. Passiva: do devedor.
Fundamento	a) Existência do título líquido, certo e exigível. b) Existência de inadimplemento do devedor, por advento do termo, da condição suspensiva ou findo o prazo assinalado em notificação.
Requerimento	Varia conforme o tipo de obrigação a ser satisfeita: a) *obrigação de dar coisa certa ou coisa incerta, sendo a escolha do credor*: citação para entrega da coisa em 10 dias, sob pena de busca e apreensão ou de imissão na posse, ou apresentação de embargos de devedor; b) *obrigação de dar coisa incerta, sendo a escolha do devedor*: citação para entrega da coisa por ele escolhida em 10 dias, sob pena de a escolha passar a ser do credor; c) *obrigação de fazer*: citação para cumprimento da obrigação em 10 dias, sob pena de multa, ou apresentação de embargos de devedor; d) *obrigação de pagar quantia*: citação para pagamento em 3 dias, com desconto de 50% da verba honorária, sob pena de penhora, ou apresentação de embargos de devedor no prazo de 10 dias.

Capítulo XII

Liquidação

1. Conceito. Caso o título executivo judicial contenha condenação genérica (não especificado o *quantum debeatur*), deverá o credor providenciar a fase prévia e obrigatória de liquidação (artigos 475-A a 475-H, Código de Processo Civil).

Trata-se de fase do processo antecedente e preparatória do cumprimento da decisão judicial (artigo 475-A, § 2.º, Código de Processo Civil), no qual se determinará o valor a ser pago pelo devedor (*quantum debeatur*).

Na liquidação, não pode ser rediscutida a lide ou modificada a sentença (artigo 475-G, Código de Processo Civil). A impugnação é decidida por decisão interlocutória, a ser impugnada por agravo de instrumento.

São as *modalidades de liquidação*:

Espécie	Cabimento
Liquidação por cálculo (artigo 475-B, Código de Processo Civil)	Mera apresentação de cálculos aritméticos, a ser feita pelo credor com seu pedido inicial.
Liquidação por arbitramento (artigos 475-C e 475-D, Código de Processo Civil)	É a fixação do valor devido por meio de perícia, envolvendo elementos já conhecidos nos autos, sendo desnecessária a alegação de outros fatos. O procedimento será o da *prova pericial*.
Liquidação por artigos (artigos 475-E e 475-F, Código de Processo Civil)	A liquidação depende de alegação e comprovação de fatos que não foram objeto do litígio, relacionados apenas à quantificação do montante em dinheiro devido pelo devedor ao credor. O procedimento será o do *processo de conhecimento, pelo procedimento comum (sumário ou ordinário)*.

2. Observações quanto à liquidação por cálculo:

a) O excesso na cobrança é matéria alegável em sede de impugnação.

b) *Se forem necessários documentos*, o juiz mandará intimar o devedor ou o terceiro para apresentá-los, sob pena de valer o cálculo apresentado pelo credor.

c) *Se juiz considerar o cálculo exorbitante*, os autos serão enviados ao perito para conferência. Se o credor não concordar, seguirá o cumprimento nos termos requeridos pelo credor (ou seja, o valor pleiteado será mantido), porém a penhora será limitada ao montante determinado pelo contador do juízo (a fim de evitar possível excesso na cobrança).

> **Importante!**
> Nos termos da Súmula 344 do Superior Tribunal de Justiça, a liquidação por forma diversa da estabelecida na sentença não ofende a coisa julgada.

3. O passo a passo da liquidação.

A escolha do rito de liquidação

Conforme os dados do problema, deverá ser eleito o tipo de liquidação:

a) se houver mera referência a cálculos aritméticos, a liquidação será por cálculos e comporá o requerimento de cumprimento de sentença, dispensando-se petição própria para esta finalidade;

b) se tiver sido apreciada a totalidade do dano, com exceção de seu valor, a liquidação será por arbitramento;

c) se no problema houver menção a que situações novas devem ser apreciadas oportunamente, não havendo maiores investigações sobre o dano causado, a liquidação será por artigos.

Preenchendo os requisitos do requerimento de liquidação:

Endereçamento	Ao juízo da instância originária perante o qual se processou a causa.
Legitimidade	Ativa: do credor Passiva: do devedor
Fundamento	a) existência de pedido genérico e necessidade de sua liquidação; b) se liquidação por arbitramento: demonstração da necessidade de mera perícia para o caso, com a apresentação de quesitos e nomeação de assistente técnico; c) se liquidação por artigos: a petição deverá seguir a estrutura de petição inicial (ver supra), atentando-se para não alegar matéria já decidida na causa.
Requerimento	a) intimação da parte contrária; b) se liquidação por arbitramento: prazo para impugnação da adequação do arbitramento, apresentação de assistente técnico e quesitos; c) se liquidação por artigos: intimação para apresentar contestação sobre os fatos objeto da liquidação.

Capítulo XIII

Execução de Título Extrajudicial

A ação de execução de título extrajudicial é ação judicial autônoma, independente de ação de conhecimento.

O objetivo da ação é a satisfação do crédito decorrente de prestação contida no próprio título de crédito.

Os títulos de crédito, em regra, são considerados títulos executivos extrajudiciais, ou seja, possuem força executiva mesmo sem determinação jurisdicional.

"Art. 585. São títulos executivos extrajudiciais:

I – a letra de câmbio, a nota promissória, a duplicata, a debênture e o cheque;

II – a escritura pública ou outro documento público assinado pelo devedor; o documento particular assinado pelo devedor e por duas testemunhas; o instrumento de transação referendado pelo Ministério Público, pela Defensoria Pública ou pelos advogados dos transatores;

III – os contratos garantidos por hipoteca, penhor, anticrese e caução, bem como os de seguro de vida;

IV – o crédito decorrente de foro e laudêmio;

V – o crédito, documentalmente comprovado, decorrente de aluguel de imóvel, bem como de encargos acessórios, tais como taxas e despesas de condomínio;

VI – o crédito de serventuário de justiça, de perito, de intérprete, ou de tradutor, quando as custas, emolumentos ou honorários forem aprovados por decisão judicial;

VII – a certidão de dívida ativa da Fazenda Pública da União, dos Estados, do Distrito Federal, dos Territórios e dos Municípios, correspondente aos créditos inscritos na forma da lei;

VIII – todos os demais títulos a que, por disposição expressa, a lei atribuir força executiva."

Em Exames de Ordem na matéria empresarial, são objeto de arguições principalmente os títulos previstos no inciso I do artigo 585, Código de Processo Civil, principalmente as letras de câmbio, notas promissórias, duplicatas e cheques.

No que se refere à competência, devem ser seguidas na execução de título extrajudicial as mesmas regras estabelecidas na Constituição Federal e no Código de Processo Civil (artigo 94 e seguintes).

Na execução de título extrajudicial, o autor deverá demonstrar a liquidez da obrigação, a certeza desta e sua exigibilidade.

Nesta medida, o autor, denominado exequente, não poderá deixar de fazer a juntada do título executivo (artigo 614, I, Código de Processo Civil).

Também deverá fazer menção à juntada de planilha com o valor atualizado da dívida (artigo 614, II, Código de Processo Civil).

A citação será sempre pessoal e através de oficial de justiça (artigo 222, Código de Processo Civil).

Outro requisito é demonstrar que ocorreu a condição para a propositura da medida, que poderá ocorrer mediante o vencimento do título (artigo 614, III, Código de Processo Civil).

A medida executiva não terá discussão meritória, visto que o exequente deverá requerer a citação do executado para depositar a quantia e não para se defender na ação que contra ele está sendo proposta.

Em suma, a ação de execução de título extrajudicial tem por objetivo expropriar bens do devedor, a fim de satisfazer o direito do credor, que já possui em seu poder o título executivo.

Peça prática

Previsão legal	Artigo 646 e seguintes, Código de Processo Civil Artigo 585, Código de Processo Civil.
Cabimento	Execução de obrigação consubstanciada em título de crédito que não foi liquidado.
Competência	Será competente a Justiça Comum (Estadual) da praça de pagamento do título; caso isso não esteja especificado, no domicílio do devedor do título.
Partes do processo	Autor: credor do título executivo, denominado exequente Réu: devedor do título executivo, denominado executado. Também poderão figurar no polo passivo os devedores solidários com o executado, ou seja, o avalista do executado e o endossante (coobrigado) do título de crédito.

Fatos	Demonstrar na peça inicial que existe título executivo extrajudicial, sem a adição de nenhum dado que não os contidos no problema.
Direito	Demonstrar de forma cristalina que o título objeto da execução está previsto no artigo 585, Código de Processo Civil. Também demonstrar que os requisitos de certeza, liquidez e exigibilidade estão preenchidos. Fazer menção à juntada do título e também à juntada de planilha com o valor atualizado do débito.
Pedidos	A citação do executado para que no prazo de 3 dias efetue o pagamento da quantia objeto da execução prevista na planilha anexa, sob pena de ser expedido mandado de penhora e avaliação dos bens necessários à satisfação do crédito. A condenação do réu ao pagamento de custas e honorários advocatícios. Que as citações e intimações sejam enviadas ao patrono que assina a peça inicial, cumprindo-se o dispositivo do artigo 39, I, Código de Processo Civil.
Valor da causa	Valor do título executivo.

Esquema: Execução de Título Extrajudicial

```
EXCELENTÍSSIMO SENHOR DOUTOR JUIZ DE DIREITO DA ... VARA CÍVEL
DA COMARCA DE ... DO ESTADO DE ...

[Espaço de dez linhas]

                              AUTOR [se pessoa jurídica, nome
empresarial], pessoa jurídica de direito privado, devidamente
inscrita no CNPJ/MF sob o n.° ..., com sede na ..., representada
por seu administrador Sr. ..., [nacionalidade], [estado civil],
portador da cédula de identidade RG n.° ..., devidamente ins-
crito no CPF/MF sob o n.°..., por seu procurador e advogado que
esta subscreve (Documento 1 anexo), vem perante Vossa Excelência
propor a presente AÇÃO DE EXECUÇÃO POR QUANTIA CERTA CONTRA DE-
VEDOR SOLVENTE, fundada no artigo 646 e seguintes e artigo 585
e seguintes do Código de Processo Civil, em face de RÉU [execu-
tado], [se pessoa jurídica, nome empresarial], pessoa jurídica
de direito privado, devidamente inscrita no CNPJ/MF sob o n.°
..., com sede na ..., pelas razões de fato e de direito a seguir
expostas:

[Espaço de duas linhas]

                         I - DOS FATOS

[Espaço de uma linha]

[Narrar a situação jurídica apresentada pelo examinador]

[Espaço de duas linhas]
```

II – DO DIREITO

[Espaço de uma linha]

[Citar os artigos legislativos previstos na ação de execução de título extrajudicial, descrevendo os fundamentos juntamente com os fatos trazidos no problema].

[Demonstrar a existência de título executivo extrajudicial citando o artigo 585, Código de Processo Civil, além do artigo 646, Código de Processo Civil].

[Fazer menção ao valor atualizado previsto em planilha anexa à execução].

[Espaço de duas linhas]

III – DO PEDIDO

[Espaço de uma linha]

Diante de todo o exposto requer:

a) a citação do executado, por meio de oficial de justiça, requerendo desde já os benefícios do artigo 172, § 2.º, do Código de Processo Civil, para que o devedor, no prazo de 3 (três) dias, efetue o pagamento da quantia de R$ ..., conforme planilha de débito anexa, sob pena de expedição de mandando de penhora e avaliação de tantos bens quantos bastem para a solvência do crédito;

b) a condenação do executado ao pagamento de custas e honorários advocatícios, devendo os últimos ser fixados pelo juiz ao despachar a medida inicial, conforme artigo 652-A do Código de Processo Civil;

c) que as intimações sejam enviadas ao patrono que assina a peça inicial, cumprindo-se o dispositivo do artigo 39, I, do Código de Processo Civil.

[Espaço de uma linha]

Dá-se a causa o valor de R$ ...

[Espaço de uma linha]

Nesses termos,

pede deferimento.

[Espaço de uma linha]

Local e data

[Espaço de uma linha]

Advogado ...

Questão resolvida

(Questão adaptada do Exame de Ordem) Dagoberto é beneficiário de duplicata de prestação de serviços emitida por Afonso contra Carlino, no valor de R$ 50.000,00 (cinquenta mil reais), cujo vencimento ocorreu em 20 de setembro de 2009. Dagoberto recebeu a cártula por endosso em preto, diretamente do sacador, e tem em seu poder o respectivo comprovante de prestação de serviços, devidamente assinado pelo sacado. A duplicata não foi aceita por Carlino, embora se saiba que ele não se opôs expressamente a essa providência. Vencido o título e não pago, Dagoberto promoveu o protesto no dia 15 de dezembro de 2009.

Questão: Na qualidade de advogado de Dagoberto, aja em seu proveito. Considere que Dagoberto e Afonso residem em São Paulo, ao passo que Carlino é domiciliado em Santos, praça de pagamento do título.

(Considere que estamos em julho de 2011)

Resolução

Na problemática verificamos que Dagoberto é beneficiário de duplicata, ou seja, é o credor de uma duplicata de prestação de serviços.

A duplicata foi emitida por Afonso contra Carlino – assim, Afonso foi o prestador de um serviço para Carlino, sendo então Carlino o devedor principal do título.

Dagoberto recebeu a cártula através de endosso em preto diretamente do sacador, no caso Afonso, que teoricamente se vincula ao pagamento como coobrigado. Porém, para que este possa figurar no polo passivo de ação executiva, necessário se faz o protesto no prazo correto, o que não aconteceu, visto que o protesto foi lavrado mais de 30 dias após o vencimento.

Assim, o título só poderá ser objeto de execução em face do devedor principal, ou seja, Carlino.

PEÇA RESOLVIDA

```
EXCELENTÍSSIMO SENHOR DOUTOR JUIZ DE DIREITO DA ... VARA CÍVEL
DA COMARCA DE SANTOS DO ESTADO DE SÃO PAULO

[Espaço de dez linhas]

                         DAGOBERTO, [nacionalidade], [es-
tado civil], [profissão], portador da cédula de identidade RG n.°
..., devidamente inscrito no CPF/MF sob o n.° ..., residente na
..., cidade de ..., por seu bastante procurador e advogado que
esta subscreve, conforme instrumento procuratório anexo (Docu-
mento 1), vem perante Vossa Excelência propor a presente AÇÃO
DE EXECUÇÃO POR QUANTIA CERTA CONTRA DEVEDOR SOLVENTE, fundada
no artigo 646 e seguintes e no artigo 585 e seguintes do Código
de Processo Civil em face de CARLINO, [nacionalidade], [estado
civil], [profissão], portador da cédula de identidade RG n.° ...,
devidamente inscrito no CPF/MF sob o n.° ..., residente na ...,
```

cidade de Santos, Estado de São Paulo, pelas razões de fato e de direito a seguir expostas:

[Espaço de duas linhas]

I - DOS FATOS

[Espaço de uma linha]

Dagoberto é beneficiário de duplicata de prestação de serviços emitida por Afonso contra Carlino, no valor de R$ 50.000,00 (cinquenta mil reais), cujo vencimento ocorreu em 20 de setembro de 2009.

O Autor recebeu a cártula por endosso em preto, diretamente do sacador, e tem em seu poder o respectivo comprovante de prestação de serviços, devidamente assinado pelo sacado.

A duplicata não foi aceita por Carlino, embora se saiba que ele não se opôs expressamente a essa providência. Vencido o título e não pago, Dagoberto promoveu o protesto no dia 15 de dezembro de 2009.

[Espaço de duas linhas]

II - DO DIREITO

[Espaço de uma linha]

Dispõe o Código de Processo Civil que são títulos executivos extrajudiciais:

"Art. 585. São títulos executivos extrajudiciais:

I - a letra de câmbio, a nota promissória, a duplicata, a debênture e o cheque;"

(...)".

No caso em tela, Dagoberto recebeu por meio de endosso em preto duplicata mercantil existente em virtude de prestação de serviço prestada por Afonso diante de Carlino, conforme demonstra o título de crédito duplicata anexo aos autos (Documento 2).

A duplicata não foi aceita por Carlino, porém esse não efetivou qualquer oposição quanto à sua existência.

Além do mais, prevê a lei de duplicatas que esta, mesmo não aceita, poderá ser objeto de execução, conforme predispõe o artigo 15 da Lei 5.474/1968. Senão, vejamos:

"Art. 15. A cobrança judicial de duplicata ou triplicata será efetuada de conformidade com o processo aplicável aos títulos executivos extrajudiciais, de que cogita o Livro II do Código de Processo Civil, quando se tratar:

I – de duplicata ou triplicata aceita, protestada ou não;

II – de duplicata ou triplicata não aceita, contanto que, cumulativamente:

a) haja sido protestada;

b) esteja acompanhada de documento hábil comprobatório da entrega e recebimento da mercadoria;

c) o sacado não tenha, comprovadamente, recusado o aceite, no prazo, nas condições e pelos motivos previstos nos arts. 7.º e 8.º desta Lei."

Na presente relação, o executado Carlino não aceitou a ordem de pagamento imposta por Afonso em virtude de prestação de serviços.

No entanto, a duplicata juntada aos autos foi protestada em 15 de dezembro de 2009, conforme comprovação do instrumento de protesto anexo (Documento 3).

Ressalte-se que a duplicata não detém qualquer recusa por parte do devedor principal, o executado Carlino, haja vista que, se tivesse, deveria estar demonstrada no próprio título de crédito, obedecendo, assim, ao princípio da literalidade.

Também de bom tom demonstrar que o título de crédito encontra-se dentro do lapso para a propositura de medida executiva. Senão, vejamos:

"Art. 18. A pretensão à execução da duplicata prescreve:

I – contra o sacado e respectivos avalistas, em 3 (três) anos, contados da data do vencimento do título;

(...)".

Sendo assim, dentro do prazo prescricional encontra-se a duplicata objeto da presente execução.

Temos também que o título ainda não foi pago, cabendo, portanto, a ação executiva, verificada a condição para que esta ocorra (artigo 614, III, do Código de Processo Civil).

Na atualidade, o débito compreende o valor de R$ ..., quantia prevista na planilha anexa (artigo 614, II, do Código de Processo Civil).

[Espaço de duas linhas]

III - DO PEDIDO

[Espaço de uma linha]

Diante de todo o exposto requer:

a) a citação do executado Carlino, por meio de oficial de justiça, requerendo desde já os benefícios o artigo 172, § 2.º, do Código de Processo Civil, para que o devedor, no prazo de 3 (três) dias, efetue o pagamento da quantia de R$ ...(valor conforme planilha anexa), sob pena de que seja expedido mandando de penhora e avaliação de tantos bens quantos bastem para a solvência do crédito;

b) a condenação do executado ao pagamento de custas e honorários advocatícios, devendo os últimos ser fixados pelo juiz ao despachar a medida inicial, conforme artigo 652-A do Código de Processo Civil; e

c) que as intimações sejam enviadas ao patrono que assina a peça inicial, cumprindo-se o dispositivo do artigo 39, I, do Código de Processo Civil.

[Espaço de uma linha]

Dá-se à causa o valor de R$ ...

[Espaço de uma linha]

Nesses termos,

pede deferimento.

[Espaço de uma linha]

Local e data

[Espaço de uma linha]

Advogado ...

Capítulo XIV

Execução de Título Judicial (Sentença Arbitral)

A execução de sentença arbitral será feita mediante o procedimento da execução de título judicial, que compreende ação judicial autônoma, independente de ação de conhecimento, que tem por base o título executivo.

A sentença arbitral possui os mesmos efeitos de sentença proferida pelo Poder Judiciário, conforme prevê o artigo 31, Lei 9.307/1996:

> "Art. 31. A sentença arbitral produz, entre as partes e seus sucessores, os mesmos efeitos da sentença proferida pelos órgãos do Poder Judiciário e, sendo condenatória, constitui título executivo."

> O dispositivo também é reconhecido pelo Código de Processo Civil:

> "Art. 475-N. São títulos executivos judiciais:
>
> (...)
>
> IV – a sentença arbitral;
>
> (...)".

O objetivo da ação é a satisfação do crédito decorrente de prestação contida na própria sentença.

No que se refere à competência, deve ser seguida na execução de título judicial por sentença arbitral a regra prevista no artigo 475-P, III, Código de Processo Civil.

A citação será sempre pessoal e através de oficial de justiça (artigo 222, Código de Processo Civil).

Outro requisito é demonstrar que ocorreu a condição para a propositura da medida, o que poderá ocorrer mediante o vencimento do título sem o pagamento voluntário.

A medida executiva não terá discussão meritória, visto que o exequente deverá requerer a citação do executado para depositar a quantia, e não para se defender na ação que contra ele está sendo proposta.

Em suma, a ação de execução de título judicial tem por objetivo expropriar bens do devedor, a fim de satisfazer o direito do credor, que já possui em seu poder o título executivo.

Peça prática

Previsão legal	Artigo 475-N, IV, Código de Processo Civil; Artigo 475-J, Código de Processo Civil; Artigo 31, Lei 9.307/1996.
Cabimento	Execução de obrigação consubstanciada em título judicial que não foi liquidado.
Competência	Será competente a Justiça Comum (Estadual), em obediência ao artigo 475-P, III, Código de Processo Civil.
Partes do processo	Autor: credor do título executivo, denominado exequente Réu: devedor do título executivo, denominado executado Também poderão figurar no polo passivo os devedores solidários com o executado.
Fatos	Demonstrar na peça inicial que existe título executivo judicial, sem a adição de nenhum dado que não os contidos no problema.
Direito	Demonstrar de forma cristalina que o título objeto da execução está previsto nos artigos 475-N, IV, e 475-J, Código de Processo Civil.
Pedidos	A citação do executado para que, no prazo de 15 dias, efetue o pagamento da quantia objeto da execução. A condenação do executado ao pagamento de multa fixada em 10% sobre o valor da condenação, em caso de não pagamento no prazo de 15 dias, conforme artigo 475-J, Código de Processo Civil. A expedição de mandado de penhora e avaliação, conforme artigo 475-J, Código de Processo Civil; A condenação do réu ao pagamento de custas e honorários advocatícios. Que as citações e intimações sejam enviadas ao patrono que assina a peça inicial, cumprindo-se o disposto no artigo 39, I, Código de Processo Civil.
Valor da causa	Valor do título.

Esquema: Execução de Título Judicial

EXCELENTÍSSIMO SENHOR DOUTOR JUIZ DE DIREITO DA ... VARA CÍVEL DA COMARCA DE ... DO ESTADO DE ...

[Espaço de dez linhas]

AUTOR [se pessoa jurídica, nome empresarial], pessoa jurídica de direito privado, devidamente inscrita no CNPJ/MF sob o n.° ..., com sede na ..., representada por seu administrador Sr. ..., [nacionalidade], [estado civil], portador da cédula de identidade RG n.° ..., devidamente inscrito no CPF/MF sob o n.°.., por seu procurador e advogado que esta subscreve (Documento 1 anexo), vem perante Vossa Excelência propor a presente AÇÃO DE EXECUÇÃO DE TÍTULO JUDICIAL, fundada nos artigos 475-N, IV, e 475-J, do Código de Processo Civil e 31 da Lei 9.307/1996, em face de ÁGUAS MINERAIS DA SERRA S.A., pessoa jurídica de direito privado, devidamente inscrita no CNPJ/MF sob o n.° ..., com sede na ..., pelas razões de fato e de direito a seguir expostas:

[Espaço de duas linhas]

I - DOS FATOS

[Espaço de uma linha]

[Narrar a situação jurídica apresentada pelo examinador]

[Espaço de duas linhas]

II - DO DIREITO

[Espaço de uma linha]

[Citar os artigos legislativos previstos para a ação de execução de título judicial, descrevendo os fundamentos juntamente com os fatos trazidos no problema].

[Demonstrar a existência de título executivo judicial, citando o artigo 475-N, IV, Código de Processo Civil, além do artigo 31, Lei 9.307/1996].

[Espaço de duas linhas]

III - DO PEDIDO

[Espaço de uma linha]

Diante de todo o exposto requer:

a citação da executada, por meio de oficial de justiça, requerendo desde já os benefícios do artigo 172, § 2.°, do Código de Processo Civil, para que, no prazo de 15 dias, efetuar o pagamento da quantia de R$ ...;

a condenação do executado ao pagamento de multa fixada em 10% (dez por cento) sobre o valor da condenação, em caso de não pagamento no prazo de 15 dias, conforme artigo 475-J do Código de Processo Civil;

                              a expedição de mandado de penhora
e avaliação, conforme artigo 475-J do Código de Processo Civil;

                              a condenação da executada ao pa-
gamento das custas e honorários advocatícios;

                              que as intimações sejam enviadas
ao patrono que assina a peça inicial, cumprindo-se o disposto no
artigo 39, I, do Código de Processo Civil.

[Espaço de uma linha]
                              Dá-se a causa o valor de R$ ...
[Espaço de uma linha]
                              Nesses termos,
                              pede deferimento.
[Espaço de uma linha]
                              Local e data
[Espaço de uma linha]
                              Advogado ...

QUESTÃO RESOLVIDA

Mate Gelado Refrescos Ltda. celebrou contrato de compra e venda com Águas Minerais da Serra S.A. pelo qual esta deveria fornecer 100 (cem) litros d´água por dia àquela, no período de 10 de dezembro de 2009 e 10 de abril de 2010. O contrato contém cláusula compromissória para a solução de eventuais conflitos decorrentes do contrato.

No entanto, no dia 4 de dezembro de 2009, Águas Minerais da Serra S.A. resiliu o contrato de compra e venda. Com isso, Mate Gelado Refrescos Ltda. foi obrigada a firmar novo contrato para aquisição de água mineral, às pressas, com Águas Fonte da Saudade Ltda., única sociedade empresária do ramo disponível naquele momento.

Todavia, como a capacidade de produção de Águas Fonte da Saudade Ltda. é muito inferior à de Águas Minerais da Serra S.A., a produção de Mate Gelado Refrescos Ltda. ficou prejudicada e não foi possível atender à demanda dos consumidores pela bebida.

Instaurado o procedimento arbitral, Águas Minerais da Serra S.A., ao final, foi condenada a pagar à Mate Gelado Refrescos Ltda. o valor de R$ 200.000,00 (duzentos mil reais) pelas perdas e danos decorrentes do rompimento unilateral do contrato e falha de fornecimento do produto, tendo sido fixado na sentença arbitral o dia 25.02.2012 como termo final para o pagamento voluntário.

Contudo, Águas Minerais da Serra S.A. recusou-se a cumprir voluntariamente a decisão, embora houvesse lucrado R$ 1.000.000,00 (um milhão) no 4.º trimestre de 2011.

Você foi procurado pelos representantes legais de Mate Gelado Ltda. para providenciar a cobrança judicial do valor da condenação devida por Águas Minerais da Serra S.A.

Redija a peça adequada, considerando que você a está elaborando no dia 01.06.2012 e que na cidade e comarca de Maragogi, Alagoas, há somente uma única vara.

Resolução

No problema descrito acima, verificamos a existência de sentença arbitral determinando o pagamento de quantia por Águas Minerais da Serra S.A. para Mate Gelado Refrescos Ltda.

A sentença arbitral constitui título executivo judicial, conforme prevê o artigo 31 da Lei 9.307/1996 e o artigo 475-N, IV, do Código de Processo Civil.

Assim, tendo em vista o decurso do prazo sem o efetivo pagamento, deverá ser proposta ação de execução de título judicial, requerendo o exequente que seja expedido mandando de citação em face da empresa-ré para que esta efetue o pagamento do valor da condenação (R$ 200.000,00), sob pena de aplicação de multa de 10%, além da expedição de mandando de penhora e avaliação, com base no artigo 475-J do Código de Processo Civil.

PEÇA RESOLVIDA

EXCELENTÍSSIMO SENHOR DOUTOR JUIZ DE DIREITO DA VARA ÚNICA DA COMARCA DE MARAGOGI - ESTADO DE ALAGOAS

[Espaço de dez linhas]

MATE GELADO REFRESCOS LTDA., pessoa jurídica de direito privado, devidamente inscrita no CNPJ/MF sob o n.º ..._, com sede na ..., representada por seu administrador Sr. ..., [nacionalidade], [estado civil], portador da cédula de identidade RG n.º ..., devidamente inscrito no CPF/MF sob o n.º ..., por seu procurador e advogado que esta subscreve (documento 1 anexo), vem perante Vossa Excelência propor a presente AÇÃO DE EXECUÇÃO DE TÍTULO JUDICIAL fundada nos artigos 475-N, IV, e 475-J do Código de Processo Civil e 31 da Lei 9.307/1996, em face de ÁGUAS MINERAIS DA SERRA S.A., pessoa jurídica de direito privado, devidamente inscrita no CNPJ/MF sob o n.º ..., com sede na ..., pelas razões de fato e de direito a seguir expostas:

[Espaço de duas linhas]

I – DOS FATOS

[Espaço de uma linha]

A Autora é credora de Águas Minerais da Serra S.A., em virtude de sentença arbitral que determinou o pagamento da quantia de R$ 200.000,00 (duzentos mil reais) pelas perdas e danos decorrentes de ruptura unilateral de contrato de fornecimento elaborado entre as partes.

A referida sentença arbitral fixou o dia 25.02.2012 como termo final para o pagamento voluntário da quantia objeto da condenação.

Contudo, a executada, em que pese ter obtido lucro de R$ 1.000.000,00 (um milhão) no 4.º trimestre de 2011, recusou-se a cumprir voluntariamente a decisão.

[Espaço de duas linhas]

II – DO DIREITO

[Espaço de uma linha]

Dispõe o Código de Processo Civil que são títulos executivos judiciais:

"Art. 475-N. São títulos executivos judiciais:

(...)

IV – a sentença arbitral;

(...)".

A respeito da sentença arbitral a Lei 9.307/1996 estabelece:

"Art. 31. A sentença arbitral produz, entre as partes e seus sucessores, os mesmos efeitos da sentença proferida pelos órgãos do Poder Judiciário e, sendo condenatória, constitui título executivo."

No caso em tela, em virtude de contrato entabulado entre as partes, ficou firmado compromisso de fornecimento de água por parte da executada.

Todavia, em virtude da rescisão de contrato por parte da executada e da necessidade de a exequente contratar outro fornecedor, instaurado procedimento arbitral, este determinou que a executada deveria pagar à exequente quantia equivalente a R$ 200.000,00 (duzentos mil reais) em virtude das perdas e danos sofridas.

No entanto, fixada a data para pagamento voluntário em 25.02.2012, não efetuou a executada a sua quitação.

[Espaço de duas linhas]

III - DO PEDIDO

[Espaço de uma linha]

Diante de todo o exposto, requer:

a) a citação da executada, por meio de oficial de justiça, requerendo desde já os benefícios do artigo 172, § 2.º, do Código de Processo Civil, para que, no prazo de 15 (quinze) dias, efetuar o pagamento da quantia de R$ 200.000,00 (duzentos mil reais);

b) a condenação do executado ao pagamento de multa fixada em 10% (dez por cento) sobre o valor da condenação, em caso de não pagamento no prazo de 15 dias, conforme artigo 475-J do Código de Processo Civil;

c) a expedição de mandado de penhora e avaliação, conforme artigo 475-J do Código de Processo Civil;

d) a condenação da executada ao pagamento das custas e honorários advocatícios;

e) que as intimações sejam enviadas ao patrono que assina a peça inicial, cumprindo-se o disposto no artigo 39, I, do Código de Processo Civil.

[Espaço de uma linha]

Dá-se à causa o valor de R$ 200.000,00 (duzentos mil reais)

[Espaço de uma linha]

Nesses termos,
pede e aguarda deferimento.

[Espaço de uma linha]

Local e data

[Espaço de uma linha]

Advogado ...

Capítulo XV

Defesas do Executado – Embargos do Devedor

1. Objeto e objetivo. Os embargos do devedor constituem uma das modalidades de defesa do executado, tendo sua previsão legislativa nos artigos 736 a 740, Código de Processo Civil.

Os embargos do devedor são cabíveis como forma de oposição a procedimento executivo existente contra o devedor, independentemente de penhora, depósito ou caução (artigo 736, Código de Processo Civil).

Os embargos à execução serão distribuídos por dependência, autuados em apartado e instruídos com cópias das peças processuais relevantes, que poderão ser declaradas autênticas pelo advogado, sob sua responsabilidade pessoal (artigo 736, parágrafo único, Código de Processo Civil).

Os embargos podem ser oferecidos no prazo de até 15 dias, contados da data da juntada aos autos do mandado de citação (artigo 738, Código de Processo Civil).

O juiz rejeitará liminarmente os embargos quando estes forem intempestivos (artigo 739, I, Código de Processo Civil), quando for a inicial de embargos inepta (artigo 739, II, Código de Processo Civil), ou quando forem manifestamente protelatórios (artigo 739, III, Código de Processo Civil).

Outras modalidades defesa que poderá o executado utilizar são os embargos à arrematação e os embargos à adjudicação.

Os embargos à arrematação e os embargos à adjudicação serão oferecidos pelo executado no prazo máximo de 5 dias contados da arrematação ou da adjudicação, tendo por fundamento alguma nulidade na ação de execução ou em causa que seja extintiva da obrigação.

O seu procedimento será idêntico ao dos embargos do devedor.

Em caso de serem os embargos à arrematação ou à adjudicação protelatórios, o juiz aplicará multa de 20% do valor da execução em favor daquele que desistiu da arrematação ou adjudicação (artigo 746, § 3.º, Código de Processo Civil).

Na execução por carta, o procedimento da penhora, avaliação e alienação de bens ocorre fora da comarca onde se processa a execução. Neste caso, o embargante poderá oferecer os seus embargos tanto no juízo deprecante quanto no juízo deprecado. No entanto, a competência para o julgamento será do juízo deprecante.

2. A petição inicial de embargos do devedor. Deverão os embargos do devedor, como já mencionado, ser distribuídos por dependência e correrão em autos distintos perante o mesmo juízo onde se processa a execução.

A petição inicial deverá obedecer aos requisitos do artigo 282, Código de Processo Civil.

Os embargos não terão efeito suspensivo. No entanto, poderá o juiz atribuir, a requerimento do embargante, este efeito, desde que, sendo relevantes seus fundamentos, o prosseguimento da execução possa, manifestamente, causar ao executado grave dano de difícil ou incerta reparação, e desde que a execução já esteja garantida por penhora, depósito ou caução suficientes (artigo 739-A, § 1.º, Código de Processo Civil).

3. Identificando no problema o cabimento de embargos do devedor. Verificamos serem cabíveis embargos do devedor quando houver ação judicial executiva em que o mandado de citação expedido ao devedor contenha ordem para pagamento ou quando houver informações de que o devedor teve seu patrimônio penhorado em virtude de ação judicial em curso.

4. A petição inicial de embargos do devedor

Previsão legal	Artigos 736 a 740, Código de Processo Civil.
Cabimento	Quando da existência de ação judicial de execução em face do devedor ou quando da existência de atos judiciais que determinaram penhora, depósito, arresto, sequestro, alienação judicial, arrecadação, arrolamento, inventário ou partilha de bens do devedor de título.
Competência	Distribuição por dependência ao processo de execução.
Partes do processo	Embargante: que foi citado ou teve patrimônio penhorado. Embargado: autor do processo originário de execução.
Fatos	Demonstrar na peça inicial a ocorrência de citação em ação judicial de execução ou a existência de ordem judicial determinando penhora, depósito, arresto, sequestro, alienação judicial, arrecadação, arrolamento, inventário ou partilha de bens do devedor do título.
Direito	Apresentar a qualificação jurídica dos fatos narrados, demonstrando a necessidade dos embargos do devedor, com fundamento nos artigos 736 a 740, Código de Processo Civil.

Pedidos	Requerer a citação do embargado para apresentar contestação no prazo de 15 dias. Requerer liminarmente o deferimento dos embargos ordenando a expedição de mandado de manutenção ou de restituição da coisa em favor do embargante, oferecendo, desde já, a prestação de caução (caso tenha ocorrido a penhora). Requerer a concessão de efeito suspensivo em virtude da relevância de seus fundamentos e também em virtude do andamento do feito poder causar ao embargante dano grave e de difícil (ou incerta) reparação, oferecendo, desde já, a prestação de caução. Requerer ao final a total procedência dos embargos no sentido de ... Requerer a condenação do embargado ao pagamento de custas e honorários advocatícios. Requerer que as citações e intimações sejam enviadas ao endereço do patrono, cumprindo o dispositivo do artigo 39, I, Código de Processo Civil.
Valor da causa	O valor da execução.

5. Esquema: Embargos de devedor

```
EXCELENTÍSSIMO SENHOR DOUTOR JUIZ DE DIREITO DA ... VARA DA CO-
MARCA DE ... DO ESTADO DE ...

[Espaço de dez linhas]

Distribuição por dependência ao Processo n.° ...

[Espaço de uma linha]

                         AUTOR [quando pessoa jurídica,
será identificada pelo nome empresarial], pessoa jurídica de di-
reito privado, inscrita no CNPJ sob o n.° ..., com sede [ende-
reço], por seu advogado, que receberá intimações no [endereço],
vem, respeitosamente, a Vossa Excelência, propor os presentes
EMBARGOS DO DEVEDOR em face da RÉ [nome empresarial], inscrita
no CNPJ sob o n.° ..., com sede [endereço], pelos motivos de fato
e de direito que a seguir expõe.

[Espaço de duas linhas]

                         I - DOS FATOS

[Espaço de uma linha]

[Narrar os fatos como descritos no problema, que evidenciam a
existência do procedimento judicial dos embargos]

[Espaço de duas linhas]
```

II - DO DIREITO

[Espaço de uma linha]

[Apresentar o fundamento jurídico do pedido, fazendo a relação entre os fatos e sua qualificação jurídica, demonstrando a necessidade dos embargos em virtude de ato judicial que culminou na citação do embargante ou determinou penhora, depósito, arresto, sequestro, alienação judicial, arrecadação, arrolamento, inventário ou partilha de bens do embargante]

[Espaço de duas linhas]

III - DO PEDIDO

[Espaço de uma linha]

De todo o exposto, requer-se:

a) a citação do embargado por meio de oficial de justiça, requerendo desde já os benefícios do artigo 172, § 2.º, do Código de Processo Civil, para, no prazo de 15 (quinze) dias, apresentar contestação;

b) o deferimento liminar dos embargos, ordenando a expedição de mandado de manutenção (ou restituição da coisa) em favor do embargante, oferecendo, desde já, a prestação de caução, se necessário for;

c) a concessão de efeito suspensivo em virtude da relevância de seus fundamentos, e também em virtude de o andamento do feito poder causar ao embargante dano grave e de difícil (ou incerta) reparação, oferecendo, desde já, a prestação de caução;

d) ao final, o julgamento procedente dos embargos do devedor;

e) a condenação do embargado ao pagamento de custas e honorários advocatícios;

f) que as citações e intimações sejam enviadas ao endereço do patrono, cumprindo o disposto no artigo 39, I, do Código de Processo Civil.

[Espaço de duas linhas]

IV - DAS PROVAS

[Espaço de uma linha]

Protesta provar o alegado por todos os meios de prova em direito admitidos, consistentes nos documentos juntados, oitiva do Réu em depoimento pessoal, oitiva de testemunhas, perícias e todas as que se fizerem necessárias ao longo da presente demanda.

[Espaço de duas linhas]

```
                          V - DO VALOR DA CAUSA
[Espaço de uma linha]
                          Dá-se à causa o valor de ...
[valor da execução]
[Espaço de uma linha]

                          Termos em que,

                          pede deferimento.
[Espaço de uma linha]

                          Local, data.
[Espaço de uma linha]

                          Advogado ...
```

6. Questão resolvida

Mefistófeles e Aristides são sócios da Comércio de Alimentos Peloponeso Ltda., sociedade empresária cujos atos constitutivos, apesar de assinados, não foram levados a registro na Junta Comercial do Estado de São Paulo – JUCESP. Aristides, administrador da sociedade, negociou junto ao Atacadista Central Ltda. gêneros alimentícios no valor de R$ 10.000,00 (dez mil reais), mas não honrou o pagamento, apesar de a sociedade possuir recursos em caixa para tal. A respectiva duplicata foi sacada pelo credor e está agora sendo executada, acompanhada do comprovante de entrega das mercadorias. Em razão de a sociedade ser irregular, a execução foi movida contra os sócios, contra quem também foi sacada a duplicata. Recentemente, Mefistófeles foi intimado da penhora de bens de sua propriedade para pagamento integral da dívida. O mandado de intimação foi juntado aos autos há 5 (cinco) dias.

Questão: Como advogado de Mefistófeles, atue na defesa de seus interesses. A execução tramita perante a 45.ª Vara Cível Central de São Paulo.

Resolução

Na presente questão, o candidato, em virtude de ter sido contratado por Mefistófeles, deveria promover a medida em nome deste com o objetivo de demonstrar que ele não poderia figurar no polo passivo da execução, em vista de ser a sua responsabilidade subsidiária, conforme regramento previsto no artigo 990, Código Civil.

A medida adequada consiste em embargos do devedor, nos quais Mefistófeles deverá se manifestar sobre a impossibilidade de seu patrimônio ser penhorado antes de exaurido o patrimônio da sociedade.

PEÇA RESOLVIDA

EXCELENTÍSSIMO SENHOR DOUTOR JUIZ DE DIREITO DA 45.ª VARA CÍVEL DA COMARCA DE SÃO PAULO DO ESTADO DE SÃO PAULO

[Espaço de dez linhas]

Distribuição por dependência ao Processo de Execução n.º ...

[Espaço de uma linha]

MEFISTÓFELES, [nacionalidade], [profissão], [estado civil], portador da cédula de identidade RG n.º ..., devidamente inscrito no CPF/MF sob o n.º ..., residente e domiciliado na ..., cidade de ..., por seu bastante procurador e advogado que esta subscreve, conforme instrumento procuratório anexo (documento 1), vem, respeitosamente, a Vossa Excelência propor os presentes EMBARGOS DO DEVEDOR em face de ATACADISTA CENTRAL LTDA., pessoa jurídica de direito privado, inscrita no CNPJ/MF sob o n.º ..., com sede na ..., cidade de ..., pelos motivos de fato e de direito que a seguir expõe.

[Espaço de duas linhas]

I - DOS FATOS

[Espaço de uma linha]

Mefistófeles e Aristides são sócios da Comércio de Alimentos Peloponeso Ltda., sociedade empresária cujos atos constitutivos, apesar de assinados, não foram levados a registro na Junta Comercial do Estado de São Paulo - JUCESP.

Aristides, administrador da sociedade, negociou junto ao Atacadista Central Ltda. gêneros alimentícios no valor de R$ 10.000,00 (dez mil reais), mas não honrou o pagamento, apesar de a sociedade possuir recursos em caixa para tal.

A respectiva duplicata foi sacada pelo credor e está agora sendo executada, acompanhada do comprovante de entrega das mercadorias.

Em razão de a sociedade ser irregular, a execução foi movida contra os sócios, contra quem também foi sacada a duplicata.

Recentemente, Mefistófeles foi intimado da penhora de bens de sua propriedade para pagamento integral da dívida, sendo o mandado de intimação juntado aos autos há 5 (cinco) dias.

[Espaço de duas linhas]

II - DO DIREITO

[Espaço de uma linha]

a) Dos embargos do devedor

Os embargos do devedor representam modalidade de oposição que possui o devedor, independentemente de penhora, depósito ou caução, conforme autoriza o artigo 736 do Código de Processo Civil.

b) Da qualidade de sócio do embargante

O embargante é sócio da sociedade Comércio de Alimentos Peloponeso Ltda., sendo certo que figura nesta qualidade junto com o Sr. Aristides.

A sociedade não tem registro do seu ato constitutivo no órgão competente, a cargo da Junta Comercial do Estado, gerando a existência de sociedade em comum, cujo regime legislativo encontra-se previsto nos artigos 986 a 990 do Código Civil.

c) Da responsabilidade do embargante

Dispõe o artigo 990 do Código Civil:

> "Art. 990. Todos os sócios respondem solidária e ilimitadamente pelas obrigações sociais, excluído do benefício de ordem, previsto no art. 1.024, aquele que contratou pela sociedade".

No caso em questão, o embargante figura nos quadros da sociedade na qualidade de sócio, sem que exerça função administrativa, esta a cargo do outro sócio, o Sr. Aristides.

Sendo assim, temos de modo cristalino que a penhora da conta corrente do embargante demonstra-

-se totalmente descabida - afinal, segundo o regramento, ao embargante será garantido o benefício de ordem. Senão, vejamos:

Representa o benefício de ordem a existência da responsabilidade subsidiária, ou seja, para se alcançar o patrimônio pessoal do sócio, necessário se faz o esgotamento do patrimônio da sociedade.

O Autor da medida promoveu a ação em face de ambos os sócios; porém, para se alcançar o patrimônio do embargante, determina a lei que o patrimônio social deverá ser esgotado.

[Espaço de duas linhas]

III - DO PEDIDO

[Espaço de uma linha]

De todo o exposto, requer-se:

a) a citação do embargado por meio de oficial de justiça, requerendo desde já os benefícios do artigo 172, § 2.°, do Código de Processo Civil, para, no prazo de 15 (quinze) dias, apresentar sua contestação;

b) o deferimento liminar dos embargos, ordenando a expedição de mandado revogando a penhora existente no patrimônio do embargante;

c) a concessão de efeito suspensivo aos embargos, em virtude de ser ilegítima a penhora efetuada, sendo certo que a sua manutenção poderá gerar ao embargante dano grave, pois estará efetuando pagamento de algo na modalidade direta, enquanto lhe assiste a lei os benefícios da responsabilidade subsidiária, oferecendo, desde já, a prestação de caução com outros bens;

d) que sejam os embargos julgados totalmente procedentes;

e) a condenação do embargado ao pagamento de custas e honorários advocatícios;

f) que as citações e intimações sejam enviadas ao endereço do patrono, cumprindo o disposto no artigo 39, I, do Código de Processo Civil.

[Espaço de duas linhas]

IV - DAS PROVAS

[Espaço de uma linha]

Protesta provar o alegado por todos os meios de prova em direito admitidos, consistentes nos documentos juntados, oitiva do Réu em depoimento pessoal, perícias e todas as que se fizerem necessárias ao longo da presente demanda.

[Espaço de duas linhas]

V - DO VALOR DA CAUSA

[Espaço de uma linha]

Dá-se à causa o valor de ... [valor do título objeto da execução]

[Espaço de uma linha]

Termos em que,

pede deferimento.

[Espaço de uma linha]

Local, data.

[Espaço de uma linha]

Advogado ...

Capítulo XVI

Embargos de Terceiro

1. Objeto e objetivo. Os embargos de terceiro são cabíveis quando aquele que não é parte do processo sofre turbação ou esbulho na posse de seus bens em virtude de ato judicial, como penhora, depósito, arresto, sequestro, alienação judicial, arrecadação, arrolamento, inventário, ou partilha (artigo 1.046, Código de Processo Civil).

Diferentemente do que ocorre nos embargos do devedor, nos quais o embargante é o executado no processo, nos embargos de terceiro o embargante não é parte, porém acabou sofrendo turbação ou esbulho na posse de seus bens em virtude de ato judicial, conforme visto acima.

Os embargos podem ser ajuizados pelo proprietário do bem, ou apenas possuidor dele, aquele que não pode ser atingido em virtude de apreensão judicial, o cônjuge que defende posse de bens dotais, próprios, reservados ou de sua meação, e também o credor de garantia real (artigo 1.047, Código de Processo Civil).

Os embargos podem ser opostos no processo de conhecimento em qualquer tempo, enquanto não houver sentença transitada em julgado, e, no processo de execução, em até 5 dias depois da arrematação, adjudicação ou remissão, mas sempre antes da assinatura da respectiva carta (artigo 1.048, Código de Processo Civil).

2. A petição inicial de embargos de terceiro. Deverão ser os embargos distribuídos por dependência e correrão em autos distintos perante o mesmo juízo que determinou a apreensão (artigo 1.049, Código de Processo Civil).

A petição inicial deverá obedecer aos requisitos do artigo 282, Código de Processo Civil, fazendo prova sumária de sua posse e da qualidade de terceiro, oferecendo documentos e rol de testemunhas (artigo 1.050, Código de Processo Civil).

3. Identificando no problema o cabimento de embargos de terceiro. Verificamos ser o procedimento adequado o de embargos de terceiro quando ocorrer a constrição de um bem de pessoa que não figure na relação processual, sendo ela, portanto, prejudicada em virtude de ato judicial, como penhora, depósito, arresto, sequestro, alienação judicial, arrecadação, arrolamento, inventário ou partilha de bens.

4. A petição inicial de embargos de terceiro.

Previsão legal	Artigos 1.046 a 1.054, Código de Processo Civil.
Cabimento	Quando da existência de atos judiciais que determinaram penhora, depósito, arresto, sequestro, alienação judicial, arrecadação, arrolamento, inventário ou partilha de bens de pessoa que não fazia parte da relação processual.
Competência	Distribuição por dependência junto ao juízo que ordenou a apreensão da coisa.
Partes do processo	a) Embargante: que teve apreensão judicial de seus bens. b) Embargado: autor do processo originário que acabou gerando a apreensão.
Fatos	Demonstrar na peça inicial a ocorrência de apreensão do bem, atentando para a problemática apresentada pelo examinador, sem a inclusão de nenhum outro fato.
Direito	Apresentar a qualificação jurídica dos fatos narrados, demonstrando a necessidade dos embargos de terceiro e justificando essa possibilidade nos artigos 1.046 a 1.054, Código de Processo Civil.
Pedidos	Requerer: a) a citação do embargado para apresentar contestação no prazo de 10 dias (a citação será pessoal quando o embargado não tiver procurador constituído nos autos da ação principal); b) o deferimento dos embargos, ordenando a expedição de mandado de manutenção ou de restituição da coisa em favor do embargante, oferecendo-se desde já para a prestação de caução; c) a condenação do embargado ao pagamento de custas e honorários advocatícios; d) que as citações e intimações sejam enviadas ao endereço do patrono, cumprindo-se o dispositivo do artigo 39, I, Código de Processo Civil.
Valor da causa	O valor do bem objeto da constrição.

5. Esquema: Embargos de Terceiro.

EXCELENTÍSSIMO SENHOR DOUTOR JUIZ DE DIREITO DA ... VARA DA COMARCA DE... DO ESTADO DE...

[Espaço de dez linhas]

Distribuição por dependência ao Processo n.º ...

[Espaço de uma linha]

AUTOR [quando pessoa jurídica, será identificada pelo nome empresarial], pessoa jurídica de direito privado, inscrita no CNPJ sob o n.º ..., com sede [endereço], por seu advogado, que receberá intimações no [endereço], vem, respeitosamente, a Vossa Excelência, propor os presentes EMBARGOS DE TERCEIRO em face da RÉ [nome empresarial], inscrita no CNPJ sob o n.º ..., com sede [endereço], pelos motivos de fato e de direito que a seguir expõe:

[Espaço de duas linhas]

I - DOS FATOS

[Espaço de uma linha]

[Narrar os fatos como descritos no problema, que evidenciam a existência do procedimento judicial dos embargos]

[Espaço de duas linhas]

II - DO DIREITO

[Espaço de uma linha]

[Apresentar o fundamento jurídico do pedido, fazendo a relação entre os fatos e sua qualificação jurídica, demonstrando a necessidade dos embargos em virtude de ato judicial que determinou penhora, depósito, arresto, sequestro, alienação judicial, arrecadação, arrolamento, inventário ou partilha de bens de pessoa que não fazia parte da relação processual]

[Espaço de duas linhas]

III - DO PEDIDO

[Espaço de uma linha]

De todo o exposto, requer-se:

a) a citação do embargado por intermédio do oficial de justiça, requerendo desde já os benefícios do artigo 172, § 2.º, do Código de Processo Civil, para, no prazo de 10 (dez) dias, apresentar, querendo, a sua contestação;

b) o deferimento liminar dos embargos, ordenando a expedição de mandado de manutenção (ou restituição) da coisa) em favor do embargante, se oferecendo desde já para a prestação de caução, se necessário for;

c) a condenação do embargado ao pagamento de custas e honorários advocatícios;

d) que as citações e intimações sejam enviadas ao endereço do patrono, cumprindo-se o disposto no artigo 39, I, do Código de Processo Civil.

[Espaço de duas linhas]

IV – DAS PROVAS

[Espaço de uma linha]

Protesta provar o alegado por todos os meios de prova em direito admitidos, consistentes nos documentos juntados, oitiva do Réu em depoimento pessoal, oitiva de testemunhas, perícias e todas as que se fizerem necessárias ao longo da presente demanda.

[Espaço de duas linhas]

V – DO VALOR DA CAUSA

[Espaço de uma linha]

Dá-se à causa o valor de R$ ... [valor do bem objeto da constrição]

[Espaço de uma linha]

Termos em que,

pede deferimento.

[Espaço de uma linha]

Local e data

[Espaço de uma linha]

Advogado...

6. Questão resolvida.

Jorge Luís e Ana Cláudia são casados no regime de comunhão parcial de bens desde 1979. Em 17.08.2005, sem que Ana Cláudia ficasse sabendo ou concordasse, Jorge Luís, em garantia de pagamento de contrato de compra e venda de um automóvel adquirido de Rui, avalizou nota promissória emitida por Laura, sua colega de trabalho, com quem mantinha caso extraconjugal. O vencimento da nota promissória estava previsto para 17.09.2005. Vencida e não paga a nota promissória, o título foi regularmente apontado para protesto.

Após inúmeras tentativas de recebimento amigável do valor, Rui promoveu, contra Laura e Jorge Luís, em 12.12.2008, a execução judicial do título, com fundamento nos artigos 566, 580, 585, I, e 586, Código de Processo Civil. Os réus foram regularmente citados e, não havendo pagamento, foram penhoradas duas salas comerciais de propriedade de Jorge Luís adquiridas na constância do seu casamento. Inconformada, Ana Cláudia procurou a assistência de profissional da advocacia, pretendendo alguma espécie de defesa, em seu exclusivo nome, para livrar os bens penhorados da constrição judicial, ou, ao menos, parte deles, visto que haviam sido adquiridos com o esforço comum do casal.

Em face dessa situação hipotética, redija, na condição de advogado(a) constituído(a) por Ana Cláudia, a peça processual adequada para a defesa dos interesses de sua cliente, apresentando, para tanto, todos os argumentos e fundamentos necessários.

Resolução.

Na presente questão, o candidato deveria promover a medida em nome de Ana Cláudia, sendo certo que a ação existente tinha como autor Rui, figurando no polo passivo Jorge e Laura, ou seja, Ana Cláudia não figurava no processo, mas teve patrimônio seu penhorado por ato judicial.

A medida adequada consiste em embargos de terceiro, em que Ana Cláudia deverá se manifestar sobre a impossibilidade de Jorge prestar o aval sem a sua outorga, com base no artigo 1.647, III, Código Civil.

Não poderia também deixar de ser requerida a exclusão de sua meação, ou preservação do seu direito de meação, em virtude de os bens objetos de penhora terem sido adquiridos por Jorge Luis, porém durante o casamento, dado a esforço conjunto do casal.

PEÇA RESOLVIDA

```
EXCELENTÍSSIMO SENHOR DOUTOR JUIZ DE DIREITO DA ... VARA CÍVEL
DA COMARCA DE ... DO ESTADO DE ...

[Espaço de dez linhas]

Distribuição por dependência ao Processo de Execução n.° ...

[Espaço de uma linha]

                          ANA CLÁUDIA, [nacionalidade],
[profissão], casada com Jorge Luís, portadora da cédula de iden-
tidade RG n.° ..., devidamente inscrita no CPF/MF sob o n.° ...,
residente e domiciliada na ..., cidade de ..., por seu bastante
```

procurador e advogado que esta subscreve, conforme instrumento procuratório anexo (documento 1), vem, respeitosamente, a Vossa Excelência propor os presentes EMBARGOS DE TERCEIRO em face de RUI, [nome completo], [nacionalidade], [profissão], portador da cédula de identidade RG n.º ..., devidamente inscrito no CPF/MF sob o n.º ..., residente e domiciliado na ..., cidade de ..., pelos motivos de fato e de direito que a seguir expõe:

[Espaço de duas linhas]

I - DOS FATOS

[Espaço de uma linha]

A embargante é casada com Jorge Luís, sob o regime da comunhão parcial de bens, desde 1979.

Em 17.08.2005, sem que Ana Cláudia ficasse sabendo ou concordasse, Jorge Luís, em garantia de pagamento de contrato de compra e venda de um automóvel adquirido de Rui, avalizou nota promissória emitida por Laura, sua colega de trabalho, com quem mantinha caso extraconjugal.

O vencimento da nota promissória estava previsto para 17.09.2005. Vencida e não paga a nota promissória, o título foi regularmente apontado para protesto.

Após inúmeras tentativas de recebimento amigável do valor, Rui promoveu, contra Laura e Jorge Luís, em 12.12.2008, a execução judicial do título, com fundamento nos artigos 566, 580, 585, inciso I, e 586 do Código de Processo Civil.

Os Réus foram regularmente citados e, não havendo pagamento, foram penhoradas duas salas comerciais de propriedade de Jorge Luís adquiridas na constância do seu casamento.

[Espaço de duas linhas]

II - DO DIREITO

[Espaço de uma linha]

a) Dos embargos de terceiro

A modalidade dos embargos de terceiro é cabível contra atos judiciais como a penhora, em face daquele que não é parte da relação processual, conforme autoriza o artigo 1.046 do Código de Processo Civil.

No caso em tela, a embargante, que nunca prestou aval no título objeto da execução, acabou por ter penhoradas duas salas comerciais que seu cônjuge havia adquirido durante o casamento.

b) Da outorga no aval

Trata-se o aval de modalidade cambiária onde o avalista garante obrigação cambiária assumida pelo avalizado.

Jorge Luis avalizou obrigação assumida por Laura em nota promissória emitida em favor de Rui, cujo vencimento ocorreu em 17.08.2005, sem o seu pagamento.

Dispõe o artigo 1.647, III, do Código Civil:

> "Art. 1.647. Ressalvado o disposto no art. 1.648, nenhum dos cônjuges pode, sem autorização do outro, exceto no regime da separação absoluta:
>
> (...)
>
> III - prestar fiança ou aval;
>
> (...)".

No caso em questão, o regime de casamento de Ana Cláudia e Jorge Luís é o da comunhão parcial de bens, conforme a certidão atualizada de casamento do casal, que juntamos aos autos (documento 2).

Sendo assim, a constrição de bens só poderia atingir os bens do casal se fosse o aval prestado por ambos os cônjuges, o que não ocorreu.

Portanto, não existiu a outorga de Ana Cláudia ao aval prestado por Jorge Luís, o que torna nula tal prestação.

c) Do patrimônio penhorado

Conforme já elucidado, foram penhoradas duas salas comerciais adquiridas pelos cônjuges durante o casamento.

Tal afirmativa se torna clara ao observarmos os documentos de aquisição dos bens (documento 3), que comprovam a propriedade destes e que sua aquisição foi feita durante a vida conjugal, sendo, portanto, patrimônio comum ao casal.

[Espaço de duas linhas]

III - DO PEDIDO

[Espaço de uma linha]

De todo o exposto, requer-se:

a) a citação do embargado por intermédio do oficial de justiça, requerendo desde já os benefícios do artigo 172, § 2.º, do Código de Processo Civil, para, no prazo de 10 (dez) dias, apresentar sua contestação;

b) o deferimento liminar dos embargos, ordenando a expedição de mandado revogando a penhora existente nos bens em favor do embargante, que se oferece desde já para a prestação de caução, se necessário o for;

c) caso não seja esse o entendimento de Vossa Excelência, requer que seja preservada a meação do embargante, em virtude de não ter validado o aval com sua outorga;

d) a condenação do embargado ao pagamento de custas e honorários advocatícios;

e) que as citações e intimações sejam enviadas ao endereço do patrono, cumprindo-se o disposto no artigo 39, I, do Código de Processo Civil.

[Espaço de duas linhas]

IV - DAS PROVAS

[Espaço de uma linha]

Protesta provar o alegado por todos os meios de prova em direito admitidos, consistentes nos documentos juntados, oitiva do Réu em depoimento pessoal, perícias e todas os que se fizerem necessários ao longo da presente demanda.

[Espaço de duas linhas]

V - DO VALOR DA CAUSA

[Espaço de uma linha]

                        Dá-se à causa o valor de R$ ...
[valor dos bens objeto da penhora]

                        Termos em que,

                        pede deferimento.

[Espaço de uma linha]

                        Local e data

[Espaço de uma linha]

                        Advogado ...

Capítulo XVII

Ação Monitória

1. Objeto e objetivo. A ação monitória configura-se como ação de procedimento especial que poderá ser utilizada por aquele que detém prova escrita sem força executiva e pretende obter pagamento de soma em dinheiro, entrega de coisa fungível ou de determinado bem móvel, com previsão legislativa nos artigos 1.102-A a 1.102-C, Código de Processo Civil.

O procedimento da ação monitória terá por base a prova escrita, que deverá instruir a petição inicial, devendo o juiz expedir mandado de pagamento ou de entrega da coisa no prazo de 15 dias.

2. A petição inicial da ação monitória. A petição inicial deverá estar instruída com a prova escrita do documento sem força executiva.

3. Identificando no problema o cabimento de ação monitória e os seus elementos. Verificamos ser caso de ação monitória sempre que o examinador fizer menção à existência de título escrito sem força executiva, como um título de crédito (cheque, nota promissória, duplicata e letra de câmbio) prescrito, ou à existência de contrato sem a assinatura de testemunhas, contrato de abertura de crédito acompanhado de demonstrativo de débito (Súmula 247, Superior Tribunal de Justiça), ou contrato de alienação fiduciária com saldo devedor (Súmula 384, Superior Tribunal de Justiça).

4. A petição inicial da ação monitória.

Previsão legal	Artigos 1.102-A, 1.102-B e 1.102-C, Código de Processo Civil.
Cabimento	Para o exercício do direito com fundamento em documentos que não mais detêm força executiva, como o título de crédito (cheque, nota promissória, duplicata e letra de câmbio) prescrito, o contrato sem a assinatura de testemunhas, o contrato de abertura de crédito acompanhado de demonstrativo de débito, o contrato de alienação fiduciária com saldo devedor.

Competência	Será competente a Justiça Comum (Estadual) do local onde deverá ser a obrigação satisfeita.
Partes do processo	Autor: credor no documento Réu: devedor no documento
Fatos	Demonstrar na peça inicial que existe título sem força executiva, sem a adição de nenhum dado que não aqueles contidos no problema.
Direito	Demonstrar que o título, em que pese não ter força executiva, poderá ser objeto de ação monitória, conforme previsão do artigo 1.102-A, Código de Processo Civil.
Pedidos	a) expedição de mandando de pagamento (ou de entrega da coisa); b) citação do réu para pagamento ou apresentação de embargos monitórios no prazo de 15 dias, sob pena de ser o mandado inicial convertido em mandado executivo; c) condenação do réu ao pagamento de custas e honorários advocatícios; d) que as citações e intimações sejam enviadas ao patrono que assina a peça inicial, cumprindo-se o disposto no artigo 39, I, Código de Processo Civil.
Valor da causa	Valor do título que ensejou a ação monitória.

5. Esquema: ação monitória.

EXCELENTÍSSIMO SENHOR DOUTOR JUIZ DE DIREITO DA ... VARA CÍVEL DA COMARCA DE ... DO ESTADO DE ...

[Espaço de dez linhas]

AUTOR [quando pessoa jurídica, será identificada pelo nome empresarial], pessoa jurídica de direito privado, inscrita no CNPJ sob o n.º ..., com sede em [endereço];

[ou]

AUTOR [quando pessoa física], [nacionalidade], [estado civil], [profissão], inscrita no CPF sob o n.º ..., com [endereço] por seu advogado, que receberá intimações no [endereço], vem, respeitosamente, a Vossa Excelência propor a presente AÇÃO MONITÓRIA em face da RÉ [nome empresarial], inscrita no CNPJ sob o n.º ..., com sede em [endereço], pelos motivos de fato e de direito que a seguir expõe:

[Espaço de duas linhas]

I – DOS FATOS

[Espaço de uma linha]

[Narrar os fatos como descritos no problema, que evidenciam a existência de prova escrita sem força executiva]

[Espaço de duas linhas]

II – DO DIREITO

[Espaço de uma linha]

[Apresentar o fundamento jurídico do pedido, fazendo a relação entre os fatos e sua qualificação jurídica, demonstrando o cabimento da ação monitória]

[Espaço de duas linhas]

III – DO PEDIDO

[Espaço de uma linha]

De todo o exposto, requer-se:

a) a procedência da ação monitória, determinando-se a expedição de mandado de pagamento ao Réu no valor de R$ ... [ou de entrega da coisa, quando esse for o objetivo];

b) a citação do Réu, requerendo-se desde já os benefícios do artigo 172, § 2.º, do Código de Processo Civil, para pagamento ou apresentação de embargos monitórios no prazo de 15 dias, sob pena de ser o mandado inicial convertido em mandado executivo;

c) a condenação do Réu ao pagamento de honorários advocatícios e também custas processuais;

d) que as citações e intimações sejam enviadas ao patrono que assina a peça inicial, cumprindo-se o disposto no artigo 39, I, do Código de Processo Civil.

[Espaço de duas linhas]

V – DO VALOR DA CAUSA

[Espaço de uma linha]

Dá-se à causa o valor de ...

[Espaço de uma linha]

Termos em que,

pede deferimento.

[Espaço de uma linha]

Local e data.

[Espaço de uma linha]

Advogado ...

6. Questão resolvida.

OAB (CESPE 2009-2) A BW Segurança Ltda. firmou com o Banco Reno S.A. contrato de confissão de dívida, devidamente assinado por duas testemunhas, obrigando-se a efetuar o pagamento da importância de R$ 40.000,00. O instrumento foi firmado na cidade de Taguatinga, no Distrito Federal, local que as partes elegeram como foro competente para dirimir eventuais questões advindas do negócio jurídico.

Em garantia do cumprimento da avença, foi firmada nota promissória vinculada ao referido contrato, tendo Plínio, administrador da BW Segurança Ltda., avalizado o referido título de crédito, sem obtenção de qualquer vantagem decorrente desse ato. O devedor principal não cumpriu o avençado, tendo o credor deixado que transcorresse o prazo para a propositura da ação cambial.

Em face dessa situação hipotética, na qualidade de procurador(a) do Banco Reno S.A., proponha a medida judicial que entender cabível para a defesa dos interesses da instituição, com fundamento na matéria de direito aplicável ao caso, apresentando todos os requisitos legais pertinentes.

Resolução

No problema descrito acima, verificamos a existência de contrato firmado por BW Segurança Ltda. com o Banco Reno S.A. e avalizado por Plínio, pelo qual BW se comprometia a saldar dívida no valor de R$ 40.000,00 junto ao Banco Reno S.A.

Conforme pedido pelo examinador, deverá ser intentada medida que vise aos interesses do Banco Reno S.A.

Como aludido, o credor Banco Reno S.A. não promoveu a ação cambial no prazo, tendo esse decorrido, não cabendo, assim, ação de execução do contrato em questão. Também não poderíamos propor ação tendo por base a nota promissória, em vista de esta não ter força executiva quando emitida em virtude de abertura de crédito.

Havendo título sem força executiva, a ação monitória se mostra como a medida mais adequada.

PEÇA RESOLVIDA

```
EXCELENTÍSSIMO SENHOR DOUTOR JUIZ DE DIREITO DA ... VARA CÍVEL
DA COMARCA DE TAGUATINGA    DISTRITO FEDERAL

[Espaço de dez linhas]
```

Banco Reno S.A., pessoa jurídica de direito privado da espécie sociedade empresária, com sede na [endereço], devidamente inscrita no CNPJ/MF sob o n.° ..., representada por seu administrador Sr. ..., [nacionalidade], [profissão], [estado civil], portador da cédula de identidade RG n.° ..., inscrito no CPF/MF sob o n.° ..., por intermédio de seu procurador e advogado devidamente constituído mediante procuração em anexo (documento 1), vem à presença de Vossa Excelência propor a presente AÇÃO MONITÓRIA em face de BW Segurança Ltda., pessoa jurídica de direito privado da espécie sociedade empresária, com sede na [endereço], devidamente inscrita no CNPJ/MF sob o n.° ..., que poderá ser representada pelo seu administrador Plínio [nacionalidade], [estado civil], portador da cédula de identidade RG n.° ..., inscrito no CPF/MF sob o n.° ..., residente e domiciliado na [endereço], pelas razões de fato e de direito a seguir expostas.

[Espaço de duas linhas]

I - DOS FATOS

[Espaço de uma linha]

A BW Segurança Ltda. firmou com o Banco Reno S.A. contrato de confissão de dívida, devidamente assinado por duas testemunhas, obrigando-se a efetuar o pagamento da importância de R$ 40.000,00.

O instrumento foi firmado na cidade de Taguatinga, no Distrito Federal, local que as partes elegeram como foro competente para dirimir eventuais questões advindas do negócio jurídico.

Em garantia do cumprimento da avença, foi firmada nota promissória vinculada ao referido contrato, tendo Plínio, administrador da BW Segurança Ltda., avalizado o referido título de crédito, sem obtenção de qualquer vantagem decorrente desse ato.

O devedor principal não cumpriu o avençado, tendo o credor deixado que transcorresse o prazo para a propositura da ação cambial.

[Espaço de duas linhas]

II - DO DIREITO

[Espaço de uma linha]

A ação monitória é o instrumento cabível para se obter pagamento de soma em dinheiro, entrega de coisa fungível ou de determinado bem móvel com base em prova escrita sem força executiva.

Nesse enfoque, determina o artigo 1.102-A do Código de Processo Civil:

"Art. 1.102-A. A ação monitória compete a quem pretender, com base em prova escrita sem eficácia de título executivo, pagamento de soma em dinheiro, entrega de coisa fungível ou de determinado bem móvel."

No instrumento de confissão de dívida, a sociedade BW Segurança Ltda. se comprometeu a restituir a importância de R$ 40.000,00 (quarenta mil reais).

Ocorre que o valor não foi saldado, restando a dívida existente, sem poder a Autora promover a ação executiva em virtude do decurso do prazo para sua propositura.

[Espaço de duas linhas]

III – DOS PEDIDOS

[Espaço de uma linha]

Diante dos fatos e argumentos aduzidos, requer:

a) a procedência da ação monitória, determinando-se a expedição de mandado de pagamento para a empresa ré no valor de R$ 40.000,00 (quarenta mil reais), acrescidos de juros e correção monetária, conforme tabela de cálculo anexa;

b) a citação da empresa ré, requerendo-se desde já os benefícios do artigo 172, § 2.°, do Código de Processo Civil, para pagamento ou apresentação de embargos monitórios no prazo de 15 (quinze) dias, sob pena de ser o mandado inicial convertido em mandado executivo;

c) a condenação da empresa ré nos ônus da sucumbência e honorários advocatícios;

d) que as citações e intimações sejam enviadas ao patrono que assina a peça inicial, cumprindo-se o disposto no artigo 39, I, do Código de Processo Civil.

[Espaço de duas linhas]

IV – DO VALOR DA AÇÃO

[Espaço de uma linha]

Dá-se à causa o valor de R$ 40.000,00 (quarenta mil reais).

[Espaço de uma linha]

Nesses termos,

pede deferimento.

[Espaço de uma linha]

Local e data.

[Espaço de uma linha]

Advogado ...

Capítulo XVIII

Cautelares

1. Definição. São os atos a serem praticados pelo juiz e pelas partes, logicamente concatenados, que têm por objetivo viabilizar a tutela jurisdicional cautelar, ou seja, a obtenção de medida urgente para a preservação de direitos que correm risco de dano, existindo relevante fundamento da pretensão.

2. Características:

Autonomia	São regidas por um conjunto de regras procedimentais de mérito próprio, que consiste na lide cautelar (pronunciamento judicial sobre a pertinência ou não da medida cautelar pleiteada pelo requerente).
Acessoriedade	São acessórias do processo de conhecimento ou de execução cuja eficácia pretendem garantir (processo principal).
Instrumentalidade	Não serão discutidos, como regra, quaisquer pontos referentes à lide, discussão esta que será objeto da ação principal.
Provisoriedade	Podem ser revogadas ou modificadas, a qualquer tempo, por decisão fundamentada do juízo (artigo 807, Código de Processo Civil).
Revogabilidade	Nas hipóteses previstas no artigo 808, Código de Processo Civil.
Modificabilidade	Poderão ser substituídas, de ofício ou a requerimento de qualquer das partes, pela prestação de caução ou outra garantia menos gravosa para o requerido, sempre que adequada e suficiente para evitar a lesão ou repará-la integralmente (artigo 805, Código de Processo Civil).

3. Classificação.

Quanto à previsão legal de rito próprio		Quanto ao momento de sua apresentação	
Nominadas ou típicas: têm procedimento fixado em lei.	*Inominadas* ou atípicas: seguem o procedimento geral.	*Preparatórias*: antecedem a ação principal.	*Incidentais*: apresentadas no curso da ação principal.

4. Prazo para o ajuizamento da ação principal. Estabelece o artigo 806, Código de Processo Civil, que cabe à parte propor a ação no prazo de 30 dias, contados da data da efetivação da medida cautelar, quando esta for concedida em procedimento preparatório.

Entendem doutrina e jurisprudência que o prazo de 30 dias apenas se aplica às medidas cautelares que implicam em restrição dos direitos do réu.

5. Distinção entre medida cautelar e tutela antecipada.

	Tutela antecipada	Medida cautelar
Objetivo	Entregar provisoriamente os efeitos da sentença de procedência ao autor, como forma de afastar o perigo da demora ou o mau uso do processo pelo réu.	Adotar medidas processuais para a proteção ou o resguardo da eficácia de futuro provimento jurisdicional.
Requisitos	a) requerimento da parte autora; b) demonstração de existência de prova inequívoca e de verossimilhança das alegações; c) demonstração de risco de dano ao direito ou de abuso de direito de defesa do réu ou manifesto intuito protelatório deste; d) reversibilidade da medida.	a) requerimento da parte ou concessão de ofício pelo juiz, em casos excepcionais (artigo 799, Código de Processo Civil); b) demonstração de *fumus boni iuris* e de *periculum in mora*, se a cautela for genérica, ou dos requisitos legais, se a cautela for específica; c) pode ser requerida em processo cautelar ou na própria ação principal (artigo 273, § 7.º, Código de Processo Civil).

Capítulo XIX

Poder Geral de Cautela

1. Definição. De forma a garantir que todo litígio tenha a solução adequada, independentemente de previsão de procedimento específico, estabelece o Código de Processo Civil procedimento genérico para medidas cautelares não especificadas na legislação.

Nos termos do artigo 798, Código de Processo Civil, caso não haja procedimento cautelar específico previsto na legislação, poderá o juiz determinar as medidas provisórias que julgar adequadas, quando houver fundado receio de que uma parte, antes do julgamento da lide, cause ao direito da outra lesão grave e de difícil reparação.

Ou seja, pode o juiz conceder e a parte requerer providências não previstas na lei, com a finalidade de atender ao direito ameaçado de lesão.

2. Requisitos. Para a concessão de medida cautelar, deverá a parte demonstrar a existência de dois requisitos:

Fumus boni iuris, ou fumaça do bom direito	É a sumária exposição sobre haver direito litigioso do requerente, cuja apreciação será realizada no processo principal.
Periculum in mora, ou perigo de demora	É o fundado receio de lesão grave ou de difícil reparação a direito do requerente.

Uma vez presentes estes requisitos, o juiz deverá conceder a medida, sempre por meio de decisão fundamentada. Da mesma forma, para negar a medida cautelar requerida, deverá apontar em seus fundamentos os motivos pelos quais os requisitos não se encontram preenchidos no caso concreto.

> **Importante!**
> Poderá o juiz, para evitar o dano, autorizar ou vedar a prática de determinados atos, ordenar a guarda judicial de pessoas e o depósito de bens e impor a prestação de caução, além de outras medidas que se revelem adequadas para tutelar o direito da parte.

3. Procedimento. O procedimento para obtenção de medidas cautelares inominadas é exposto no artigo 800 e seguintes, Código de Processo Civil. Trata-se de procedimento geral, aplicável subsidiariamente aos procedimentos cautelares específicos, naquilo que não houver regência específica.

Competência (artigo 800, Código de Processo Civil)	As medidas cautelares serão requeridas ao juiz da causa, e, quando preparatórias, ao juiz competente para conhecer da ação principal, o qual fica prevento para esta (artigo 103, Código de Processo Civil). Interposto o recurso, a medida cautelar será requerida diretamente ao tribunal.
Petição inicial	Terá os requisitos do artigo 282 e os estabelecidos no artigo 801, Código de Processo Civil.
Liminar (artigo 804, Código de Processo Civil)	É sujeita aos requisitos da medida cautelar, reforçando-se o risco de dano e a demora do próprio processo cautelar. Poderá ser deferida com ou sem a oitiva do réu, imediatamente ou mediante justificação prévia.
Justificação prévia (artigo 804, Código de Processo Civil)	Trata-se de audiência designada para a colheita de prova oral para fins de apreciação da liminar pleiteada pelo autor da ação cautelar. Poderá ser realizada com ou sem a citação do réu.
Duração da medida cautelar	As medidas cautelares conservam a sua eficácia no prazo do artigo 806, Código de Processo Civil, e na pendência do processo principal; mas podem, a qualquer tempo, ser revogadas ou modificadas. Cessa a eficácia da medida cautelar: a) se a parte não intentar a ação principal no prazo de 30 dias, contados da efetivação da medida; b) se a medida cautelar deferida, liminarmente ou não, não for executada dentro de 30 dias; c) se o juiz declarar extinto o processo principal, com ou sem julgamento do mérito.
Providências cautelares de ofício (artigo 797, Código de Processo Civil)	Em casos excepcionais, expressamente autorizados por lei, determinará o juiz medidas cautelares sem a audiência das partes.

Prazo para defesa (artigo 802, Código de Processo Civil)	Deferida a petição inicial, será determinada a citação do requerido para, no prazo de 5 dias, contestar o pedido, indicando as provas que pretende produzir. Conta-se o prazo para defesa da juntada aos autos do mandado (artigo 802, parágrafo único): a) de citação devidamente cumprido; b) da execução da medida cautelar, quando concedida liminarmente ou após justificação prévia.
Formas de defesa	a) contestação (admitindo preliminares e defesa de mérito); b) exceções de incompetência, suspeição e impedimento. Prazo: 5 dias.
Revelia (artigo 803, Código de Processo Civil)	Não sendo contestado o pedido, serão presumidos como verdadeiros os fatos alegados pelo requerente, ocorrendo os efeitos da revelia previstos no artigo 319, Código de Processo Civil. Neste caso, o juiz decidirá dentro de 5 dias.
Sentença	A ação cautelar será julgada por sentença, juntamente com a ação principal (se deferida) ou não (se indeferida liminarmente ou sofrer de alguma das causas de extinção estabelecidas nos artigos 267 ou 269, Código de Processo Civil, anteriormente à sentença, hipóteses em que poderão ser determinados, em tese, honorários advocatícios).
Recursos cabíveis	a) da decisão liminar (de deferimento ou de indeferimento): agravo, na modalidade instrumento; b) da sentença: apelação, a ser recebida sem efeito suspensivo (artigo 520, IV, Código de Processo Civil).
Responsabilidade do autor pelos danos causados ao réu	O requerente do procedimento cautelar responde ao requerido pelo prejuízo que lhe causar a execução da medida: a) se a sentença no processo principal lhe for desfavorável; b) se, obtida liminarmente a medida no caso do artigo 804, não promover a citação do requerido dentro de 5 dias; c) se ocorrer a cessação da eficácia da medida, em qualquer dos casos previstos no artigo 808; d) se o juiz acolher, no procedimento cautelar, a alegação de decadência ou de prescrição do direito do autor (artigo 810). A indenização será liquidada nos autos do procedimento cautelar.

4. Passo a passo da medida cautelar inominada. A petição inicial da ação cautelar deve ter seus requisitos preenchidos de acordo com as informações do problema, observado o seguinte:

Competência	a) medida cautelar preparatória: ao juízo ou tribunal que seria competente para a ação principal; b) medida cautelar incidental: ao juízo da causa.
Partes	Autor: o pretendente da cautelar. Réu: a pessoa que deverá suportar seus efeitos.
Causa de pedir	Demonstração da presença de *fumus boni iuris* e de *periculum in mora*, com a narração dos fatos referentes e a demonstração do direito incidente no caso concreto.
Liminar	Demonstração da urgência na pronta concessão da medida, apontando-se os fatos pelos quais não é possível se aguardar até a sentença do processo cautelar. Se houver risco de ineficácia pela ciência do réu, deve ser demonstrado tal evento, para fins de concessão da medida *inaudita altera parte*.
Pedidos	Procedência da demanda cautelar, determinando-se a providência requerida, com a confirmação da liminar deferida.
Citação do réu	Para oferecer defesa no prazo de 5 dias, sob pena de revelia.
Valor da causa	Conforme as regras dos artigos 258 a 260, Código de Processo Civil.

Importante!

Se a medida cautelar for preparatória, deve-se apontar a lide principal e seu fundamento, sob pena de indeferimento da demanda.

5. Peça prática: sustação de protesto de título.

Previsão legal	Artigo 798 e seguintes, Código de Processo Civil.
Cabimento	Medida que visa obter prestação jurisdicional como medida de urgência.
Competência	Em caso de cautelar antecipatória, será competente a Justiça Comum (Estadual) de onde tiver de ser proposta a ação principal. Já na cautelar incidental, deverá ser a ação proposta nos autos da ação que já existente.
Partes do processo	Autor: devedor que está sendo injustamente protestado; Réu: credor do título.
Fatos	Demonstrar na peça inicial a existência de título que está sendo objeto de protesto, atentando-se para a problemática trazida pelo examinador, sem acrescentar nenhum outro fato.
Direito	Demonstrar de forma cristalina que é cabível a medida cautelar, haja vista a existência do *fumus boni iuris* e do *periculum in mora*.

Pedidos	a) a concessão de liminar de sustação de protesto, sem a prestação de caução, com a devida expedição de ofício para o cartório de protesto de títulos;
	b) citação do réu após o cumprimento da medida cautelar para a apresentação de contestação no prazo de 5 dias;
	c) condenação do réu ao pagamento de custas e honorários advocatícios;
	d) que as citações e intimações sejam enviadas ao patrono que assina a peça inicial, cumprindo-se o disposto no artigo 39, I, Código de Processo Civil;
	Apontar a ação principal que será proposta no prazo de 30 dias, conforme regra do artigo 806, Código de Processo Civil.
Valor da causa	Valor do título.

6. Esquema: Ação cautelar de sustação de protesto com pedido liminar.

EXCELENTÍSSIMO SENHOR DOUTOR JUIZ DE DIREITO DA ... VARA CÍVEL DA COMARCA DE ... DO ESTADO DE ...

[Espaço de dez linhas]

AUTOR [se pessoa jurídica, nome empresarial], pessoa jurídica de direito privado, devidamente inscrita no CNPJ/MF sob o n.° ..., com sede na ..., representada por seu administrador Sr. [nome], [nacionalidade], [estado civil], portador da cédula de identidade RG n.° ..., devidamente inscrito no CPF/MF sob o n.° ..., por seu procurador e advogado que esta subscreve (documento 1 anexo), vem, perante Vossa Excelência, propor a presente AÇÃO CAUTELAR DE SUSTAÇÃO DE PROTESTO COM PEDIDO LIMINAR, fundada no artigo 798 e seguintes do Código de Processo Civil, em face de RÉU, [se pessoa jurídica, nome empresarial], pessoa jurídica de direito privado, devidamente inscrita no CNPJ/MF sob o n.° ..., com sede na ..., pelas razões de fato e de direito a seguir expostas:

[Espaço de duas linhas]

I - DOS FATOS

[Espaço de uma linha]

[Narrar a situação fática apresentada pelo examinador]

[Espaço de duas linhas]

II - DO DIREITO

[Espaço de uma linha]

[Citar os artigos legislativos previstos no procedimento cautelar, descrevendo os fundamentos juntamente com os fatos trazidos no problema]

[Demonstrar a existência de fumus boni iuris e periculum in mora para a obtenção da medida liminar]

[Espaço de duas linhas]

III - DO PEDIDO

[Espaço de uma linha]

Diante de todo o exposto, requer:

a) a concessão de liminar de sustação de protesto, sem a prestação de caução, com a devida expedição de ofício para o cartório de protesto de títulos;

b) a citação do Réu após o cumprimento da medida cautelar, para a apresentação, caso queira, de contestação, no prazo de 5 (cinco) dias;

c) a condenação do Réu ao pagamento de custas e honorários advocatícios;

d) que as citações e intimações sejam enviadas ao patrono que assina a peça inicial, cumprindo-se o disposto no artigo 39, inciso I, do Código de Processo Civil.

Protesta provar o alegado por todos os meios de prova em direito admitidos, especialmente a juntada de documentos e o depoimento pessoal dos representadas da sociedade ré e de testemunhas.

Informa o Autor que no prazo de 30 dias irá propor ação de inexigibilidade de título de crédito, em cumprimento ao artigo 806 do Código de Processo Civil.

[Espaço de uma linha]

Dá-se à causa o valor de R$ ...

[Espaço de uma linha]

Nesses termos,

pede deferimento.

[Espaço de uma linha]

Local e data

[Espaço de uma linha]

Advogado ...

7. Exercício resolvido.

OAB (2006-2) No ano de 2003, na cidade de Recife, iniciou-se a construção do "Praiano Business Center Apart Hotel". A finalidade principal do respectivo empreendedor, Praiano Business Center Apart Hotel Ltda., era construir um condomínio-edifício situado à beira da praia de Boa Viagem, vender as unidades autônomas a terceiros e, a seguir, construir com estes sociedade em conta de participação para a exploração da atividade hoteleira. O arranjo societário tinha a seguinte conformação: i) a Praiano Business Center Apart Hotel Ltda. seria a sócia ostensiva, única responsável pela administração do negócio e pelas obrigações perante terceiros, e, por isso, receberia parte do lucro da conta em participação; ii) os proprietários das unidades autônomas seriam sócios participantes, que permitiriam o uso dos correlatos bens imóveis pelo negócio, sem responsabilidade perante terceiros, e concorreriam também no lucro. Alienadas todas as unidades e encerrada a construção do prédio, em final de 2005, deu-se o início das atividades do "Praiano Business Center Apart Hotel". Entretanto, às vésperas de começar a exploração do negócio, a Praiano Business Center Apart Hotel Ltda. adquiriu, da Ximenes Móveis Funcionais S.A., vasto mobiliário para guarnecer os apartamentos. Todos os bens comprados foram entregues na data aprazada. Contudo, o Apart Hotel não pagou por eles. Após várias tratativas, a Ximenes percebeu que havia sido ludibriada e não receberia o valor acertado. Nesse contexto, descobriu que Lucas de Jesus, grande empresário local, era dono de três unidades do "Praiano", e, contra ele, emitiu uma duplicata, no valor de R$ 28.000,00, correspondentes ao mobiliário que ocupou seus apartamentos. Lucas se recusou a pagar o título, o qual foi apresentado a protesto. Desesperado, Lucas, que não deseja ter o seu nome vinculado à pecha de mau pagador, procurou um advogado, para que fosse ajuizada medida judicial obstativa do registro do protesto.

Na qualidade de advogado procurado, diante dos fatos hipotéticos acima narrados e atento ao exíguo prazo que a lei estabelece na espécie, elabore a petição inicial para atender ao cliente.

PEÇA RESOLVIDA

EXCELENTÍSSIMO SENHOR DOUTOR JUIZ DE DIREITO DA ... VARA CÍVEL DA COMARCA DE RECIFE - ESTADO DE PERNAMBUCO

[Espaço de dez linhas]

LUCAS DE JESUS, [nacionalidade], [estado civil], [profissão], portador da cédula de identidade RG n.º ..., devidamente inscrito no CPF/MF sob o n.º ..., residente na ..., cidade de ..., por seu procurador e advogado que esta subscreve (documento 1 anexo), vem, perante Vossa Excelência, propor a presente AÇÃO CAUTELAR DE SUSTAÇÃO DE PROTESTO COM PE-

DIDO LIMINAR, fundada no artigo 798 seguintes do Código de Processo Civil, em face de XIMENES MÓVEIS FUNCIONAIS S.A., pessoa jurídica de direito privado, devidamente inscrita no CNPJ/MF sob o n.º ..., com sede na ..., pelas razões de fato e de direito a seguir expostas:

[Espaço de duas linhas]

I – DOS FATOS

[Espaço de uma linha]

No ano de 2003, na cidade de Recife, iniciou-se a construção do "Praiano Business Center Apart Hotel". A finalidade principal do respectivo empreendedor, Praiano Business Center Apart Hotel Ltda., era construir um condomínio-edifício situado à beira da praia de Boa Viagem, vender as unidades autônomas a terceiros e, a seguir, construir com estes sociedade em conta de participação para a exploração da atividade hoteleira.

O arranjo societário tinha a seguinte conformação: i) a Praiano Business Center Apart Hotel Ltda. seria a sócia ostensiva, única responsável pela administração do negócio e pelas obrigações perante terceiros, e, por isso, receberia parte do lucro da conta em participação; ii) os proprietários das unidades autônomas seriam sócios participantes, que permitiriam o uso dos correlatos bens imóveis pelo negócio, sem responsabilidade perante terceiros, e concorreriam também no lucro.

Todas as unidades foram objeto de alienação, tendo sido a construção do prédio encerrada no final de 2005.

É sabido que a sociedade Praiano Business Center Apart Hotel Ltda. adquiriu junto à Ximenes Móveis Funcionais S.A. vasto mobiliário para guarnecer os apartamentos, sendo todos os bens comprados entregues na data aprazada.

Contudo, o Apart Hotel não pagou por eles, sendo certo que diversas foram as tratativas, percebendo Ximenes que havia sido ludibriada e não viria a receber o valor acertado.

Nesse contexto, sabedores que o Autor da medida liminar, grande empresário local, era detentor de três unidades do "Praiano", contra ele emitiu uma duplicata, no valor de R$ 28.000,00, correspondentes ao mobiliário que ocupou seus apartamentos.

Lucas, que não efetuou a aquisição de qualquer mobiliário junto à sociedade ré, está tendo o seu nome vinculado à pecha de mau pagador.

[Espaço de duas linhas]

II - DO DIREITO

[Espaço de uma linha]

A medida cautelar tem por objetivo a prestação jurisdicional de urgência.

Admite o artigo 798 do Código de Processo Civil:

> "Art. 798. Além dos procedimentos cautelares específicos, que este Código regula no Capítulo II deste Livro, poderá o juiz determinar as medidas provisórias que julgar adequadas, quando houver fundado receio de que uma parte, antes do julgamento da lide, cause ao direito da outra lesão grave e de difícil reparação".

No caso em tela, o Autor não detém qualquer vínculo com a sociedade ré, tendo em vista que não adquiriu nenhum utensílio junto a esta sociedade.

No mais, a relação do Autor com a adquirente dos produtos, sociedade denominada Praiano Business Center Apart Hotel Ltda., está consubstanciada em contrato de sociedade em conta de participação.

Neste tipo de sociedade não personificada o artigo 991 do Código Civil determina que o sócio ostensivo é responsável por todos os direitos e obrigações decorrentes da sociedade. Senão, vejamos:

> "Art. 991. Na sociedade em conta de participação, a atividade constitutiva do objeto social é exercida unicamente pelo sócio ostensivo, em seu nome individual e sob sua própria e exclusiva responsabilidade, participando os demais dos resultados correspondentes".

Em termos, a relação societária entre o Autor da presente medida e a sociedade Praiano é regulada pelo artigo 991 e seguintes do Código Civil, sendo que a responsabilidade pelo pagamento das dívidas deverá ser da pessoa jurídica Praiano.

Além disso, temos que os produtos foram adquiridos pela pessoa jurídica Praiano Business Center Apart Hotel Ltda., que é a verdadeira devedora dos valores, tendo em vista que o título duplicata só poderá ser emitido em virtude de nota fiscal ou de fatura provenientes de compra e venda mercantil ou prestação de serviços, sendo que, no caso, foi emitida em face de Praiano Business Center Apart Hotel Ltda.

Sendo assim, irregular a conduta da sociedade ré Ximenes Móveis Funcionais S.A. em emitir duplicata mercantil em face do Autor, visto não ter sido este o adquirente dos bens que geraram o título emitido.

II.1 - Do "fumus boni iuris"

Os documentos juntados aos autos, como o aviso de protesto em nome do Autor da medida (documento 2), demonstram a existência de protesto prestes a ocorrer.

Também juntados os documentos que comprovam os vínculos societários entre o Autor da medida e a verdadeira devedora das obrigações, a sociedade Praiano Business Center Apart Hotel Ltda. (documento 3).

Os documentos referidos acima demonstram a existência de relação jurídica entre a credora, sociedade Ximenes Móveis Funcionais S.A., e a Praiano Business Center Apart Hotel Ltda., desvinculando o Autor da medida de qualquer obrigação jurídica com a duplicata no valor de R$ 28.000,00, prestes a ser protestada.

II.2 - Do "periculum in mora"

Trata-se o Autor de respeitado empresário, que vê a possibilidade de ter o seu nome incluído no cadastro de inadimplentes, o que lhe acarretaria incontáveis prejuízos.

Além do dissabor de ver seu nome vinculado à pecha de mau pagador, poderá o Autor sofrer abalos creditórios, o que poderá acarretar diversos prejuízos em outros negócios que realiza, graças a sua atividade profissional no ramo empresarial.

[Espaço de duas linhas]

III - DO PEDIDO

[Espaço de uma linha]

Diante de todo o exposto, requer:

a) a concessão de liminar de sustação de protesto, sem a prestação de caução, com a devida expedição de ofício para o cartório de protesto de títulos;

b) a citação da sociedade ré Ximenes Móveis Funcionais S.A., após o cumprimento da medida cautelar, para a apresentação, caso queira, de contestação, no prazo de 5 dias;

c) a condenação da sociedade ré ao pagamento de custas e honorários advocatícios;

d) que as citações e intimações sejam enviadas ao patrono que assina a peça inicial, cumprindo--se o disposto no artigo 39, I, do Código de Processo Civil.

Protesta provar o alegado por todos os meios de prova em direito admitidos, especialmente pela juntada de documentos e depoimento pessoal dos representadas da sociedade ré e de testemunhas.

Informa o Autor que no prazo de 30 dias irá propor ação de inexigibilidade de título de crédito duplicata, em cumprimento ao artigo 806 do Código de Processo Civil.

Dá-se à causa o valor de R$ 28.000,00.

[Espaço de uma linha]

Nestes termos,

pede deferimento.

[Espaço de uma linha]

Local e data.

[Espaço de uma linha]

Advogado ...

Capítulo XX

Ação Cautelar de Produção Antecipada de Provas

1. Objeto e objetivo. A ação cautelar de produção antecipada de provas consiste em instrumento preparatório, ou até mesmo incidental, de processo judicial, pois poderá ser medida requerida de forma urgente antes da realização de audiência de instrução.

Seu objetivo é a produção antecipada de provas, que poderá ser de interrogatório de parte, de inquirição de testemunha e, inclusive, de exame pericial.

Como já mencionado, o interessado em uma prova de interrogatório poderá requerer que esta seja colhida antes da propositura da ação ou da audiência de instrução.

Nesse caso, deverá existir pedido formal comprovando a necessidade que a testemunha tem de ausentar-se (artigo 847, I, Código de Processo Civil), ou o justo receio de que, por motivo de idade ou de moléstia grave, a testemunha, ao tempo da prova, já não exista, ou esteja impossibilitada de depor (artigo 847, II, Código de Processo Civil).

2. Peça prática.

Previsão legal	Artigos 846 e 851, Código de Processo Civil.
Cabimento	Medida que visa antecipar provas, como o interrogatório de parte, a inquirição de testemunha e a produção de prova pericial.
Competência	Será competente a Justiça Comum (Estadual) de onde tiver de ser proposta a ação principal, se for antecipatória, ou de onde estiver tramitando a ação, se for incidental.
Partes do processo	Autor: aquele que necessita da produção de provas; Réu: aquele que figura no polo passivo da ação em trâmite, ou que irá figurar no polo da ação a ser proposta.

Fatos	Descrever os fatos trazidos pelo examinador sem inserir fatos novos, demonstrando a existência de necessidade de produção da prova.
Direito	Demonstrar de forma cristalina os motivos que ensejam a necessidade de concessão da medida cautelar.
Pedidos	a) a marcação de audiência para inquirição das testemunhas descritas no pedido (ou da parte que necessita ser inquirida); b) a realização de prova pericial (no documento ou no bem), sob pena de tornar-se impossível ou de difícil verificação; c) a citação do réu para, no prazo de 5 dias, contestar cautelar, sob pena de aplicação dos efeitos da revelia; d) a condenação do réu ao pagamento de custas e honorários advocatícios; e) que as citações e intimações sejam enviadas ao patrono que assina a peça inicial, cumprindo-se o disposto no artigo 39, I, Código de Processo Civil. Apontar a ação principal, que será proposta no prazo de 30 dias, conforme regra do artigo 806, Código de Processo Civil (caso seja antecipatória).
Valor da causa	Indicar o valor para efeitos de alçada.

3. Esquema: Ação cautelar de produção antecipada de provas.

```
EXCELENTÍSSIMO SENHOR DOUTOR JUIZ DE DIREITO DA ... VARA CÍVEL
DA COMARCA DE ... DO ESTADO DE ...
[Espaço de dez linhas]
                              AUTOR [se pessoa jurídica, nome
empresarial], pessoa jurídica de direito privado, devidamente
inscrita no CNPJ/MF sob o n.º ..., com sede na ..., representada
por seu administrador Sr. ..., [nacionalidade], [estado civil],
portador da cédula de identidade RG n.º ..., devidamente inscri-
to no CPF/MF sob o n.º ..., por seu procurador e advogado que
esta subscreve (Documento 1 anexo), vem perante Vossa Excelência
propor a presente AÇÃO CAUTELAR DE PRODUÇÃO ANTECIPADA DE PRO-
VAS, fundada nos artigos 846 a 851 do Código de Processo Civil,
em face de RÉU, [se pessoa jurídica, nome empresarial], pessoa
jurídica de direito privado, devidamente inscrita no CNPJ/MF sob
o n.º ..., com sede na ..., pelas razões de fato e de direito a
seguir expostas:
[Espaço de duas linhas]
                         I - DOS FATOS
[Espaço de uma linha]
[Narrar a situação jurídica apresentada pelo examinador]
```

[Espaço de duas linhas]

II – DO DIREITO

[Espaço de uma linha]

[Citar os artigos legislativos previstos no procedimento cautelar, descrevendo os fundamentos juntamente com os fatos trazidos no problema]

[Justificar a necessidade de produção antecipada de prova (artigos 847, 848 ou 849, Código de Processo Civil]

[Espaço de duas linhas]

III – DO PEDIDO

[Espaço de uma linha]

Diante de todo o exposto, requer:

a) a marcação de audiência para inquirição das testemunhas descritas no pedido (ou da parte que necessita ser inquirida); ou a realização de prova pericial (no documento ou no bem), sob pena de tornar-se impossível ou de difícil verificação;

b) a citação do Réu para, no prazo de 5 (cinco) dias, contestar a ação, sob pena de aplicação dos efeitos da revelia;

c) a condenação do Réu ao pagamento de custas e honorários advocatícios;

d) que as citações e intimações sejam enviadas ao patrono que assina a peça inicial, cumprindo-se o disposto no artigo 39, I, do Código de Processo Civil.

Informa o Autor que, no prazo de 30 dias, irá propor ação de ..., em cumprimento ao artigo 806 do Código de Processo Civil [quando for antecipatória].

Protesta provar o alegado por todos os meios de prova em direito admitidos, especialmente pela juntada de documentos e pelo depoimento pessoal das representadas da sociedade ré e de testemunhas.

[Espaço de uma linha]

Dá-se à causa o valor de R$ ...

[Espaço de uma linha]

Nesses termos,

pede deferimento.

[Espaço de uma linha]

Local e data

[Espaço de uma linha]

Advogado ...

Capítulo XXI

Ação Cautelar de Exibição

1. Objetivo. A ação cautelar de exibição de documentos consiste em instrumento preparatório a processo judicial.

O objetivo será a exibição judicial (art. 844, Código de Processo Civil):

a) de coisa móvel em poder de outrem e que o requerente repute sua ou tenha interesse em conhecer;

b) de documento próprio ou comum, em poder de cointeressado, sócio, condômino, credor ou devedor; ou em poder de terceiro que o tenha em sua guarda, como inventariante, testamenteiro, depositário ou administrador de bens alheios;

c) da escrituração comercial por inteiro, balanços e documentos de arquivo, nos casos expressos em lei.

Assim como ocorre nos demais procedimentos cautelares, não caberá o pedido de antecipação de tutela, mas o pedido de concessão de liminar.

2. Requisitos. A cautelar preparatória de exibição deverá ser utilizada quando da existência de *fumus boni iuris* (fumaça do bom direito) e *periculum in mora* (perigo da demora).

3. Peça prática.

Previsão legal	Artigos 844 e 845, Código de Processo Civil, devendo ser observado, no que couber, o procedimento ordinário de exibição de documento previsto nos artigos 355 a 363, Código de Processo Civil.
Cabimento	Medida que visa obter prestação jurisdicional como medida de urgência para a exibição judicial de documentos imprescindíveis.
Competência	Será competente a Justiça Comum (Estadual) de onde tiver de ser proposta a ação principal, visto ser cautelar antecipatória.

Partes do processo	Autor: aquele que necessita de documentos para a propositura da medida principal; Réu: aquele que tem em seu poder documento ou coisa móvel que necessite ser exibido.
Fatos	Demonstrar na peça inicial a existência de documento ou coisa móvel em poder do réu que necessita ser exibido. Procurar individualizar a coisa ou o documento e sua finalidade – por exemplo, a propositura de ação judicial de responsabilidade civil, sendo que os balanços necessários como prova estão em poder da sociedade.
Direito	Demonstrar de forma cristalina que é cabível a medida cautelar, haja vista a existência do *fumus boni iuris* e do *periculum in mora*.
Pedidos	a) ordem judicial para exibição da coisa ou documento indicado; b) citação do réu para, no prazo de 5 dias, contestar a ação, sob pena de aplicação dos efeitos da revelia; c) condenação do réu ao pagamento de custas e honorários advocatícios; d) que as citações e intimações sejam enviadas ao patrono que assina a peça inicial, cumprindo-se o disposto no artigo 39, I, Código de Processo Civil; Apontar a ação principal que será proposta no prazo de 30 dias, conforme regra do artigo 806, Código de Processo Civil.
Valor da causa	Indicar o valor da coisa, ou estimar o valor do documento.

4. Esquema: Ação cautelar de exibição de documentos.

```
EXCELENTÍSSIMO SENHOR DOUTOR JUIZ DE DIREITO DA ... VARA CÍVEL
DA COMARCA DE ... DO ESTADO DE ...

[Espaço de dez linhas]

                    AUTOR [nome completo], [naciona-
lidade], [estado civil], [profissão], RG n.º ..., CPF n.º ...,
[endereço], por seu advogado, que receberá intimações no [ende-
reço], vem, respeitosamente, a Vossa Excelência propor a pre-
sente ...

                    Quando for pessoa jurídica:

                    Sociedade [nome empresarial],
devidamente inscrita no CNPJ sob o n.º ..., com sede na [endere-
ço], neste ato representada por seu administrador [nome civil],
[nacionalidade], [estado civil], [profissão], RG n.º ..., CPF n.º
..., [endereço], por seu advogado, que receberá intimações no
```

[endereço], vem perante Vossa Excelência propor a presente AÇÃO CAUTELAR DE EXIBIÇÃO DE DOCUMENTOS, fundada nos artigos 844 e 845 do Código de Processo Civil, em face de RÉU [se pessoa jurídica, nome empresarial], pessoa jurídica de direito privado, devidamente inscrita no CNPJ/MF sob o n.º ..., com sede na ..., pelas razões de fato e de direito a seguir expostas:

[Espaço de duas linhas]

I - DOS FATOS

[Espaço de uma linha]

[Narrar a situação jurídica apresentada pelo examinador]

[Esclarecer os motivos necessários para a exibição da coisa ou do documento].

[Espaço de duas linhas]

II - DO DIREITO

[Espaço de uma linha]

[Citar os artigos legislativos previstos no procedimento cautelar, descrevendo os fundamentos juntamente com os fatos trazidos no problema]

[Demonstrar a existência de fumus boni iuris e periculum in mora para a obtenção da medida liminar]

[Espaço de duas linhas]

III - DO PEDIDO

[Espaço de uma linha]

Diante de todo o exposto, requer:

a) a expedição de ordem judicial para exibição da coisa ou documento indicado;

b) a citação do Réu para, no prazo de 5 (cinco) dias, contestar a ação, sob pena de aplicação dos efeitos da revelia;

c) a condenação do Réu ao pagamento de custas e honorários advocatícios;

d) que as citações e intimações sejam enviadas ao patrono que assina a peça inicial, cumprindo-se o disposto no artigo 39, I, do Código de Processo Civil;

Protesta provar o alegado por todos os meios de prova em direito admitido, especialmente pela juntada de documentos e pelo depoimento pessoal dos representadas da sociedade ré e de testemunhas.

Informa o Autor que no prazo de 30 dias irá propor ação de ..., em cumprimento ao artigo 806 do Código de Processo Civil.

[Espaço de uma linha]

Dá-se à causa o valor de R$ ...

[Espaço de uma linha]

Nesses termos,

pede deferimento.

[Espaço de uma linha]

Local e data

[Espaço de uma linha]

Advogado ...

Capítulo XXII

Ação Cautelar de Arresto

1. Objetivo. A ação cautelar de arresto tem por objetivo a apreensão cautelar de bens para salvaguardar a execução.

Para a concessão do arresto teremos como requisitos necessários:

1. prova literal de dívida líquida e certa;

2. prova documental ou justificação de algumas das hipóteses previstas no artigo 813, Código de Processo Civil, tais como:

a) quando o devedor sem domicílio certo intenta ausentar-se ou alienar os bens que possui, ou deixa de pagar a obrigação no prazo estipulado;

b) quando o devedor, que tem domicílio, se ausenta ou tenta ausentar-se furtivamente;

c) quando o devedor, caindo em insolvência, aliena ou tenta alienar bens que possui;

d) quando o devedor contrai ou tenta contrair dívidas extraordinárias;

e) quando o devedor põe ou tenta pôr os seus bens em nome de terceiros;

f) quando o devedor comete outro qualquer artifício fraudulento, a fim de frustrar a execução ou lesar credores;

g) quando o devedor, que possui bens de raiz, intenta aliená-los, hipotecá-los ou dá-los em anticrese, sem ficar com algum ou alguns, livres e desembargados, equivalentes às dívidas;

h) nos demais casos expressos em lei.

Assim, como ocorre nos demais procedimentos cautelares, não caberá o pedido de antecipação de tutela, mas o pedido de concessão de liminar.

2. Requisitos. A cautelar de arresto poderá ser preparatória ou incidental, cabendo a concessão de liminar quando da existência de *fumus boni iuris* (fumaça do bom direito) e *periculum in mora* (perigo da demora).

3. Peça prática.

Previsão legal	Artigos 813 a 821, Código de Processo Civil.
Cabimento	Medida que visa obter a garantia da execução.
Competência	Será competente a Justiça Comum (Estadual) de onde tiver de ser proposta a ação principal quando preparatória; porém, poderá ser também incidental.
Partes do processo	Autor: credor que possui o título executivo, havendo risco de que o patrimônio do devedor possa se extinguir. Réu: devedor do título.
Fatos	Demonstrar na peça inicial a existência de prova literal de dívida, além do receio de acabar o patrimônio do devedor.
Direito	Demonstrar de forma cristalina que é cabível a medida cautelar em concordância com o artigo 814, Código de Processo Civil. Quando necessária a concessão de liminar, demonstrar a existência do *fumus boni iuris* e do *periculum in mora*.
Pedidos	a) a concessão de liminar de arresto, a fim de impedir a alienação de tantos bens quantos necessários para a garantir a execução da obrigação principal; b) a concessão da medida sem a necessidade de prestação de caução real ou fidejussória; porém, caso o juiz entenda necessário, prontifica-se a prestá-la; c) a procedência do pedido, com a confirmação da liminar da medida de arresto pleiteada; d) a citação do réu para, no prazo de 5 dias, contestar a ação, sob pena de aplicação dos efeitos da revelia; e) a condenação do réu ao pagamento de custas e honorários advocatícios; f) que as citações e intimações sejam enviadas ao patrono que assina a peça inicial, cumprindo-se o disposto no artigo 39, I, Código de Processo Civil; Apontar a ação principal que será proposta no prazo de 30 dias, conforme a regra do artigo 806, Código de Processo Civil.
Valor da causa	Indicar o valor do título que será objeto da execução.

4. Esquema: Ação cautelar de arresto.

```
EXCELENTÍSSIMO SENHOR DOUTOR JUIZ DE DIREITO DA ... VARA CÍVEL
DA COMARCA DE ... DO ESTADO DE ...

[Espaço de dez linhas]

                        AUTOR [se pessoa jurídica, nome
empresarial], pessoa jurídica de direito privado, devidamente
inscrita no CNPJ/MF sob o n.º ..., com sede na ..., representada
```

por seu administrador Sr. ..., [nacionalidade], [estado civil], portador da cédula de identidade RG n.° ..., devidamente inscrito no CPF/MF sob o n.° ..., por seu procurador e advogado que esta subscreve (Documento 1 anexo), vem perante Vossa Excelência propor a presente AÇÃO CAUTELAR DE ARRESTO, fundada nos artigos 813 e 821 do Código de Processo Civil, em face de RÉU, [se pessoa jurídica, nome empresarial], pessoa jurídica de direito privado, devidamente inscrita no CNPJ/MF sob o n.° ..., com sede na ..., pelas razões de fato e de direito a seguir expostas:

[Espaço de duas linhas]

I – DOS FATOS

[Espaço de uma linha]

[Narrar a situação jurídica apresentada pelo examinador]

[Esclarecer os motivos necessários para a concessão da cautelar de arresto]

II – DO DIREITO

[Espaço de uma linha]

[Citar os artigos legislativos previstos no procedimento cautelar, descrevendo os fundamentos juntamente com os fatos trazidos no problema]

[Demonstrar a existência de fumus boni iuris e periculum in mora para a obtenção da medida liminar]

[Espaço de duas linhas]

III – DO PEDIDO

[Espaço de uma linha]

Diante de todo o exposto, requer:

a) a concessão de liminar de arresto, a fim de impedir a alienação de tantos bens quantos necessários para a garantia de execução da obrigação principal;

b) a concessão da medida sem a necessidade de prestação de caução real ou fidejussória; porém, caso Vossa Excelência entenda necessário, prontifica-se o Autor a prestá-la;

c) a procedência do pedido formulado pelo Autor, com a confirmação da liminar da medida de arresto pleiteada;

d) a citação do Réu para, no prazo de 5 (cinco) dias, contestar a ação, sob pena de aplicação dos efeitos da revelia;

e) a condenação do Réu ao pagamento de custas e honorários advocatícios;

f) que as citações e intimações sejam enviadas ao patrono que assina a peça inicial, cumprindo-se o disposto no artigo 39, I, do Código de Processo Civil;

Informa o Autor que no prazo de 30 dias irá propor ação de ..., em cumprimento ao disposto no artigo 806 do Código de Processo Civil.

[Espaço de duas linhas]

IV - DAS PROVAS

[Espaço de uma linha]

Protesta provar o alegado por todos os meios de prova em direito admitidos, especialmente pela juntada de documentos e depoimento pessoal dos representantes da sociedade ré e de testemunhas.

[Espaço de uma linha]

Dá-se à causa o valor de R$ ...

[Espaço de uma linha]

Nesses termos,

pede deferimento.

[Espaço de uma linha]

Local e data.

[Espaço de uma linha]

Advogado ...

Capítulo XXIII

Ação Cautelar de Sequestro

1. Objetivo. A ação cautelar de sequestro tem por objetivo a apreensão de bem específico que está sendo objeto de litígio entre as partes.

Caberá o sequestro:

a) de bens móveis, semoventes ou imóveis, quando lhes for disputada a propriedade ou a posse, havendo fundado receio de rixas ou danificações;

b) dos frutos e rendimentos do imóvel reivindicado, se o réu, depois de condenado por sentença ainda sujeita a recurso, os dissipar;

c) dos bens do casal, nas ações de separação judicial ou de anulação de casamento, se o cônjuge os estiver dilapidando;

d) nos demais casos expressos em lei.

Assim, como ocorre nos demais procedimentos cautelares, não caberá o pedido de antecipação de tutela, mas o pedido de concessão de liminar.

2. Requisitos. A cautelar de arresto poderá ser preparatória ou incidental, cabendo a concessão de liminar quando da existência de *fumus boni iuris* (fumaça do bom direito) e *periculum in mora* (perigo da demora).

3. Peça prática.

Previsão legal	Artigos 822 a 825, Código de Processo Civil.
Cabimento	Medida que visa obter a garantia da execução.
Competência	Será competente a Justiça Comum (Estadual) de onde tiver de ser proposta a ação principal, quando antecipatória; porém, poderá ser também incidental.
Partes do processo	Autor: credor que possui o receio de que o patrimônio do devedor possa se dissipar; Réu: devedor da obrigação.

Fatos	Demonstrar na peça inicial a existência da obrigação, além do receio de o patrimônio se dissipar.
Direito	Demonstrar de forma cristalina que é cabível a medida cautelar em concordância com o artigo 814, Código de Processo Civil; Quando necessária a concessão de liminar, demonstrar a existência do *fumus boni iuris* e do *periculum in mora*.
Pedidos	a) a concessão de liminar determinando o sequestro dos seguintes bens ..., a fim de impedir a danificação ou alienação deste patrimônio; b) a concessão da medida sem a necessidade de prestação de caução real ou fidejussória; porém, caso o juiz entenda necessário, prontifica-se a prestá-la; c) a procedência do pedido formulado pelo autor, com a confirmação da medida de sequestro pleiteada; d) a citação do réu para, no prazo de 5 dias, contestar a ação, sob pena de aplicação dos efeitos da revelia; e) a condenação do réu ao pagamento de custas e honorários advocatícios; f) que as citações e intimações sejam enviadas ao patrono que assina a peça inicial, cumprindo-se o disposto no artigo 39, I, Código de Processo Civil; Apontar a ação principal, que será proposta no prazo de 30 dias, conforme regra do artigo 806, Código de Processo Civil.
Valor da causa	Valor do bem objeto do litígio.

4. Esquema: Ação cautelar de sequestro.

```
EXCELENTÍSSIMO SENHOR DOUTOR JUIZ DE DIREITO DA ... VARA CÍVEL
DA COMARCA DE ... DO ESTADO DE ...

[Espaço de dez linhas]

                        AUTOR [se pessoa jurídica, nome
empresarial], pessoa jurídica de direito privado, devidamente
inscrita no CNPJ/MF sob o n.° ..., com sede na ..., representada
por seu administrador Sr. ..., [nacionalidade], [estado civil],
portador da cédula de identidade RG n.° ..., devidamente inscri-
to no CPF/MF sob o n.° ..., por seu procurador e advogado que
esta subscreve (documento 1 anexo), vem, perante Vossa Excelên-
cia, propor a presente AÇÃO CAUTELAR DE SEQUESTRO, fundada nos
artigos 822 a 825 do Código de Processo Civil, em face de RÉU [se
pessoa jurídica, nome empresarial], pessoa jurídica de direito
privado, devidamente inscrita no CNPJ/MF sob o n.° ..., com sede
na ..., pelas razões de fato e de direito a seguir expostas:

[Espaço de duas linhas]
```

I - DOS FATOS

[Espaço de uma linha]

[Narrar a situação jurídica apresentada pelo examinador]

[Esclarecer os motivos necessários para a concessão da cautelar de sequestro]

[Espaço de duas linhas]

II - DO DIREITO

[Espaço de uma linha]

[Citar os artigos legislativos previstos no procedimento cautelar, descrevendo os fundamentos juntamente com os fatos trazidos no problema]

[Demonstrar a existência de fumus boni iuris e periculum in mora para a obtenção da medida liminar]

[Espaço de duas linhas]

III - DO PEDIDO

[Espaço de uma linha]

Diante de todo o exposto, requer:

a) a concessão de liminar determinando o sequestro dos seguintes bens ..., a fim de impedir a alienação ou danificação deste patrimônio;

b) a concessão da medida sem a necessidade de prestação de caução real ou fidejussória; porém, caso Vossa Excelência entenda necessário, prontifica-se o Autor a prestá-la;

c) a procedência do pedido formulado pelo Autor, com a confirmação da medida de sequestro pleiteada;

d) a citação do Réu para, no prazo de 5 (cinco) dias, contestar a ação, sob pena de aplicação dos efeitos da revelia;

e) a condenação do Réu ao pagamento de custas e honorários advocatícios;

f) que as citações e intimações sejam enviadas ao patrono que assina a peça inicial, cumprindo-se o disposto no artigo 39, I, do Código de Processo Civil;

Informa o Autor que, no prazo de 30 (trinta) dias, irá propor ação de [especificar a ação a ser futuramente proposta], em cumprimento ao disposto no artigo 806 do Código de Processo Civil.

[Espaço de duas linhas]

IV - DAS PROVAS

[Espaço de uma linha]

Protesta provar o alegado por todos os meios de prova em direito admitidos, especialmente pela juntada de documentos e pelo depoimento pessoal dos representantes da sociedade ré e de testemunhas.

[Espaço de uma linha]

Dá-se à causa o valor de R$ ... [inserir esse dado apenas se o enunciado previr]

[Espaço de uma linha]

Nesses termos,

pede deferimento.

[Espaço de uma linha]

Local e data

[Espaço de uma linha]

Advogado ...

Capítulo XXIV

Procedimentos Específicos – Ação Renovatória de Locação

1. Objeto e objetivo. A locação empresarial é caracterizada por ser contrato destinado ao ingresso do empresário em local onde exercerá a sua atividade empresarial, gerando empregos, encargos tributários e sociais.

Nesta modalidade de contrato, o locatário será sempre empresário, enquanto o locador poderá ser pessoa física ou jurídica.

Por vezes verifica-se que o empresário direciona todas as suas possibilidades financeiras para a constituição de um negócio, que abrange toda a sua clientela, principalmente por sua localização.

Principalmente no ramo do comércio (restaurantes, bares, padarias, confeitarias), a localização se mostra extremamente importante, principalmente quando o imóvel se encontra em região conhecida por aquela determinada atividade.

Assim, a mudança do empresário daquele local onde ficou conhecido poderá implicar em inviabilidade do negócio.

Buscando proteger o empresário desse prejuízo, a legislação brasileira visa a proteção ao estabelecimento mediante um procedimento judicial chamado ação renovatória de locação.

A ação renovatória de locação consiste em procedimento que tem por objetivo a renovação compulsória (automática) da locação de ponto comercial existente pelo prazo do último contrato em vigência (artigo 51, Lei 8.245/1991 – Lei de Locações).

Os demais procedimentos previstos na Lei de Locações, como a ação de despejo, poderão também ser utilizados pelo empresário locatário ou mesmo locador. Nesta obra, porém, detalharemos a ação renovatória de locação, específica para a proteção do ponto empresarial.

2. Requisitos do direito à renovação automática do contrato de locação. São requisitos do direito à renovação automática do contrato de locação comercial:

a) existir locação empresarial;

b) haver instrumento escrito celebrado por prazo determinado (artigo 51, I, Lei de Locações);

c) ter o contrato vigência de pelo menos 5 anos; caso a locação tenha se processado através de vários e seguidos contratos, a somatória desses contratos tem de ser de ao menos 5 anos ininterruptos (artigo 51, II, Lei de Locações);

d) haver a demonstração do exercício da mesma atividade empresarial há pelo menos 3 anos ininterruptos (artigo 51, III, Lei de Locações);

e) ter sido observado o prazo decadencial, correspondente ao lapso temporal compreendido entre o prazo máximo de 1 ano e mínimo de 6 meses, contados do término do contrato a ser renovado (artigo 51, § 5.º, Lei de Locações).

3. A petição inicial da ação renovatória de locação. A petição inicial deverá estar em plena conformidade com o regulado no artigo 71, Lei de Locações. Assim, a petição inicial deverá ser instruída com:

a) prova do preenchimento dos requisitos dos incisos I, II e III do artigo 51;

b) prova do exato cumprimento do contrato em curso;

c) prova da quitação dos impostos e taxas que incidiram sobre o imóvel e cujo pagamento incumbia ao locatário;

d) indicação clara e precisa das condições oferecidas para a renovação da locação;

e) indicação do fiador quando houver no contrato a renovar e, quando não for o mesmo, indicação do nome ou denominação completa, número de sua inscrição no Ministério da Fazenda, endereço e, tratando-se de pessoa natural, a nacionalidade, o estado civil, a profissão e o número da carteira de identidade, comprovando, desde logo, mesmo que não haja alteração do fiador, a atual idoneidade financeira;

f) prova de que o fiador do contrato ou o que o substituir na renovação aceita os encargos da fiança, autorizado por seu cônjuge, se casado for;

g) prova, quando for o caso, de ser cessionário ou sucessor, em virtude de título oponível ao proprietário.

4. Do não reconhecimento do direito à renovação compulsória do contrato de locação. No entanto, o direito à renovação compulsória do contrato de locação não é absoluto, pois poderá o locador arguir uma exceção de retomada, garantida pela Constituição Federal, além da própria Lei de Locações, que traz algumas hipóteses de exceção de retomada:

a) obras por determinação do Poder Público (artigo 52, I);

b) uso próprio do locador (artigo 52, II);

c) transferência do estabelecimento empresarial (artigo 52, II);

d) não preencher o locatário os requisitos que a lei determina (artigo 72, I);

e) proposta insuficiente do locatário (artigo 72, II);

f) melhor proposta de terceiro (artigo 72, III).

Convém mencionar que o adquirente do estabelecimento empresarial, caso seja o sucessor na atividade empresarial, poderá se utilizar inclusive de requisitos que o alienante do estabelecimento empresarial tinha obtido para intentar a ação renovatória de locação (artigo 51, § 1.º, Lei de Locações).

O direito acima mencionado também será aplicado ao sublocatário em caso de sublocação total do imóvel (artigo 51, § 1.º, Lei de Locações).

5. Identificando no problema o cabimento de ação renovatória e os seus elementos. Verificamos que se trata de ação renovatória quando o problema menciona a existência de contrato locatício não residencial, não fazendo menção também à existência de lide processual referente ao contrato.

A problemática também deve nos demonstrar que o interesse do locador é o de permanência no imóvel, e que os requisitos para a propositura da medida estão cumpridos.

6. A petição inicial da ação renovatória

Previsão legal	Artigos 51 a 57 e 71 a 75, Lei 8.245/1991.
Cabimento	Locações comerciais, desde que os requisitos do artigo 51 da Lei de Locações estejam preenchidos e comprovados na peça inicial, devendo a petição ser instruída com os documentos do artigo 71. Cabível também para locações em *shopping centers*.
Competência	Será competente a Justiça Comum (Estadual) de onde estiver localizado o imóvel, exceto se existir cláusula contratual com eleição de outro local (foro de eleição).
Partes do processo	Regra geral: autor – Locatário do imóvel; réu – locador do imóvel. Em caso de ação renovatória em contrato de sublocação: autor – sublocatário do imóvel; réus: locador e sublocador do imóvel.
Fatos	Demonstrar na peça inicial o conteúdo do contrato locatício, atentando para a problemática trazida pelo examinador, sem acrescentar nenhum outro fato que configure os requisitos legais a serem preenchidos.
Direito	Apresentar a qualificação jurídica dos fatos narrados, observando: • a demonstração, de forma cristalina, de que os requisitos do artigo 51 estão preenchidos; • a demonstração de que a ação está sendo proposta dentro do prazo legal; • a demonstração de que os documentos do artigo 71 estão juntados aos autos.

Pedidos	De procedência total dos pedidos, declarando-se a renovação compulsória da locação pelo tempo e nas condições do último contrato celebrado.
De reajuste do valor da locação pelos índices monetários estabelecidos no contrato.
De citação do réu para o oferecimento de contestação no prazo legal.
De condenação do réu ao pagamento de custas e honorários advocatícios;
De que as citações e intimações sejam enviadas ao patrono que assina a peça inicial, cumprindo-se o disposto no artigo 39, I, Código de Processo Civil.
Valor da causa	12 vezes o preço mensal da locação, conforme disposto no artigo 58, III, Lei de Locações.

7. Esquema de ação renovatória.

```
EXCELENTÍSSIMO SENHOR DOUTOR JUIZ DE DIREITO DA ... VARA CÍVEL
DA COMARCA DE ... DO ESTADO DE ...

[Espaço de dez linhas]

                            AUTOR [quando pessoa jurídica,
será identificada pelo nome empresarial], pessoa jurídica de di-
reito privado, inscrita no CNPJ sob o n.º ..., com sede [ende-
reço], por seu advogado, que receberá intimações no [endereço],
vem, respeitosamente, a Vossa Excelência propor a presente AÇÃO
RENOVATÓRIA DE LOCAÇÃO em face da RÉ [nome empresarial], inscri-
ta no CNPJ sob o n.º ..., com sede [endereço], pelos motivos de
fato e de direito que a seguir expõe:

[Espaço de duas linhas]

                         I - DOS FATOS

[Espaço de uma linha]

[Narrar os fatos como descritos no problema, que evidenciam a
existência dos requisitos legais para a medida (artigo 51, I,
II e III)]

[Espaço de duas linhas]

                         II - DO DIREITO

[Espaço de uma linha]

[Apresentar o fundamento jurídico do pedido, fazendo a relação
entre os fatos e sua qualificação jurídica, demonstrando que os
requisitos da renovação estão cumpridos]

[Espaço de duas linhas]
```

III - DO PEDIDO

[Espaço de uma linha]

De todo o exposto, requer-se:

a) a citação do Réu por carta, para responder aos termos da presente, sob pena de sofrer os efeitos da revelia;

b) a procedência do pedido de renovação compulsória da locação pelo tempo e nas condições do último contrato celebrado, com o reajuste do valor da locação pelos índices monetários estabelecidos no contrato;

c) a condenação do Réu nos ônus da sucumbência e honorários de advocatícios.

[Espaço de duas linhas]

IV - DAS PROVAS

[Espaço de uma linha]

Protesta provar o alegado por todos os meios de prova em direito admitidos, consistentes nos documentos juntados, oitiva do Réu em depoimento pessoal, oitiva de testemunhas, perícias e todas as que se fizerem necessárias ao longo da presente demanda.

[Espaço de duas linhas]

V - DO VALOR DA CAUSA

[Espaço de uma linha]

Dá-se à causa o valor de [12 vezes o valor da locação]

[Espaço de uma linha]

Termos em que,

pede deferimento.

[Espaço de uma linha]

Local e data

[Espaço de uma linha]

Advogado ...

8. Questão resolvida.

A pessoa jurídica Alfa Aviamentos Ltda., domiciliada em Goianésia-GO, celebrou contrato escrito de locação de imóvel não residencial com Chaves Empreendimentos Ltda., por prazo determinado, tendo sido o contrato prorrogado várias vezes, no lapso de mais de sete anos. O valor mensal da locação é o de R$ 1.500,00, e Alfa Aviamentos Ltda. exerce sua atividade no respectivo ramo desde a sua constituição, há cerca de dez anos. O contrato de locação findará em 03.05.2011 e os dirigentes da empresa locadora já se manifestaram contrários à renovação do referido contrato.

Em face dessa situação hipotética, na qualidade de advogado(a) contratado(a) por Alfa Aviamentos Ltda., redija a medida judicial cabível para a defesa dos interesses de sua cliente, abordando toda a matéria de direito material e processual aplicável à hipótese.

Resolução

No problema descrito acima, verificamos a existência de locação não residencial, em que os locadores não são favoráveis a sua renovação.

Conforme pedido pelo examinador, deverá ser intentada medida que vise aos interesses de Alfa Aviamentos.

O objetivo é a preservação dos interesses de Alfa Aviamentos Ltda., que, no caso em tela, só poderá ser alcançado mediante tutela do Poder Judiciário que garanta a preservação do contrato e a sua renovação compulsória.

Além do mais, demonstra a problemática que todos os requisitos para a medida renovatória estão preenchidos.

PEÇA RESOLVIDA

```
EXCELENTÍSSIMO SENHOR DOUTOR JUIZ DE DIREITO DA ... VARA CÍVEL
DA COMARCA DE GOIANÉSIA DO ESTADO DE GOIÁS

[Espaço de dez linhas]

                       Alfa Aviamentos Ltda., pessoa
jurídica de direito privado da espécie sociedade empresária, com
sede na [endereço], devidamente inscrita no CNPJ/MF sob o n.º
..., representada por seu administrador Sr. ..., [nacionalida-
de], [profissão], [estado civil], portador da cédula de identida-
de RG n.º ..., inscrito no CPF/MF sob o n.º ..., através de seu
procurador e advogado devidamente constituído mediante procura-
ção anexo (documento I), vem, à presença de Vossa Excelência,
propor a presente AÇÃO RENOVATÓRIA DE LOCAÇÃO, em face de Chaves
Empreendimentos Ltda., pessoa jurídica de direito privado da es-
pécie sociedade empresária, com sede na [endereço], devidamente
inscrita no CNPJ/MF sob o n.º ..., pelas razões de fatos e de
direito a seguir expostos.

[Espaço de duas linhas]

                         I - DOS FATOS
```

[Espaço de uma linha]

     A pessoa jurídica Alfa Aviamentos Ltda., domiciliada em Goianésia-GO, celebrou contrato escrito de locação de imóvel não residencial com Chaves Empreendimentos Ltda., por prazo determinado.

     A relação locatícia foi prorrogada por várias vezes, no lapso de mais de sete anos.

     O valor mensal da locação atualmente se mostra na importância de R$ 1.500,00 (mil e quinhentos reais).

     Alfa Aviamentos Ltda. exerce sua atividade no respectivo ramo desde a sua constituição, há cerca de dez anos.

     O contrato de locação findará em 03.05.2011, e os dirigentes da empresa locadora já se manifestaram contrários à renovação do referido contrato.

[Espaço de duas linhas]

     II – DO DIREITO

[Espaço de uma linha]

     Trata-se de ação renovatória de procedimento judicial com o objetivo de renovar o contrato de locação, prorrogando o vínculo locatício pelo prazo do último contrato.

[Espaço de uma linha]

     A. Dos requisitos legais para a propositura da ação

[Espaço de uma linha]

     A ação renovatória será intentada em contratos de locação comercial desde que atendidos os requisitos legais.

     O contrato de locação deverá ser celebrado por escrito e ter prazo determinado, o que fica demonstrado com a juntada dos contratos de locação existentes entre as partes (documento 2), demonstrando, assim, a existência do vínculo escrito e o prazo determinado da locação, cumprindo-se, assim, o disposto no artigo 51, I, da Lei 8.245/1991.

     Conforme demonstrado com a juntada dos documentos, a relação locatícia já perdura há mais de 7 (sete) anos, sendo cumprido assim o dispositivo do artigo 51, II, da Lei de Locações.

Também evidente se mostra o tempo em que o locatário explora a sua atividade empresarial, bastando simples análise do contrato social de constituição da sociedade (documento 3), onde fica evidente que a Autora explora a sua atividade empresarial há mais de 10 (dez) anos, cumprindo assim o requisito legislativo do artigo 51, III, da Lei de Locações, que determina que a atividade empresarial deverá estar sendo exercida há pelo menos 3 (três) anos.

[Espaço de uma linha]

B. Do lapso temporal

[Espaço de uma linha]

A competente ação renovatória de locação está sendo intentada dentro do lapso temporal compreendido entre o prazo máximo de 1 (um) ano e mínimo de 6 (seis) meses, contados do término do contrato a ser renovado, não existindo, assim, decadência do seu direito à renovação compulsória, conforme prevê o artigo 51, § 5.º, da Lei de Locações.

[Espaço de uma linha]

C. Dos documentos necessários à instrução da exordial

[Espaço de uma linha]

O Autor da demanda junta aos autos a comprovação de pagamento de todos os valores relativos à locação devidamente quitados (documento 4), dando cumprimento ao artigo 71, II, da Lei de Locações.

Também junta aos autos a comprovação de recolhimento de todos os impostos e taxas relativos ao imóvel de incumbência do locatário, cumprindo assim o disposto no artigo 71, III, da Lei 8.245/1991.

Junta o Autor documento assinado pelos locatários indicando as condições oferecidas para a renovação locatícia, cumprindo assim o disposto no artigo 71, IV, da Lei 8.245/1991.

Também oferece a juntada da carta de fiança devidamente assinada, com indicação do nome, número de sua inscrição no Ministério da Fazenda, número da carteira de identidade, endereço, estado civil, profissão, além do atestado de idoneidade financeira do fiador.

[Observação: Em caso de ser o autor sucessor, fazer prova desta relação através da juntada de documentos, conforme regra do artigo 71, VII, da Lei 8.245/1991]

[Espaço de duas linhas]

III - DOS PEDIDOS

[Espaço de uma linha]

Diante dos fatos e argumentos aduzidos, requer:

a) a procedência do pedido de renovação do contrato de locação comercial, pelo prazo e nas condições do último contrato de locação comercial;

b) o reajuste do valor da locação, aplicando-se os índices inflacionários nas condições previstas no contrato locatício;

c) a citação do Réu para, querendo, apresentar no prazo legal a sua contestação, sob pena de serem aplicados os efeitos da revelia;

d) a condenação do Réu ao pagamento de custas e honorários advocatícios;

e) que as citações e intimações sejam enviadas ao patrono que assina a peça inicial, cumprindo-se o disposto no artigo 39, I, do Código de Processo Civil.

[Espaço de duas linhas]

IV - DAS PROVAS

[Espaço de uma linha]

Protesta provar o alegado por todos os meios de prova em direito admitidos.

[Espaço de duas linhas]

V - DO VALOR DA AÇÃO

[Espaço de uma linha]

Dá-se à causa o valor de R$ 18.000,00 (dezoito mil reais), equivalente a 12 vezes o preço da locação, conforme determinação do artigo 58, III, da Lei 8.245/1991.

[Espaço de uma linha]

Nesses Termos,

pede deferimento.

[Espaço de uma linha]

Local e data.

[Espaço de uma linha]

Advogado ...

Capítulo XXV

Ação de Nulidade de Marca/Patente

1. Objeto e objetivo. A ação de anulação de registro de marca ou de carta patente tem por objetivo a declaração de nulidade de registro ou carta, impossibilitando que pessoas sem legítimo interesse explorem economicamente bem da propriedade industrial.

A carta patente será utilizada para dar legitimidade à exploração econômica de invenção e modelo de utilidade, enquanto o certificado de registro protegerá o desenho industrial e a marca.

Os bens da propriedade industrial (invenção, modelo de utilidade, desenho industrial, marca) são protegidos por documentos (carta patente, certificado de registro) expedidos pelo INPI (Instituto Nacional de Propriedade Industrial).

AÇÃO DE NULIDADE DE MARCA/PATENTE		
Bem da propriedade	Prazo para propositura	Legitimados
Carta patente: invenção	A qualquer tempo, durante a vigência da patente (Art. 56 LPI)	INPI e qualquer pessoa com legítimo interesse
Carta patente: modelo de utilidade	A qualquer tempo, durante a vigência da patente (Art. 56 LPI)	INPI e qualquer pessoa com legítimo interesse
Certificado de registro: desenho industrial	A qualquer tempo, durante a vigência do certificado (Art. 118, c.c. Art. 56 LPI)	INPI e qualquer pessoa com legítimo interesse
Certificado de registro: marca	5 anos a partir da data de concessão (Art. 174 LPI)	INPI e qualquer pessoa com legítimo interesse

2. A participação do INPI no processo. O INPI sempre participará do processo de nulidade de carta patente e certificado de registro.

Como visto acima, o INPI poderá propor as ações de nulidade mencionadas. Por outro lado, quando o interessado propuser a medida, caberá ao INPI intervir no feito, visto que administrativamente é o responsável pela concessão dos documentos necessários à exploração econômica dos bens da propriedade industrial.

AÇÃO DE NULIDADE – PARTES DO PROCESSO	
Autor	Réu
INPI	Titular da carta patente/certificado de registro
Qualquer interessado	Titular da carta patente/certificado de registro e INPI

3. Identificando no problema o cabimento de ação de nulidade de carta patente/certificado de registro. Verifica-se que se trata de ação de nulidade de carta patente/certificado de registro quando o problema trazido pelo examinador faz menção à existência de bem da propriedade industrial concedido àquele que não preencheu os requisitos para a concessão ou não cumpriu o regular procedimento administrativo para obtê-lo, e que pessoa verdadeiramente titular dos instrumentos necessita do reconhecimento judicial para a exploração econômica desses bens.

4. Pedido de antecipação de tutela ou concessão de liminar.

A lei de propriedade industrial admite a concessão de medida liminar com o fito de suspender os efeitos do registro ou do uso da marca ou da carta patente, conforme dispõe o artigo 173, Lei 9.279/1996:

"Art. 173. A ação de nulidade poderá ser proposta pelo INPI ou por qualquer pessoa com legítimo interesse.

Parágrafo único. O juiz poderá, nos autos da ação de nulidade, determinar liminarmente a suspensão dos efeitos do registro e do uso da marca, atendidos os requisitos processuais próprios."

No entanto, no procedimento em questão também poderá o interessado requerer a concessão de antecipação de tutela, com base no artigo 273, Código de Processo Civil.

5. A petição inicial da ação de nulidade.

Previsão legal	Artigos 56 e 57, Lei 9.279/1996, para invenção e modelo de utilidade; artigo 118 cumulado com os artigos 56 e 57, para o modelo de utilidade; e artigos 173 a 175, para a marca.
Cabimento	Quando o interessado ou o INPI buscar a declaração judicial de nulidade de bem da propriedade industrial para que outrem possa dele se utilizar.
Competência	Será competente a Justiça Federal, tendo em vista que o INPI (autarquia federal) sempre participará do processo.

Partes do processo	a) autor: qualquer interessado que tenha interesse na declaração de nulidade; b) réu: o titular de patente/marca e o INPI. ou a) autor: INPI; b) réu: o titular de patente/marca.
Fatos	Demonstrar na peça inicial que as circunstâncias do caso concreto ensejam a possibilidade de declaração de nulidade.
Direito	Apresentar a qualificação jurídica dos fatos narrados, observando-se a aplicabilidade dos artigos acima mencionados.
Pedidos	a) de concessão de tutela antecipada ou de liminar com a finalidade de suspender os efeitos do registro da carta patente (invenção e modelo de utilidade) ou do certificado de registro (desenho industrial e marca); b) a procedência do pedido, a fim de ser declarada a nulidade do registro da carta patente (invenção e modelo de utilidade) ou do certificado de registro (desenho industrial e marca); c) a citação do réu para o oferecimento de contestação no prazo de 60 dias, sob pena de aplicação dos efeitos da revelia; d) a condenação do réu ao pagamento de custas e honorários advocatícios; e) o protesto por provas; f) que as citações e intimações sejam enviadas ao patrono que assina a peça inicial, cumprindo-se o disposto no artigo 39, I, Código de Processo Civil.
Valor da causa	Fazer menção ao valor da causa, cumprindo assim o previsto no artigo 282, V, Código de Processo Civil.

6. Esquema: ação de nulidade.

```
EXCELENTÍSSIMO SENHOR DOUTOR JUIZ FEDERAL DA ... VARA CÍVEL DA
SEÇÃO JUDICIÁRIA DE ...

[Espaço de dez linhas]

                           AUTOR [quando pessoa jurídica,
será identificada pelo nome empresarial], pessoa jurídica de di-
reito privado, inscrita no CNPJ sob o n.º ..., com sede [ende-
reço], por seu advogado, que receberá intimações no [endereço],
vem, respeitosamente, a Vossa Excelência propor a presente AÇÃO
DE NULIDADE DE MARCA (PATENTE), em face da RÉ [nome empresarial],
inscrita no CNPJ sob o n.º ..., com sede [endereço], titular da
marca, e INPI - Instituto Nacional de Propriedade Industrial,
autarquia federal, com sede em ..., pelos motivos de fato e de
direito que a seguir expõe:
```

[Espaço de duas linhas]

                    I - DOS FATOS

[Espaço de uma linha]

[Narrar os fatos como descritos no problema, que evidenciam a existência de necessidade de procedimento visando à declaração de nulidade de marca/patente]

[Espaço de duas linhas]

                    II - DO DIREITO

[Espaço de uma linha]

                        Na ação de nulidade de marca

[Apresentar o fundamento jurídico do pedido, fazendo a relação entre os fatos e sua qualificação jurídica]

[Fazer referência, se caso for, aos requisitos para a concessão de certificado de registro que não foram preenchidos – artigos 122 a 126, Lei 9.279/1996]

[Fazer referência, se caso for, à ilegitimidade do requerente quanto ao pedido de concessão de registro de marca – artigo 128, Lei 9.279/1996]

[Fazer referência, se caso for, à não obediência ao processo de concessão – artigo 155 e seguintes, Lei 9.279/1996]

                        Na ação de nulidade de patente:

[Apresentar o fundamento jurídico do pedido, fazendo a relação entre os fatos e sua qualificação jurídica]

[Fazer referência, se caso for, aos requisitos para a concessão de carta patente que não foram preenchidos – artigos 8.º, 10 e 18, da Lei 9.279/1996]

[Fazer referência, se caso for, a que o processo de concessão não foi obedecido – artigo 30 e seguintes, Lei 9.279/1996]

[Fazer referência, se caso for, a patente do empregador ou comum – artigos 88 e 91, Lei 9.279/1996]

[Espaço de duas linhas]

                    III - DO PEDIDO

[Espaço de uma linha]

                        De todo o exposto, requer-se:

            a) a concessão de tutela antecipada ou de liminar com a finalidade de suspender os efeitos do registro da carta patente (invenção e modelo de utilidade) ou do certificado de registro (desenho industrial e marca);

    b) a procedência do pedido, a fim de ser declarada a nulidade do registro da carta patente (invenção e modelo de utilidade) ou do certificado de registro (desenho industrial e marca);

    c) a citação do Réu para o oferecimento de contestação no prazo de 60 dias, sob pena de aplicação dos efeitos da revelia;

    d) a condenação do Réu ao pagamento de custas e honorários advocatícios;

    e) que as intimações sejam enviadas ao patrono que esta subscreve, com endereço na ... [artigo 39, I, Código de Processo Civil).

[Espaço de duas linhas]

IV – DAS PROVAS

[Espaço de uma linha]

    Protesta provar o alegado por todos os meios de prova em direito admitidos, consistentes nos documentos juntados, oitiva dos Réus em depoimentos pessoais, oitiva de testemunhas, perícias e todas as que se fizerem necessárias ao longo da presente demanda.

[Espaço de duas linhas]

V – DO VALOR DA CAUSA

[Espaço de uma linha]

    Dá-se à causa o valor de [valor do prejuízo causado]

[Espaço de uma linha]

    Nesses termos,

    pede deferimento.

[Espaço de uma linha]

    Local e data.

[Espaço de uma linha]

    Advogado ...

Capítulo XXVI

Recuperação Judicial e Falência

1. Introdução. A Lei 11.101/2005 regulamenta o instituto da falência e da recuperação de empresas.

Os meios de recuperação – judicial, extrajudicial e especial (para ME e EPP) – são procedimentos que têm por objetivo auxiliar o empresário na superação de uma crise econômica e financeira, proporcionando, assim, a continuação de suas atividades.

Já a falência tem por objetivo afastar o empresário devedor de seu patrimônio, nomeando um administrador judicial, que irá arrecadar e vender esse patrimônio e utilizar os recursos advindos para satisfação dos credores.

2. Qualidade do devedor (artigo 1.º, Lei 11.101/2005). O empresário e a sociedade empresária poderão, de acordo com a legislação, obter os benefícios da recuperação (judicial ou extrajudicial). Contudo, poderão falir.

3. Excluídos da falência e da recuperação (artigo 2.º, Lei 11.101/2005). A legislação não se aplica:

a) a empresas públicas e sociedades de economia mista;

b) a instituições financeiras públicas ou privadas, cooperativas de crédito, consórcios, entidades de previdência complementar, sociedades operadoras de plano de assistência à saúde, sociedades seguradoras e sociedades de capitalização.

4. Juízo competente. Será o juízo especial (vara da falência ou vara empresarial) quando este existir, ou o juízo civil (competência material).

Quanto à competência territorial, competente será o juízo do principal estabelecimento do devedor, ou da filial de empresa que tenha sede fora do Brasil.

5. Recuperação judicial. A recuperação judicial é procedimento judicial que tem por objetivo proporcionar ao empresário ou à sociedade empresária a superação de uma crise econômico-financeira, com o intuito maior de preservação da empresa, como fonte produtora, além da preservação e manutenção do emprego dos trabalhadores e dos interesses dos credores, promovendo, assim, a continuidade da empresa e sua função social e o estímulo à atividade econômica.

6. Objeto e objetivo. Como citado, a recuperação judicial tem por objetivo proporcionar ao empresário ou à sociedade empresária a superação de uma crise econômico-financeira, com o intuito maior de preservação da empresa.

Assim, o empresário que está atravessando crise financeira poderá se utilizar desse instituto como forma de superação da crise econômico-financeira para, assim, continuar a sua atividade empresarial.

No entanto, fixa a lei condições objetivas para que o empresário possa pleitear a recuperação judicial.

7. A petição inicial de pedido de recuperação judicial. A ação de recuperação judicial deverá ser proposta pelo empresário, que primeiramente deverá requerer o processamento dessa recuperação, tendo em vista que, autorizado pelo juízo, terá, então, início o procedimento da recuperação.

Sendo assim, o empresário deverá fazer o pedido demonstrando que os requisitos necessários para a obtenção da recuperação estão preenchidos, devendo a petição inicial, portanto, preencher aos requisitos do artigo 48, Lei 11.101/2005.

Importante, também, a juntada de todos os documentos previstos no artigo 51 da Lei.

No mais, em virtude de ser petição inicial, deverá o empresário obedecer aos requisitos dispostos no artigo 282, Código de Processo Civil.

8. Identificando no problema o cabimento de ação de recuperação judicial. Verifica-se que se trata de pedido de recuperação judicial quando o problema trazido pelo examinador faz menção à existência de sociedade que atravessa crise econômico-financeira com possibilidades reais de superação dessa crise.

Necessário se faz que o problema evidencie que a continuidade da atividade do empresário ou da sociedade se mostre viável, necessitando, porém, do procedimento de recuperação para que se torne possível.

9. A petição inicial do pedido de recuperação judicial.

Previsão legal	Artigo 47 e seguintes, Lei 11.101/2005, e artigo 282, Código de Processo Civil.
Cabimento	Quando a sociedade estiver atravessando uma crise econômico-financeira.
Competência	Será competente a Justiça Comum (Estadual) do local onde estiver localizado o principal estabelecimento do devedor (proponente) ou da filial de empresa que tenha sede fora do Brasil. A ação deverá ser proposta na vara da falência ou na vara empresarial, quando existir. Caso contrário, deverá ser proposta na vara cível.

Partes do processo	Regra geral: Autor: empresário ou sociedade em crise econômico-financeira. Réu: não será necessário indicar, visto que a recuperação abrangerá a universalidade de credores.
Fatos	Demonstrar na peça inicial que as circunstâncias do caso concreto ensejam a possibilidade do pedido de recuperação judicial.
Direito	Apresentar a qualificação jurídica dos fatos narrados, observando-se para o ato a aplicabilidade de um dos artigos acima mencionados.
Pedidos	a) a procedência do pedido, com o deferimento do processamento da recuperação judicial e homologação do plano de recuperação que será apresentado; b) a juntada aos autos dos documentos descritos no artigo 51, Lei 11.101/2005; c) que as citações e intimações sejam enviadas ao patrono que assina a peça inicial, cumprindo-se o disposto no artigo 39, I, Código de Processo Civil.
Valor da causa	Valor do passivo descrito na relação de credores.

10. Esquema: pedido de recuperação judicial.

```
EXCELENTÍSSIMO SENHOR DOUTOR JUIZ DE DIREITO DA VARA DA FALÊNCIA
E RECUPERAÇAO DE EMPRESAS DA COMARCA DE ... DO ESTADO DE ... [Não
existindo, será na vara cível]

[Espaço de dez linhas]

                              Sociedade  [nome  empresarial],
inscrita no CNPJ sob o n.° ..., com sede [endereço], neste ato
representada por seu administrador Sr. ... [nome civil], [esta-
do civil], [profissão], portador da cédula de identidade RG n.°
..., devidamente inscrito no CPF/MF sob o n.° ..., residente e
domiciliado na [endereço], por seu advogado, que esta subscreve
(documento anexo), que receberá intimações no [endereço], vem,
respeitosamente, a Vossa Excelência propor o presente PEDIDO DE
RECUPERAÇAO JUDICIAL, com base no artigo 47 e seguintes da Lei
11.101/2005, pelas razões de fato e de direito a seguir expos-
tas:

[Espaço de duas linhas]

                        I - DOS FATOS

[Espaço de uma linha]

[Narrar os fatos como descritos no problema, que evidenciam a
existência de necessidade da recuperação judicial]
```

[Espaço de duas linhas]

II – DO DIREITO

[Espaço de uma linha]

[Apresentar o fundamento jurídico do pedido, fazendo a relação entre os fatos e sua qualificação jurídica, demonstrando a necessidade da recuperação judicial do empresário]

[Fazer referência aos dispositivos legislativos, como os artigos 47, 48 e 51, Lei 11.101/2005]

[Com base no problema, expor a necessidade da medida, demonstrando o preenchimento do artigo 48, Lei 11.101/2005]

[Explicar, com base no que o problema trouxer, os motivos que ensejaram a crise econômica financeira]

[Espaço de duas linhas]

III – DO PEDIDO

[Espaço de uma linha]

De todo o exposto, requer-se:

a) que o pedido seja julgado procedente, deferindo-se a recuperação judicial e homologando-se o plano de recuperação que será oportunamente apresentado;

b) a juntada dos seguintes documentos:

- demonstrações contábeis relativas aos 3 (três) últimos exercícios sociais e as levantadas especialmente para instruir o pedido;

- balanço patrimonial, demonstração de resultados acumulados, demonstração do resultado desde o último exercício social, relatório gerencial de fluxo de caixa e de sua projeção;

- relação de todos os credores;

- relação de todos os empregados;

- certidão de regularidade extraída na Junta Comercial do Estado;

- relação de todos os bens particulares dos sócios controladores e dos administradores da sociedade;

- extratos atualizados das contas bancárias e das aplicações financeiras da sociedade;

- certidões dos cartórios de protesto de títulos;

- relação de todas as ações judiciais da sociedade que estão em andamento;

- livros mercantis obrigatórios [artigo 51, § 1.º, Lei 11.101/2005].

c) que as intimações sejam enviadas ao patrono que esta subscreve, com endereço na ... [artigo 39, I, Código de Processo Civil]

[Espaço de duas linhas]

IV - DAS PROVAS

[Espaço de uma linha]

Protesta provar o alegado por todos os meios de prova em direito admitidos, consistentes nos documentos juntados, oitiva dos Réus em depoimentos pessoais, oitiva de testemunhas, perícias e todas as que se fizerem necessárias ao longo da presente demanda.

[Espaço de duas linhas]

V - DO VALOR DA CAUSA

[Espaço de uma linha]

Dá-se à causa o valor de [valor das dívidas previstas na relação de credores]

[Espaço de uma linha]

Termos em que,

pede deferimento.

[Espaço de uma linha]

Local e data.

[Espaço de uma linha]

Advogado ...

Capítulo XXVII

Falência

1. Conceituação. A falência configura procedimento judicial específico de execução coletiva do patrimônio do empresário devedor que esteja em estado de insolvência jurídica. Na falência, teremos o afastamento do devedor de suas atividades e a arrecadação de seu patrimônio material e imaterial, que será otimizado da melhor maneira possível, visando à satisfação dos credores da massa falida.

2. Objeto e objetivo. A falência, como já dito, compreende procedimento judicial que tem por objetivo afastar de seu patrimônio empresário devedor que não reúne condições de continuar a sua atividade empresarial.

Neste procedimento, o administrador judicial nomeado pelo juiz da falência deverá arrecadar o patrimônio do empresário ou sociedade empresária devedora, utilizando-se desse patrimônio para a satisfação dos credores da falência.

3. A petição inicial do pedido de falência. Aquele que tiver legitimidade para o pedido de falência (artigo 97, Lei 11.101/2005) poderá requerer a falência do empresário.

O pedido de falência deverá ter como base a insolvência jurídica, sendo que as hipóteses para a caracterização dessa insolvência estão estipuladas no artigo 94, Lei 11.101/2005.

O pedido terá por base a impontualidade injustificada (artigo 94, I, Lei 11.101/2005), hipótese em que o empresário deixa de pagar obrigação líquida superior a 40 salários mínimos, prevista em título protestado para fins falimentares (artigo 94, § 3.º, da Lei 11.101/2005).

Também será possível o pedido de falência com base na execução frustrada (artigo 94, II, Lei 11.101/2005), conhecida também como "tríplice omissão", caracterizada pelo não pagamento de obrigação que gerou a execução em que o devedor citado não deposita a quantia e, intimado, não oferece bem a penhora – nesta hipótese de falência, o credor com base em certidão extraída dos autos poderá requer a falência do devedor.

A última modalidade é o pedido de falência com base na prática de atos de falência, circunstância em que o credor, com base em atos previstos nas alíneas *a* a *g* do artigo 94, III, Lei 11.101/2005, requer a falência do devedor.

4. Identificando no problema o cabimento de ação de responsabilidade civil. Verifica-se que se trata de pedido de falência quando o problema trazido pelo examinador faz menção à existência de sociedade que atravessa crise econômico-financeira, que esteja em insolvência jurídica, com base nas hipóteses previstas no artigo 94, Lei 11.101/2005.

5. A petição inicial do pedido de falência.

Previsão legal	Artigos 94 a 98, Lei 11.101/2005; artigo 282, Código de Processo Civil.
Cabimento	Quando a sociedade estiver em insolvência jurídica, caracterizada nas hipóteses do artigo 94, Lei 11.101/2005.
Competência	Será competente a Justiça Comum (Estadual) do local onde estiver localizado o principal estabelecimento do devedor (proponente). A ação deverá ser proposta na vara da falência ou na vara empresarial, quando existir. Caso contrário, deverá ser proposta na vara cível.
Partes do processo	Regra geral: Autor: o próprio devedor (autofalência), o cônjuge sobrevivente, herdeiro ou inventariante do empresário individual (autofalência), o cotista ou acionista da sociedade (autofalência) e os credores. Os credores poderão formar litisconsórcio ativo para o pedido de falência nas hipóteses do artigo 94, I, Lei 11.101/2005. Réu: empresário ou sociedade empresária que esteja em insolvência jurídica com base no artigo 94, Lei 11.101/2005.
Fatos	Demonstrar na peça inicial que as circunstâncias do caso concreto ensejam a possibilidade do pedido de falência.
Direito	Apresentar a qualificação jurídica dos fatos narrados, observando-se para o ato a aplicabilidade de um dos artigos mencionados (artigo 94, I, II e III, alíneas *a* a *g*).
Pedidos	a) que o pedido seja julgado procedente, determinando-se a citação do devedor para, querendo, apresentar sua contestação no prazo de 10 dias, ou efetuar o depósito elisivo, consistente no valor do título acrescido de juros, correção monetária e valor da sucumbência fixada por esse juízo, sob pena de decretação da sua falência; b) a condenação do réu ao pagamento das custas processuais; c) que as citações e intimações sejam enviadas ao patrono que assina a peça inicial, cumprindo-se o disposto no artigo 39, I, Código de Processo Civil.
Valor da causa	Valor do título.

6. Esquema: pedido de falência.

EXCELENTÍSSIMO SENHOR DOUTOR JUIZ DE DIREITO DA ... VARA DA FALÊNCIA E RECUPERAÇAO DE EMPRESAS DA COMARCA DE ... DO ESTADO DE ... [Não existindo, será proposto na vara cível]

[Espaço de dez linhas]

Sociedade [nome empresarial], inscrita no CNPJ sob o n.° ..., com sede na [endereço], neste ato representada por seu administrador Sr. ... [nome civil], [estado civil], [profissão], portador da cédula de identidade RG n.° ..., devidamente inscrito no CPF/MF sob o n.° ..., residente e domiciliado na [endereço], por seu advogado que esta subscreve (documento anexo), que receberá intimações no [endereço], vem, respeitosamente, a Vossa Excelência propor o presente PEDIDO DE FALÊNCIA, com base no artigo 94 da Lei 11.101/2005, pelas razões de fato e de direito a seguir expostas:

[Espaço de duas linhas]

I - DOS FATOS

[Espaço de uma linha]

[Narrar os fatos como descritos no problema, que evidenciam a existência de necessidade do pedido de falência]

[Espaço de duas linhas]

II - DO DIREITO

[Espaço de uma linha]

[Apresentar o fundamento jurídico do pedido, fazendo a relação entre os fatos e sua qualificação jurídica, demonstrando a necessidade do pedido de falência do empresário]

[Fazer referência aos dispositivos legislativos, como o artigo 94, Lei 11.101/2005]

[Discorrer sobre a impontualidade injustificada quando o devedor não efetuar o pagamento de quantia superior a 40 salários mínimos quantificada em título com protesto para fins falimentares – artigo 94, I, Lei 11.101/2005]

[Tratar da execução frustrada quando o devedor não efetuar o pagamento de quantia no prazo e, promovida sua execução, não depositar o valor quando da citação, tampouco nomear bens a penhora quando intimado – artigo 94, II, Lei 11.101/2005]

[Mencionar o ato de falência praticado com base em uma das hipóteses previstas no artigo 94, III, a a g, Lei 11.101/2005]

[Espaço de duas linhas]

III - DO PEDIDO

[Espaço de uma linha]

De todo o exposto, requer-se:

a) que o pedido seja julgado procedente, determinando-se a citação do devedor para, querendo, apresentar sua contestação no prazo de 10 dias, ou efetuar o depósito elisivo, consistente no valor do título acrescido de juros, correção monetária e valor da sucumbência fixada por esse juízo, sob pena de decretação da sua falência;

b) a condenação do Réu ao pagamento de custas processuais;

c) que as intimações sejam enviadas ao patrono que esta subscreve, com endereço na ... [artigo 39, I, Código de Processo Civil].

[Espaço de duas linhas]

IV - DAS PROVAS

[Espaço de uma linha]

Protesta provar o alegado por todos os meios de prova em direito admitidos, consistentes nos documentos juntados, oitiva do Réu em depoimento, oitiva de testemunhas, perícias e todas as que se fizerem necessárias ao longo da presente demanda.

[Espaço de duas linhas]

V - DO VALOR DA CAUSA

[Espaço de uma linha]

Dá-se à causa o valor de ... [valor do título].

[Espaço de uma linha]

Termos em que,

pede deferimento.

[Espaço de uma linha]

Local, data.

[Espaço de uma linha]

Advogado ...

Capítulo XXVIII

Contestação de Falência

1. Objeto e objetivo. A contestação é a forma que tem o réu de defender-se contra-argumentando tudo aquilo que está contido na peça inicial.

No processo de falência a contestação é de suma importância para evitar que exista a decretação da falência, ou seja, a quebra do empresário, hipótese em que o empresário, *grosso modo*, terá seu patrimônio arrecadado e utilizado para satisfação dos credores.

A contestação tem previsão no artigo 300 e seguintes, Código de Processo Civil, cabendo defesa processual e meritória na mesma peça processual defensiva.

No que se refere à Lei Falimentar, importantes os artigos 96 e 98, pois o primeiro trata de hipóteses defensivas para o pedido falimentar, enquanto o segundo do prazo para a contestação e também do depósito elisivo.

2. Identificando no problema o cabimento de contestação. Verifica-se que se trata de contestação do pedido de falência quando a problemática evidencia que houve a citação do devedor e que o prazo para a apresentação ainda não decorreu.

3. Contestação do pedido de falência.

Previsão legal	Artigo 300, Código de Processo Civil
	Artigos 96 e 98, Lei 11.101/2005.
Cabimento	Quando existir pedido de falência contra o devedor, que, citado, tem de apresentar sua contestação.
Competência	Será competente o juízo onde a falência está sendo processada.
Partes do processo	Réu: quem vai responder aos argumentos da inicial, identificado também como contestante.
	O autor que promoveu a ação poderá ser chamado de contestado.
Resumo da inicial	Trazer no primeiro tópico o resumo do pedido do autor, atentando para os elementos contidos no problema, sem a adição de nenhum dado que não aqueles.

Defesa	Dividir a defesa em defesa preliminar (processual) e de mérito (argumentos materiais que impossibilitam o pedido de falência).
Pedidos	Acolhimento da preliminar de (especificar qual, se de inexistência ou nulidade de citação/incompetência/inépcia da inicial/perempção/ litispendência/ coisa julgada/conexão/incapacidade de parte/carência de ação), nos termos do artigo 301, inciso ..., Código de Processo Civil, a fim de que seja extinto o feito sem o julgamento do mérito com fundamento no artigo 267, incisos ..., do Código de Processo Civil.
	No mérito, requerer a declaração de improcedência do pedido do autor com base na (trazer a argumentação meritória).
	Condenação do autor ao pagamento de custas e honorários advocatícios;
	Que as citações e intimações sejam enviadas ao patrono que assina a peça inicial, cumprindo-se o disposto no artigo 39, I, Código de Processo Civil.

4. Esquema: contestação do pedido de falência.

```
EXCELENTÍSSIMO SENHOR DOUTOR JUIZ DE DIREITO DA ... [VARA CÍVEL
OU ESPECIALIZADA EM FALÊNCIA OU VARA EMPRESARIAL] DA COMARCA DE
... DO ESTADO DE ...

[Espaço de dez linhas]

Autos n.º ... [indicar o número do processo]

                         Sociedade [indicar o nome], já
qualificada, nos autos da ação de FALÊNCIA que lhe promove [in-
serir o nome do Autor], igualmente qualificado, por seu advogado
e procurador que esta subscreve (procuração anexa – documento
1), vem, respeitosamente, à presença de Vossa Excelência apre-
sentar a sua CONTESTAÇÃO, com fundamento no artigo 300 e se-
guintes do Código de Processo Civil e no artigo 98 da Lei de
Falências e Recuperação de Empresas, pelos fundamentos a seguir
expostos:

[Espaço de duas linhas]

                    I – BREVE RELATO DA INICIAL
[Espaço de uma linha]

[O candidato deverá descrever o fato narrado pelo examinador,
sem acrescer nenhum fato ou argumento novo]

[Espaço de duas linhas]

                       II – PRELIMINARMENTE
[Espaço de uma linha]
```

[Nesse item deverá o candidato verificar se a ação não contém nenhum vício processual que esteja previsto no artigo 301, Código de Processo Civil.

Existindo, deverá argumentar sobre a preliminar informando ao final que o processo comporta extinção sem julgamento do mérito nos termos do artigo 267, inciso ..., do Código de Processo Civil]

[Caso exista mais de uma preliminar, sugerimos dividi-las em tópicos]

[Espaço de duas linhas]

III - MERITORIAMENTE

[Espaço de uma linha]

[Nesta parte deverá o candidato inserir sua defesa meritória, aplicando o direito material ao problema apresentado, desenvolvendo o seu raciocínio jurídico]

[Deverá o candidato contra-argumentar tudo o que puder, item por item, sem deixar nada sem defesa]

[Assim como na defesa processual (preliminar), sugerimos que o candidato, caso tenha mais de um argumento, elabore defesa em tópicos]

[Espaço de duas linhas]

IV - DO PEDIDO

[Espaço de uma linha]

De todo o exposto, requer-se:

a) o acolhimento da preliminar de ..., nos termos do artigo 301 do Código de Processo Civil, a fim de seja extinto o feito sem o julgamento do mérito, com fulcro no artigo 267, ..., do Código de Processo Civil.

Caso não seja esse o entendimento de Vossa Excelência, requer:

b) no mérito, a improcedência do pedido de falência formulado pelo Autor, em virtude de ...;

c) a condenação do Réu ao pagamento de honorários advocatícios e também ao pagamento de custas processuais;

d) que as intimações sejam enviadas ao patrono que assina a peça inicial, cumprindo-se o disposto no artigo 39, inciso I, do Código de Processo Civil.

[Espaço de duas linhas]

```
                        V - DAS PROVAS

[Espaço de uma linha]

                        Protesta provar o alegado por to-
dos os meios de prova em direito admitidos, consistentes nos
documentos juntados, oitiva do Réu em depoimento pessoal, oitiva
de testemunhas, perícias e todas as que se fizerem necessárias ao
longo da presente demanda.

[Espaço de uma linha]

                        Termos em que,

                        pede deferimento.

[Espaço de uma linha]

                        Local e data.

[Espaço de uma linha]

                        Advogado ...
```

6. Questão resolvida.

OAB (2007-3) Um sindicato de trabalhadores – SINFO –, cuja precípua e efetiva atividade é a de defender os direitos laborais de seus associados, resolveu montar, na luta para aumentar seus parcos rendimentos em sua sede, uma pequena loja temática para ali vender, tão somente, camisas, bonés e bijuterias com sua marca. Para tanto, encomendou a confecção desses produtos à Serigrafias Ltda., comprando-os dessa fábrica para, posteriormente, revendê-los na referida loja, o que faz regularmente há, pelo menos, dois anos.

No ano de 2007, porém, as vendas não foram razoáveis, o que levou o SINFO a inadimplir dívida no valor de R$ 6.000,00, representada em nota promissória subscrita pelo Sindicato, a qual foi devidamente protestada por falta de pagamento. Dois meses após esse protesto, a credora, Serigrafias Ltda., resolveu levar sua demanda ao foro judicial. Assim, Serigrafias Ltda. ingressou com pedido de decretação da falência do SINFO, apresentando documentos que comprovam as informações acima mencionadas, quais sejam a condição empresarial do autor da ação, a existência da pequena loja na sede do devedor, a atividade de venda de bens, o título de crédito, o inadimplemento da dívida e o referido protesto ordinário.

No pedido, Serigrafias Ltda. alegou, quanto à legitimidade passiva, que o SINFO, por comprar mercadorias para posteriormente revendê-las no mercado com o claro intuito de lucro, estaria realizando atos de comércio de modo habitual, o que caracterizaria sua condição de empresário, nos termos do artigo 966, Código Civil. Segundo a alegação de Serigrafias Ltda., essa condição estaria agravada por se tratar de empresário atuando com tipo impróprio de personalidade jurídica

– associação civil –, em evidente exercício irregular da atividade empresarial. Serigrafias Ltda. alegou, ainda, que o fato jurídico desencadeador da falência seria o cabal inadimplemento da obrigação líquida, materializada no título de crédito antes mencionado.

Considerando a situação hipotética apresentada, redija, na qualidade de advogado do SINFO, contestação, elencando os argumentos de defesa aptos a impedir a iminente decretação da falência da entidade sindical em processo que tramita na 1.ª Vara de Falências e Recuperações Judiciais da Capital.

Resolução

No problema descrito acima, verificamos a existência de pedido de falência proposto por Serigrafias Ltda. em face de um Sindicato de Trabalhadores – SINFO.

O próprio problema determina que a peça a ser elaborada corresponde a uma contestação.

Nessa defesa, devemos ter argumentos de ordem processual e material.

Processualmente, devemos tratar da ilegitimidade que detém o sindicato para figurar no polo passivo do processo, pois só poderá falir, no direito brasileiro, empresário e sociedade empresária, não se aplicando a legislação aos sindicatos, uma vez que suas atividades não são empresariais.

No mérito, devemos tratar do vício contido no título, pois o seu valor – R$ 6.000,00 – compreende quantia inferior a 40 salários mínimos, conforme determina o artigo 94, I, Lei 11.101/2005.

Também não existe o protesto específico para fins falimentares, necessário segundo o artigo 94, § 3.º, Lei 11.101/2005.

PEÇA RESOLVIDA

```
EXCELENTÍSSIMO SENHOR DOUTOR JUIZ DE DIREITO DA 1.ª VARA DE FA-
LÊNCIA E RECUPERAÇÃO DE EMPRESAS DA CAPITAL (COMARCA DE ... DO
ESTADO DE ...)

[Espaço de dez linhas]

Autos n.º ... [indicar o número do processo]

[Espaço de uma linha]

                        Sindicato de Trabalhadores – SIN-
FO, já qualificado, nos autos da ação de FALÊNCIA que lhe promove
Serigrafias Ltda., igualmente qualificada, vem, por seu advogado e
procurador que esta subscreve (procuração anexa – documento 1),
respeitosamente, à presença de Vossa Excelência apresentar a sua
CONTESTAÇÃO, com fundamento no artigo 300 e seguintes do Código
de Processo Civil e artigo 98 da Lei de Falências e Recuperação
de Empresas, pelos fundamentos a seguir expostos:
```

[Espaço de duas linhas]

I - BREVE RELATO DA INICIAL

[Espaço de uma linha]

O contestante, sindicato de trabalhadores - SINFO -, possui a precípua e efetiva atividade de defender os direitos laborais de seus associados.

Em razão de seus parcos rendimentos para manter sua atividade de proteção e de defesa dos trabalhadores, o SINFO resolveu montar, em sua sede, uma pequena loja temática, para ali vender, tão somente, camisas, bonés e bijuterias com sua marca.

Para tanto, encomendou a confecção desses produtos à Serigrafias Ltda., comprando-os dessa fábrica para, posteriormente, revendê-los na referida loja, o que faz regularmente há, pelo menos, dois anos.

Porém, no ano de 2007, as vendas não foram razoáveis, o que levou o SINFO a inadimplir dívida no valor de R$ 6.000,00, representada em nota promissória subscrita pelo Sindicato, a qual foi devidamente protestada por falta de pagamento.

Dois meses após esse protesto, a credora, Serigrafias Ltda., resolveu levar sua demanda ao foro judicial. Assim, Serigrafias Ltda. ingressou com pedido de decretação da falência do SINFO, apresentando documentos que comprovam as informações acima mencionadas, quais sejam a condição empresarial do Autor da ação, a existência da pequena loja na sede do devedor, a atividade de venda de bens, o título de crédito, o inadimplemento da dívida e o referido protesto ordinário.

No pedido, Serigrafias Ltda. alega, quanto à legitimidade passiva, que o SINFO, por comprar mercadorias para posteriormente revendê-las no mercado com o claro intuito de lucro, estaria realizando atos de comércio de modo habitual, o que caracterizaria sua condição de empresário, nos termos do artigo 966 do Código Civil.

Segundo a alegação de Serigrafias Ltda., essa condição estaria agravada por se tratar de empresário atuando com tipo impróprio de personalidade jurídica - associação civil -, em evidente exercício irregular da atividade empresarial.

Serigrafias Ltda. alega, ainda, que o fato jurídico desencadeador da falência seria o cabal inadimplemento da obrigação líquida, materializada no título de crédito antes mencionado.

[Espaço de duas linhas]

II - PRELIMINARMENTE

[Espaço de uma linha]

Ilegitimidade de parte

A contestante Sindicato de Trabalhadores - SINFO explora atividade de defesa de interesse e direitos laborais de seus associados.

A atividade da contestante, portanto, compreende atividade de cunho representativo de uma categoria de trabalhadores, não exercendo atividade de cunho empresarial.

As alegações da Autora da demanda, no sentido de que a sociedade explora atividade empresarial em virtude de vender em suas dependências produtos, o que configura atividade econômica, deverão ser afastadas por esse juízo. Senão, vejamos.

A venda de produtos por parte da contestante representa o exercício de atividade econômica, porém apenas esse elemento não caracteriza a atividade como uma atividade empresarial.

Segundo o artigo 966 do Código Civil:

"Art. 966. Considera-se empresário quem exerce profissionalmente atividade econômica organizada para a produção ou a circulação de bens ou de serviços".

Os empresários descritos no artigo acima citado exploram atividade econômica de modo profissional e organizado, o que não ocorre no caso em tela.

A principal atividade da contestante é, como já dito, a atividade de representação de categoria de trabalhadores, sendo que a venda de produtos que faz tem por principal objetivo angariar recursos para o auxílio da atividade sindical.

Sendo assim, o Sindicato de Trabalhadores - SINFO não explora atividade econômica de modo principal, o que não pode caracterizá-lo como empresa.

Em virtude da ilegitimidade de parte demonstrada, verificamos a clara incidência do artigo 267, inciso VI, do Código de Processo Civil, pois a contestante não detém legitimidade para figurar no polo passivo dessa demanda judicial, o que deverá ser acolhido por esse Juízo.

[Espaço de duas linhas]

III - MERITORIAMENTE

[Espaço de uma linha]

No mérito temos que o pedido inicial não deverá prosperar - afinal, alguns requisitos para o regular pedido e consequente decretação da quebra não foram auferidos. Senão, vejamos:

                      A. Da impontualidade injustificada

[Espaço de uma linha]

Enseja insolvência jurídica a impontualidade injustificada, caracterizada conforme regra prevista no artigo 94, inciso I, da Lei 11.101/2005:

> "Art. 94. Será decretada a falência do devedor que:
>
> "I - sem relevante razão de direito, não paga, no vencimento, obrigação líquida materializada em título ou títulos executivos protestados cuja soma ultrapasse o equivalente a 40 (quarenta) salários mínimos na data do pedido de falência;
>
> (...)".

No caso em questão, o valor do título objeto do pedido de falência compreende a quantia de R$ 6.000,00 (seis mil reais), quantia insuficiente para a caracterização da citada impontualidade injustificada, mensurada, como o artigo acima determina, em 40 (quarenta) salários mínimos.

Sendo assim, o pedido do Autor não detém amparo legal, visto ser o valor insuficiente para o pedido de falência com base no artigo 94, inciso I, da Lei de Falências.

                      B. Do protesto para fins falimentares

[Espaço de uma linha]

Determina a legislação falimentar que a impontualidade injustificada será caracterizada pelo não pagamento de obrigação superior a 40 (quarenta) salários mínimos quantificada em título protestado.

Todavia, no caso em tela o protesto realizado foi o protesto comum, que apenas comprovou o não pagamento da obrigação, estando o protesto em discordância com a exigência legal do protesto para fins falimentares, conforme prevê o artigo 94, § 3.º, da Lei 11.101/2005. Senão, vejamos:

> "Artigo 94. Será decretada a falência do devedor que:
>
> (...).
>
> "§ 3.º Na hipótese do inciso I do *caput* deste artigo, o pedido de falência será instruído com os títulos executivos na forma do parágrafo único do art. 9.º desta Lei, acompanhados, em qualquer caso, dos respectivos instrumentos de protesto para fim falimentar nos termos da legislação específica.
>
> (...)".

Temos assim que o protesto lavrado não está em concordância com o § 3.º do artigo 94, não podendo dar ensejo ao pedido de falência do contestante.

[Espaço de duas linhas]

IV – DO PEDIDO

[Espaço de uma linha]

De todo o exposto, requer-se:

a) o acolhimento da preliminar de ilegitimidade de parte, a fim de extinguir o feito sem a resolução do mérito, com fulcro no artigo 267, inciso VI, do Código de Processo Civil;

b) o indeferimento da petição inicial em virtude de ser o Réu parte manifestamente ilegítima, na forma do artigo 295, inciso II, do Código de Processo Civil.

Caso não seja esse o entendimento de Vossa Excelência, requer-se:

c) no mérito, a improcedência do pedido de falência formulado pelo Autor, em virtude de não estar caracterizada a insolvência jurídica pela impontualidade injustificada, visto que o título que instrui a inicial contempla quantia inferior ao valor de 40 (quarenta) salários mínimos, em descompasso como o artigo 94, inciso I, do Código de Processo Civil;

d) também no mérito requer a declaração de improcedência do pedido do Autor, em virtude de o protesto lavrado estar em discordância com o protesto para fins falimentares, previsto no artigo 94, § 3.º, da Lei Falimentar;

e) a condenação do Réu ao pagamento de honorários advocatícios e também ao pagamento de custas processuais;

f) que as intimações sejam enviadas ao patrono que assina a peça inicial, cumprindo-se o disposto no artigo 39, inciso I, do Código de Processo Civil.

[Espaço de duas linhas]

V - DAS PROVAS

[Espaço de uma linha]

Protesta provar o alegado por todos os meios de prova em direito admitidos, consistentes nos documentos juntados, oitiva do Réu em depoimento pessoal, oitiva de testemunhas, perícias e todas as que se fizerem necessárias ao longo da presente demanda.

[Espaço de uma linha]

Termos em que,

pede deferimento.

[Espaço de uma linha]

Local e data.

[Espaço de uma linha]

Advogado ...

Capítulo XXIX

Habilitação de Crédito

1. Objeto e objetivo. A habilitação de crédito se mostra matéria comum tanto à falência quanto à recuperação judicial de pessoas jurídicas.

A princípio, a relação de credores deverá ser apresentada pelo empresário (rol de documentos a serem juntados) quando do pedido de recuperação judicial (artigo 51, III, Lei 11.101/2005).

Na falência, a relação de credores deverá ser apresentada pelo empresário falido no prazo de 5 dias contados da publicação da sentença de falência (artigo 99, III, Lei 11.101/2005).

A verificação dos créditos do falido compete ao administrador judicial, com base nos livros contábeis e nos documentos mercantis, além daqueles que lhe forem apresentados pelos credores, podendo o administrador judicial contar inclusive com o auxílio de empresas ou profissionais habilitados, certo que esta habilitação será idêntica tanto na falência quanto na recuperação judicial (artigo 7.º, Lei 11.101/2005).

Nestes termos, tanto na falência como na recuperação judicial, a relação dos credores publicada na imprensa oficial confere aos credores a possibilidade de, no prazo de 15 dias, apresentarem ao administrador judicial as habilitações de crédito ou, no mesmo prazo, apresentarem as suas divergências.

A habilitação deve ser requerida pelo credor que não tenha o seu crédito devidamente previsto na relação de credores.

Os credores que tiverem seus créditos incluídos na relação de credores mas que não estiverem de acordo com ele em virtude de seu valor ou classificação poderão efetivar a apresentação de sua divergência, nos mesmos moldes da habilitação de crédito.

2. Requisitos da habilitação de crédito. O pedido de habilitação de crédito deverá conter (artigo 9.º, Lei 11.101/2005):

a) o nome, o endereço do credor e o endereço em que receberá comunicação de qualquer ato do processo;

b) o valor do crédito, atualizado até a data da decretação da falência ou do pedido de recuperação judicial, sua origem e classificação;

c) os documentos comprobatórios do crédito, que devem ser exibidos no original ou por cópias autenticadas se estiverem juntados em outro processo, e a indicação das demais provas a serem produzidas;

d) a indicação da garantia prestada pelo devedor, se houver, e o respectivo instrumento;

e) a especificação do objeto da garantia que estiver na posse do credor.

O credor que não observar o prazo de 15 dias previsto na legislação poderá ainda efetuar o seu pedido, mas será considerado credor retardatário (artigo 10, Lei 11.101/2005).

Na recuperação judicial, o credor retardatário não terá direito de voto nas deliberações da assembleia geral de credores, exceto se for credor trabalhista (artigo 10, § 1.º, Lei 11.101/2005).

Na falência, o credor trabalhista que for retardatário não terá direito de voto nas assembleias de credores caso o quadro geral de credores já tenha sido homologado com os credores retardatários, perdendo, assim, o direito aos rateios eventualmente realizados e ficando sujeito ao pagamento de custas pela habilitação (artigo 10, §§ 2.º e 3.º, Lei 11.101/2005).

As habilitações retardatárias quando apresentadas antes da homologação do quadro de credores serão recebidas como impugnação (artigo 10, § 5.º, Lei 11.101/2005).

Após a homologação do quadro de credores, aqueles que não tiverem habilitado seus créditos, poderão requerer a retificação do quadro de credores, observando o procedimento ordinário do CPC (artigo 10, § 6.º, Lei 11.101/2005).

Com base nas informações obtidas na verificação dos créditos, bem como nas informações apresentadas nas habilitações e divergências apresentadas pelos credores, o administrador fará publicar edital, dentro do prazo de 45 dias contados do final do prazo que foi concedido para as habilitações, no qual deverá haver a menção de todos os créditos novamente.

3. **Impugnação de crédito.** No prazo de 10 dias, contados da republicação do edital, o comitê de credores, qualquer credor, o próprio devedor, ou os seus sócios, além do Ministério Público, agindo como fiscal da lei, poderão efetuar *impugnação* contra a relação de credores perante o juiz da falência (artigo 8.º, Lei 11.101/2005).

As impugnações serão processadas em autos apartados, devendo os credores que tiveram seus créditos impugnados, no prazo de 5 dias contados de sua intimação, apresentar contestação quanto à impugnação (artigo 11, Lei 11.101/2005).

Transcorrido o prazo para manifestação daqueles que tiveram seus créditos impugnados, o devedor e o Comitê, se houver, serão intimados para contestar a impugnação no prazo de 5 dias.

Findo o prazo de manifestação do devedor e do Comitê, o administrador judicial será intimado pelo juiz para emitir parecer no prazo de 5 dias, devendo juntar à sua manifestação o laudo elaborado pelo profissional ou empresa especializada, se for o caso, e todas as informações existentes nos livros fiscais e demais documentos do devedor acerca do crédito, constante ou não da relação de credores, objeto da impugnação (artigo 12, parágrafo único, Lei 11.101/2005).

Após, a impugnação será analisada e julgada pelo juiz, sendo que da decisão judicial sobre as impugnações será cabível o recurso de agravo (artigo 17, Lei 11.101/2005).

Com base nas informações que detém, além daquelas fornecidas através das habilitações, divergências e impugnações, será o administrador judicial o responsável então pela consolidação do quadro geral de credores a ser homologado pelo juiz (artigo 18, Lei 11.101/2005).

4. Identificando no problema o cabimento de pedido de habilitação de crédito. Verifica-se que se trata de procedimento de habilitação de crédito quando o examinador indica a existência de relação creditícia entre o credor e o empresário que teve a falência decretada, ou efetuou o seu pedido de recuperação judicial sem que houvesse a inclusão do credor no quadro ou relação de credores publicada na imprensa, podendo a habilitação ocorrer mesmo após o decurso deste prazo na forma retardatária.

5. A petição inicial do pedido de habilitação de crédito.

Previsão legal	Artigos 7 a 20, Lei 11.101/2005.
Cabimento	Falências e recuperações judiciais, para a inclusão ou alteração de valores no quadro geral de credores.
Competência	Será competente a vara onde estiver sendo processada a falência (juízo universal da falência), ou o juízo da recuperação judicial, devendo o processo ser distribuído por dependência.
Partes do processo (habilitação de crédito)	Regra geral: a) autor: credor; b) réu: massa falida do empresário (habilitação de crédito na falência); empresário em recuperação (habilitação de crédito na recuperação judicial).
Fatos	Demonstrar na peça inicial a relação creditícia entre o credor e o falido, ou empresário em recuperação, atendo-se à problemática trazida pelo examinador, sem acrescentar nenhum outro fato, que configure os requisitos legais a serem preenchidos.

Direito	Apresentar a qualificação jurídica dos fatos narrados, com: a) a demonstração da relação de crédito; b) o valor do crédito, atualizado até a data da decretação da falência ou do pedido de recuperação judicial, sua origem e classificação; c) a juntada dos documentos comprobatórios do crédito e a indicação das demais provas a serem produzidas; d) a especificação do objeto da garantia que estiver na posse do credor, que deve ser exibida no original ou por cópia autenticada se estiver juntada em outro processo.
Pedidos	a) o deferimento da habilitação de crédito, incluindo-se o mesmo no quadro geral de credores, na categoria dos créditos (...); b) que as citações e intimações sejam enviadas ao patrono que assina a peça inicial, cumprindo-se o disposto no artigo 39, I, Código de Processo Civil.
Valor da causa	Valor do crédito requerido.

6. Esquema: habilitação de crédito.

```
EXCELENTÍSSIMO SENHOR DOUTOR JUIZ DE DIREITO DA ... [VARA DA
FALÊNCIA, ou VARA EMPRESARIAL ou VARA CÍVEL] DA COMARCA DE ...
DO ESTADO DE ...

[Espaço de dez linhas]

Distribuição por dependência ao Processo n.° ...

[Espaço de uma linha]

                        AUTOR [quando pessoa jurídica,
será identificada pelo nome empresarial], pessoa jurídica de di-
reito privado, inscrita no CNPJ sob o n.° ..., com sede [ende-
reço], por seu advogado que esta subscreve, que receberá inti-
mações no [endereço], vem, respeitosamente, a Vossa Excelência
propor a presente HABILITAÇÃO DE CRÉDITO em face da RÉ [nome
empresarial; se a falência já foi decretada, a ação deverá ser
proposta em face da massa falida da empresa ré], inscrita no CNPJ
sob o n.° ..., com sede [endereço], pelos motivos de fato e de
direito que a seguir expõe:

[Espaço de duas linhas]

                       I - DOS FATOS
```

[Narrar os fatos como descritos no problema, que evidenciam a existência dos requisitos legais para a habilitação de crédito]

[Espaço de duas linhas]

II - DO DIREITO

[Espaço de uma linha]

[Apresentar o fundamento jurídico do pedido, fazendo a relação entre os fatos e sua ligação com o procedimento da habilitação de crédito]

[Espaço de duas linhas]

III - DO PEDIDO

[Espaço de uma linha]

De todo o exposto, requer-se:

a) que seja deferida a habilitação de crédito, incluindo o mesmo no quadro geral de credores na categoria dos créditos ...;

b) que as intimações sejam enviadas a este endereço ... [artigo 39, I, Código de Processo Civil].

[Espaço de duas linhas]

IV - DAS PROVAS

[Espaço de uma linha]

Protesta provar o alegado por todos os meios de prova em direito admitidos, consistentes nos documentos juntados, oitiva do Réu em depoimento pessoal e de testemunhas, perícias e todas as que se fizerem necessárias ao longo da presente demanda.

[Espaço de duas linhas]

V - DO VALOR DA CAUSA

[Espaço de uma linha]

Dá-se à causa o valor de R$ ... [valor do crédito a ser habilitado].

Termos em que,

```
                              pede deferimento.
[Espaço de uma linha]

                              Local e data.
[Espaço de uma linha]

                              Advogado ...
```

7. Questão resolvida.

J.P. Estofador, empresário individual domiciliado na cidade do Rio de Janeiro, é credor, por uma duplicata de prestação de serviços, devidamente aceita, no valor de R$ 10.000,00, vencida e não paga, da sociedade Móveis Paraíso Ltda., relativamente a serviços de estofamento realizados. A falência da devedora foi decretada em 11.02.2009 pelo juízo da 3.ª Vara Empresarial da Comarca da Capital do Estado do Rio de Janeiro. Pouco mais de um ano após a decretação da quebra, dito credor procurou-o(a), como advogado(a), para promover sua habilitação na falência da aludida sociedade empresária, considerando não ter sido observado o prazo estipulado no § 1.º do artigo 7.º da Lei 11.101/2005.

Com base somente nas informações de que dispõe e nas que podem ser inferidas no caso concreto acima, elabore a petição adequada a atender à pretensão de seu cliente.

Resolução

No problema descrito acima, verificamos a existência de relação de crédito entre J.P. Estofador e Móveis Paraíso Ltda., que teve a sua falência decretada.

Conforme pedido pelo examinador, deverá ser intentada medida que vise à habilitação do crédito de J.P. Estofador, no valor de R$ 10.000,00, acrescidos de juros, ao quadro geral de credores, mesmo que o prazo já tenha expirado.

A pretensão deverá se dar mediante petição de habilitação de crédito, conforme demonstrado abaixo.

De bom tom observarmos a possibilidade de pedido de reserva de crédito, cabível somente em habilitações retardatárias de falência (art. 10 § 4º da Lei 11.101/2005)

PEÇA RESOLVIDA

```
EXCELENTÍSSIMO SENHOR DOUTOR JUIZ DE DIREITO DA 3.ª VARA EMPRE-
SARIAL DA COMARCA DO RIO DE JANEIRO DO ESTADO DO RIO DE JANEIRO.

[Espaço de dez linhas]

Distribuição por dependência aos Autos n.º ...
```

[Espaço de uma linha]

                                    J.P. Estofador, empresário individual, devidamente inscrito no CNPJ sob o n.° ..., com sede na Rua ..., através de seu procurador e advogado devidamente constituído mediante procuração anexa (documento 1), vem À presença de Vossa Excelência propor a presente HABILITAÇÃO DE CRÉDITO em face da Massa Falida de Móveis Paraíso Ltda., pessoa jurídica de direito privado da espécie sociedade empresária, com sede na [endereço], devidamente inscrita no CNPJ/MF sob o n.° ..., pelas razões de fato e de direito a seguir expostas.

[Espaço de duas linhas]

                                    I - DOS FATOS

[Espaço de uma linha]

                                    O Autor, empresário individual, domiciliado na cidade do Rio de Janeiro, é credor por uma duplicata de prestação de serviços devidamente aceita no valor de R$ 10.000,00, vencida e não paga, da sociedade Móveis Paraíso Ltda., relativamente a serviços de estofamento realizados.

                                A falência da devedora foi decretada em 11.02.2009 por esse respeitável juízo, sendo que o valor relativo ao crédito aludido acima não foi incluído no quadro geral de credores.

                                Conforme já mencionado, a duplicata que ora juntamos aos autos (documento 2) foi devidamente aceita pelo devedor ora falido.

[Espaço de duas linhas]

                                  II - DO DIREITO

[Espaço de uma linha]

                                Trata-se de pedido de habilitação de crédito, tendo em vista que o valor relativo ao crédito do requerente não está incluído no quadro de credores.

                                Dispõe o artigo 10 da Lei 11.101/2005 que as habilitações recebidas fora do prazo legal de 15 dias serão recebidas como retardatárias. Senão, vejamos:

> "Art. 10. Não observado o prazo estipulado no artigo 7.°, § 1.°, desta Lei, as habilitações de crédito serão recebidas como retardatárias."

                                Trata-se de crédito fundamentado em duplicata emitida em virtude de prestação de serviços de estofamento, tendo a duplicata sido devidamente aceita.

Vertente a necessidade de inclusão do valor do crédito atualizado até a data da decretação da quebra na categoria dos créditos quirografários no quadro de credores, em vista da documentação comprobatória que está sendo juntada.

[Espaço de duas linhas]

III - DOS PEDIDOS

[Espaço de uma linha]

Diante dos fatos e argumentos aduzidos, requer-se:

a) o deferimento da habilitação de crédito, incluindo o valor do crédito atualizado no quadro geral de credores na categoria dos créditos quirografários;

b) a reserva do valor através do procedimento da reserva de quota, até o julgamento final da habilitação, na forma do § 4.º do artigo 10 da Lei 11.101/2005;

c) que as citações e intimações sejam enviadas ao patrono que assina a peça inicial, cumprindo-se o disposto no artigo 39, I, do Código de Processo Civil.

[Espaço de duas linhas]

IV - DAS PROVAS

[Espaço de uma linha]

Protesta provar o alegado por todos os meios de prova em direito admitidos.

[Espaço de duas linhas]

V - DO VALOR DA AÇÃO

[Espaço de uma linha]

Dá-se à causa o valor de R$ ... [valor atualizado do crédito].

[Espaço de uma linha]

Nesses termos,

pede deferimento.

[Espaço de uma linha]

Local e data.

[Espaço de uma linha]

Advogado ...

8. A petição inicial do pedido de impugnação de crédito.

Previsão legal	Artigos 7.º a 20, Lei 11.101/2005.
Cabimento	Falências e recuperações judiciais, para a exclusão ou alteração de valores no quadro geral de credores.
Competência	Será competente a vara onde estiver sendo processada a falência (juízo universal da falência), devendo o processo ser distribuído por dependência.
Partes do processo (habilitação de crédito)	Regra geral: a) autor: qualquer credor, o devedor, o Ministério Público ou o comitê de credores. b) réu: a massa falida do empresário (impugnação de crédito na falência); empresário em recuperação (impugnação de crédito na recuperação judicial)
Fatos	Demonstrar na peça inicial a alteração do valor do crédito ou a exclusão de crédito indevido da relação creditícia entre o credor e o falido, ou empresário em recuperação, atendo-se à problemática trazida pelo examinador, sem acrescentar nenhum outro fato, que configure os requisitos legais a serem preenchidos.
Direito	Apresentar a qualificação jurídica dos fatos narrados, com: a) a demonstração da alteração no valor do crédito ou a exclusão de crédito indevido da relação de crédito; b) para o caso de alteração: valor do crédito, atualizado até a data da decretação da falência, ou do pedido de recuperação judicial, sua origem e classificação; ou, para exclusão de crédito indevido da relação de credores, demonstrar a inexistência do crédito previsto na relação de credores; c) a juntada dos documentos comprobatórios do aludido na peça.
Pedidos	a) a intimação do credor que teve o crédito impugnado para oferecer contestação (artigo 11, Lei 11.101/2005); b) a intimação do devedor e do comitê de credores para manifestação (artigo 12, Lei 11.101/2005) após o prazo para contestação; c) a intimação do administrador judicial para a emissão de parecer após o decurso dos prazos acima (artigo 12, parágrafo único, Lei 11.101/2005); d) o deferimento da impugnação de crédito, excluindo ou alterando o crédito do quadro geral de credores; e) que as citações e intimações sejam enviadas ao patrono que assina a peça inicial, cumprindo-se o disposto no artigo 39, I, Código de Processo Civil.
Valor da causa	Valor do crédito requerido.

9. Esquema: impugnação de crédito.

EXCELENTÍSSIMO SENHOR DOUTOR JUIZ DE DIREITO DA ...[VARA DA FALÊNCIA, ou VARA EMPRESARIAL ou VARA CÍVEL] DA COMARCA DE ... DO ESTADO DE ...

[Espaço de dez linhas]

Distribuição por dependência ao Processo n.º ...

AUTOR [quando pessoa jurídica, será identificada pelo nome empresarial], pessoa jurídica de direito privado, inscrita no CNPJ sob o n.º ..., com sede [endereço], por seu advogado que esta subscreve, que receberá intimações no [endereço], vem, respeitosamente, a Vossa Excelência propor a presente IMPUGNAÇÃO DE CRÉDITO em face da RÉ [nome empresarial], inscrita no CNPJ sob o n.º ..., com sede [endereço], pelos motivos de fato e de direito que a seguir expõe:

[Espaço de duas linhas]

I - DOS FATOS

[Espaço de uma linha]

[Narrar os fatos como descritos no problema, que evidenciam a existência dos requisitos legais para a alteração do valor ou a exclusão de crédito indevido da relação de credores]

[Espaço de duas linhas]

II - DO DIREITO

[Espaço de uma linha]

[Apresentar o fundamento jurídico do pedido, fazendo a relação entre os fatos e sua ligação com o procedimento da impugnação de crédito]

[Espaço de duas linhas]

III - DO PEDIDO

[Espaço de uma linha]

De todo o exposto, requer-se:

a) a intimação da empresa ré que teve seu crédito impugnado para apresentar a sua contestação, conforme prevê o artigo 11 da Lei 11.101/2005;

b) a intimação do devedor e do comitê de credores para manifestação sucessivamente à empresa ré;

c) a intimação do administrador judicial para emissão de parecer após o decurso dos prazos acima;

d) o deferimento da impugnação de crédito, excluindo-se o crédito impugnado do quadro geral de credores [ou alterando-se o valor do crédito do quadro geral de credores];

e) que as intimações sejam enviadas a este patrono no endereço ... [artigo 39, I, Código de Processo Civil].

[Espaço de duas linhas]

IV - DAS PROVAS

[Espaço de uma linha]

Protesta provar o alegado por todos os meios de prova em direito admitidos, consistentes nos documentos juntados, oitiva do Réu em depoimento pessoal e de testemunhas, perícias e todas as que se fizerem necessárias ao longo da presente demanda.

[Espaço de duas linhas]

V - DO VALOR DA CAUSA

[Espaço de uma linha]

Dá-se à causa o valor de R$ [valor do crédito impugnado].

[Espaço de uma linha]

Termos em que,

pede deferimento.

[Espaço de uma linha]

Local e data.

[Espaço de uma linha]

Advogado ...

Capítulo XXX

Ação Revocatória

1. Objeto e objetivo. A ação revocatória configura-se em procedimento que tem por objetivo a revogação de atos praticados pelo devedor com o intuito de prejudicar credores, provando-se o conluio fraudulento entre o devedor e o terceiro que com ele contratou e o efetivo prejuízo sofrido pela massa falida (artigo 130, Lei 11.101/2005).

Os atos que o devedor pratica com o intuito de desviar o seu patrimônio poderão ser revogados, retornando o patrimônio para o controle da massa falida, visando tal medida resguardar o interesse dos credores.

A ação revocatória poderá ser promovida pelo administrador judicial, por qualquer credor ou pelo Ministério Público, no prazo de 3 anos contados da decretação da falência (artigo 132, Lei 11.101/2005).

A ação revocatória deverá ser promovida contra todos os que figuram no ato ou que por efeito dele foram pagos, garantidos ou beneficiados; contra os terceiros adquirentes, se estes tiveram conhecimento da intenção do devedor de prejudicar os seus credores; contra os herdeiros ou legatários destes (artigo 133, Lei 11.101/2005).

O juízo competente para o julgamento é o próprio juízo da falência (artigo 134, Lei 11.101/2005).

A sentença que julgar os pedidos procedentes na ação revocatória determinará o retorno dos bens à massa falida em espécie, com todos os acessórios, ou em seu valor de mercado, acrescidos, inclusive, se for o caso, das perdas e danos, podendo mesmo o juízo, a requerimento do autor, determinar o sequestro de bens do patrimônio do devedor (artigo 135, Lei 11.101/2005).

Da sentença da ação revocatória caberá o recurso de apelação (artigo 135, parágrafo único, Lei 11.101/2005).

Reconhecida a ineficácia ou julgada procedente a ação revocatória, as partes retornarão ao estado anterior, e o contratante de boa-fé terá direito à restituição dos bens ou valores entregues ao devedor (artigo 136, Lei 11.101/2005).

2. A petição inicial da ação revocatória. Trata-se de procedimento regulado pelos artigos 130 a 138, Lei 11.101/2005, porém o próprio artigo 134 admite que deverá ser obedecido o procedimento ordinário previsto no Código de Processo Civil. Sendo assim, deverá o candidato, ao elaborar a petição inicial da ação revocatória, atentar para os requisitos do artigo 282, Código de Processo Civil.

3. Identificando no problema o cabimento de ação revocatória. Verifica-se que se trata de ação revocatória quando o problema menciona a existência de falência e a incidência de ato que veio a prejudicar a massa falida.

A conduta poderá ser uma das previstas nos incisos do artigo 129, Lei 11.101/2005, ou, como já enfatizado, qualquer conduta fraudulenta que tenha prejudicado a massa falida.

4. A petição inicial da ação revocatória.

Previsão legal	Artigos 130 a 138, Lei 11.101/2005; artigo 282, Código de Processo Civil.
Cabimento	Em processos de falência onde existam atos fraudulentos praticados em desfavor da massa falida.
Competência	Será competente a vara onde estiver sendo processada a falência (juízo universal da falência), devendo o processo ser distribuído por dependência.
Partes do processo	Autor: administrador judicial; qualquer dos credores da massa falida; ou o Ministério Público. Réu: falido e todos os que figuraram no ato, ou foram pagos, garantidos ou beneficiados; ou terceiros adquirentes se eram sabedores da irregularidade; ou herdeiros e legatários destes.
Fatos	Demonstrar na peça inicial a relação ou situação jurídica que trouxe, em virtude de ato fraudulento, o prejuízo para a massa falida.
Direito	Apresentar a qualificação jurídica dos fatos narrados, observando-se a existência do elemento fraude e também do prejuízo ou potencial prejuízo para a massa falida.
Pedidos	Procedência total do pedido de declaração de existência de fraude, revogando-se o ato praticado pelo réu. Retorno dos bens para o patrimônio da massa falida, com todos os acessórios, ou o seu valor de mercado, acrescido das perdas e danos. Citação do réu para o oferecimento de contestação no prazo legal. Condenação do réu ao pagamento de custas e honorários advocatícios. Que as citações e intimações sejam enviadas ao patrono que assina a peça inicial, cumprindo-se o disposto no artigo 39, I, Código de Processo Civil.
Valor da causa	Valor do bem ou do prejuízo causado.

5. Esquema: Ação revocatória.

EXCELENTÍSSIMO SENHOR DOUTOR JUIZ DE DIREITO DA ... VARA ... DA COMARCA DE ... DO ESTADO DE ...

[Espaço de dez linhas]

Distribuição por dependência aos Autos n.º ...

[Espaço de uma linha]

AUTOR [quando pessoa jurídica, será identificada pelo nome empresarial], pessoa jurídica de direito privado, inscrita no CNPJ sob o n.º ..., com sede [endereço], [se o autor for o administrador judicial, identificá-lo, mencionando sua qualificação], por seu advogado, que receberá intimações no [endereço], vem, respeitosamente, a Vossa Excelência propor a presente AÇÃO REVOCATÓRIA em face da RÉ [nome empresarial], inscrita no CNPJ sob o n.º ..., com sede [endereço], pelos motivos de fato e de direito que a seguir expõe:

[Espaço de duas linhas]

I - DOS FATOS

[Espaço de uma linha]

[Narrar os fatos como descritos no problema, que evidenciam a existência de conduta fraudulenta praticada em prejuízo da massa falida]

[Espaço de duas linhas]

II - DO DIREITO

[Espaço de uma linha]

[Apresentar o fundamento jurídico do pedido, fazendo a relação entre os fatos e sua qualificação jurídica, demonstrando que os requisitos da renovação estão cumpridos]

[Espaço de duas linhas]

III - DO PEDIDO

[Espaço de uma linha]

De todo o exposto, requer-se:

a) a citação do Réu por Oficial de Justiça, requerendo desde já os benefícios do artigo 172, § 2.º, do Código de Processo Civil, para responder aos termos da presente, sob pena de sofrer os efeitos da revelia;

b) a procedência dos pedidos de declaração de existência de conduta fraudulenta e a revogação dos atos praticados;

          c) o retorno dos bens para o patrimônio da massa falida, com todos os acessórios, ou o seu valor de mercado, acrescido de perdas e danos;

          d) a condenação do Réu nos ônus da sucumbência e honorários advocatícios.

[Espaço de duas linhas]

          IV – DAS PROVAS

[Espaço de uma linha]

          Protesta provar o alegado por todos os meios de prova em direito admitidos, consistentes nos documentos juntados, oitiva do Réu em depoimento pessoal, oitiva de testemunhas, perícias e todas as que se fizerem necessárias ao longo da presente demanda.

[Espaço de duas linhas]

          V – DO VALOR DA CAUSA

[Espaço de uma linha]

          Dá-se à causa o valor de ... [valor do bem ou do prejuízo]

[Espaço de uma linha]

          Termos em que,

          pede deferimento.

[Espaço de uma linha]

          Local e data.

[Espaço de uma linha]

          Advogado...

6. Questão resolvida.

  Amin e Carla são sócios da A&C Engenharia Ltda., pessoa jurídica que, em 26.11.2008, teve falência decretada pela Vara de Falências e Concordatas do Distrito Federal, tendo o juízo competente fixado o termo legal da falência em 20.11.2007. Pedro, administrador judicial da massa falida da A&C Engenharia Ltda., tomou conhecimento que Amin, à época em que este praticava atos concernentes à administração da sociedade, transferira, em 05.12.2007, a título gratuito, um automóvel, de propriedade da sociedade empresária, a sua irmã, Fabiana, o que causou prejuízos à massa falida. Em face dos referidos fatos, Pedro decidiu promover medida judicial visando à revogação da doação praticada por Amin, com o objetivo de preservar os interesses da sociedade e dos credores.

Considerando a situação hipotética apresentada, na qualidade de advogado(a) contratado(a) por Pedro, redija a medida judicial cabível para a referida revogação, com fundamento na matéria de direito aplicável ao caso, apresentando todos os requisitos legais pertinentes.

Resolução

No problema descrito acima, verificamos a existência de falência já ocorrida em 26.11.2008, sendo o termo legal fixado em período anterior a 20.11.2007.

Os atos passíveis de revogação serão aqueles fraudulentos, previstos ou não no artigo 129, Lei 11.101/2005.

Segundo o artigo 129, "são ineficazes em relação à massa falida, tenha ou não o contratante conhecimento do estado de crise econômico-financeira do devedor, seja ou não intenção deste fraudar credores: (...) IV – a prática de atos a título gratuito, desde 2 (dois) anos antes da decretação da falência; (...)".

Sendo assim, deveria o candidato, como o próprio pedido do examinador menciona, intentar medida que revogue o ato praticado.

PEÇA RESOLVIDA

EXCELENTÍSSIMO SENHOR DOUTOR JUIZ DE DIREITO DA ... VARA DA FA-
LÊNCIA E CONCORDATA DO DISTRITO FEDERAL

[Espaço de dez linhas]

Distribuição por dependência aos Autos n.º ...

[Espaço de uma linha]

PEDRO [qualificação], administrador judicial da massa falida de A&C Engenharia Ltda., por seu advogado, nomeado conforme instrumento procuratório anexo (documento 1), vem, respeitosamente, à presença de Vossa Excelência propor a presente AÇÃO REVOCATÓRIA em face da Amim, [nacionalidade], [estado civil], portador da cédula de identidade RG n.º ..., inscrito no CPF/MF sob o n.º ..., [endereço], e Fabiana [nacionalidade], [estado civil], portador da cédula de identidade RG n.º ..., inscrita no CPF/MF sob o n.º ..., [endereço], pelos motivos de fato e de direito que a seguir expõe:

[Espaço de duas linhas]

I – DOS FATOS

[Espaço de uma linha]

A Sociedade A&C Engenharia Ltda., pessoa jurídica, teve, em 26.11.2008, a sua falência decretada por esta respectiva Vara e Juízo, tendo o termo legal de falência sido fixado em 20.11.2007.

O Autor da presente, administrador judicial da massa falida, tomou conhecimento de que Amin, à época em que este praticava atos concernentes à administração da sociedade, transferira, em 05.12.2007, a título gratuito, um automóvel, de propriedade da sociedade empresária, a sua irmã, Fabiana, o que causou prejuízos à massa falida.

Tendo em vista a situação mencionada, resolveu o administrador judicial promover a medida judicial visando à revogação da doação praticada por Amin, com o objetivo de preservar os interesses da sociedade e dos credores.

[Espaço de duas linhas]

II - DO DIREITO

[Espaço de uma linha]

Trata-se de ação revocatória promovida pelo administrador judicial da massa falida de A&C Engenharia Ltda., com o objetivo de revogar ato fraudulento praticado pelo sócio Amin, em conluio fraudulento com sua irmã Fabiana.

Determina o artigo 130 da Lei de Falências e Recuperação de Empresas:

> "Art. 130. São revogáveis os atos praticados com a intenção de prejudicar credores, provando-se o conluio fraudulento entre o devedor e o terceiro que com ele contratar e o efetivo prejuízo sofrido pela massa falida".

No caso em questão, evidente o conluio fraudulento, tendo em vista a transferência gratuita de patrimônio da massa falida para a irmã do sócio, o que com certeza acarretou prejuízos para a massa falida.

A conduta do sócio Amin de transferir patrimônio da pessoa jurídica de modo gratuito para sua irmã é considerada ineficaz segundo a legislação falimentar. Senão, vejamos:

> "Art. 129. São ineficazes em relação à massa falida, tenha ou não o contratante conhecimento do estado de crise econômico-financeira do devedor, seja ou não intenção deste fraudar credores:
>
> (...)

> IV - a prática de atos a título gratuito, desde 2 (dois) anos antes da decretação da falência;
>
> (...)".

Sendo assim, temos que a prática gratuita realizada em 05.12.2007 está dentro do período de 2 (dois) anos anteriores à decretação da quebra, o que configura como ineficaz o ato ora praticado.

Quanto à legitimidade para a propositura da medida por parte do administrador judicial, temos plena concordância com o disposto no artigo 132 da Lei 11.101/2005. Senão, vejamos:

> "Art. 132. A ação revocatória, de que trata o art. 130 desta Lei, deverá ser proposta pelo administrador judicial, por qualquer credor ou pelo Ministério Público no prazo de 3 (três) anos contado da decretação da falência."

Em análise ao artigo de lei colacionado, também verificamos que está sendo cumprido o prazo legal para a propositura da presente medida judicial.

[Espaço de duas linhas]

III - DO PEDIDO

[Espaço de uma linha]

De todo o exposto, requer-se:

a) a citação dos Réus por Oficial de Justiça, requerendo desde já os benefícios do artigo 172, § 2.º, do Código de Processo Civil, para responderem aos termos da presente, sob pena de sofrerem os efeitos da revelia;

b) a procedência da presente demanda, declarando-se a existência de conduta fraudulenta na venda do automóvel da Sociedade A&C Engenharia Ltda., ocorrida em 05.12.2007, e revogando os atos praticados;

c) o retorno do patrimônio consistente no automóvel para o patrimônio da massa falida, com todos os acessórios, ou, caso se mostre impossível, que o valor de mercado, acrescido de perdas e danos, seja pago;

d) a condenação dos Réus ao pagamento do ônus da sucumbência e honorários advocatícios.

[Espaço de duas linhas]

IV - DAS PROVAS

[Espaço de uma linha]

    Protesta provar o alegado por todos os meios de prova em direito admitidos, consistentes nos documentos juntados, oitiva do Réu em depoimento pessoal, oitiva de testemunhas, perícias e todas as que se fizerem necessárias ao longo da presente demanda.

[Espaço de duas linhas]

V - DO VALOR DA CAUSA

[Espaço de uma linha]

    Dá-se à causa o valor de ... [valor do automóvel]

[Espaço de uma linha]

    Termos em que,

    pede deferimento.

[Espaço de uma linha]

    Local e data.

[Espaço de uma linha]

    Advogado...

Capítulo XXXI

Teoria Geral dos Recursos

1. Recurso. É o remédio voluntário idôneo a ensejar, dentro de um mesmo processo, a reforma, a invalidação, o esclarecimento ou a integração da decisão judicial que se impugna (José Carlos Barbosa Moreira, *Comentários ao Código de Processo Civil*, 13. ed., Forense, vol. 5, p. 233).

2. Objeto do recurso. É proporcionar o reexame de decisões interlocutórias e sentenças. Os despachos são irrecorríveis (artigo 504, Código de Processo Civil), assim como os atos meramente ordinatórios (artigo 162, § 4.º, Código de Processo Civil).

3. Algumas classificações dos recursos.

Quanto à categoria	Quanto à fundamentação	Âmbito (artigo 505, Código de Processo Civil)
Ordinário (recurso comum).	Livre (pode ser adotado qualquer fundamento).	Parcial (impugna-se parte do julgado).
Extraordinário (cabível apenas em determinadas situações).	Vinculada (os fundamentos são estabelecidos em lei, taxativamente).	Total (impugna-se toda a decisão).

4. Princípios norteadores da sistemática recursal.

a) *duplo grau de jurisdição*: é a possibilidade de impugnação da decisão judicial para seu reexame pelo mesmo ou outro órgão de jurisdição;

b) *taxatividade*: trata-se da enumeração dos recursos em rol taxativo por lei (*numerus clausus*);

> **Importante!**
> Não são recursos a correição parcial, a remessa necessária e o pedido de reconsideração.

c) *singularidade*: apenas pode ser apresentado um único tipo de recurso para cada tipo de decisão judicial. Como exceção, há a imposição de apresentação conjunta dos recursos especial e extraordinário, quando ambos forem cabíveis (artigo 541, Código de Processo Civil);

d) *proibição do* reformatio in pejus: não é admissível prejudicar a situação da parte em ponto não objeto de recurso;

e) *fungibilidade*: possibilidade de um recurso interposto ser recebido como outro, diante dos seguintes requisitos: existência de dúvida objetiva (ou seja, divergência na doutrina e na jurisprudência sobre o tema); inexistência de erro grosseiro; observância de todas as formalidades legais; e observância do prazo menor (segundo a jurisprudência predominante).

5. Requisitos de admissibilidade dos recursos. São exigidos para todos os recursos:

a) *cabimento*: adequação entre o recurso apresentado e a decisão ou conteúdo da decisão que se quer impugnar;

b) *legitimidade recursal*: autorização dada a uma pessoa (ou pessoas) para apresentar recurso.

> Têm legitimidade recursal ativa, ou seja, podem interpor recurso, nos termos do artigo 499, Código de Processo Civil: a *parte vencida* (autor, réu, litisconsorte ou terceiro interveniente já admitido no feito); o *Ministério Público* (como parte ou *custos legis* – artigo 82, Código Processo Civil); e o *terceiro prejudicado*, ou seja, aquele que poderia ter intervindo no processo como assistente e não o fez, cabendo a ele demonstrar o prejuízo que sofreu nas razões de recurso.
>
> Terá legitimidade recursal passiva, ou seja, deverá responder ao recurso, como regra, a parte contrária. Se o recurso for do Ministério Público ou de terceiro, deverão ser ouvidas ambas as partes.

c) *interesse recursal*: haverá interesse em recorrer se for constatada a presença de necessidade da via recursal e a utilidade do recurso interposto para melhorar a situação do recorrente. Corresponde à sucumbência (derrota na pretensão);

d) *tempestividade*: deverá o recorrente observar o prazo previsto em lei para apresentação do recurso;

e) *preparo*: é necessário o pagamento das custas para a apresentação de recurso, devendo a comprovação do pagamento acompanhar a petição de interposição (artigo 511, Código de Processo Civil). Compõem o preparo a taxa judiciária e os portes de remessa e de retorno (estes dois últimos quando exigidos pela lei de custas). A penalidade para o não pagamento das custas é denominada "deserção";

São *dispensados de apresentar preparo* as Fazendas da União, Estados, Distrito Federal e Municípios, respectivas autarquias, o Ministério Público (artigo 511, § 1.º, Código de Processo Civil) e o beneficiário da justiça gratuita (artigo 3.º, Lei 1.060/1950).

Há recursos que a lei processual dispensa de preparo, como é o caso dos embargos de declaração (artigo 536, Código Processo Civil) e do agravo na modalidade retida (artigo 522, parágrafo único, Código Processo Civil).

f) *regularidade formal*: deverá o recorrente observar as formalidades previstas em lei para a aceitação do recurso. Os recursos devem ser oferecidos por escrito, com as correspondentes razões de recurso (motivos para recorrer), e subscritos necessariamente por advogado devidamente constituído nos autos;

g) *causas impeditivas ou extintivas do direito de recorrer*: são requisitos negativos (não podem ser verificados na hipótese concreta, sob pena de o recurso ser extinto).

Consistem na *renúncia ao direito de recorrer* (manifestação do desinteresse em oferecer recurso, anteriormente à interposição deste – artigo 502, Código Processo Civil); *desistência do recurso* (ocorre quando, tendo já sido interposto o recurso, o recorrente manifesta desinteresse em vê-lo julgado, não sendo necessária a concordância da outra parte – artigo 501, Código Processo Civil); e a *aquiescência ou aceitação da decisão judicial* (concordância, expressa ou tácita, com a decisão proferida – artigo 503, Código Processo Civil).

6. Efeitos dos recursos. São as consequências jurídicas da interposição dos recursos:

a) *evitar preclusão/coisa julgada*: é o efeito que decorre da apresentação tempestiva do recurso, proporcionando a continuidade o processo, com o adiamento da produção da coisa julgada ou da preclusão. Todos os recursos têm este efeito;

b) *devolutivo*: é o efeito que possibilita o proferimento de nova decisão do Poder Judiciário sobre o tema objeto do recurso. Todos os recursos têm efeito devolutivo, decorrente de sua própria natureza, variando o âmbito da devolução conforme o recurso apresentado;

c) *suspensivo*: é o efeito que adia os efeitos da decisão impugnada até o julgamento do recurso. Como regra, nos termos do artigo 497, Código Processo Civil, apenas o recurso especial, o recurso extraordinário e o agravo de instrumento não têm efeito suspensivo.

> *Importante!*
> O efeito suspensivo não impede a liquidação da sentença cível condenatória, pela atual redação do artigo 475-A, § 2.º, Código Processo Civil.

Também são apontados pela doutrina os seguintes efeitos:

a) de *retratação*: dá oportunidade de o julgador que proferiu a decisão recorrida reconsiderar a decisão, o que torna desnecessário o recurso apresentado (admitido para alguns recursos apenas, dependendo de determinação legal expressa);

b) *expansivo*: é a possibilidade de a decisão recorrida atingir objeto diferente daquele impugnado (expansão objetiva) ou pessoa diferente da impugnada (expansão subjetiva – no caso do litisconsórcio unitário, nos termos do artigo 509, Código Processo Civil);

c) *substitutivo*: nos termos do artigo 512, Código Processo Civil, a decisão que apreciar o mérito do recurso, se referente este à reforma do julgado, substitui o pronunciamento judicial recorrido. A substituição ocorre nos termos do efeito devolutivo que teve o recurso;

d) *translativo*: é o que autoriza o Tribunal a conhecer de matérias de ordem pública, mesmo que não suscitadas pelas partes até o momento de apresentação do recurso.

7. Juízo de admissibilidade. Consiste na avaliação pelo órgão judiciário competente da presença dos requisitos de admissibilidade. Caso o recurso não preencha os requisitos mencionados, será julgado "não conhecido", restando intacta a decisão recorrida.

A competência para esta avaliação é do tribunal competente para julgar o recurso, podendo a lei transferi-la para a instância *a quo* de forma inicial e provisória.

8. Juízo de mérito. Refere-se à apreciação da irresignação do recorrente. Por mérito recursal entende-se o objeto do recurso, ou seja, a impugnação da decisão recorrida.

A impugnação poderá ser total ou parcial e ainda poderá se referir:

Defeito	Em que consiste	Exemplo
Error in judicando (erro de decisão)	O juiz aplicou mal o direito, apreciando equivocadamente as provas ou interpretando e/ou aplicando erroneamente a norma jurídica.	O réu, derrotado na causa, trouxe provas de que não tinha a obrigação de pagar ao autor, provas que foram desconsideradas pelo juízo. O autor, derrotado na causa, entende aplicável ao caso concreto determinada norma jurídica, o que não foi a posição adotada pelo juiz na sentença.
Error in procedendo (erro de procedimento)	Há nulidade no processo ou na decisão proferida, que deverá ser saneada e não o foi pelo julgador.	O juiz não atentou para o vício de citação do réu. O juiz não atentou para a não intimação obrigatória do Ministério Público.

9. **Recurso adesivo (artigo 500, Código Processo Civil).** Trata-se de uma das formas de interposição dos recursos de apelação, embargos infringentes, especial e extraordinário, em caso de haver sucumbência recíproca (ou seja, de haver derrota do autor e do réu). Não constitui espécie recursal autônoma.

É apresentado no prazo para resposta, se não tiver havido interposição de recurso no seu prazo, e demais formalidades. O conhecimento do recurso adesivo fica condicionado ao conhecimento do recurso principal.

10. **A forma dos recursos: a petição de interposição e a petição de razões recursais.** Como regra, os recursos são apresentados por petição escrita, composta de duas partes:

a) petição de interposição: dirigida ao julgador que proferiu a decisão recorrida, na qual o recorrente manifesta sua intenção de apresentar o recurso;

b) petição de razões: dirigida ao tribunal competente para a revisão do julgamento, na qual o recorrente apresenta o preenchimento dos requisitos de admissibilidade e os motivos de reforma ou anulação da decisão judicial objeto de impugnação.

11. **A resposta ao recurso.** Apesar de não haver previsão expressa, todos os recursos admitem resposta pela parte contrária. A resposta ao recurso observa o seguinte regime jurídico:

a) deve ser apresentada pelo recorrido no mesmo prazo conferido ao recurso, que é, como regra, 15 dias (excetua-se o agravo, cuja resposta deverá ser apresentada em 10 dias). Observam-se prazos diferenciados para litisconsortes com diferentes advogados e para o beneficiário da justiça gratuita;

b) terá a mesma forma do recurso, ou seja, será apresentada por petição escrita, dividida em duas partes (petição de apresentação, dirigida ao juízo da causa; e petição de razões, dirigida ao tribunal), com as razões de conservação do julgado em seus exatos termos;

c) a resposta é denominada contrarrazões, exceção feita ao agravo, cuja resposta se denomina contraminuta.

Capítulo XXXII

Agravo de Decisão de Primeiro Grau (Artigos 522 a 527, Código de Processo Civil)

1. A admissibilidade do agravo. Para ser admitido o agravo, deverão ser respeitados os seguintes requisitos de admissibilidade:

Cabimento	Em face de decisão interlocutória (artigo 162, § 2.º, Código de Processo Civil).
Legitimidade recursal	Poderá ser apresentado pelas partes, terceiro prejudicado e Ministério Público.
Interesse recursal	Pela sucumbência (total ou parcial), no caso da parte; pelo prejuízo ou dano, para o terceiro; e pela defesa do interesse público, no caso do Ministério Público na atuação como *custos legis*.
Prazo (tempestividade)	10 dias contados da intimação da decisão (publicação pela imprensa, intimação pessoal ou leitura em audiência – artigo 522, Código de Processo Civil). Os prazos diferenciados são aplicáveis (artigos 188 e 191, Código de Processo Civil; Lei 1.060/1950).
Formas possíveis	Agravo retido e agravo por instrumento.
Ausência de causa extintiva/impeditiva do direito de recorrer	É aplicável a regra geral, ou seja, deve haver a inexistência de aceitação ou renúncia ao direito de recorrer ou de desistência do recurso apresentado, para que seja julgado no mérito.
Mérito recursal	Será a reforma ou a anulação da decisão interlocutória impugnada, que causou gravame à parte prejudicada. Poderá objetivar a reforma da decisão (*error in iudicando*) ou a anulação do processo ou nulidade da sentença (*error in procedendo*). Poderá versar sobre toda a decisão ou parte dela.

2. Particularidades do agravo retido. É o agravo retido a forma geral de apresentação de recurso contra decisão interlocutória de primeira instância. Será admitido em todas as situações, exceto naquelas em que a forma exigida é a de instrumento, mencionada no próximo tópico.

Observará o seguinte regime:

Regularidade formal	É apresentado por petição escrita, dirigida ao juízo da causa, com as razões dirigidas ao Tribunal *ad quem*, apontando-se as razões de reforma ou nulidade da decisão recorrida.
	O recurso ficará encartado nos autos da ação.
Preparo	É dispensado (artigo 522, parágrafo único, Código de Processo Civil).
Requisito especial para seu conhecimento	Para ser julgado pelo tribunal, deverá ser reiterado na apelação ou nas contrarrazões, sob pena de não conhecimento (artigo 523, *caput* e § 1.º, Código de Processo Civil).
Efeitos	Impedimento de preclusão da decisão interlocutória, devolutivo e de possibilitar a retratação ao magistrado (artigo 523, § 2.º, Código de Processo Civil).

3. Passo a passo do agravo retido. Os requisitos do agravo retido devem ser preenchidos conforme a descrição no problema, observado o seguinte:

Petição a ser apresentada	Terá necessariamente duas partes: a petição de interposição e a petição de razões recursais.
Endereçamento	a) petição de interposição: dirigida ao juízo da causa, como apontado no problema;
	b) petição de razões de agravo, dirigida ao Tribunal competente.
Legitimidade e interesse recursais	O sucumbente será o agravante (o derrotado, nos termos do problema).
	Atentar para menção a terceiro ou ao Ministério Público, para verificar se a legitimidade é destes.
Mérito recursal	Conforme o problema, poderá ser referente a:
	a) *reforma*: a sucumbência do recorrente consiste em um resultado desfavorável, resultante da análise das provas dos autos ou do direito aplicável à espécie. Deve o recorrente demonstrar que as provas não foram adequadamente apreciadas ou que a tese jurídica apontada pelo magistrado não representa a melhor solução para a causa;
	b) *nulidade*: a sucumbência do recorrente consiste em um resultado desfavorável, resultante de nulidade da sentença ou do processo. É o caso de não intimação do advogado sobre a decisão proferida pelo juízo.
Requerimento	Conforme o problema, poderá ser de:
	a) reforma – caso a pretensão do recorrente seja o proferimento de nova decisão pelo Tribunal, que lhe seja favorável;
	b) nulidade – caso a pretensão do recorrente seja a decretação de nulidade da decisão interlocutória ou do processo, retornando o processo para o juízo *a quo* para novo processamento do feito (nulidade do processo) ou proferimento de nova decisão.

4. Particularidades do agravo de instrumento. Na modalidade por instrumento, o agravo observará o seguinte regime jurídico:

Cabimento	A forma de instrumento apenas é cabível nas hipóteses de: a) inadmissão da apelação, ou seja, a apelação apresentada não foi conhecida pelo juízo de primeira instância; b) efeitos em que a apelação foi recebida (artigos 520 e 558, Código de Processo Civil); c) ser a decisão suscetível de causar à parte lesão grave e de difícil reparação, a ser precisamente apontada pela parte recorrente.
Regularidade formal	É apresentado por petição escrita, dirigida diretamente ao Tribunal *ad quem*, apontando-se as razões de reforma ou nulidade da decisão recorrida. Para ser conhecido, o agravo de instrumento deve: a) apontar a causa de seu cabimento, acima mencionada; b) estar instruído com as peças essenciais, apontadas no artigo 525, Código de Processo Civil (cópias da decisão agravada, da certidão da respectiva intimação e das procurações outorgadas aos advogados do agravante e do agravado), e, facultativamente, com outras peças que o agravante entender úteis; c) indicar o endereço de intimação das partes recorrente e recorrida (artigo 524, inciso III, Código de Processo Civil); d) haver a comunicação ao juízo *a quo* de sua interposição, com a apresentação da petição de recurso e do rol das peças que o instruíram (artigo 526, Código de Processo Civil).
Preparo	É exigido, devendo ser demonstrado seu pagamento no momento da interposição do recurso (artigo 511, Código de Processo Civil).
Efeitos	Impedimento de preclusão da decisão interlocutória, devolutivo e de possibilitar a retratação ao magistrado (artigo 523, § 2.º, Código de Processo Civil). É possível a realização de pedido de tutela antecipada recursal, nos termos do artigo 558, Código de Processo Civil, sendo o caso de prisão civil, adjudicação, remição de bens, levantamento de dinheiro sem caução idônea e em outros casos dos quais possa resultar lesão grave e de difícil reparação, sendo relevante a fundamentação.

Importante!

A tutela antecipada recursal em sede de agravo pode ter os seguintes conteúdos, a depender da situação concreta:

a) dar efeito suspensivo ao agravo, impedindo a execução da decisão interlocutória, no caso de a decisão ser passível de causar dano ao agravante;

b) conceder a decisão favorável ao agravante, negada em primeira instância, a fim de afastar dano ou risco de dano ao agravante, que poderá ser imediatamente cumprida.

5. Esquema de agravo retido.

EXCELENTÍSSIMO SENHOR DOUTOR JUIZ FEDERAL DA VARA FEDERAL DA SUBSEÇÃO JUDICIÁRIA DE ...

[ou]

EXCELENTÍSSIMO SENHOR DOUTOR JUIZ DE DIREITO DA ... [VARA DA FALÊNCIA, ou VARA EMPRESARIAL ou VARA CÍVEL]

[Espaço de dez linhas]

AUTOR, por seu advogado ao final assinado, nos autos da [nome da ação], ajuizada/impetrada em face de [nome do réu], não se conformando, *data venia*, com a respeitável decisão que indeferiu a tutela antecipada requerida nos autos da ação em referência, vem interpor AGRAVO RETIDO, cujas razões estão consubstanciadas nas laudas a seguir.

[Espaço de uma linha]

Termos em que,
pede deferimento.

[Espaço de uma linha]

Local e data.

[Espaço de uma linha]

Advogado ...

....

RAZÕES DO AGRAVO DE RETIDO

ORIGEM: ... VARA CÍVEL DA COMARCA DE SÃO PAULO

AUTOS N.° ...

AGRAVANTE: ...

AGRAVADO: ...

[Espaço de cinco linhas]

Egrégio Tribunal,
Colenda Câmara,
Eminentes Julgadores.

[Espaço de duas linhas]

I – BREVE RELATO DO PROCESSADO

[Espaço de uma linha]

```
[Narrar brevemente os fatos conforme o problema]
                         II - DAS RAZÕES DE ANULAÇÃO/RE-
FORMA DA DECISÃO DE FLS.

[Espaço de uma linha]
[Apresentar as razões pelas quais a decisão é nula ou deve ser
reformada]
                         III - DO PREQUESTIONAMENTO

[Espaço de uma linha]
[Inserir, caso haja referência]
                         Como parte necessária da análise
da matéria suscitada no presente caso, solicita-se a análise dos
seguintes dispositivos: ...
                         IV - DO REQUERIMENTO

[Espaço de uma linha]
                         Posto isso, requer-se o provi-
mento do presente recurso, a fim de ser anulada/reformada a deci-
são proferida na instância a quo, como medida de Justiça!

[Espaço de uma linha]
                         Local e data.

[Espaço de uma linha]
                         Advogado ...
```

6. Agravo por instrumento.

Previsão legal	Artigo 522 e seguintes, Código de Processo Civil.
Cabimento	Contra decisões de interlocutórias que possam trazer prejuízo a uma das partes. Também contra sentença de procedência do pedido de falência.
Competência	Será competente para receber o recurso de agravo por instrumento o Desembargador Presidente do Tribunal de Justiça (se Justiça Comum, será o Tribunal de Justiça do Estado; se Justiça Federal, será competente o Tribunal Regional Federal).
Partes do processo	Agravante: aquele que promove o recurso
	Agravado: a parte contrária
Prazo	10 (dez) dias.

Pedidos	Para que o recurso seja recebido e conhecido com a antecipação dos efeitos da tutela recursal, nos termos do artigo 527, inciso III, Código de Processo Civil; ou
	Para que o recurso seja recebido e conhecido com a atribuição de efeito suspensivo à decisão agravada, em sede liminar, nos termos do artigo 527, inciso III, Código de Processo Civil.
	Provimento do recurso, com a reforma definitiva da decisão interlocutória e confirmação da tutela concedida.
	Juntada das peças obrigatórias e facultativas que a parte entende imprescindíveis para a apreciação do recurso pelo juízo *ad quem*.
	Juntada de procuração dos advogados.
	Intimação do agravado para o oferecimento de contraminuta do agravo.
	Juntada das guias relativas às custas de preparo e ao retorno dos autos.

7. Esquema: Agravo por instrumento.

```
EXCELENTÍSSIMO SENHOR DOUTOR DESEMBARGADOR PRESIDENTE DO TRIBU-
NAL DE JUSTIÇA DO ESTADO DE ...

[Espaço de dez linhas]

                       AGRAVANTE, pessoa jurídica de
direito privado, inscrita no CNPJ/MF sob o n.º ..., com sede na
..., por seu administrador [nome], [estado civil], portador da
cédula de identidade RG n.º ..., inscrito no CPF/MF sob o n.º
..., neste ato por seu procurador e advogado que esta subscreve
(instrumento de mandato anexo), não se conformando com a decisão
de fls., vem interpor AGRAVO POR INSTRUMENTO COM PEDIDO DE EFEITO
SUSPENSIVO, com fundamento no artigo 522 e seguintes do Código
de Processo Civil.

Agravante: [nome empresarial], [CNPJ], [endereço]

Advogado do Agravante Dr. ..., com endereço na ...

Agravado: [nome empresarial], [CNPJ], [endereço]

Advogado do Agravado Dr. ..., com endereço na ...

                       Documentos juntados no presente
agravo:
                       I - cópias da decisão agravada;

                       II - cópias da certidão da res-
pectiva intimação da decisão agravada;

                       III - cópias das procurações ou-
torgadas aos advogados do Agravante e do Agravado
```

IV - cópias de peças relevantes;

V - comprovante do pagamento das respectivas custas e do porte de retorno.

[Espaço de uma linha]

Termos em que,

pede deferimento.

[Espaço de uma linha]

Local e data.

[Espaço de uma linha]

Advogado ...

....

RAZÕES DO AGRAVO

Agravante: ...

Agravado: ...

Processo n.º ...

[Espaço de cinco linhas]

Egrégio Tribunal,

Colenda Câmara,

Ilustres Desembargadores.

[Espaço de duas linhas]

I - BREVE RELATO DOS FATOS

[Espaço de uma linha]

[Descrever os fatos trazidos no problema sem o acréscimo de fatos novos]

[Espaço de duas linhas]

II - DO CABIMENTO DO PRESENTE AGRAVO POR INSTRUMENTO

[Espaço de uma linha]

[Demonstrar que a decisão merece ser recorrida, tendo em vista que poderá causar ao agravante lesão grave e de difícil reparação]

[Espaço de duas linhas]

III - DO MÉRITO

[Espaço de uma linha]

[Desenvolver o raciocínio citando os artigos legislativos que demonstram estar a decisão incorreta, merecendo, portanto, o recurso de agravo]

[Espaço de duas linhas]

IV - DO CABIMENTO DA ANTECIPAÇÃO DOS EFEITOS DA TUTELA RECURSAL

[Espaço de uma linha]

[Quando houver pedido de antecipação da tutela recursal, pedido liminar ou pedido de atribuição de efeito suspensivo para a decisão recorrida, a abertura de tópico se mostra útil para destacar a matéria]

[Espaço de duas linhas]

V - DO PEDIDO

[Espaço de uma linha]

Diante de todo o exposto, o Agravante requer:

a) que o recurso seja recebido e conhecido com a antecipação dos efeitos da tutela recursal, nos termos do artigo 527, inciso III, do Código de Processo Civil; ou

b) que o recurso seja recebido e conhecido com a atribuição de efeito suspensivo à decisão agravada, em sede liminar, nos termos do artigo 527, inciso III, do Código de Processo Civil;

c) o provimento do recurso, com a reforma definitiva da decisão interlocutória e confirmação da tutela concedida;

d) a juntada de todas as peças e documentos citados na peça de interposição;

e) a intimação do Agravado para o oferecimento de contraminuta do agravo;

f) a juntada das guias relativas às custas de preparo e retorno dos autos.

[Espaço de uma linha]

Termos em que,

pede deferimento.

```
[Espaço de uma linha]
                                    Local e data.
[Espaço de uma linha]
                                    Advogado ...
```

8. Questão resolvida

OAB (2008.2) Um representante legal de cooperativa de crédito, com sede e principal estabelecimento localizados no Distrito Federal, voltada precipuamente para a realização de mútuo aos seus associados, acaba de saber que o gerente de sucursal localizada em outro Estado foi legalmente intimado, há uma semana, por decisão prolatada pelo juízo da cidade de Imaginário, de que se decretou a falência da cooperativa em questão. No caso, um empresário credor de uma duplicata inadimplida no valor total de R$ 11.000,00 requereu, após realizar o protesto ordinário do título de crédito, a falência do devedor, em processo que correu sem defesa oferecida pela mencionada pessoa jurídica. Na decisão, afirma-se que a atividade habitual de empréstimo de dinheiro a juros constitui situação mercantil clássica, sendo, portanto, evidente a natureza empresarial do devedor, e que, em razão da ausência de interesse do réu em adimplir o crédito ou sequer se defender, patente está a sua insolvência presumida.

Em face da situação hipotética apresentada, na qualidade de advogado(a) contratado(a) pelo representante legal da mencionada cooperativa de crédito, redija a medida processual cabível para impugnar a decisão proferida.

PEÇA RESOLVIDA

```
EXCELENTÍSSIMO SENHOR DOUTOR DESEMBARGADOR PRESIDENTE DO TRIBU-
NAL DE JUSTIÇA DO ESTADO DE ...

[Espaço de dez linhas]

                            Cooperativa de Crédito, pessoa
jurídica de direito privado, inscrita no CNPJ/MF sob o n.° ...,
com sede na ..., por seu administrador [nome], [estado civil],
portador da cédula de identidade RG n.° ..., inscrito no CPF/MF
sob o n.° ..., neste ato por seu procurador e advogado que esta
subscreve (instrumento de mandato anexo), não se conformando com
a decisão de fls., proferida pelo Juízo da Comarca de Imaginário,
vem interpor AGRAVO POR INSTRUMENTO COM PEDIDO DE EFEITO SUS-
PENSIVO, com fundamento no artigo 522 e seguintes do Código de
Processo Civil.

Agravante: Cooperativa de Crédito, [CNPJ], [endereço]

Advogado do Agravante Dr. ..., com endereço na ...
```

Agravado: empresário, [CNPJ], [endereço]

Advogado do Agravado Dr. ..., com endereço na ...

Documentos juntados no presente agravo:

I - cópias da decisão agravada;

II - cópias da certidão da respectiva intimação da decisão agravada;

III - cópias das procurações outorgadas aos advogados do Agravante e do Agravado;

IV - cópias de peças relevantes;

V - comprovante do pagamento das respectivas custas e do porte de retorno.

[Espaço de uma linha]

Termos em que,

pede deferimento.

[Espaço de uma linha]

Local e data.

[Espaço de uma linha]

Advogado ...

....

RAZÕES DO AGRAVO

Agravante: Cooperativa de Crédito

Agravado: empresário

Processo n.° ...

[Espaço de cinco linhas]

Egrégio Tribunal,

Colenda Câmara,

Ilustres Desembargadores.

[Espaço de duas linhas]

I - BREVE RELATO DOS FATOS

[Espaço de uma linha]

O Agravante, Cooperativa de Crédito, detém sede e principal estabelecimento localizados no Distrito Federal, e é voltada precipuamente para a realização de mútuo aos seus associados.

O Agravante acaba de saber que o gerente de sua sucursal localizada em outro Estado foi legalmente intimado, há uma semana, por decisão prolatada pelo juízo da cidade de Imaginário, de que se decretou a falência da cooperativa em questão.

No caso, o Agravado, credor de uma duplicata inadimplida no valor total de R$ 11.000,00, requereu, após realizar o protesto ordinário do título de crédito, a falência do devedor, em processo que correu sem defesa oferecida pela mencionada pessoa jurídica.

Na decisão, afirma-se que a atividade habitual de empréstimo de dinheiro a juros constitui situação mercantil clássica, sendo, portanto, evidente a natureza empresarial do devedor, e que, em razão da ausência de interesse do Réu em adimplir o crédito ou sequer se defender, patente está a sua insolvência presumida.

[Espaço de duas linhas]

II - DO CABIMENTO DO PRESENTE AGRAVO POR INSTRUMENTO

[Espaço de uma linha]

Segundo o artigo 522 do Código de Processo Civil, o recurso de agravo por instrumento será cabível contra decisão interlocutória suscetível de causar à parte lesão grave e de difícil reparação.

Neste enfoque, temos que a presente decisão equivocada do juízo "a quo" poderá trazer ao Agravante diversos prejuízos, tendo em vista que a sua atividade empresarial será suspensa, além de não poder mais o Agravante dispor de seu patrimônio.

Também de bom alvitre mencionarmos o que dispõe a legislação falimentar a respeito da sentença de quebra. Senão, vejamos:

"Art. 100. Da decisão que decreta a falência cabe agravo, e da sentença que julga a improcedência do pedido cabe apelação".

Sendo assim, não seria outro o recurso cabível contra a respeitável decisão do Juízo da Comarca de Imaginário senão o agravo por instrumento, amparado pelo artigo 522 do Código de Processo Civil e artigo 100 da legislação especial, que dispõe sobre o instituto da falência e recuperação de empresas.

[Espaço de duas linhas]

III - DO MÉRITO RECURSAL

[Espaço de uma linha]

A. Incompetência do Juízo da Comarca de Imaginário

[Espaço de uma linha]

A respeitável decisão do Juízo da Comarca de Imaginário decretou a falência da Agravada. No entanto, a decisão merece ser reparada, pois não teria o Juízo "a quo" competência para a decretação da falência. Senão, vejamos:

> "Art. 3.º É competente para homologar o plano de recuperação extrajudicial, deferir a recuperação judicial ou decretar a falência o juízo do local do principal estabelecimento do devedor ou da filial de empresa que tenha sede fora do Brasil".

Cediço é que a Agravante detém sede e principal estabelecimento localizados no Distrito Federal, o que torna incompetente o Juízo da Comarca de Imaginário para a prolação de sentença relativa ao pedido de falência da Agravante.

De acordo com a legislação falimentar, competente seria o Juízo do principal estabelecimento, no caso em tela, o Juízo do Distrito Federal.

[Espaço de uma linha]

B. Ilegitimidade passiva da Cooperativa de Crédito

[Espaço de uma linha]

O artigo 2.º da Lei 11.101/2005 dispõe a respeito dos impedidos de falir no direito brasileiro, sendo que o inciso II do presente artigo aduz:

> "Art. 2.º Esta Lei não se aplica a:
>
> "(...)
>
> "II - instituição financeira pública ou privada, 'cooperativa

de crédito', consórcio, entidade de previdência complementar, sociedade operadora de plano de assistência à saúde, sociedade seguradora, sociedade de capitalização e outras entidades legalmente equiparadas às anteriores" (grifos nossos).

Assim sendo, não poderá ser a lei falimentar aplicada aos empresários acima descritos, inclusive as cooperativas de crédito, atividade exercida pela Agravante.

Em termos, não poderá a Agravante, em virtude da atividade empresarial que exerce, ter a sua falência requerida, quiçá decretada, como ocorreu no caso em tela.

[Espaço de uma linha]

C. Valor do crédito utilizado para o pedido de falência inferior limite legal

[Espaço de uma linha]

A falência só poderá ser requerida em face de empresário ou sociedade empresária que estejam sob insolvência jurídica, que está disciplinada na Lei de Falências nos incisos do artigo 94.

Segundo os documentos juntados ao presente Agravo, o Agravado, em virtude de crédito no valor de R$ 11.000,00 (onze mil reais), requereu a falência da Agravante.

No entanto, o pedido está em desconformidade com o artigo 94, inciso I, da Lei de Falências. Senão, vejamos:

"Art. 94. Será decretada a falência do devedor que:

"I - sem relevante razão de direito, não paga, no vencimento, obrigação líquida materializada em título ou títulos executivos protestados 'cuja soma ultrapasse o equivalente a 40 (quarenta) salários mínimos na data do pedido de falência'" (grifos nossos).

Portanto, temos que o pedido de falência está fundado em título que não possui o valor necessário ao pedido, o que torna temerária a decisão do Juízo "a quo".

[Espaço de uma linha]

D. Falência exige protesto específico

[Espaço de uma linha]

Como se não bastassem os argumentos acima descritos, verificamos, através da análise das peças que instruem o presente agravo por instrumento, que o pedido foi fundado em título de crédito que sofreu protesto ordinário, ou seja, protesto comum, previsto na legislação de protesto, Lei 9.492/1997.

No entanto, para dar ensejo ao pedido de falência, a lei determina que seja efetivado o protesto para fim falimentar:

"Art. 94 (...).

"(...)

"§ 3.º Na hipótese do inciso I do *caput* deste artigo, o pedido de falência será instruído com os títulos executivos na forma do parágrafo único do art. 9.º desta Lei, 'acompanhados, em qualquer caso, dos respectivos instrumentos de protesto para fim falimentar' nos termos da legislação específica" (grifos nossos).

Sendo assim, o protesto utilizado para embasar o pedido não é o protesto que a lei exige como requisito para o pedido de falência, tornando, assim, merecedora de revisão a decisão do Juízo Monocrático.

[Espaço de duas linhas]

IV – DO PEDIDO LIMINAR CONCEDENDO EFEITO SUSPENSIVO A DECISÃO

[Espaço de uma linha]

A concessão de liminar concedendo efeito suspensivo à decisão monocrática se mostra necessária no caso em tela.

A Lei de Falências, em seu artigo 99, inciso IX, determina que na sentença de falência deverá o juiz nomear o administrador judicial.

Segundo o artigo 108, também, a Lei de Falências estabelece:

"Art. 108. Ato contínuo à assinatura do termo de compromisso, o administrador judicial efetuará a arrecadação dos bens e documentos e a avaliação dos bens, separadamente ou em bloco, no local em que se encontrem, requerendo ao juiz, para esses fins, as medidas necessárias".

Assim, impossível se torna o Agravante continuar o exercício comum de sua atividade, haja vista que seu patrimônio será todo arrecadado pelo administrador judicial nomeado pelo juiz da falência.

Imprescindível, assim, a concessão, em sede de liminar, de efeito suspensivo à decisão que decretou a falência do Agravante pelo Juízo "a quo".

[Espaço de duas linhas]

V – DO PEDIDO

[Espaço de uma linha]

Diante de todo o exposto, o Agravante requer:

a) que o recurso seja recebido e conhecido com a atribuição de efeito suspensivo à decisão agravada, em sede liminar, nos termos do artigo 527, inciso III, do Código de Processo Civil, a fim de suspender a decisão objeto do presente agravo;

b) o provimento do recurso, com a reforma definitiva da decisão interlocutória e confirmação da liminar concedida;

c) a juntada de todas as peças e documentos citados na peça de interposição;

d) a intimação do Agravado para o oferecimento de contraminuta do agravo;

e) a juntada das guias relativas às custas de preparo e retorno dos autos.

[Espaço de uma linha]

Termos em que,

pede deferimento.

[Espaço de uma linha]

Local e data.

[Espaço de uma linha]

Advogado ...

Capítulo XXXIII

Apelação (Artigos 513 a 521, Código de Processo Civil)

1. A admissibilidade da apelação. Para ser admitida a apelação, deverão ser respeitados os seguintes requisitos de admissibilidade:

Cabimento	Contra sentença (artigo 513, Código de Processo Civil), ou seja, a decisão que extingue o feito sem resolução de mérito (artigo 267, Código de Processo Civil) ou que resolve o mérito da causa (artigo 269, Código de Processo Civil).
Legitimidade recursal	A apelação poderá ser apresentada pelas partes, terceiro prejudicado e Ministério Público.
Interesse recursal	Pela sucumbência (total ou parcial) no caso da parte; prejuízo ou dano; para o terceiro; e defesa do interesse público, no caso do Ministério Público na atuação como *custos legis*.
Prazo (tempestividade)	15 dias contados da intimação da sentença (publicação pela imprensa, intimação pessoal ou leitura em audiência – artigo 508, Código de Processo Civil). Os prazos diferenciados são aplicáveis (artigos 188 e 191, Código de Processo Civil; Lei 1.060/1950).
Preparo	É exigido.
Regularidade formal	Deve ser apresentada por petição escrita, consistente em duas partes: a) petição de interposição, dirigida ao juízo da causa, com a identificação do recorrente e com a expressão do intuito de recorrer; b) petição de razões, dirigida ao Tribunal competente, com os fundamentos de fato e de direito do pedido de anulação ou reforma da decisão *a quo* e requerimento expresso de nova decisão.
Ausência de causa extintiva/impeditiva do direito de recorrer	É aplicável a regra geral, ou seja, deve haver a inexistência de aceitação ou renúncia ao direito de recorrer ou de desistência do recurso apresentado, para que seja julgado no mérito.
Forma adesiva	Admite e segue os mesmos requisitos de admissibilidade da apelação.

2. Efeitos da apelação. São os seguintes:

a) evitar a formação de coisa julgada (formal ou material) em relação à sentença impugnada;

b) efeito devolutivo (artigos 515 e 516, Código de Processo Civil);

c) efeito suspensivo, como regra.

> **Importante!** Na apelação não é admitido juízo de retratação, salvo nas hipóteses do artigo 296 (indeferimento da petição inicial) e 285-A (julgamento de improcedência sem citação do réu).

3. Particularidades do efeito devolutivo da apelação. O efeito devolutivo da apelação é o que tem maior amplitude. Além da devolução das questões alegadas pelo apelante (artigo 515, *caput*, Código de Processo Civil), que marca a devolução em extensão, em profundidade permite-se ao tribunal conhecer de ofício:

a) todas as questões suscitadas e discutidas pelas partes, mesmo que não decididas por inteiro, ou seja, mesmo não havendo decisão judicial integral sobre elas (artigo 515, § 1.º, Código de Processo Civil);

b) os fundamentos (argumentos jurídicos e questões de fato) suscitados na ação ou defesa e não acolhidos pelo juízo (artigo 515, § 2.º, Código de Processo Civil); e

c) as questões não decididas, isto é, sanar omissão no julgamento (julgar pedido não apreciado, p. ex.) (artigo 516, Código de Processo Civil).

> **Importante!** Também é permitido ao Tribunal suprir nulidades sanáveis, ou seja, refazer os atos processuais nulos ou confirmá-los válidos (artigo 515, § 4.º, Código de Processo Civil).

4. Autorização para julgamento de mérito da causa no caso de extinção de processo sem resolução de mérito. Também por força do efeito devolutivo, autoriza-se o prosseguimento da resolução de mérito, caso o feito tenha sido extinto sem resolução de mérito e a matéria seja de direito ou já esteja devidamente comprovada.

Ou seja, entendendo o tribunal que não era caso de extinção do feito (p. ex., foi rejeitada a decisão que reconheceu a carência de ação), está autorizado o tribunal a julgar a causa, se presentes os requisitos antes mencionados (artigo 515, § 3.º, Código de Processo Civil).

5. Particularidades do efeito suspensivo da apelação. Por sua vez, o efeito suspensivo decorre do simples ato de interposição do recurso, dispensando requerimento do recorrente. Há alguns casos, entretanto, nos quais a apelação não é recebida no efeito suspensivo, que são previstos no artigo 520, I a VII, Código de Processo Civil:

a) quando homologar a divisão ou a demarcação;

b) quando condenar à prestação de alimentos;

c) quando decidir o processo cautelar;

d) quando rejeitar liminarmente os embargos à execução ou julgá-los improcedentes;

e) quando julgar procedente o pedido de instituição de arbitragem;

f) quando confirmar a antecipação de tutela.

> *Importante!* Nos termos do artigo 558, Código de Processo Civil, é possível ser formulado requerimento ao relator para que conceda efeito suspensivo à apelação nas hipóteses em que o recurso não seja dotado legalmente deste efeito, descritas no artigo 520, Código de Processo Civil (acima mencionadas) e na legislação extravagante (como é o caso da apelação em mandado de segurança – artigo 14, § 3.º, Lei 12.016/2009).

6. Mérito recursal. O recurso de apelação poderá objetivar a reforma da decisão (*error in iudicando*) ou a anulação do processo ou nulidade da sentença (*error in procedendo*). Poderá versar sobre toda a sentença ou parte dela.

7. A apelação e as hipóteses dos artigos 296 e 285-A, Código de Processo Civil. No caso de indeferimento da petição inicial (artigo 296, Código de Processo Civil) e do julgamento imediato do feito (artigo 285-A, Código de Processo Civil), o processamento da apelação terá as particularidades abaixo mencionadas:

a) indeferimento da inicial (artigo 296, Código de Processo Civil)

No caso de a petição inicial ser indeferida, poderá o juiz reformar sua decisão, para admitir a petição inicial, no prazo de 48 horas após a apresentação do recurso pelo autor. Caso mantido o indeferimento, a apelação será imediatamente remetida ao tribunal (artigo 296, *caput* e parágrafo único).

b) julgamento imediato do feito (artigo 285-A, Código de Processo Civil)

No caso de o juiz, de imediato, julgar improcedente o pedido do autor, por ser a lide apenas de direito e já houver decisões contrárias à pretensão apresentada em casos idênticos, poderá, também, o juiz reconsiderar a decisão, no prazo de cinco dias após a apresentação da apelação. Caso contrário, o juiz determinará a citação do réu para apresentar suas contrarrazões de apelação (artigo 285-A, *caput* e §§ 1.º e 2.º).

> **Importante!**
> Deve-se verificar, com base no problema, se a apelação será recebida apenas no efeito devolutivo (artigo 520, Código de Processo Civil) e se é, também, caso de pedido de efeito suspensivo, com base no artigo 558, Código de Processo Civil.

8. Esquema da apelação.

Previsão legal	Artigos 513 a 521, Código de Processo Civil.
Cabimento	Contra sentença de primeiro grau.
	Contra sentença de improcedência do pedido de falência.
Competência	Será competente para receber o recurso de apelação o Juízo que prolatou a sentença objeto da apelação.
	Ao recebê-la, deverá, após análise do juízo de retratação, encaminhá-la ao tribunal competente.
Partes do processo	Apelante: recorrente – aquele que promove a recurso
	Apelado: recorrido – a parte contrária.
Prazo	15 (quinze) dias.
Pedidos	De retratação do juízo de primeiro grau nos, termos do artigo 296, Código de Processo Civil, quando a decisão for de indeferimento de petição inicial.
	Para que o recurso seja recebido e conhecido pelo Egrégio Tribunal de Justiça em seu duplo efeito (devolutivo e suspensivo), nos termos do artigo 520, Código de Processo Civil;
	De juntada do comprovante de recolhimento de custas de preparo, além do porte de remessa e retorno dos autos ao Egrégio Tribunal de Justiça;
	De provimento do recurso, com a reforma definitiva da sentença no sentido de ....

9. Esquema: Apelação.

```
EXCELENTÍSSIMO SENHOR DOUTOR JUIZ DE DIREITO DA ... VARA CÍVEL
DA COMARCA DE ... DO ESTADO DE ...

[Espaço de dez linhas]

Autos n.º ...

[Espaço de uma linha]

                              RECORRENTE, pessoa jurídica de
direito privado, já qualificada nos autos da ação que move em face
de RECORRIDA, neste ato por seu procurador e advogado que esta
subscreve, não se conformando com a decisão de fls. ..., que ...
```

[teor simplificado da decisão], vem, à presença de Vossa Excelência, apresentar tempestivamente o RECURSO DE APELAÇÃO, com fundamento no artigo 513 e seguintes do Código de Processo Civil, pelos fatos e motivos de direito expostos nas razões do recurso.

Requer o recebimento do presente em seu duplo efeito, posto que tempestivo e sua remessa ao Egrégio Tribunal de Justiça para processamento do recurso, juntando para tanto as guias de preparo necessárias.

[Espaço de uma linha]

        Nesses termos,

        pede deferimento.

[Espaço de uma linha]

        Local e data.

[Espaço de uma linha]

        Advogado ...

....

RAZÕES AO RECURSO DE APELAÇÃO

Recorrente [apelante]: [nome empresarial], [CNPJ], [endereço]

Recorrido [apelado]: [nome empresarial], [CNPJ], [endereço]

Processo n.º ...

Origem: [indicar o Juízo que proferiu a decisão]

[Espaço de cinco linhas]

      EGRÉGIO TRIBUNAL DE JUSTIÇA DO ESTADO DE ...,

      COLENDA CÂMARA,

      ÍNCLITOS JULGADORES.

      Recorrente [nome empresarial], não se conformando com a r. decisão de fls. ..., vem, respeitosamente, apresentar as razões para o seu recurso de apelação, com base nos fundamentos a seguir expostos.

[Espaço de duas linhas]

      I - BREVE RELATO DOS FATOS

[Espaço de uma linha]

[Descrever os fatos trazidos no problema sem o acréscimo de fatos novos]

[Espaço de duas linhas]

II - DO CABIMENTO DA PRESENTE APELAÇÃO

[Espaço de uma linha]

[Demonstrar que a decisão merece ser reformada]

[Espaço de duas linhas]

III - PRELIMINAR DE APELAÇÃO

[Espaço de uma linha]

[Quando existir matéria de preliminar processual, inserir neste campo]

[Espaço de duas linhas]

IV - DO MÉRITO

[Espaço de uma linha]

[Desenvolver o raciocínio citando os artigos legislativos que demonstram estar a decisão incorreta, merecendo, portanto, o recurso de apelação]

[Espaço de duas linhas]

V - DO PEDIDO

[Espaço de uma linha]

Diante de todo o exposto, o Apelante requer:

a) que o recurso seja recebido e conhecido por este Egrégio Tribunal de Justiça em seu duplo efeito, conforme previsão do artigo 520 do Código de Processo Civil;

b) o provimento do recurso com a reforma definitiva da sentença no sentido de ... [informar as razões pelas quais o pleito deverá ser provido].

[Espaço de uma linha]

Termos em que,

pede deferimento.

[Espaço de uma linha]

Local e data.

[Espaço de uma linha]

Advogado ...

10. Exercício resolvido.

OAB/MG (2006.1) Luiza Silva, Antonio Silva, Maria Ester e Adir Lourival são credores da sociedade empresária Mineradora Novo Serro Ltda., sediada na cidade de Serro/MG. Cada credor possui uma nota promissória no valor de R$ 10.000,00. Todos os títulos venceram em 1.º de abril, sem que tivessem sido pagos. Em função disso, todos os credores promoveram o protesto competente para embasar um pedido de falência da sociedade devedora. Referido protesto não foi sustado, tampouco cancelado. Após inúmeras tentativas de receber o crédito amigavelmente, os devedores procuraram pelo único advogado comercialista da cidade e resolveram, conjuntamente, pedir a falência da sociedade devedora. A ação foi proposta e distribuída para a 1.ª Vara Cível de Serro/MG. Ao receber o processo, o juiz titular extinguiu-o sem o julgamento de mérito, com base nos artigos 267, I, e 295, V, Código de Processo Civil. Asseverou, ainda, que o valor mínimo para a propositura do pedido de falência deve se referir a cada um dos títulos individualmente e que tal processo não comporta litisconsórcio no polo ativo da demanda, por falta de previsão legal. Argumentou, ainda, que a sociedade não possui outros protestos e muito menos outras ações executivas. Além disso, afirmou que a sociedade é por demais importante para o desenvolvimento da cidade, devendo ser aplicado o princípio da preservação da empresa, sopesando a importância social da sociedade e o pequeno valor da dívida em face do volume de recursos injetados na cidade e movimentado pela sociedade devedora.

A decisão foi publicada no dia 12 de abril de 2006, dia em que não houve expediente forense. Os dias 13 e 14 foram feriados e, portanto, não houve expediente forense.

Você foi procurado por todos os autores para a elaboração da peça de recurso cabível.

Elabore a peça processual adequada, apresentando-a no último dia do prazo.

PEÇA RESOLVIDA

```
EXCELENTÍSSIMO SENHOR DOUTOR JUIZ DE DIREITO DA 1.ª VARA CÍVEL
DA COMARCA DE SERRO DO ESTADO DE MINAS GERAIS

[Espaço de dez linhas]

Autos n.º ...

[Espaço de uma linha]

                         LUIZA SILVA, ANTONIO SILVA, MA-
RIA ESTER E ADIR LOURIVAL, todos já qualificados nos autos, neste
ato por seu procurador e advogado que esta subscreve, não se
conformando com a decisão de fls. ..., que declarou improcedente
o pedido de falência promovido em face do Recorrido, vem, à pre-
```

sença de Vossa Excelência, apresentar tempestivamente o RECURSO DE APELAÇÃO, com fundamento no artigo 513 e seguintes do Código de Processo Civil, pelos fatos e motivos de direito expostos nas razões do recurso.

Requerem o recebimento do presente em seu duplo efeito, posto que tempestivo, e seu envio ao Egrégio Tribunal de Justiça para processamento do recurso, juntando para tanto as guias de preparo necessárias.

[Espaço de uma linha]

Nesses termos,

Pedem deferimento.

[Espaço de uma linha]

Local e data.

[Espaço de uma linha]

Advogado ...

....

RAZÕES AO RECURSO DE APELAÇÃO

Recorrentes: Luiza Silva, [RG e CPF], [endereço]; Antonio Silva [RG e CPF], [endereço]; Maria Ester, [RG e CPF], [endereço], Adir Lourival [RG e CPF], [endereço]

Recorrido: Sociedade Mineradora Serro Novo Ltda., [CNPJ] [endereço]

Processo n.º ...

Origem: 1.ª Vara Cível da Comarca de Serro, Estado de Minas Gerais

[Espaço de cinco linhas]

EGRÉGIO TRIBUNAL DE JUSTIÇA DO ESTADO DE MINAS GERAIS

COLENDA CÂMARA,

ÍNCLITOS JULGADORES.

Luiza Maria, Antonio Silva, Maria Ester e Adir Lourival, ora recorrentes, não se conformando com a r. decisão de fls. ..., vêm, respeitosamente, apresentar as razões para o seu recurso de apelação, com base nos fundamentos a seguir expostos.

[Espaço de duas linhas]

I - BREVE RELATO DOS FATOS

[Espaço de uma linha]

Os Recorrentes são credores da sociedade empresária Recorrida, sediada na cidade de Serro/MG.

Cada credor possui uma nota promissória no valor de R$ 10.000,00. Todos os títulos venceram em 1.º de abril, sem que tivessem sido pagos.

Em função disso, todos os credores promoveram o protesto competente para embasar um pedido de falência da sociedade devedora, sendo certo que o referido protesto não foi sustado, tampouco cancelado.

Após inúmeras tentativas de receber o crédito amigavelmente, os credores procuraram pelo único advogado comercialista da cidade e resolveram, conjuntamente, pedir a falência da sociedade devedora.

A ação foi proposta e distribuída perante a 1ª. Vara Cível de Serro/MG, sendo certo que, ao receber o processo, o juiz titular extinguiu o feito sem resolução de mérito, com base nos artigos 267, I, e 295, V, do Código de Processo Civil.

Asseverou, ainda, que o valor mínimo para a propositura do pedido de falência deve se referir a cada um dos títulos individualmente e que tal processo não comporta litisconsórcio no polo ativo da demanda, por falta de previsão legal.

A sentença mencionou, ainda, que a sociedade não possui outros protestos e muito menos outras ações executivas.

Além disso, afirmou que a sociedade é muito importante para o desenvolvimento da cidade, devendo ser aplicado o princípio da preservação da empresa, sopesando a importância social da sociedade e o pequeno valor da dívida em face do volume de recursos injetados na cidade e movimentado pela sociedade devedora.

A decisão foi publicada no dia 12 de abril de 2006, dia em que não houve expediente forense, sendo que os dias 13 e 14 foram feriados e, portanto, também não houve expediente forense.

[Espaço de duas linhas]

II - DO CABIMENTO DA PRESENTE APELAÇÃO

[Espaço de uma linha]

Segundo o artigo 513 do Código de Processo Civil, contra sentença caberá recurso de apelação.

Também de bom alvitre mencionarmos o que dispõe a legislação falimentar (Lei 11.101/2005) a respeito da sentença de quebra. Senão, vejamos:

> "Art. 100. Da decisão que decreta a falência cabe agravo, e da sentença que julga a improcedência do pedido cabe apelação".

Sendo assim, não seria outro o recurso cabível, contra a respeitável decisão do Juízo da Comarca de Serro, senão a apelação, com amparo no artigo 513 do Código de Processo Civil e no artigo 100 da legislação especial, que dispõe sobre o instituto da falência e recuperação de empresas.

No mais, tempestivo o recurso, apresentado a esse Respeitável Tribunal dentro do prazo legal.

[Espaço de duas linhas]

III - PRELIMINAR DE APELAÇÃO

[Espaço de uma linha]

A. Do indeferimento da petição inicial

A petição inicial foi indeferida com base nos artigos 267, I, e 295, V, do Código de Processo Civil, porém foi equivocada a decisão do juízo de primeiro grau. Senão, vejamos:

> "Art. 295. A petição inicial será indeferida:
>
> (...)
>
> V - quando o tipo de procedimento, escolhido pelo autor, não corresponder à natureza da causa, ou ao valor da ação; caso em que só não será indeferida, se puder adaptar-se ao tipo de procedimento legal;
>
> (...);"

A fundamentação mostra o equívoco da decisão ora contestada: afinal, o pedido de falência deverá ter por base a existência de valores superiores a 40 (quarenta) salários mínimos previstos em títulos protestados.

Temos que, no caso em tela, todos os requisitos necessários para o pedido de falência foram obedecidos, visto que a quantia individual de cada requerente, somada, corresponde ao valor de R$ 40.000,00 (quarenta mil reais), suficientes para embasarem o pedido de falência ora requerido.

[Espaço de duas linhas]

IV - DO MÉRITO

[Espaço de uma linha]

A. Da formação de litisconsórcio. Do valor necessário para o pedido de falência

A respeitável decisão do Juízo "a quo" não merece ser mantida, pois asseverou o magistrado que o valor objeto do pedido não corresponde à quantia mínima de 40 (quarenta salários) que ensejaria o pedido de falência.

Porém, assevera o artigo 94 da Lei Falimentar:

> "Art. 94. Será decretada a falência do devedor que:
>
> "I - sem relevante razão de direito, não paga, no vencimento, obrigação líquida materializada em título ou títulos executivos protestados cuja soma ultrapasse o equivalente a 40 (quarenta) salários mínimos na data do pedido de falência.
>
> "(...)
>
> "§ 1.º Credores podem reunir-se em litisconsórcio a fim de perfazer o limite mínimo para o pedido de falência com base no inciso I do "caput" deste artigo."

Nesse sentido, a sentença do juízo da comarca de Serro não deverá ser mantida – afinal, verificamos que o pedido tem por base a soma de quatro obrigações em valores de R$ 10.000,00 (dez mil reais), totalizando o valor de R$ 40.000,00 (quarenta mil reais), quantia essa acima dos 40 (quarenta) salários mínimos necessários para instruírem o pedido de falência.

Além disso, o § 1.º que ora utilizamos para tratarmos da quantia também fornece guarida para a formação do litisconsórcio ativo – sendo assim, os recorrentes, no intuito de requererem a falência do devedor, poderão se unir para alcançarem o mencionado objetivo.

Além do mais, os títulos estavam todos instruídos com os devidos comprovantes de protesto, necessários para o pedido de falência com base no artigo 94, I, da Lei de Falências.

Sendo assim, não merece prosperar a sentença inicial, visto que eivada de vícios de ordem material.

[Espaço de duas linhas]

V - DO PEDIDO

[Espaço de uma linha]

Diante de todo o exposto, os Apelantes requerem:

a) que o recurso seja recebido e conhecido por este Egrégio Tribunal de Justiça em seu duplo efeito, conforme previsão do artigo 520 do Código de Processo Civil;

b) o provimento do recurso, com a reforma definitiva da sentença no sentido de declarar procedente o pedido dos recorrentes, decretando a falência da recorrida Sociedade Mineradora Serro Novo Ltda.

[Espaço de uma linha]

Termos em que,

pede deferimento.

[Espaço de uma linha]

Local e data.

[Espaço de uma linha]

Advogado ...

Capítulo XXXIV

Recurso Especial e Recurso Extraordinário

1. Introdução. O recurso especial, de competência do Superior Tribunal de Justiça, e o recurso extraordinário, de competência do Supremo Tribunal Federal, são recursos destinados ao controle de aplicação de tratado ou lei federal, dentre outros, e da Constituição Federal, respectivamente.

Têm os recursos o mesmo tratamento na legislação infraconstitucional quanto a seus requisitos de admissibilidade e a seu processamento:

a) para a interposição: é necessário que se tenham esgotado todos os recursos ordinários;

b) são *recursos de fundamentação vinculada*, cujas hipóteses de cabimento são previstas diretamente pela Constituição Federal;

c) *são desprovidos de efeito suspensivo*, não impedindo que a decisão recorrida surta desde logo seus efeitos e seja passível de execução provisória;

d) têm como *requisito especial de admissibilidade o prequestionamento*, ou seja, a necessidade de invocação de questão federal ou constitucional debatida na causa, de que o recorrente tira a conclusão de ter havido violação a direito constitucional ou a direito federal. Se a questão foi discutida, mas não foi julgada, são cabíveis embargos de declaração com efeito de prequestionamento;

e) *ambos os recursos são limitados à apreciação de questões de direito*. Questões de fato, ligadas a problemas probatórios, não são passíveis de discussão nesses recursos, nos termos da Súmula 279, Supremo Tribunal Federal: "Para simples reexame de prova não cabe recurso extraordinário". De semelhante teor, estabelece a Súmula 7 do Superior Tribunal de Justiça que "a pretensão de simples reexame de prova não enseja recurso especial";

f) seu processamento é tratado em conjunto nos artigos 541 a 545, Código de Processo Civil.

2. Recurso extraordinário. Cabimento. É cabível recurso extraordinário:

a) de decisão judicial, de qualquer grau de jurisdição;

b) de que não caiba mais recurso ordinário (única ou última instância);

c) nas seguintes hipóteses, arroladas no artigo 102, III, *a* a *d*, Constituição Federal:

Hipóteses constitucionais	Como se configuram	Como demonstrar nas razões de recurso
Contrariar dispositivo da Constituição.	A decisão recorrida deu interpretação incompatível com seu teor e/ou sua finalidade.	Deve haver demonstração da contrariedade ou negativa de vigência, que deve ser analiticamente realizada.
Declarar a inconstitucionalidade de tratado ou lei federal.	A lei federal ou o tratado internacional foi considerado contrário ao teor da Constituição Federal.	Deve haver demonstração da constitucionalidade da norma, de forma analítica.
Julgar válida lei ou ato do governo local contestado em face da Constituição.	A lei local (estadual, distrital ou municipal), ao ser julgada válida, afasta a aplicação da Constituição Federal.	Deve haver demonstração do afastamento da Constituição Federal no caso concreto, de forma analítica. É obrigatória a prova do direito local discutido (artigo 337, Código de Processo Civil).
Julgar válida lei local contestada em face de lei federal.	A lei local (estadual, distrital ou municipal), ao ser julgada válida, afasta a aplicação de lei federal.	Deve haver demonstração do afastamento da lei federal no caso concreto, de forma analítica. É obrigatória a prova do direito local discutido (artigo 337, Código de Processo Civil).

3. Recurso extraordinário: demonstração de questão de repercussão geral. A fim de ser admitido o recurso extraordinário, além de todos os requisitos de admissibilidade mencionados, deverá o recorrente demonstrar, nos termos do artigo 102, § 3.º, Constituição Federal, a repercussão geral das questões constitucionais discutidas no caso, a fim de que o Tribunal examine a admissão do recurso, somente podendo recusá-lo pela manifestação de dois terços de seus membros.

Define o artigo 543-A, § 1.º, Código de Processo Civil, a questão de repercussão geral como aquela considerada relevante do ponto de vista econômico, político, social ou jurídico, que ultrapasse os interesses subjetivos da causa.

Ou seja, para haver repercussão geral, o mérito do recurso extraordinário deve:

a) afetar indiretamente um grande número de pessoas ou um grupo social específico, por servir como diretriz de interpretação e de decisão para casos semelhantes; e

b) influenciar a conjuntura econômica, política, social ou jurídica vigente no momento do julgamento do recurso.

Nos termos do artigo 543-A, § 3.º, Código de Processo Civil, haverá repercussão geral sempre que o recurso impugnar decisão contrária a súmula ou jurisprudência dominante do Supremo Tribunal Federal.

O recorrente deverá demonstrar, *em preliminar do recurso* (ou seja, em tópico próprio, a ser desenvolvido nas razões de recurso), para apreciação exclusiva do Supremo Tribunal Federal, a existência da repercussão geral, apontando, de forma fundamentada, a repercussão geral que tem o caso concreto.

A decisão que acolhe ou rejeita a repercussão geral é irrecorrível e o procedimento para sua apreciação é tratado nos artigos 543-A e 543-B, Código de Processo Civil.

Pela Emenda Regimental 21, Supremo Tribunal Federal, de 03.05.2007, foi adaptado o regimento interno do Supremo Tribunal Federal às disposições constitucionais e legais acima mencionadas.

4. Recurso especial. Cabimento. Será cabível o recurso especial:

a) da *decisão de tribunal, de natureza jurisdicional*, proferida em sede de recurso ou ação originária ou ainda reexame necessário de segunda instância;

b) de que não caiba mais recurso ordinário;

c) nas seguintes hipóteses, arroladas no artigo 105, III, *a* a *c*, Constituição Federal:

Hipóteses constitucionais	Como se configuram	Como demonstrar nas razões de recurso
Contrariar tratado ou lei federal ou negar-lhes vigência.	*Contrariar tratado ou lei federal*: dar interpretação incompatível com seu teor e/ou sua finalidade. *Negar vigência ao tratado ou lei federal*: a decisão ignorou o mandamento da norma, não aplicando disposição que deveria ter sido aplicada.	Deve haver demonstração da contrariedade ou negativa de vigência, que deve ser analiticamente realizada.
Julgar válido ato do governo local contestado em face de lei federal.	O ato administrativo (decreto, portaria etc.) local (estadual, distrital ou municipal), ao ser julgado válido, afasta a aplicação de lei federal.	Deve haver demonstração do afastamento da lei federal no caso concreto, de forma analítica. É obrigatória a prova do direito local discutido (artigo 337, Código de Processo Civil).

Hipóteses constitucionais	Como se configuram	Como demonstrar nas razões de recurso
Dar a lei federal interpretação divergente da que lhe haja atribuído outro tribunal.	Há divergência entre os Tribunais ou entre estes e o Superior Tribunal de Justiça sobre a interpretação da norma aplicada ao caso concreto.	Neste caso, deve o recurso ser instruído com (artigo 541, parágrafo único, e artigo 255, Regimento Interno do Superior Tribunal de Justiça): a) a prova da divergência, feita por certidão ou cópia autenticada (incluindo *site* certificado – artigo 541, Código de Processo Civil), com a citação do repositório de jurisprudência, oficial ou credenciado, em que tiver sido publicada a decisão divergente (é necessária a juntada de cópia do inteiro teor do acórdão paradigma); b) a realização do confronto analítico dos casos, com a menção expressa às circunstâncias que identificam ou assemelham os casos confrontados, de forma a apontar onde está a divergência e em que ela pode ferir a uniforme interpretação do texto de lei federal.

5. Demais requisitos de admissibilidade.

Legitimidade recursal	Das partes, do Ministério Público e do terceiro prejudicado.
Interesse recursal	Caracteriza-se pela sucumbência, tendo havido resultado desfavorável ao recorrente, somada à constatação de uma das hipóteses previstas na Constituição Federal. Deverá ser demonstrada expressamente a hipótese de cabimento. Pode ocorrer de haver interesse no uso de ambos os recursos, ou apenas de um.
Prazo (tempestividade)	De 15 (quinze) dias contados da intimação da sentença (publicação pela imprensa, intimação pessoal ou leitura em audiência, nos termos do artigo 508, Código de Processo Civil). Os prazos diferenciados são aplicáveis (artigos 100 e 191, Código de Processo Civil; Lei 1.060/1950).
Preparo	É exigido.

Regularidade formal	Deve ser apresentado por petição escrita, consistente em duas partes: a) petição de interposição, dirigida ao Tribunal *a quo*, com a identificação do recorrente e com a expressão do intuito de recorrer; b) petição de razões, dirigidas ao Tribunal competente (Supremo Tribunal Federal ou Superior Tribunal de Justiça), com os fundamentos de fato e de direito do pedido de anulação ou reforma da decisão *a quo* e requerimento expresso de nova decisão.
Ausência de causa extintiva ou impeditiva do direito de recorrer	É aplicável a regra geral, ou seja, deve haver a inexistência de aceitação ou renúncia ao direito de recorrer ou de desistência do recurso apresentado, para que seja julgado no mérito.
Forma adesiva	É admitida, e segue os mesmos requisitos de admissibilidade da apelação.
Forma retida	Na hipótese de o recurso especial ou o recurso extraordinário ser tirado de decisão interlocutória, seja de decisão do Tribunal em processo de competência originária ou de agravo de instrumento contra decisão do juiz do primeiro grau, o recurso extraordinário ou o recurso especial será necessariamente retido, a ser reiterado quando da interposição do recurso da decisão final. Em alguns casos (tutela antecipada, liminar de medida cautelar, p. ex.), a norma não incide, sendo inviável deixar para depois o processamento do recurso especial.

> **Importante!** É possível que uma mesma decisão possa ser impugnada por recurso especial e por recurso extraordinário. Nesses casos, deverão ser apresentados simultaneamente os dois recursos, em petições separadas, cada qual com o seu fundamento específico.

6. O prequestionamento de questão constitucional ou federal. Prequestionar significa abrir a discussão sobre a lei federal em ocasião anterior ao julgamento do recurso. O requisito se justifica pelo fato de que a via extraordinária ou especial é destinada especificamente a assegurar a homogênea interpretação do texto constitucional ou de lei federal, como forma de pacificar entendimentos e levar a uma conclusão justa e uniforme em favor daqueles que defendem em juízo causas idênticas ou semelhantes.

Há controvérsia na doutrina sobre a natureza do prequestionamento: se ele configura requisito de admissibilidade autônomo ou se compõe o cabimento dos recursos extraordinário e especial.

Por isso, não basta que a lei seja apresentada pelos recorrentes, mas deverá ser ela analisada e apreciada no julgamento da causa. Deverá haver, também, debate entre as partes em torno de interpretações contrárias da mesma norma legal.

Por esse motivo, é possível o uso dos embargos de declaração para fins de prequestionamento. Assim, saneia-se omissão consistente na ausência do debate sobre a interpretação e aplicação da norma constitucional ou legal, possibilitando a prévia decisão sobre o tema a ser objeto do recurso.

Como requisito de admissibilidade, deverá ser demonstrado seu preenchimento previamente à apresentação do mérito recursal, de forma fundamentada.

7. Efeitos da interposição. São os mesmos para ambos os recursos.

a) efeito devolutivo (artigo 542, § 2.º, Código de Processo Civil): restringe-se à questão federal ou constitucional, pronunciando-se o Tribunal Superior competente sobre o tema, nos limites do cabimento constitucionalmente estabelecido;

b) não há, como regra, efeito suspensivo, devendo ser requerido este efeito, se o caso, por medida cautelar, a ser apresentada diretamente ao Supremo Tribunal Federal ou ao Superior Tribunal de Justiça, conforme o caso.

8. O mérito recursal. Superadas as preliminares, o julgamento será dirigido ao mérito do recurso apresentado. Em ambos os recursos, o mérito tem estreita ligação com o cabimento, devendo o Tribunal competente se pronunciar sobre o ponto suscitado pelo recorrente.

Assim, se o recurso extraordinário foi apresentado com fundamento na contrariedade à Constituição Federal (artigo 102, III, *a*), o Supremo Tribunal Federal analisará se o dispositivo da Constituição Federal apontado pelo recorrente foi, efetivamente, contrariado. Se o fundamento do recurso extraordinário foi a inconstitucionalidade de tratado federal, será analisado se o tratado é ou não constitucional, e assim por diante.

> Há divergências sobre a possibilidade de apreciação de questão de ordem pública pela primeira vez em sede de recurso especial ou recurso extraordinário, por força da necessidade de prévia decisão para fins de cabimento do recurso.

Importante!

a) Apesar de os recursos especial e extraordinário serem de estrito direito, o julgamento do recurso extraordinário ou do recurso especial substitui a decisão contra a qual se recorreu, modificando-se o resultado da causa, caso o recurso seja provido.

Apenas o conhecimento da causa ficará limitado à questão constitucional ou legal suscitada, já que ela se tornou determinante da vitória ou derrota da parte recorrente (ou seja, sua apreciação é suficiente para modificar o resultado da demanda).

b) Caso o recurso especial ou o recurso extraordinário se volte contra nulidade processual (*error in procedendo*), a decisão anulará o processo, determinando o retorno dos autos à instância inferior para novo julgamento, se assim for o caso.

9. Esquema de recurso extraordinário.

EXCELENTÍSSIMO SENHOR DOUTOR DESEMBARGADOR ... DO EGRÉGIO TRIBUNAL DE JUSTIÇA DO ESTADO DE ...

[ou]

EXCELENTÍSSIMO SENHOR DESEMBARGADOR FEDERAL RELATOR ... DO TRIBUNAL REGIONAL FEDERAL DA ... REGIÃO

[Espaço de dez linhas]

Autos n.° ...

[Nome do recorrente], por seu advogado que esta subscreve, nos autos da [nome da ação], ajuizada em face de [nome do recorrido], com fundamento no artigo 102, III, da Constituição Federal [especificar a alínea da Constituição Federal para fundamentação], inconformado com a decisão proferida nos autos supramencionados, vem, respeitosamente, à presença de Vossa Excelência, interpor RECURSO EXTRAORDINÁRIO, constantes das laudas anexadas, processando-se o presente e requerendo-se o seu posterior encaminhamento ao Egrégio Supremo Tribunal Federal.

Termos em que, com a demonstração do pagamento das custas do recurso e dos portes de remessa e retorno,

pede deferimento.

[Espaço de uma linha]

Local e data.

Advogado ...

....

RAZÕES DE RECURSO EXTRAORDINÁRIO

APELAÇÃO N.° ...

ORIGEM: ...

APELANTE: ...

APELADO: ...

[Espaço de cinco linhas]

Excelsa Corte ...,

Colenda Turma,

Eminentes Ministros.

[Espaço de duas linhas]

I – DO V. ACÓRDÃO RECORRIDO

[Narrar os principais andamentos processuais, com ênfase na inconstitucionalidade]

[Espaço de duas linhas]

II – DO CABIMENTO – DA ADMISSIBILIDADE DO RECURSO PELA ALÍNEA "A" DO INCISO III DO ARTIGO 102 DO TEXTO CONSTITUCIONAL

[Espaço de uma linha]

A. DA NEGATIVA DE VIGÊNCIA DE TEXTO DA CONSTITUIÇÃO FEDERAL

[Espaço de uma linha]

É o presente recurso cabível uma vez presentes seus requisitos de admissibilidade, posteriormente demonstrados.

O Recurso Extraordinário, via excepcional que é, não tem por fim o exclusivo interesse do recorrente em obter a reforma da decisão impugnada em seu benefício pessoal. Serve-se o ordenamento jurídico da iniciativa do recorrente em reverter a sucumbência a ele imposta para manter e preservar os princípios superiores de unidade e inteireza do sistema jurídico em vigor. Visa-se, assim, além de resolver uma lide concreta, evitar interpretações divergentes e contraditórias sobre um mesmo preceito de lei federal, afastando a insegurança e a incerteza quanto à existência dos direitos consagrados e protegidos pelo ordenamento jurídico (Ovídio A. Baptista da Silva, *Curso de processo civil*, vol. 1, p. 455).

Por este motivo, o Recurso Extraordinário exige requisitos específicos de admissibilidade, além daqueles exigidos para os demais recursos. Sendo assim, necessário demonstrar especificamente que o recurso em questão se dirige a pacificar discussão anterior sobre matéria constitucional (prequestionamento) e que não se presta a reexame de provas. E isso está devidamente constatado no caso concreto.

Em primeiro lugar, há prequestionamento da questão constitucional envolvida. Não se pode olvidar que desde a inicial a questão legal foi abordada. Tal fato está patente nos autos, envolvendo esta ação, desde o início da discussão sobre a legalidade da exigência do tributo.

Assim é que o v. acórdão hostilizado, ao julgar improcedente a apelação, apreciou explicitamente o tema, adotando a tese esposada na inicial, que se contrapõe àquela defendida pelo Recorrente desde a contestação.

Frise-se que o recurso ora apresentado não se destina à reanálise de provas, mas tão somente ao questionamento da interpretação do texto constitucional exposta no v. acórdão. Sendo assim, deverá ser completamente admitido, pela alínea "a" do permissivo constitucional.

[Espaço de uma linha]

B. DA REPERCUSSÃO GERAL NA DISCUSSÃO DA MATÉRIA OBJETO DO PRESENTE RECURSO

[Espaço de uma linha]

Além de haver o preenchimento dos requisitos acima, verifica-se no caso concreto a existência de discussão da matéria de repercussão geral, nos termos do artigo 102, § 3.º, da Constituição Federal e do artigo 543-A, § 1.º, do Código de Processo Civil.

[Espaço de duas linhas]

III - DO MÉRITO RECURSAL - DA CORRETA INTERPRETAÇÃO DO ARTIGO [especificar o artigo violado] - DA NEGATIVA DE VIGÊNCIA

[Espaço de uma linha]

Ao contrário da conclusão exarada pelo v. acórdão de fls., a melhor interpretação do artigo ... da Constituição Federal é a que considera [inserir a correta interpretação e desenvolver os argumentos a ela referentes].

Posto isso, deve-se reconhecer a negativa de vigência ao artigo ... do Código Tributário Nacional, para afastar a pretensão à repetição do indébito reconhecida no v. acórdão de fls.

[Espaço de duas linhas]

IV - DO REQUERIMENTO

[Espaço de uma linha]

Diante disso, é o presente recurso para requerer:

a) o conhecimento do recurso extraordinário, eis que presentes seus requisitos;

b) o seu total provimento, nos termos supramencionados, para reconhecer a negativa de vigência de lei federal, revertendo o ônus da sucumbência;

c) a condenação do Recorrido nas custas e honorários de advogado.

[Espaço de uma linha]

>   Nestes termos,
>   pede deferimento.
>
> [Espaço de uma linha]
>
>   Local e data.
>
> [Espaço de uma linha]
>
>   Advogado ...

10. Esquema de recurso especial.

> EXCELENTÍSSIMO SENHOR DOUTOR DESEMBARGADOR ... DO EGRÉGIO TRIBUNAL DE JUSTIÇA DO ESTADO DE ...
>
> [ou]
>
> EXCELENTÍSSIMO SENHOR DOUTOR DESEMBARGADOR FEDERAL RELATOR ... DO TRIBUNAL REGIONAL FEDERAL DA ... REGIÃO
>
> [Espaço de dez linhas]
>
> Autos n.º ...
>
> [Nome do autor], devidamente qualificado nos autos do processo em epígrafe, por seu advogado que esta subscreve, nos autos da [ação], ajuizada em face de [nome do réu], vem, respeitosamente, à presença de Vossa Excelência, inconformado com a decisão proferida às fls., com fundamento no artigo 105, III, alínea [inserir a fundamentação do recurso especial], da Constituição Federal, interpor RECURSO ESPECIAL, constante das laudas anexadas, cuja juntada requer, processando-se o presente e providenciando-se o seu posterior encaminhamento ao Egrégio Superior Tribunal de Justiça.
>
>   Termos em que, com a demonstração do pagamento das custas do recurso e dos portes de remessa e retorno,
>
>   pede deferimento.
>
> [Espaço de uma linha]
>
>   Local e data.
>
> [Espaço de uma linha]
>
>   Advogado ...
>
> ....
>   RAZÕES DE RECURSO ESPECIAL
>
> APELAÇÃO N.º ...

ORIGEM: ...

APELANTE: ...

APELADO: ...

[Espaço de cinco linhas]

        Excelsa Corte ...,

        Colenda Turma,

        Eminentes Ministros.

[Espaço de duas linhas]

        I – DO V. ACÓRDÃO RECORRIDO

[Espaço de uma linha]

[Sintetizar a decisão recorrida]

[Espaço de duas linhas]

        II – DO CABIMENTO – DA ADMISSIBILIDADE DO RECURSO PELA ALÍNEA "A" DO INCISO III DO ARTIGO 105 DO TEXTO CONSTITUCIONAL

[Espaço de uma linha]

        A. DA NEGATIVA DE VIGÊNCIA DE LEI FEDERAL

[Espaço de uma linha]

        É o presente recurso cabível, já que presentes seus requisitos de admissibilidade, como passaremos a demonstrar.

        O Recurso Especial, via excepcional que é, não tem por fim o exclusivo interesse do recorrente em obter a reforma da decisão impugnada em seu benefício pessoal. Serve-se o ordenamento jurídico da iniciativa do recorrente de reverter a sucumbência a ele imposta para manter e preservar os princípios superiores de unidade e inteireza do sistema jurídico em vigor. Visa-se, assim, além de resolver uma lide concreta, evitar interpretações divergentes e contraditórias sobre um mesmo preceito de lei federal, afastando a insegurança e a incerteza quanto à existência dos direitos consagrados e protegidos pelo ordenamento jurídico (Ovídio A. Baptista da Silva, *Curso de processo civil*, vol. 1, p. 455).

        Por esse motivo, o Recurso Especial exige requisitos específicos de admissibilidade, além dos exigidos para os demais recursos. Sendo assim, necessário demonstrar especificamente que o recurso em questão se dirige a pacificar discussão anterior sobre matéria constitucional (prequestionamento) e que não se presta a reexame de provas. E isso está devidamente constatado no caso concreto.

Em primeiro lugar, há prequestionamento da matéria preconizada prevista na [inserir a alínea do inciso III do artigo 105 da Constituição Federal] envolvida. Não se pode olvidar que desde a inicial a questão legal foi abordada. Tal fato está patente nos autos, envolvendo esta ação, desde o início, a discussão da legalidade da exigência do tributo.

Assim é que o v. acórdão hostilizado, ao julgar improcedente a apelação, apreciou explicitamente o tema, adotando a tese esposada na inicial, que se contrapõe àquela defendida pelo Recorrente desde a contestação.

Frise-se que o recurso ora apresentado não se destina à reanálise de provas, mas tão somente ao questionamento da interpretação do texto constitucional exposta no v. acórdão. Sendo assim, deverá ser completamente admitido, pela alínea "a" do permissivo constitucional.

[Espaço de uma linha]

B. DA COMPROVAÇÃO DE DISSÍDIO JURISPRUDENCIAL

[Espaço de uma linha]

A fim de comprovar o dissídio jurisprudencial, deve o recorrente carrear aos autos cópia de repertório autorizado e reconhecido pelo Superior Tribunal de Justiça, autenticada (sendo suficiente para tanto a assinatura do advogado nos documentos), nos termos do artigo 255 do Regimento Interno do Superior Tribunal de Justiça.

Além disso, é necessário, nos termos do § 2.º do mencionado dispositivo regimental, que o recorrente mencione as circunstâncias que assemelham ou identificam os casos confrontados. Ou seja, não basta simplesmente apresentar os casos favoráveis ao entendimento defendido pelo Recorrente, mas sim apontar, de forma exata, onde está a divergência e em que ela pode ferir a uniforme interpretação do texto de lei federal.

Dessa forma, o presente recurso não deverá ser conhecido, com fundamento na alínea "c" do inciso III do artigo 105 da Constituição Federal, pela falta de comprovação do dissídio jurisprudencial.

[Espaço de duas linhas]

III - DO MÉRITO RECURSAL

[Espaço de uma linha]

A. DA CORRETA INTERPRETAÇÃO DO ARTIGO ... - DA NEGATIVA DE VIGÊNCIA

Ao contrário do que acatado pelo v. acórdão de fls., a melhor interpretação do artigo ... da Constituição Federal é a que considera [qual é a interpretação e desenvolver os argumentos a ela referentes].

Posto isso, deve-se reconhecer a negativa de vigência ao artigo ... do Código Tributário Nacional, para afastar a pretensão à repetição do indébito reconhecida no v. acórdão de fls.

[Espaço de uma linha]

B. DO DISSÍDIO JURISPRUDENCIAL

[Demonstrar qual é, analiticamente, nos termos acima mencionados]

[Espaço de duas linhas]

IV - DO REQUERIMENTO

[Espaço de uma linha]

Posto isso, é o presente para requerer:

a) o conhecimento do recurso especial, já que presentes seus requisitos;

b) o seu total provimento, nos termos supramencionados, para reconhecer a negativa de vigência de lei federal, revertendo-se o ônus da sucumbência;

c) a condenação do Recorrido nas custas e honorários de advogado.

[Espaço de uma linha]

Nesses termos,

pede deferimento.

[Espaço de uma linha]

Local e data.

[Espaço de uma linha]

Advogado ...

11. Não conhecimento do recurso extraordinário ou do recurso especial: o agravo do artigo 544, Código de Processo Civil.

Caso o tribunal *a quo* não conheça do recurso apresentado, poderá o recorrente prejudicado apresentar agravo, nos próprios autos do processo, no prazo de 10 (dez) dias.

O agravo poderá ser respondido no mesmo prazo pelo oponente. Após o prazo para resposta (apresentada ela ou não), os autos serão remetidos ao Tribunal competente.

Em havendo a apresentação de recurso especial e extraordinário simultaneamente, deverá ser apresentado um agravo para cada um. Os autos serão em primeiro encaminhados ao Superior Tribunal de Justiça e, após, para o Supremo Tribunal Federal.

Poderá o relator do agravo (artigo 544, § 4.º, Código de Processo Civil):

a) não conhecer do agravo manifestamente inadmissível ou que não tenha atacado especificamente os fundamentos da decisão agravada;

b) conhecer do agravo para:

i) negar-lhe provimento, se correta a decisão que não conheceu do recurso especial ou extraordinário;

ii) negar seguimento ao recurso especial ou extraordinário manifestamente inadmissível, prejudicado ou em confronto com súmula ou jurisprudência dominante no tribunal;

iii) dar provimento ao recurso especial ou extraordinário, se o acórdão recorrido estiver em confronto com súmula ou jurisprudência dominante no tribunal.

Da decisão do relator que não conhecer do agravo, negar-lhe provimento ou decidir, desde logo, o recurso não admitido na origem cabe agravo, no prazo de 5 (cinco dias), a ser apresentado pelo prejudicado, que será apreciado pela Turma julgadora.

Capítulo XXXV

Reclamação no Supremo Tribunal Federal (Artigo 102, I, *l*, Constituição Federal; Artigos 13 a 18, Lei 8.038/1990; e Artigo 7.º, Lei 11.417/2006)

Capítulo de autoria do professor Marcelo Galante

1. Conceito e finalidade da reclamação. Esse instituto serve para preservar a competência e garantir a autoridade das decisões do Supremo Tribunal Federal, conforme artigo 102, I, *l*, Constituição Federal e artigo 13, Lei 8.038/1990.

Outra previsão do instituto encontra-se no artigo 103-A, § 3.º, Constituição Federal e no artigo 7.º, *caput*, Lei 11.417/2006 no tocante à súmula vinculante, que prevê que do ato administrativo ou decisão judicial que contrariar a súmula aplicável ou que indevidamente a aplicar caberá reclamação ao Supremo Tribunal Federal, que, julgando-a procedente, anulará o ato administrativo ou cassará a decisão judicial reclamada e determinará que outra seja proferida com ou sem a aplicação da súmula, conforme o caso.

Assim, as teses jurídicas consagradas nas decisões tomadas pelo Supremo Tribunal Federal, como também para a sua competência, ficam garantidas contra eventuais descumprimentos.

2. Legitimidade da reclamação. O Supremo Tribunal Federal entendia que só poderia propor a reclamação o colegitimado do artigo 103, Constituição Federal.

A partir da questão de ordem da Reclamação 1.880, em 07.11.2002, o Supremo Tribunal Federal declarou constitucional o artigo 28, parágrafo único, Lei 9.868/1999, e assim entendeu que podem propor a reclamação todos aqueles que forem atingidos por decisões contrárias ao entendimento firmado pelo Supremo Tribunal Federal no julgamento de mérito da ação direta de inconstitucionalidade.

O artigo 13, Lei 8.038/1990, assim também prevê, ao afirmar que caberá reclamação da parte interessada ou do Ministério Público.

Já o legitimado passivo da reclamação é toda e qualquer pessoa, órgão ou entidade a quem for imputada a prática do ato impugnado, descumprindo a autoridade da decisão proferida ou não preservando a competência do Supremo Tribunal Federal.

3. Objeto da reclamação. O objeto da reclamação é a garantia da autoridade das decisões do Supremo Tribunal Federal e a preservação de sua competência. Como órgão máximo do Poder Judiciário, suas decisões não podem ser ignoradas e descumpridas pelas outras instâncias judiciais, tampouco pela Administração Pública.

4. Medida cautelar na reclamação. É prevista no artigo 14, II, da Lei 8.038/1990. Ao despachar a reclamação, o Ministro relator ordenará, se necessário, para evitar dano irreparável, a suspensão do processo ou do ato impugnado.

5. Procedimento da reclamação. A reclamação, dirigida ao Presidente do Tribunal, instruída com prova documental, será autuada e distribuída ao relator da causa principal, sempre que possível.

Ao despachar a reclamação, o relator requisitará informações da autoridade a quem foi imputada a prática do ato impugnado, que as prestará no prazo de 10 dias e ordenará, se necessário, para evitar dano irreparável, a suspensão do processo ou do ato impugnado.

Qualquer interessado poderá impugnar o pedido do reclamante.

O Ministério Público, nas reclamações que não houver formulado, terá vista do processo, por 5 dias, após o decurso do prazo para informações.

6. Efeito da reclamação. Julgando procedente a reclamação, o Tribunal cassará a decisão exorbitante de seu julgado ou determinará medida adequada à preservação de sua competência.

O Presidente determinará o imediato cumprimento da decisão, lavrando-se o acórdão posteriormente.

Em caso de desrespeito a súmula vinculante, o Supremo Tribunal Federal anulará o ato administrativo ou cassará a decisão judicial reclamada.

7. Reclamação para o Superior Tribunal de Justiça. Existe também a previsão da reclamação para o Superior Tribunal de Justiça no artigo 105, I, *f*, Constituição Federal, também com o propósito de preservação de sua competência e garantia da autoridade de suas decisões.

Fundamento:	Artigo 102, I, *l*, Constituição Federal. Artigos 13 a 18, Lei 8.038/1990, e artigo 7.º, Lei 11.417/2006.
Norma regulamentadora	Artigos 13 a 18, Lei 8.038/1990 e artigo 7.º, Lei 11.417/2006.
Objeto	Preservar a competência do Supremo Tribunal Federal e garantir a autoridade de suas decisões.
Competência	Originária do Supremo Tribunal Federal.
Cautelar	Possível, com fundamento no artigo 14, II, Lei 8.038/1990. Poderá consistir na suspensão do processo ou ato impugnado, para evitar dano irreparável.
Legitimidos	Todos aqueles que forem atingidos por decisões contrárias ao entendimento firmado pelo Supremo Tribunal Federal.
Participante necessário	Procurador-Geral da República (*custos legis*).

Resumindo

8. Passo a passo da reclamação.

Competência	Originária do Supremo Tribunal Federal: artigo 102, I, *l*, Constituição Federal.
Endereçamento	Excelentíssimo Senhor Doutor Ministro Presidente do Colendo Supremo Tribunal Federal.
Partes	Legitimidade ativa: todos aqueles que forem atingidos por decisões contrárias ao entendimento firmado pelo Supremo Tribunal Federal. Legitimidade passiva: qualquer pessoa, órgão ou entidade a quem for imputada a prática do ato impugnado que descumpre a autoridade da decisão proferida ou não preserva a competência do Supremo Tribunal Federal.
Causa de pedir (tese a ser desenvolvida)	Apontar os motivos da violação da competência ou da autoridade da decisão do Supremo Tribunal Federal.
Pedido	Cassação da decisão ou determinação da medida adequada para a preservação da competência.
Demais requisitos	A reclamação, dirigida ao Presidente do Tribunal, instruída com prova documental, será autuada e distribuída ao relator da causa principal, sempre que possível. Não se exige a juntada do acórdão do Supremo Tribunal Federal desrespeitado (Reclamação 6.67, DJE 14.11.2008).

9. Esquema da reclamação.

EXCELENTÍSSIMO SENHOR DOUTOR MINISTRO PRESIDENTE DO COLENDO SUPREMO TRIBUNAL FEDERAL.

[Espaço de dez linhas]

[Nome do Agravante], [nacionalidade], [estado civil], [profissão], RG n.º ..., CPF n.º ..., [endereço], por seu advogado que esta subscreve, com escritório situado na [endereço], vem, respeitosamente, à presença de Vossa Excelência, com fundamento no artigo 102, I, "l", da Constituição Federal e nos artigos 13 a 18 da Lei 8.038/1990, [em caso de descumprimento de súmula vinculante, artigo 7.º da Lei 11.417/2006], propor RECLAMAÇÃO CONSTITUCIONAL, com pedido de liminar em face de [legitimado passivo: qualquer pessoa, órgão ou entidade a quem for imputada a prática do ato impugnado que descumpre a autoridade da decisão proferida ou não preserva a competência do Supremo Tribunal Federal], uma vez que, por seu ato ou decisão, violou a autoridade das decisões do Supremo Tribunal Federal ou não preservou a competência do Supremo Tribunal Federal, conforme se comprovará.

[Espaço de duas linhas]

I – DA COMPET~ENCIA DO SUPREMO TRIBUNAL FEDERAL PARA O JULGAMENTO DA PRESENTE RECLAMAÇÃO

[Espaço de uma linha]

[Explicar resumidamente a competência do artigo 102, I, l, Constituição Federal]

[Espaço de duas linhas]

II – DA LEGITIMIDADE ATIVA

[Espaço de uma linha]

[Explicar os motivos que o legitimado tem para propor a reclamação; ou porque foi atingido por decisões contrárias ao entendimento firmado pelo Supremo Tribunal Federal]

[Espaço de duas linhas]

III – DA LEGITIMIDADE PASSIVA

[Espaço de uma linha]

[Demonstrar quem foi o responsável pela afronta à autoridade da decisão do Supremo Tribunal Federal ou quem não preservou a competência do Supremo Tribunal Federal]

[Espaço de duas linhas]

IV – DOS FATOS ENSEJADORES DA RECLAMAÇÃO

[Espaço de uma linha]

[Demonstrar os fatos que ocasionaram a afronta à autoridade da decisão do Supremo Tribunal Federal ou quem não preservou a competência do Supremo Tribunal Federal]

[Espaço de duas linhas]

V – DO DIREITO

[Espaço de uma linha]

[Demonstrar o cabimento da reclamação no caso e sua comprovação]

[Espaço de duas linhas]

VI – DO PEDIDO LIMINAR DA RECLAMAÇÃO

[Espaço de uma linha]

[Explicar os motivos do pedido liminar, com base no artigo 14, II, Lei 8.038/1990, e seus requisitos: fumus boni iuris – demonstrar que a afronta à autoridade da decisão do Supremo Tribunal Federal ou a não preservação da competência do Supremo Tribunal Federal tem plausibilidade jurídica; periculum in mora – demonstrar a extrema urgência em evitar dano irreparável do provimento jurisdicional apenas ao final do julgamento, com pedido para evitar o dano irreparável e a suspensão do processo ou do ato impugnado]

[Espaço de duas linhas]

VII – DOS PEDIDOS E REQUERIMENTOS

[Espaço de uma linha]

Ante o exposto, requer-se a este Colendo Supremo Tribunal:

a) a suspensão em caráter liminar do processo ou do ato impugnado, para evitar dano irreparável comprovado, conforme artigo 14, II, da Lei 8.038/1990;

b) a requisição de informações da autoridade reclamada a quem foi imputada a prática do ato impugnado, que as prestará no prazo de 10 (dez) dias, conforme artigo 14, I, da Lei 8.038/1990;

c) a intimação do Excelentíssimo Procurador-Geral da República, para que se manifeste acerca do pedido liminar no prazo de 5 (cinco) dias, após o decurso do prazo para informações, conforme artigo 16 da Lei 8.038/1990;

> d) a procedência dos pedidos formulados na presente reclamação, a fim de tornar definitiva a liminar, cassando-se a decisão/ato exorbitante do julgamento deste C. Supremo Tribunal ou determinando-se outra medida adequada para a preservação de sua competência, conforme artigo 17 da Lei 8.038/1990;
>
> e) que seja a presente Reclamação dirigida ao Presidente do Tribunal, instruída com a prova documental, e seja autuada e distribuída ao Ministro Relator da causa principal, sempre que possível.
>
> Dá-se à causa o valor de R$ ...
>
> [Espaço de uma linha]
>
> Nesses termos,
>
> pede deferimento.
>
> [Espaço de uma linha]
>
> Local e data.
>
> [Espaço de uma linha]
>
> Advogado ...

10. Problema resolvido.

OAB (2007-3) Um contingente de servidores públicos do município A, inconformado com a política salarial adotada pelo governo municipal, decidiu, após ter realizado paralisação grevista sem qualquer sucesso, tomar providências para fazer valer um suposto direito a reajuste de 15% sobre o vencimento básico percebido. O referido valor corresponderia a um aumento remuneratório real, equiparado ao reajuste obtido, nos últimos três anos, por diversas classes profissionais.

Os servidores públicos procuraram a entidade sindical correspondente e esta decidiu ajuizar, na justiça comum, ação pelo rito ordinário a fim de satisfazer o pleito apresentado. Dada a premência do tempo em ver reconhecido, pelo Judiciário, o reajuste de 15%, a entidade sindical formulou, na própria petição inicial, pedido de antecipação de tutela, sob a alegação de que, na situação, estavam em jogo verbas de caráter nitidamente alimentar, o que reforçaria a necessidade de um provimento judicial mais célere.

Ao fazer uma primeira análise, o juiz do feito decidiu indeferir o pedido de tutela antecipada.

Após pedido de reconsideração formulado pela entidade sindical, o juiz decidiu reverter seu primeiro posicionamento e optou por deferir o pedido de tutela antecipada, determinando a imediata implantação em folha de pagamento do reajuste de 15% sobre o vencimento básico dos servidores públicos.

Inconformado com a decisão judicial, o município decidiu contratar serviços advocatícios para promover as medidas cabíveis e reverter a situação o quanto antes, em virtude do iminente impacto orçamentário do reajuste concedido. O advogado tentou, por todos os modos possíveis, suspender a decisão que concedeu a tutela antecipada no Tribunal de Justiça competente, sem obter êxito.

A antecipação de tutela continua mantida, em toda a sua extensão, e o mérito da ação ainda não foi apreciado.

Sabe-se que o Supremo Tribunal Federal, no julgamento da ADC-MC 4, assim decidiu: "Medida cautelar deferida, em parte, por maioria de votos, para se suspender, *ex nunc*, e com efeito vinculante, até o julgamento final da ação, a concessão de tutela antecipada contra a Fazenda Pública, que tenha por pressuposto a constitucionalidade ou inconstitucionalidade do artigo 1.º da Lei 9.494, de 10.09.1997, sustando-se, igualmente *ex nunc*, os efeitos futuros das decisões já proferidas, nesse sentido".

Diante da situação hipotética apresentada, na condição de advogado do município A, redija a peça judicial apropriada para o caso, a ser apresentada ao órgão judicial competente, com os argumentos que reputar pertinentes.

11. Solução do problema.

Competência	Originária do Supremo Tribunal Federal (artigo 102, § 1.º, Constituição Federal).
Endereçamento	Excelentíssimo Senhor Doutor Ministro Presidente do Colendo Supremo Tribunal Federal.
Partes	Legitimidade ativa: Município A Legitimidade passiva: MM. Juízo da Comarca do Estado ...
Causa de pedir (tese a ser desenvolvida)	Apontar os motivos da violação da competência ou da autoridade da decisão do Supremo Tribunal Federal, qual seja, o deferimento do pedido de tutela antecipada, determinando a imediata implantação em folha de pagamento do reajuste de 15% sobre o vencimento básico dos servidores público. Isso porque no julgamento da ADC 4, que teve por objto o artigo 1.º da Lei 9.494, de 10.09.1997 (que proíbe a tutela antecipada nos moldes requeridos), foi julgada procedente. Tem a ADC efeito vinculante (artigo 102, § 2.º, Consstituição Federal).
Pedido	Suspensão e cassação da decisão que determinou a imediata implantação em folha de pagamento do reajuste de 15% sobre o vencimento básico dos servidores público, para a garantia da autoridade da decisão do Supremo Tribunal Federal do julgamento da ADC-MC 4.
Demais requisitos	A reclamação, dirigida ao Presidente do Tribunal, instruída com prova documental, será autuada e distribuída ao relator da causa principal, sempre que possível. Não se exige a juntada do acórdão do Supremo Tribunal Federal desrespeitado (Reclamação 6.67, *DJE* 14.11.2008).

PEÇA RESOLVIDA

EXCELENTÍSSIMO SENHOR DOUTOR MINISTRO PRESIDENTE DO COLENDO SUPREMO TRIBUNAL FEDERAL

[Espaço de dez linhas]

MUNICÍPIO "A", pessoa jurídica de direito público, com sede na ..., por seu advogado que esta subscreve, com escritório situado [endereço], vem, respeitosamente, à presença de Vossa Excelência, com fundamento no artigo 102, I, "l", da Constituição Federal, e nos artigos 13 a 18 da Lei 8.038/1990, propor RECLAMAÇÃO CONSTITUCIONAL, com pedido liminar em face do MM. Juízo Monocrático da Comarca do Estado ..., que descumpriu a autoridade da decisão proferida por este Supremo Tribunal Federal, ao determinar, em sede de tutela antecipada, a imediata implantação em folha de pagamento do reajuste de 15% sobre o vencimento básico dos servidores públicos, conforme se comprovará.

[Espaço de duas linhas]

I – DA COMPETÊNCIA DO SUPREMO TRIBUNAL FEDERAL PARA O JULGAMENTO DA PRESENTE RECLAMAÇÃO

[Espaço de uma linha]

Conforme a determinação do artigo 102, I, "l", da Constituição Federal, compete originariamente a este C. Supremo Tribunal federal o julgamento da Reclamação para preservação da sua competência e garantia da autoridade das suas decisões.

No presente caso, há nítida violação à autoridade da decisão deste Supremo Tribunal Federal, mais precisamente no julgamento da ADC-MC 4, sendo assim este o Tribunal competente para o julgamento da presente Reclamação.

[Espaço de duas linhas]

II – DA LEGITIMIDADE ATIVA

[Espaço de uma linha]

Note-se que o Município "A" é parte legítima para a propositura da presente Reclamação, pois é diretamente atingido pela decisão reclamada contrária ao entendimento firmado pelo Supremo Tribunal Federal. Assim, se a decisão continuar em plena vigência, os cofres públicos municipais terão de arcar com o aumento deferido pelo Juízo monocrático da Comarca do Estado.

[Espaço de duas linhas]

III - DA LEGITIMIDADE PASSIVA

[Espaço de uma linha]

    O Juízo Monocrático da Comarca do Estado, ao deferir a tutela antecipada combatida na presente reclamação, foi o responsável pela afronta à autoridade da decisão do Supremo Tribunal Federal, e por isso é parte legítima para figurar como Reclamado na presente Reclamação.

[Espaço de duas linhas]

IV - DOS FATOS ENSEJADORES DA RECLAMAÇAO

[Espaço de uma linha]

    Um contingente de servidores públicos do município "A", ora Reclamante, inconformado com a política salarial adotada pelo governo municipal, decidiu procurar a entidade sindical correspondente, que ajuizou, na justiça comum, ação ordinária com pedido de tutela antecipada a fim de satisfazer o pleito de reajuste de 15%. O pedido de antecipação de tutela foi requerido sob a alegação de que, na situação, estavam em jogo verbas de caráter nitidamente alimentar, o que reforçaria a necessidade de um provimento judicial mais célere.

    Ao fazer uma primeira análise, o juiz do feito decidiu indeferir o pedido de tutela antecipada.

    Após pedido de reconsideração formulado pela entidade sindical, o juiz decidiu reverter seu primeiro posicionamento e optou por deferir o pedido de tutela antecipada, determinando a imediata implantação em folha de pagamento do reajuste de 15% sobre o vencimento básico dos servidores públicos, com possível impacto orçamentário do reajuste concedido.

    Já se tentou, por todos os modos possíveis, suspender a decisão que concedeu a tutela antecipada no Tribunal de Justiça competente, sem êxito, e assim a antecipação de tutela continua mantida, em toda a sua extensão, e o mérito da ação ainda não foi apreciado.

[Espaço de duas linhas]

V - DO DIREITO

[Espaço de uma linha]

    Sabe-se que o Supremo Tribunal Federal, no julgamento da ADC-MC 4, assim decidiu: "Medida cautelar deferida, em parte, por maioria de votos, para se suspender, 'ex nunc', e com efeito vinculante, até o julgamento final da ação, a concessão de tutela antecipada contra a Fazenda Pública, que tenha por pressuposto a constitucionalidade ou inconstitucionalidade do artigo 1.º da Lei 9.494, de 10.09.1997, sustando--se, igualmente 'ex nunc', os efeitos futuros das decisões já proferidas nesse sentido".

Como a referida Lei foi objeto da ADC-MC 4 e este C. Supremo Tribunal Federal deferiu em cautelar a suspensão com efeito vinculante da concessão de tutela antecipada contra a Fazenda Pública que tenha por pressuposto a constitucionalidade ou inconstitucionalidade do artigo 1.º da Lei 9.494, de 10.09.1997, não poderia o Juízo reclamado ter concedido a antecipação da tutela para deferir reajuste de 15% aos servidores públicos que propuseram a ação ordinária.

Vale ressaltar que o artigo 102, § 2.º, da Constituição Federal determina que "as decisões definitivas de mérito, proferidas pelo Supremo Tribunal Federal, nas ações diretas de inconstitucionalidade e nas ações declaratórias de constitucionalidade, produzirão eficácia contra todos e efeito vinculante, relativamente aos demais órgãos do Poder Judiciário e à administração pública direta e indireta, nas esferas federal, estadual e municipal".

Portanto, o Juízo reclamado está vinculado à decisão proferida na ADC-MC 4 proferida por este C. Supremo Tribunal Federal e, ao contrariá-la, deferindo a tutela antecipada que ora é objeto da Reclamação, acabou por afrontar a autoridade da decisão do Supremo Tribunal, a que, frise-se, estava vinculado.

[Espaço de duas linhas]

VI - DO PEDIDO LIMINAR DA RECLAMAÇÃO

[Espaço de uma linha]

Restam comprovados os requisitos para o pedido liminar na presente reclamação com base no artigo 14, II, da Lei 8.038/1990:

• *fumus boni iuris*: a r. decisão do Juízo reclamado, ao determinar o reajustamento em sede de tutela antecipada em face da Fazenda Pública, afronta a decisão do Supremo Tribunal Federal no julgamento da ADC-MC 4, à qual estava vinculado. Portanto, está demonstrada a afronta à autoridade da decisão do Supremo Tribunal Federal, o que também demonstra a plausibilidade jurídica do pedido;

• *periculum in mora*: resta comprovado também o risco da demora do provimento jurisdicional apenas ao final do julgamento, uma vez que a decisão reclamada da concessão de tutela antecipada do reajuste dos servidores está vigente, o que pode onerar os cofres públicos.

[Espaço de duas linhas]

VII – DOS PEDIDOS E REQUERIMENTOS

[Espaço de uma linha]

Ante o exposto, requer-se a este Colendo Supremo Tribunal:

a) a suspensão em caráter liminar da decisão reclamada proferida pelo MM. Juízo Monocrático da Comarca do Estado, que concedeu tutela antecipada de imediata implantação em folha de pagamento do reajuste de 15% sobre o vencimento básico dos servidores públicos, para a garantia da autoridade da decisão do Supremo Tribunal Federal do julgamento da ADC-MC 4 e para evitar dano irreparável comprovado, conforme artigo 14, II, da Lei 8.038/1990;

b) a requisição de informações da autoridade reclamada, qual seja o MM. Juízo Monocrático da Comarca do Estado, que as prestará no prazo de 10 (dez) dias, conforme artigo 14, I, da Lei 8.038/1990;

c) a intimação do Excelentíssimo Procurador-Geral da República, para que se manifeste acerca do pedido liminar no prazo de 5 (cinco) dias, após o decurso do prazo para informações, conforme artigo 16 da Lei 8.038/1990;

d) a procedência da presente reclamação, a fim de tornar definitiva a liminar, cassando-se a decisão proferida pelo MM. Juízo Monocrático da Comarca do Estado, que concedeu tutela antecipada de imediata implantação em folha de pagamento do reajuste de 15% sobre o vencimento básico dos servidores público, conforme artigo 17 da Lei 8.038/1990; e

e) que esta Reclamação, dirigida ao Presidente do Tribunal, instruída com prova documental, seja autuada e distribuída ao Ministro relator da causa principal, sempre que possível.

Dá-se à causa o valor de R$ ...

[Espaço de uma linha]

Nesses termos,

pede deferimento.

[Espaço de uma linha]

Local, data.

[Espaço de uma linha]

Advogado ...

Capítulo XXXVI

Réplica – Impugnação de Contestação

1. Objeto e objetivo. A réplica, ou impugnação de contestação, constitui peça processual que tem por objetivo, como o próprio nome indica, a manifestação do autor sobre a contestação apresentada pelo réu, como previsão legislativa no artigo 327, Código de Processo Civil.

O prazo para manifestação sobre a contestação do réu será de 10 dias, podendo o autor efetuar a produção de prova documental (artigo 327, Código de Processo Civil).

2. A petição de réplica. A petição deverá ser elaborada de forma simples, informando ao juízo o ocorrido nos autos (elementos da inicial e da contestação), trazendo o peticionário elementos legais e jurisprudenciais a respeito de sua tese, devendo ao final, em seus pedidos, reiterar o contido na petição inicial.

3. Identificando no problema o cabimento de réplica. Verifica-se que se trata de caso de réplica sempre que o examinador faz menção à existência de ação judicial em que o réu, devidamente citado, apresentou contestação, tendo sido aberto prazo para a manifestação do autor.

4. A petição de réplica.

Previsão legal	Artigo 327, Código de Processo Civil.
Cabimento	Sempre que em ação judicial houver a apresentação de contestação e a abertura de prazo para manifestação do autor.
Competência	Será competente o Juízo da Comarca onde a petição inicial e a contestação foram apresentados.
Partes do processo	Autor e réu.
Fatos	Fazer na peça um histórico sobre a petição inicial e a contestação já apresentadas.
Direito	Refutar os argumentos lançados na contestação.
Pedidos	Reiterar os pedidos contidos na petição inicial.

5. Esquema: réplica.

EXCELENTÍSSIMO SENHOR DOUTOR JUIZ DE DIREITO DA ... VARA CÍVEL DA COMARCA DE ... DO ESTADO DE ...

[Espaço de dez linhas]

Processo n.º ...

[Espaço de uma linha]

AUTOR, já qualificado nos autos, vem, respeitosamente, à Vossa Excelência apresentar a sua RÉPLICA [IMPUGNAÇÃO DE CONTESTAÇÃO] à manifestação apresentada pela RÉ, também já qualificada nos autos, pelos motivos de fato e de direito que a seguir expõe:

[Espaço de duas linhas]

I – DOS FATOS

[Espaço de uma linha]

[Narrar os fatos como descritos no problema, que evidenciam a existência de ação judicial e contestação apresentada]

[Espaço de duas linhas]

II – DO DIREITO

[Espaço de uma linha]

[Refutar os argumentos lançados na contestação]

[Espaço de duas linhas]

III – DO PEDIDO

[Espaço de uma linha]

De todo o exposto, reiteramos o pedido contido na petição inicial, no sentido de ...

[Espaço de uma linha]

Termos em que,

pede deferimento.

[Espaço de uma linha]

Local e data.

[Espaço de uma linha]

Advogado ...

6. Questão resolvida.

OAB (V Exame Unificado) A Indústria de Solventes Mundo Colorido S.A. requereu a falência da sociedade empresária Pintando o Sete Comércio de Tintas Ltda., com base em três notas promissórias, cada qual no valor de R$ 50.000,00, todas vencidas e não pagas. Das três cambiais que embasam o pedido, apenas uma delas (a que primeiro venceu) foi protestada para fim falimentar.

Em defesa, a devedora requerida, em síntese, sustentou que a falência não poderia ser decretada porque duas das notas promissórias que instruíram o requerimento não foram protestadas. Em defesa, requereu o deferimento de prestação de uma caução real, que garantisse o juízo falimentar da cobrança dos títulos.

Recebida a defesa tempestivamente ofertada, o juiz da 4.ª Vara Empresarial da Comarca da Capital do Estado do Rio de Janeiro abriu prazo para o credor se manifestar sobre os fundamentos da defesa.

Você, na qualidade de advogado(a) do credor, deve elaborar peça em que contradite, com o apontamento de fundamentos legais expressos e de argumentos de defesa deduzidos.

Resolução.

No problema descrito acima, verificamos a existência de pedido de falência oferecido por Indústria de Solventes Mundo Colorido S.A. em face de Pintando o Sete Comércio de Tintas Ltda.

A ré contestou a ação, tendo sido aberto prazo para manifestação da autora, devendo esta, portanto, refutar todos os argumentos lançados na contestação.

PEÇA RESOLVIDA

```
EXCELENTÍSSIMO SENHOR DOUTOR JUIZ DE DIREITO DA 4.ª VARA EMPRE-
SARIAL DA COMARCA DO RIO DE JANEIRO DO ESTADO DO RIO DE JANEIRO

[Espaço de dez linhas]

Processo n.º ...

[Espaço de uma linha]

                        Indústria de Solventes Mundo Co-
lorido S.A., já qualificada nos autos, vem, respeitosamente, a
Vossa Excelência apresentar a sua RÉPLICA da contestação apre-
sentada pela Ré Pintando o Sete Comércio de Tintas Ltda., também
já qualificada nos autos, pelos motivos de fato e de direito a
seguir expostos:

[Espaço de duas linhas]

                        I - DOS FATOS

[Espaço de uma linha]
```

A Autora requereu a falência da ré, com base em três notas promissórias, cada qual no valor de R$ 50.000,00, todas vencidas e não pagas. Das três cambiais que embasam o pedido, apenas uma delas (a que primeiro venceu) foi protestada para fim falimentar.

Em defesa, a devedora requerida, em síntese, sustentou que a falência não poderia ser decretada porque duas das notas promissórias que instruíram o requerimento não foram protestadas. Em defesa, requereu o deferimento de prestação de uma caução real, que garantisse o juízo falimentar da cobrança dos títulos.

[Espaço de duas linhas]

II – DO DIREITO

[Espaço de uma linha]

A empresa ré, como já demonstrado acima, em parca contestação, alegou que dois dos três títulos que instruem a petição inicial não estão devidamente protestados. No entanto, a argumentação não invalida o pedido inicial, tendo em vista que a primeira nota promissória vencida contém a quantia de R$ 50.000,00, estando devidamente protestada. Sendo assim, comporta o pedido de falência.

A respeito de defesa apresentada, aduz o § 2.º do artigo 96 o que segue:

> "Art. 96. A falência requerida com base no artigo 94, inciso I do *caput*, desta Lei, não será decretada se o requerido provar:
>
> I - falsidade do título;
>
> II - prescrição;
>
> III - nulidade de obrigação ou de título;
>
> IV - pagamento da dívida;
>
> V - qualquer outro fato que extinga ou suspenda obrigação ou não legitime a cobrança de título;
>
> VI - vício em protesto ou em seu instrumento
>
> (...)
>
> § 2.º As defesas previstas nos incisos I a VI do *caput* deste

artigo não obstam a decretação de falência se, ao final, restarem obrigações não atingidas pelas defesas em montante que supere o limite previsto naquele dispositivo."

Assim sendo, em que pese duas notas promissórias não conterem o devido protesto, a primeira contém, o que por si só gera a possibilidade do pedido de falência, haja vista que a quantia de R$ 50.000,00 supera a quantia mínima de 40 salários mínimos exigidos pelo artigo 94, I, da Lei 11.101/2005.

No mais, a ré ofereceu caução real como garantia de solvência, o que deverá ser afastado por esse juízo tendo em vista que não existe na lei falimentar a possibilidade de garantia do juízo, senão através do depósito elisivo, que compreende quantia em dinheiro, com base no artigo 98, parágrafo único:

"Art. 98. Citado, o devedor poderá apresentar contestação no prazo de 10 (dez) dias.

"Parágrafo único. Nos pedidos baseados nos incisos I e II do *caput* do art. 94 desta Lei, o devedor poderá, no prazo da contestação, depositar o valor correspondente ao total do crédito, acrescido de correção monetária, juros e honorários advocatícios, hipótese em que a falência não será decretada e, caso julgado procedente o pedido de falência, o juiz ordenará o levantamento do valor pelo autor".

Com base no artigo acima citado, verificamos que a caução real não se configura em meio válido para elidir a decretação da falência.

[Espaço de duas linhas]

III - DOS PEDIDOS

[Espaço de uma linha]

Diante de todo o exposto, reiteramos o pedido inicial no sentido de ser decretada a falência da empresa ré Pintando o Sete Comércio de Tintas Ltda.

[Espaço de uma linha]

Nesses termos,

[Espaço de uma linha]

         pede deferimento.

[Espaço de uma linha]

         Local e data.

[Espaço de uma linha]

         Advogado ...

Capítulo XXXVII

Parecer

1. Objeto e objetivo. O parecer constitui documento amplamente utilizado na advocacia, principalmente na advocacia empresarial, servindo tanto para orientações de processos judiciais quanto para medidas administrativas.

Não contém o parecer nenhuma regra a ser seguida no que tange a padrões processuais. No entanto, entendemos que deve o parecer contar com alguns elementos básicos, que façam com que este venha a obedecer a uma técnica que o torne eficaz e de fácil visualização e assimilação.

2. Modelo de parecer. Deve o parecer contar com alguns elementos básicos, como os dados do requerente, o assunto a ser tratado, a fundamentação jurídica e a sua conclusão.

3. Identificando no problema o cabimento de parecer.

Verifica-se que se trata de caso de parecer quando o examinador faz menção à existência de interesse daquele que o procura na condição de advogado para uma orientação de ordem jurídica, não havendo menção na problemática de que deve o advogado ingressar com eventual medida, mas, sim, que o postulante necessita de uma opinião jurídico-legal para a situação fática.

4. O parecer.

Requerente/interessado	Identificar aquele que o procura para a elaboração do parecer, podendo qualificá-lo como cliente.
Assunto	Mencionar através do título qual o assunto de que trata o parecer.
Fundamentação legal	Inserir os artigos de lei onde se encontra o embasamento.
Fatos	Demonstrar na peça um histórico com base no problema apresentado.
Direito	Mencionar e explicar os fundamentos jurídicos apresentados.
Conclusão	Finalizar indicando a melhor medida a ser tomada pelo solicitante do parecer.

5. Esquema: parecer.

```
                            PARECER
Interessado: [inserir o nome do solicitante]

Assunto: [título referente ao assunto de que se trata]

Fundamentação legal: [inserir os artigos de lei utilizados]

[Espaço de duas linhas]
                             FATOS
[Espaço de uma linha]

[Utilizar os aspectos do problema]

[Espaço de duas linhas]
                            DIREITO
[Espaço de uma linha]

[Trazer a fundamentação legal]

[Espaço de duas linhas]
                           CONCLUSÃO
[Espaço de uma linha]

[Concluir indicando a orientação técnica]

[Espaço de uma linha]
                         Local e data.
[Espaço de uma linha]
                         Advogado ...
```

6. Questão resolvida.

OAB (CESPE 2007-1) Roberto de Castro, sócio de uma sociedade simples, deseja mudar o nome da pessoa jurídica e envia ao seu advogado a seguinte consulta: qual é o quórum exigido pela lei para se modificar o nome de uma sociedade simples? Diante dessa consulta, na qualidade de advogado de Roberto, elabore um parecer, devidamente fundamentado, com referência à legislação pertinente, para responder à indagação.

Resolução.

No problema descrito, verificamos a existência de consulta pleiteada por Roberto de Castro ao seu advogado.

O próprio problema evidencia que a parte pretende obter parecer técnico sobre o assunto.

PARECER RESOLVIDO

PARECER

Interessado: Roberto de Castro

Assunto: Alteração do nome empresarial de sociedade simples

Fundamentação legal: Artigos 997, inciso II, e 999 do Código Civil.

[Espaço de duas linhas]

I - FATOS

[Espaço de uma linha]

Roberto de Castro, sócio de uma sociedade simples, deseja mudar o nome da pessoa jurídica.

A dúvida do solicitante é sobre o quórum exigido para se modificar o nome de uma sociedade simples.

[Espaço de duas linhas]

II - DIREITO

[Espaço de uma linha]

A respeito da alteração do nome empresarial, temos que este representa elemento obrigatório constante do contrato social de constituição de uma sociedade simples, conforme determinação do artigo 997, inciso II, do Código Civil.

As alterações de cláusulas obrigatórias do contrato social prescindem da aprovação da unanimidade dos sócios, conforme regra prevista no artigo 999 do Código Civil.

[Espaço de duas linhas]

III - CONCLUSÃO

[Espaço de uma linha]

A respeito da consulta realizada pelo solicitante, temos que este deverá convocar assembleia de sócios e buscar nesta assembleia o convencimento dos demais sócios quanto à importância da alteração do nome empresarial. Conseguindo a aprovação de todos os sócios, o contrato social poderá então ser alterado.

[Espaço de uma linha]

          Local e data.

[Espaço de uma linha]

          Advogado ...

PARTE IV

QUESTÕES

Elaborada por Paulo Roberto Bastos Pedro

Capítulo I
Questões de Direito Material – FGV

QUESTÃO 1 – OAB (2010-2)

Fábio endossa uma letra de câmbio para Maurício, que a endossa para Maria, que, por sua vez, a endossa para João. Na data do vencimento, João exige o pagamento de Maurício, que se recusa a realizá-lo sob a alegação de que endossou a letra de câmbio para Maria e não para João e de que Maria é sua devedora, de modo que as dívidas se compensam. Assim, João deveria cobrar a letra de Maria e não dele.

Em caso de embargos de Maurício, com base nos argumentos citados,

a) quais seriam os fundamentos jurídicos de João?

b) em que prazo devem ser arguidos?

QUESTÃO 2 – OAB (2010-2)

A empresa W firmou com a empresa Z instrumento particular de transação em que ficou estabelecido o parcelamento de dívida oriunda do fornecimento de água por esta última. A dívida objeto do parcelamento foi constituída durante processo de recuperação judicial da Empresa W no qual a Empresa Z não figura como credora.

Muito embora a Empresa W estivesse em processo de recuperação judicial, as parcelas do parcelamento vinham sendo regularmente pagas. Sobreveio, então, a decretação de falência da Empresa W, oportunidade em que esta comunicou à Empresa Z, via notificação com aviso de recebimento, que a continuidade de pagamento do parcelamento restava prejudicada (artigo 172 da Lei 11.101/2005), indicando para a Empresa Z que habilitasse o seu crédito nos autos da falência.

A sentença que decretou a falência da empresa W foi publicada em 24.08.2010 e dispôs que, para habilitação dos créditos, deverá ser aproveitado o quadro de credores da recuperação judicial e quem não estiver lá incluído deve observar o prazo de 15 (quinze) dias para apresentar sua habilitação de crédito.

Você, como advogado da empresa Z, que procedimento legal deve tomar? Em que prazo, considerando que a empresa W notificou a empresa Z em 03.09.2010? Com que fundamento legal? Qual a categoria em que serão enquadrados os valores decorrentes do parcelamento para efeito de pagamento dos credores na falência? Em que ordem? Base legal.

QUESTÃO 3 – OAB (2010-2)

Os acionistas da Cia. Agropecuária Boi Manso, cujo capital é composto somente de ações ordinárias, decidiram adquirir uma nova propriedade para expandir a sua criação de gado.

João Alberto, acionista detentor de 20% das ações da companhia, é proprietário de um imóvel rural e ofereceu-se para aportá-lo como capital social, razão pela qual foram nomeados por assembleia geral três peritos avaliadores que elaboraram um laudo de avaliação fundamentado e devidamente instruído com os documentos da fazenda avaliada.

Convocada assembleia para aprovação do laudo, os acionistas Maria Helena e Paulo, titulares, respectivamente, de 28% e 20% das ações, divergiram da avaliação, pois entenderam-na acima do valor de mercado. A matéria, todavia, foi aprovada por maioria com o voto de Heráclito, titular de 32% das ações e o voto de João Alberto.

À vista da situação fática acima, informe se Maria Helena e Paulo podem questionar a decisão da assembleia. Indique os procedimentos a serem adotados e qual a base legal utilizada na fundamentação, bem como o prazo prescricional eventualmente aplicável.

QUESTÃO 4 – OAB (2010-2)

Pedro é diretor presidente, estatutário, da empresa Sucupira Empreendimentos Imobiliários S.A. Sempre foi tido no mercado como um profissional honesto e sério. No exercício de suas atribuições, contratou, sem concorrência ou cotação de preços, a empresa Cimento do Brasil Ltda., de seu amigo João. Esta empresa seria responsável pelo fornecimento de cimento para a construção de um hotel, na Barra da Tijuca, com vistas a atender à demanda por leitos em função dos Jogos Olímpicos e da Copa do Mundo.

Pedro não recebeu qualquer contrapartida financeira por parte de João em virtude da aludida contratação, mas não efetuou as análises devidas da empresa Cimento do Brasil Ltda., limitando-se a confiar em seu amigo. O preço contratado para o cimento estava de acordo com o que se estava cobrando no mercado. Entretanto, a qualidade do material da Cimento Brasil Ltda. era ruim (fato de notório conhecimento do mercado), impedindo que ele fosse utilizado na obra.

Outro fornecedor de cimento teve de ser contratado, causando atrasos irrecuperáveis e prejuízos consideráveis para a empresa Sucupira Empreendimentos Imobiliários S.A. Os acionistas, indignados com a situação, procuraram você para consultá-lo se poderiam tomar alguma medida em face de Pedro.

Diante dessa situação hipotética, indique as medidas judiciais cabíveis e apresente os dispositivos legais aplicáveis à espécie, fundamentando e justificando sua proposição.

QUESTÃO 5 – OAB (2010-2)

Apurada no juízo falimentar a responsabilidade pessoal dos sócios de uma sociedade limitada, pergunta-se:

a) Existe a possibilidade de propositura de ação específica para buscar o ressarcimento dos prejuízos causados? Se existe, qual? Fundamente com base legal.

b) Quem pode ser sujeito ativo? Há que se aguardar a realização do ativo?

QUESTÃO 6 – OAB (2010-3)

Soraia Dantas emitiu uma nota promissória em favor de Carine Monteiro, decorrente da aquisição de uma máquina de costura padrão industrial, com vencimento para 03.06.2010. O título foi endossado, sem data indicada, em favor de Leonardo D'Ângelo, que, em seguida, endossou a cambial, sem garantia, para Amadeus Pereira. O endosso de Leonardo foi avalizado por Frederico Guedes. Procurada para pagamento, a obrigada principal alegou não ter condições, no momento, para quitar o débito. Diante dessa situação, o portador, após levar o título a protesto, ajuizou a competente ação de execução em face de Frederico Guedes. Em sede de embargos, o executado aduziu não ter legitimidade para figurar no polo passivo da demanda, porquanto Leonardo, cuja obrigação foi por Frederico avalizada, é ainda menor de idade, o que ficou comprovado com a apresentação da certidão de nascimento, dando conta de que ele nasceu em 1996.

Com base no cenário acima, responda aos itens a seguir, empregando os argumentos jurídicos apropriados e a fundamentação legal pertinente ao caso.

a) Qual é a contra-argumentação a ser adotada em relação à alegação suscitada nos embargos de Frederico?

b) Se Leonardo não fosse menor de idade, qual seria a finalidade do endosso feito por ela a Amadeus?

c) Pode a nota promissória circular ao portador?

QUESTÃO 7 – OAB (2010-3)

Em 20.04.2010, Boulevard Teixeira emitiu um cheque nominal, à ordem, em favor de Gol de Craque Esportes Ltda., no valor de R$ 7.500,00 (sete mil e quinhentos reais), decorrente da compra de diversos materiais esportivos. O título foi apresentado ao sacado, na mesma praça, em 29.05.2010, tendo este se recusado a promover o pagamento, justificando não haver fundos disponíveis na conta do sacador. O administrador da credora, então, foi orientado, como forma de coagir o devedor ao pagamento do título ante o abalo do seu crédito, a promover o protesto do cheque. A competente certidão foi expedida pelo cartório em 20.06.2010. Contudo, diante de contatos telefônicos feitos por prepostos do devedor, buscando obter parcelamento para realizar o pagamento extrajudicial, o credor se manteve inerte. Malograda a tentativa de perceber, amigavelmente, a importância devida, resolveu o tomador, em 02.12.2010, ajuizar a competente ação executiva. Em embargos de devedor, aduziu o executado que o título estava prescrito e, portanto, deveria ser julgada extinta a pretensão executiva. Por outro lado, o advogado do exequente sustentou que a pretensão não estaria prescrita em razão do protesto realizado.

Diante da resistência apresentada e buscando uma posição mais abalizada, o credor procurou-o(a), como advogado(a), apresentando algumas dúvidas a serem por você dirimidas.

Com base nesse cenário, responda aos itens a seguir, empregando os argumentos jurídicos apropriados e a fundamentação legal pertinente ao caso.

a) A prescrição foi realmente alcançada?

b) Qual(is) embasamento(s) legal(is) serviria(m) para sua tese?

c) De forma geral, é indispensável a realização do protesto de um cheque para o ajuizamento de ação de execução em face dos coobrigados?

QUESTÃO 8 – OAB (2010-3)

Irmãos Castroman Importadora e Exportadora Ltda. cogita requerer a sua recuperação judicial. Antes de tomar qualquer medida, os sócios administradores da mencionada sociedade o(a) procuram, como advogado(a), para aferir se o mencionado requerimento é adequado ao seu caso, considerando, notadamente, a composição de seu endividamento.

Em relação ao caso acima, responda aos itens a seguir, empregando os argumentos jurídicos apropriados e a fundamentação legal pertinente ao caso.

a) Os créditos quirografários, decorrentes de compra e venda pura de produtos, constituídos até a data do pedido a ser reformulado, mas não vencidos, estão sujeitos à recuperação judicial?

b) O credor titular de importância entregue ao devedor em moeda corrente nacional decorrente de adiantamento a contrato de câmbio para exportação estará submetido aos efeitos da recuperação judicial?

c) As execuções de natureza fiscal ficam com seu curso suspenso durante o processo de recuperação judicial?

d) O plano de recuperação judicial poderá prever um prazo de 3 (três) anos para o pagamento dos créditos derivados da legislação do trabalho vencidos até a data do pedido de recuperação judicial?

QUESTÃO 9 – OAB (2010-3)

Em 15.04.2010, a sociedade empresária denominada Fábrica de Móveis Dominó S.A. teve sua falência decretada. Logo após a decretação da falência, um dos credores da aludida sociedade tomou conhecimento de que a devedora doou um imóvel de sua propriedade para a SUIPA – Sociedade União Internacional Protetora dos Animais no dia 18.06.2009.

Esse mesmo credor, inconformado com a situação, procura-o(a) como advogado(a) e lhe apresenta algumas indagações.

Responda aos itens a seguir, empregando os argumentos jurídicos apropriados e a fundamentação legal pertinente ao caso.

a) Que medida, e com base em que fundamento, você recomendaria para recuperar em favor da massa falida o imóvel doado?

b) Qual seria o juízo competente para apreciar e julgar a pretensão de seu cliente?

QUESTÃO 10 – OAB (2010-3)

A companhia ABC foi constituída em 2010, sendo o seu capital social de R$ 150.000,00, representado por ações ordinárias e preferenciais, estas possuindo a vantagem de prioridade no recebimento de dividendo fixo e cumulativo equivalente ao montante que resultar da aplicação de juros de 6% ao ano sobre o respectivo preço de emissão. Quando da emissão das ações, na ocasião de constituição da companhia, 20% do preço de emissão foram destinados ao capital social e 80% foram destinados à reserva de capital. Em face das elevadas despesas pré-operacionais, a companhia apresentou prejuízo em seu primeiro exercício (encerrado em 31.12.2010), o qual foi integralmente absorvido pela reserva de capital, que permaneceu com um saldo de aproximadamente R$ 500.000.000,00.

Em relação ao cenário acima, responda aos itens a seguir, empregando os argumentos jurídicos apropriados e a fundamentação legal pertinente ao caso.

a) Tendo em vista o resultado do exercício encerrado em 31.12.2010, qual seria sua orientação aos administradores da companhia para a elaboração da proposta da administração para a Assembleia Geral Ordinária de 2011, no que diz respeito à distribuição de dividendos aos acionistas?

b) Nesse cenário, haveria possibilidade de distribuição de dividendos aos acionistas titulares de ações preferenciais?

QUESTÃO 11 – OAB (IV EXAME UNIFICADO)

Em 09.11.2010, João da Silva adquiriu, de Maria de Souza, uma TV de 32 polegadas usada, mas em perfeito funcionamento, acertando, pelo negócio, o preço de R$ 1.280,00. Sem ter como pagar o valor integral imediatamente, lembrou-se de ser beneficiário de uma letra de câmbio, emitida por seu irmão, José da Silva, no valor de R$ 1.000,00, com vencimento para 27 de dezembro do mesmo ano. Desse modo, João ofereceu pagar, no ato e em espécie, o valor de R$ 280,00 a Maria, bem como endossar a aludida cártula, ressalvando que Maria deveria, ainda, na qualidade de endossatária, procurar Mário Sérgio, o sacado, para o aceite do título. Ansiosa para fechar negócio, Maria concordou com as condições oferecidas e, uma semana depois, em 16.11.2010, dirigiu-se ao domicílio de Mário Sérgio, conforme orientação de João da Silva. Após a visita, porém, Maria ficou aturdida ao constatar que Mário Sérgio só aceitou o pagamento de R$ 750,00, justificando que esse era o valor devido a José. Sem saber como proceder dali em diante, Maria o(a) procura, como advogado(a), com algumas indagações.

Com base no cenário acima, responda aos itens a seguir, empregando os argumentos jurídicos apropriados e a fundamentação legal pertinente ao caso.

a) É valida a limitação do aceite feita por Mário Sérgio ou estará ele obrigado a pagar o valor total da letra de câmbio?

b) Qual é o limite da responsabilidade do emitente do título?

c) Quais as condições por lei exigidas para que ele fique obrigado ao pagamento?

QUESTÃO 12 – OAB (IV EXAME UNIFICADO)

Caio, Tício e Mévio são os únicos sócios da CTM Comércio Internacional Ltda., o primeiro possuindo quotas representativas de 60% do seu capital social e os demais 20% cada um. A sociedade é administrada pelos três sócios, e o contrato social determina que a representação da sociedade perante terceiros somente é válida quando realizada pelos três sócios em conjunto. Em razão de problemas pessoais com Tício, Caio passou a se negar a assinar qualquer documento da sociedade, o que pôs a continuidade da empresa em risco, uma vez que o objeto social da CTM está diretamente relacionado à compra e à venda internacional de alimentos, atividade que envolve a celebração de diversos contratos diariamente. Para contornar a situação, Tício e Mévio decidem excluir Caio da sociedade.

Com base nesse cenário, responda aos itens a seguir, empregando os argumentos jurídicos apropriados e a fundamentação legal pertinente ao caso.

a) É possível a exclusão do sócio majoritário pelos sócios minoritários?

b) Qual é o procedimento a ser adotado nesse caso?

QUESTÃO 13 – OAB (IV EXAME UNIFICADO)

Caio, Tício e Mévio assinaram o instrumento particular de constituição da CTM Comércio Internacional Ltda. e logo em seguida iniciaram as atividades comerciais da sociedade. Em razão do atraso de 40 dias na entrega de uma encomenda de 100 toneladas de soja, o cliente prejudicado ajuizou demanda em face de Caio, Tício e

Mévio para cobrar a multa de R$ 100.000,00 por dia de atraso na entrega do produto. Ao informarem a seu advogado que foram citados na mencionada ação, Caio, Tício e Mévio foram surpreendidos com a constatação de que, por um lapso, o estagiário responsável pelo arquivamento do instrumento particular de constituição da CTM Comércio Internacional Ltda. perante a Junta Comercial deixou de fazê-lo.

Com base no cenário acima, responda aos itens a seguir, empregando os argumentos jurídicos apropriados e a fundamentação legal pertinente ao caso.

a) Nessa situação, qual é o tipo de sociedade existente entre Caio, Tício e Mévio?

b) Sob o ponto de vista societário, qual é a responsabilidade de Caio, Tício e Mévio perante o cliente que os processa?

QUESTÃO 14 – OAB (IV EXAME UNIFICADO)

Diogo exerce o comércio de equipamentos eletrônicos, por meio de estabelecimento instalado no Centro do Rio de Janeiro, observando-se que Diogo não se registrou como empresário perante a Junta Comercial.

Com base nesse cenário, responda:

a) São válidos os negócios jurídicos de compra e venda realizados por Diogo no curso de sua atividade?

b) Quais os principais efeitos da ausência de registro de Diogo como empresário?

QUESTÃO 15 – OAB (V EXAME UNIFICADO)

João Garcia emite, em 17.10.2010, uma letra de câmbio contra José Amaro, em favor de Maria Cardoso, que a endossa a Pedro Barros. O título não tem data de vencimento.

Diante do caso apresentado, na condição de advogado(a), responda aos itens a seguir, empregando os argumentos jurídicos apropriados e a fundamentação legal pertinente ao caso.

a) Pedro poderá exigir o pagamento da letra de câmbio em face da omissão da data do seu vencimento?

b) Que efeitos podem ser verificados com a transmissão do título por meio do endosso?

QUESTÃO 16 – OAB (V EXAME UNIFICADO)

Paulo Cabral deixou, em consignação, o carro de sua propriedade na Concessionária de Veículos Veloz Ltda. para que essa sociedade pudesse intermediar a venda do automóvel a terceiro. Sete dias depois, ao retornar à concessionária para buscar o automóvel, Paulo Cabral foi surpreendido pelo fato de ter encontrado o estabelecimento lacrado, em decorrência da decretação da falência da mencionada concessionária.

Inconformado, Paulo Cabral procura-o(a), como advogado(a), e lhe apresenta algumas indagações. Responda aos itens a seguir, empregando os argumentos jurídicos apropriados e a fundamentação legal pertinente ao caso.

a) Qual medida poderá ser por ele manejada para reaver o veículo de sua propriedade que se encontra em poder da devedora falida?

b) Caso o automóvel não venha a ser localizado, por ter sido vendido, como deverá proceder?

QUESTÃO 17 – OAB (V EXAME UNIFICADO)

Belmiro Pascoal foi, ao longo de doze anos, empregado da sociedade denominada Divinos Móveis Ltda. A despeito de a falência da referida sociedade ter sido decretada, Belmiro Pascoal seguiu trabalhando durante o período de continuação provisória das atividades da devedora. Ao longo desse interregno de continuação provisória das atividades, Belmiro Pascoal sofreu um acidente quando executava suas atividades laborativas. Diante disso, Belmiro Pascoal o(a) procura, como advogado(a), e lhe apresenta algumas questões.

Responda aos itens a seguir, empregando os argumentos jurídicos apropriados e a fundamentação legal pertinente ao caso.

a) Como será classificado o seu crédito decorrente do acidente de trabalho sofrido?

b) Em que ordem de precedência o seu crédito será pago?

QUESTÃO 18 – OAB (V EXAME UNIFICADO)

Matias, empresário individual que explorava serviços de transporte de cargas pesadas, faleceu em 08.03.2010, deixando cinco filhos, sendo dois – José e Carlos – fruto de seu primeiro casamento com Maria (falecida em 30.07.1978) e três – Pedro, Fábio e Francisco – de seu segundo casamento com Joana, atual viúva e inventariante do espólio dos bens deixados por Matias. Por tal razão, Joana figura como administradora da empresa exercida pelo espólio, enquanto sucessor do empresário falecido.

Ao visitar o estabelecimento onde se encontra centralizada a referida atividade empresária, Carlos constata que, dos 48 caminhões anteriormente existentes, 13 encontram-se estacionados e outros 20 em funcionamento, sendo que os demais teriam sido vendidos por Joana, segundo informações obtidas do supervisor do estabelecimento, a quem cabe o controle dos veículos.

Por outro lado, Carlos verifica aparente enriquecimento súbito de Pedro e Fábio, os quais, mesmo sendo estudantes sem renda, adquirem, respectivamente e em nome próprio, imóveis no valor de R$ 300.000,00 e R$ 450.000,00.

Com base no relatado acima, responda aos itens a seguir, empregando os argumentos jurídicos apropriados e a fundamentação legal pertinente ao caso.

a) Pode Carlos, sob o argumento de suspeita de desvio de bens do estabelecimento por Joana, requerer a exibição integral dos livros empresariais do espólio de Matias?

b) Independentemente da questão a acima, supondo-se que conste do Livro Diário do espólio de Matias a alienação de 15 caminhões de sua propriedade, pode tal prova prevalecer caso Joana apresente documentos comprobatórios da locação desses veículos e do recebimento dos respectivos aluguéis? Responda examinando o efeito probatório dos livros empresariais obrigatórios.

QUESTÃO 19 – OAB (VI EXAME UNIFICADO)

Alfa Construtora S.A., companhia aberta, devidamente registrada na Comissão de Valores Mobiliários, tem o seu capital dividido da seguinte forma: 55% de suas ações são detidas pelo acionista controlador, Sr. Joaquim Silva, fundador da companhia; 20% das ações estão distribuídos entre os Conselheiros de Administração; 5% estão em tesouraria. O restante encontra-se pulverizado no mercado.

Em 15.04.2010, a companhia divulgou Edital de Oferta Pública de Aquisição de Ações para Fechamento de Capital, em que as ações da companhia seriam adquiridas em mercado ao preço de R$ 5,00 por ação.

Diante da divulgação, um grupo de acionistas detentores em conjunto de 5% do capital social (correspondente a 25% das ações em circulação) da companhia apresenta, em 25.04.2010, requerimento aos administradores, solicitando a convocação de Assembleia Geral Especial para reavaliar o preço da oferta, uma vez que foi adotada metodologia de cálculo inadequada, o que foi comprovado por meio de laudo elaborado por uma renomada empresa de auditoria e consultoria.

Em 05.05.2010, a administração da companhia se manifesta contrariamente ao pedido, alegando que ele não foi realizado de acordo com os requisitos legais.

a) Está correto o argumento da administração da companhia?

b) Diante da negativa, que medida poderiam tomar os acionistas?

QUESTÃO 20 – OAB (VI EXAME UNIFICADO)

Indústria de Cosméticos Naturalmente Bela S.A., sociedade empresária que atua no ramo de produtos de higiene, vendeu, em 27.03.2010, 50 (cinquenta) lotes de condicionadores e cremes para pentear ao Salão de Beleza Nova Mulher Ltda.

Pela negociação realizada, foi extraída duplicata na mesma data, com vencimento em 30 de abril do mesmo ano, restando corporificado o crédito decorrente do contrato celebrado. Passadas duas semanas da emissão do título, a sociedade sacadora remeteu o título ao sacado para aceite. Contudo, embora tenham sido entregues as mercadorias ao funcionário do salão de beleza, ele não guardou o respectivo comprovante.

A sociedade adquirente, apesar de ter dado o aceite, não honrou com o pagamento na data aprazada, o que fez com que a emitente o(a) procurasse na condição de advogado(a).

Em relação ao caso acima, responda aos itens a seguir, empregando os argumentos jurídicos apropriados e a fundamentação legal pertinente ao caso.

a) Pela via judicial, de que forma o emitente poderia proceder à cobrança do título?

b) Qual seria o prazo prescricional para adotar essa medida contra a sociedade adquirente?

QUESTÃO 21 – OAB (VI EXAME UNIFICADO)

Maria e Alice constituíram a sociedade Doce Alegria Comércio de Alimentos Ltda., com o objetivo de comercializar doces para festas. As sócias assinaram o contrato social e logo começaram a adquirir matéria-prima em nome da sociedade. Contudo, dado o acúmulo dos pedidos e a grande produção, as sócias não se preocuparam em providenciar o registro dos atos constitutivos na Junta Comercial, priorizando o seu tempo integralmente na produção dos doces.

Posteriormente, a sociedade passou por um período de dificuldades financeiras com a diminuição dos pedidos e deixou de pagar as obrigações assumidas com alguns fornecedores, em especial a Algodão Doce Depósito e Comércio de Alimentos Ltda., que, tentando reaver seu prejuízo, ingressou com ação de cobrança contra a Doce Alegria Comércio de Alimentos Ltda.

Em sede de defesa, alegou-se a inexistência da sociedade Doce Alegria Comércio de Alimentos Ltda., dado que não foi efetivado o registro do contrato social na Junta Comercial.

De acordo com o enunciado acima e com a legislação pertinente, responda às questões abaixo, indicando o(s) respectivo(s) fundamento(s) legal(is).:

a) Como advogado da Sociedade Algodão Doce, qual deve ser a tese jurídica adotada para refutar o argumento de defesa?

b) Qual o patrimônio que a Algodão Doce Depósito e Comércio de Alimentos Ltda. poderá acionar de modo a reaver seu crédito?

QUESTÃO 22 – OAB (VI EXAME UNIFICADO)

Jaqueline trabalha desenvolvendo cadeiras de vários estilos, sendo titular de diversos registros de desenhos industriais.

Recentemente, Jaqueline realizou um trabalho, com o intuito de inovar, de criar uma cadeira com forma inusitada, o que culminou no desenvolvimento de um móvel vulgar, mas que poderia servir para a fabricação industrial.

De acordo com o enunciado acima e com a legislação pertinente, responda às questões abaixo, indicando o(s) respectivo(s) fundamento(s) legal(is):

a) Jaqueline pode registrar a cadeira, fruto de seu mais recente trabalho, como desenho industrial?

b) Na mesma oportunidade, Jaqueline faz a seguinte consulta: havia solicitado a prorrogação de registro de desenho industrial de uma outra cadeira por mais cinco anos, dez anos após tê-la registrado. Contudo, esqueceu-se de realizar o pagamento da retribuição devida. Passados três meses do prazo de pagamento, Jaqueline se lembrou, mas não sabe quais são as consequências de tal lapso. Qual(is) é(são) a(s) consequência(s) do atraso deste pagamento?

QUESTÃO 23 – OAB (VII EXAME UNIFICADO)

Rogério, diretor e acionista da companhia aberta Luz Alimentos S.A., alienou em bolsa, em 28.12.2009, 100% (cem por cento) das ações de emissão da companhia de que era titular. No dia 30.12.2009, a companhia divulgou ao mercado os seus demonstrativos financeiros, com notas explicativas, detalhando o resultado negativo obtido no exercício. Em decorrência dos resultados divulgados, em janeiro de 2010, o preço das ações sofreu uma queda de 40% (quarenta por cento) em relação ao mês anterior. Em maio de 2010, a Comissão de Valores Mobiliários (CVM) iniciou processo investigatório contra Rogério, para apurar a eventual ocorrência de infração grave do mercado de capitais. De acordo com o enunciado, responda às questões abaixo, indicando o(s) respectivo(s) fundamento(s) legal(is):

a) É lícito à CVM instaurar processo administrativo investigatório contra Rogério?

b) Qual teria sido o ilícito praticado por Rogério? Teria havido violação a algum dispositivo da Lei 6.404/1976 (Lei das Sociedades por Ações)?

c) Quais as penalidades que podem ser impostas a Rogério pela Comissão de Valores Mobiliários, caso reste comprovada a conduta descrita no enunciado?

QUESTÃO 24 – OAB (VII EXAME UNIFICADO)

Sociedade empresária teve sua recuperação judicial concedida em 10.11.2011 em decisão que homologou o plano de recuperação judicial aprovado em assembleia de credores. O plano previa basicamente: a) repactuação dos créditos quirografários, com um deságio de 40% (quarenta por cento) sobre o valor principal; b) remissão dos juros e multas; c) pagamento em 240 (duzentos e quarenta) parcela mensais, iguais e sucessivas, vencendo a primeira delas 30 (trinta) dias após a concessão da recuperação judicial. Em 15.05.2012, sob a alegação de que tinha cumprido regularmente as obrigações decorrentes do plano de recuperação judicial vencidas até então, a devedora requer ao juízo da recuperação que profira sentença de encerramento da recuperação judicial. A respeito do processo de recuperação judicial, indaga-se:

a) Considerando-se as datas de concessão da recuperação judicial e a do pedido de encerramento, pode o juízo proferir sentença de encerramento?

b) Caso a devedora tenha descumprido alguma obrigação prevista no plano, qual o efeito do inadimplemento em relação à recuperação judicial e aos créditos incluídos no plano?

Responda o questionamento de forma fundamentada, indicando os dispositivos legais pertinentes.

QUESTÃO 25 – OAB (VII EXAME UNIFICADO)

Fábio, sócio da sociedade Divina Penhora Confecções Ltda., que possui 12 (doze) sócios, toma conhecimento da intervenção dos demais sócios de realizar um aumento de capital. Fábio concorda com a referida pretensão, mas não deseja exercer seu direito de preferência, caso a proposta seja aprovada. No contrato social, não há qualquer cláusula sobre a cessão de quotas ou a cessão do direito de preferência. Fábio o(a) procura com as seguintes indagações:

a) Havendo cláusula contratual permissiva, a deliberação a respeito do aumento de capital poderá ser tomada em reunião de sócios?

b) Diante da omissão do contrato social, Fábio poderá ceder o seu direito de preferência a terceiro não sócio?

Responda aos questionamentos de modo fundamentado, indicando os dispositivos legais pertinentes.

QUESTÃO 26 – OAB (VII EXAME UNIFICADO)

Na cidade de Malta, uma nota promissória foi emitida por João em benefício de Maria. A beneficiária, Maria, transfere o título para Pedro, inserindo no endosso a cláusula proibitiva de novo endosso. Em função de acordos empresariais, Pedro realizou novo endosso para Henrique, e este um último endosso, sem garantia, para Júlia. Com base no caso apresentado, responda aos questionamentos a seguir, indicando os fundamentos e os dispositivos legais pertinentes.

a) Júlia poderia ajuizar ação cambial para receber o valor contido na nota promissória? Em caso positivo, quais seriam os legitimados passivos na ação cambial?

b) Caso Pedro pague o valor da nota promissória a Henrique e receba o título quitado deste, como e de quem Pedro poderá exigir o valor pago?

QUESTÃO 27 – OAB (VIII EXAME UNIFICADO)

João, economista renomado, foi durante cinco anos acionista da Garrafas Produção e Comércio de Bebidas S.A. Seis meses depois de ter alienado a totalidade de suas ações, é nomeado Conselheiro de Administração da Companhia. Preocupado com as suas novas responsabilidades, João consulta um advogado para esclarecer as seguintes dúvidas:

a) João pode residir no exterior?

b) João já ocupa o cargo de conselheiro fiscal de Alfa Comércio de Eletrônicos S.A. Ele precisa renunciar ao cargo?

c) O fato de João ter alienado a totalidade das ações de emissão da companhia que possuía em sua titularidade, não sendo, portanto, acionista da Garrafas Produção e Comércio de Bebidas S.A, representa um fato impeditivo à ocupação do cargo?

Responda, justificadamente, empregando os argumentos jurídicos apropriados e apresentando a fundamentação legal pertinente ao caso.

QUESTÃO 28 – OAB (VIII EXAME UNIFICADO)

Pedro, 15 anos, Bruno, 17 anos, e João, 30 anos, celebraram o contrato social da sociedade XPTO Comércio Eletrônico Ltda., integralizando 100% do capital social. Posteriormente, João é interditado e declarado incapaz, mediante sentença judicial transitada em julgado. Os sócios desejam realizar alteração contratual para aumentar o capital social da sociedade.

A respeito da situação apresentada, responda aos itens a seguir, utilizando os argumentos jurídicos apropriados e a fundamentação legal pertinente ao caso.

a) João poderá permanecer na sociedade? Em caso positivo, quais condições devem ser respeitadas?

b) Quais critérios legais a Junta Comercial deve seguir para que o registro da alteração contratual seja aprovado?

QUESTÃO 29 – OAB (VIII EXAME UNIFICADO)

No âmbito do processo de falência de uma sociedade empresária, foi convocada assembleia geral de credores para deliberar sobre modalidade alternativa de realização do ativo.

Northern Instruments LLC, sociedade constituída no estado de Delaware, nos Estados Unidos da América, que é titular de créditos quirografários da ordem de US$15.000.000,00 (quinze milhões de dólares norte-americanos) pleiteia, perante o juízo falimentar, que seu crédito seja convertido em moeda nacional pelo câmbio da véspera da assembleia geral de credores, para fins de votação na referida assembleia.

A esse respeito, responda aos itens a seguir, utilizando os argumentos jurídicos apropriados e fundamentação legal pertinente ao caso.

a) O pleito da Northern Instruments LLC é legítimo?

b) No âmbito da assembleia geral de credores, qual é o quórum de deliberação necessário para aprovar modalidade alternativa de realização do ativo?

QUESTÃO 30 – OAB (VIII EXAME UNIFICADO)

Pedro emite nota promissória para o beneficiário João, com o aval de Bianca. Antes do vencimento, João endossa a respectiva nota promissória para Caio. Na data de vencimento, Caio cobra o título de Pedro, mas esse não realiza o pagamento, sob a alegação de que sua assinatura foi falsificada.

Após realizar o protesto da nota promissória, Caio procura um advogado com as seguintes indagações:

a) Tendo em vista que a obrigação de Pedro é nula, o aval dado por Bianca é válido?

b) Contra qual(is) devedor(es) cambiário(s) Caio poderia cobrar sua nota promissória?

Responda, justificadamente, empregando os argumentos jurídicos apropriados e indicando os dispositivos legais pertinentes.

PEÇA PRÁTICA – OAB (VIII EXAME UNIFICADO)

Em 29.01.2010, ABC Barraca de Areia Ltda. ajuizou sua recuperação judicial, distribuída à 1.ª Vara Empresarial da Comarca da Capital do Estado do Rio de Janeiro.

Em 03.02.2010, quarta-feira, foi publicada no Diário de Justiça Eletrônico do Rio de Janeiro ("DJE-RJ") a decisão do juiz que deferiu o processamento da recuperação judicial e, dentre outras providências, nomeou o economista João como administrador judicial da sociedade.

Decorridos 15 (quinze) dias, alguns credores apresentaram a João as informações que entenderam corretas acerca da classificação e do valor de seus créditos.

Quarenta e cinco dias depois, foi publicado, no DJE-RJ e num jornal de grande circulação, novo edital, contendo a relação dos credores elaborada por João.

No dia 20.04.2010, você é procurado pelos representantes de XYZ Cadeiras Ltda., os quais lhe apresentam um contrato de compra e venda firmado com ABC Barraca de Areia Ltda., datado de 04.12.2009, pelo qual aquela forneceu a esta 1.000 (mil) cadeiras, pelo preço de R$ 100.000,00 (cem mil reais), que deveria ter sido pago em 28.01.2010, mas não o foi.

Diligente, você verifica no edital mais recente que, da relação de credores, não consta o credor XYZ Cadeiras Ltda. E, examinando os autos em cartório, constata que o quadro-geral de credores ainda não foi homologado pelo juiz.

Na qualidade de advogado de XYZ Cadeiras Ltda., elabore a peça adequada para regularizar a cobrança do crédito desta sociedade.

Capítulo II

Respostas

QUESTÃO 1 – OAB (2010-2)

Na primeira indagação, João deverá, na sua fundamentação, arguir que as exceções pessoais que Maurício possui em relação a Maria, contra ele, João, não poderiam ser indagadas, visto que João e Maurício não tiveram ligação direta.

A argumentação tem por base o princípio da autonomia das obrigações cambiárias, pelo qual os títulos não estão em regra vinculados às relações que lhes tenham dado origem.

No mais, João poderia, em sua argumentação, trazer à tona os termos do artigo 17 do Anexo I do Decreto 57.663/1966, que dispõe:

"Art. 17. As pessoas acionadas em virtude de uma letra não podem opor ao portador exceções fundadas sobre as relações pessoais delas com o sacador ou com os portadores anteriores, a menos que o portador ao adquirir a letra tenha procedido conscientemente em detrimento do devedor".

Também poderia fundamentar a resposta na disposição prevista no artigo 916 do Código Civil, que dispõe:

"Art. 916. As exceções, fundadas em relação do devedor com os portadores precedentes, somente poderão ser por ele opostas ao portador, se este, ao adquirir o título, tiver agido de má-fé".

Assim, Maurício só poderia alegar exceções pessoais quanto a Maria se comprovasse que João havia adquirido o título de má-fé.

Já o prazo para as arguições será o de 15 dias, conforme disposição do artigo 740 do Código de Processo Civil.

QUESTÃO 2 – OAB (2010-2)

O citado crédito deverá ser habilitado, caso não conste da relação de credores. O prazo para a habilitação será o de 15 dias, contados da publicação do edital com a relação de credores, conforme determina o artigo 99, IV, cumulado com o artigo 7.º, § 1.º, da Lei 11.101/2005, publicação esta que, com base nas informações, ainda não ocorreu, sendo que a habilitação de crédito deverá estar em plena conformidade com o que dispõe o artigo 9.º da Lei 11.101/2005.

No caso em questão, o crédito oriundo da relação entre a empresa W e a empresa Z é de natureza extraconcursal, conforme determina o artigo 67 da Lei 11.101/2005, devendo tais valores ser pagos com precedência ao concurso de credores, conforme artigo 84 da Lei 11.101/2005.

QUESTÃO 3 – OAB (2010-2)

No caso em questão, os acionistas Maria Helena e Paulo poderão, sim, questionar a decisão da assembleia, tendo em vista que o voto do sócio João Alberto não poderia ser computado, por claro desacordo com o previsto no artigo 115, § 1.º, da Lei 6.404/1976, que dispõe.

"Art. 115. (...)

"§ 1.º O acionista não poderá votar nas deliberações da assembleia geral relativas ao laudo de avaliação de bens com que concorrer para a formação do capital social e à aprovação de suas contas como administrador, nem em quaisquer outras que puderem beneficiá-lo de modo particular, ou em que tiver interesse conflitante com o da companhia".

Quanto ao procedimento a ser adotado, dois serão os caminhos que Maria Helena e Paulo poderão adotar.

Um dos procedimentos será o de propor ação visando anulação das deliberações tomadas em assembleia geral, que terá o prazo prescricional de 2 anos para ser proposta, contados da deliberação tomada, conforme disposição do artigo 286 da Lei 6.404/1976:

"Art. 286. A ação para anular as deliberações tomadas em assembleia geral ou especial, irregularmente convocada ou instalada, violadoras da lei ou do estatuto, ou eivadas de erro, dolo, fraude ou simulação, prescreve em 2 (dois) anos, contados da deliberação".

Outro caminho que poderá ser trilhado é o da propositura de ação de reparação civil, a ser proposta contra os peritos que avaliaram o patrimônio e também contra o acionista que subscreveu o capital. Tal ação poderá ser proposta no prazo de 1 (um) ano, contado da publicação da ata da assembleia que aprovou o laudo, conforme determina o artigo 287, I, a, da Lei 6.404/1976.

"Art. 287. Prescreve:

"I - em 1 (um) ano;

"a) a ação contra peritos e subscritores do capital, para deles haver reparação civil pela avaliação de bens, contado o prazo da publicação da ata da assembleia geral que aprovar o laudo."

QUESTÃO 4 – OAB (2010-2)

O administrador das sociedades por ações deverá, no exercício de suas funções, empregar esforços como se estivesse administrando o próprio patrimônio. Sendo assim, a contratação por parte de Pedro, sem a devida cotação, afronta ao disposto no artigo 153 da Lei 6.404/1976, que aduz:

"Art. 153. O administrador da companhia deve empregar, no exercício de suas funções, o cuidado e diligência que todo homem ativo e probo costuma empregar na administração dos seus próprios negócios".

No que se refere ao aspecto responsabilidade, o administrador da sociedade por ações não será pessoalmente responsável perante terceiros pelas obrigações que contrair em nome da companhia, conforme regra do artigo 158 da Lei 6.404/1976.

"Art. 158. O administrador não é pessoalmente responsável pelas obrigações que contrair em nome da sociedade e em virtude de ato regular de gestão; responde, porém, civilmente, pelos prejuízos que causar, quando proceder:

"I – dentro de suas atribuições ou poderes, com culpa ou dolo;

"II - com violação da lei ou do estatuto."

No entanto, como visto, poderá ser responsabilizado pelos prejuízos que causar à companhia quando agir com dolo ou culpa no exercício de suas atividades, ou violando leis e estatuto, sendo que o fato de ter contratado sem a cotação caracteriza excesso que poderá gerar o procedimento indenizatório.

QUESTÃO 5 – OAB (2010-2)

Apurada a responsabilidade, caberá a propositura de ação de responsabilidade civil, prevista no artigo 82 da Lei 11.101/2005:

"Art. 82. A responsabilidade pessoal dos sócios de responsabilidade limitada, dos controladores e dos administradores da sociedade falida, estabelecida nas respectivas leis, será apurada no próprio juízo da falência, independentemente da realização do ativo e da prova da sua insuficiência para cobrir o passivo, observado o procedimento ordinário previsto no Código de Processo Civil".

Tal ação, legislativamente, terá sua propositura encabeçada pelo administrador judicial, na forma do artigo 12, III, do Código de Processo Civil, porém admite a jurisprudência que os credores devidamente habilitados poderão propor também.

Quanto à realização do ativo, o próprio artigo 82 da Lei 11.101/2005 é enfático ao mencionar que a ação será independente da realização dele.

QUESTÃO 6 – OAB (2010-3)

Nos embargos de Frederico deverá ser suscitado que a sua alegação não contém procedência, haja vista que a obrigação do avalista se mantém presente, mesmo que a obrigação por ele garantida seja nula, conforme regra do artigo 32 da LUG (Dec. 57.663/1966).

A cláusula sem garantia inserida no título tem a finalidade de não conceder ao novo credor a garantia de pagamento – é o chamado endosso sem garantia, conforme reza o artigo 15 da LUG.

Quanto à circulação do título, temos que, ao ser inserido no título o endosso em branco, isso faz com que este se transforme em título em "ao portador", haja vista que qualquer pessoa que estiver na posse do título poderá exercer o direito de crédito, conforme determina o artigo 12, parte final, da LUG.

QUESTÃO 7 – OAB (2010-3)

Em nosso entender, a prescrição foi, sim, alcançada, pois a problemática nos mostra que o título foi apresentado em mesma praça, na data de 29.05.2010, o que estaria fora do prazo de apresentação, que seria o dia 20.05.2010.

Sobre o prazo de apresentação aduz o artigo 33 da Lei 7.357/1985:

"Art. 33. O cheque deve ser apresentado para pagamento, a contar do dia da emissão, no prazo de 30 (trinta) dias, quando emitido no lugar onde houver de ser pago; e de 60 (sessenta) dias, quando emitido em outro lugar do País ou no exterior".

Já sobre a prescrição, claro se mostra o artigo 59 da Lei 7.357/1985:

"Art. 59. Prescreve em 6 (seis) meses, contados da expiração do prazo de apresentação, a ação que o art. 47 desta Lei assegura ao portador".

No que se refere a indagação c, temos que o protesto não se mostra necessário para a ajuizamento da ação em face do coobrigado, quando o título for apresentado em tempo hábil, visto que a apresentação do título dentro do prazo gera o direito de cobrança contra o coobrigado.

Sobre isso, temos o dispositivo do artigo 47, II, que prevê:

"Art. 47. Pode o portador promover a execução do cheque:

"(...)

"II – contra os endossantes e seus avalistas, se o cheque apresentado em tempo hábil e a recusa de pagamento é comprovada pelo protesto ou por declaração do sacado, escrita e datada sobre o cheque, com indicação do dia de apresentação, ou, ainda, por declaração escrita e datada por câmara de compensação."

Sendo assim, não será necessário o protesto do título para a geração do direito de cobrança em face do coobrigado.

Essa, porém, não foi a posição contida no gabarito oficial, de que discordamos e que dispõe: "O examinado deverá indicar: a) que na data da distribuição da execução a prescrição ainda não tinha sido alcançada; b) que o embasamento legal deverá ser composto pela análise do protesto cambiário à luz do disposto no artigo 202, III, do Código Civil, que prevê a interrupção da prescrição, além do enfrentamento à evolução do tema, antes sumulado (a Súmula 153 do Supremo Tribunal Federal preconizava que o simples protesto cambiário não interrompia a prescrição); c) a possibilidade de substituição do protesto do cheque pela declaração do sacado, escrita e datada sobre o cheque, com indicação do dia de apresentação, ou, ainda, por declaração escrita e datada por câmara de compensação, conforme o disposto no inciso II do artigo 47 da Lei 7.357/1985".

QUESTÃO 8 – OAB (2010-3)

De acordo com o artigo 49 da Lei 11.101/2005, todos os créditos estão incluídos na recuperação judicial, ainda que não vencidos, inclusive os de natureza quirografária, exceto aqueles créditos previstos nos §§ 3.º e 4.º do próprio artigo 49, que estão excluídos.

Os valores relativos a importâncias entregues ao devedor em moeda corrente nacional, referentes ao adiantamento de contrato de câmbio ao exportador, estão excluídos da recuperação judicial, na forma do artigo 49, § 4.º, da Lei 11.101/2005.

No que se refere às execuções de natureza tributária, prevê a lei que estas não ficarão suspensas com o deferimento da recuperação judicial, conforme previsão do artigo 6.º, § 7.º, da Lei 11.101/2005.

Quanto ao prazo para o pagamento dos valores relativos aos créditos derivados da legislação do trabalho, a lei determina que as quantias sejam pagas no prazo de no máximo um ano (artigo 54 da Lei 11.101/2005).

QUESTÃO 9 – OAB (2010-3)

No caso em questão, deverá o credor buscar a declaração judicial de ineficácia do ato, visto que, conforme disposição do artigo 129, IV, da Lei 11.101/2005, a prática de atos gratuitos até 2 (dois) anos antes da decretação da falência é considerada ineficaz em relação à massa falida. A medida seria a declaração da ineficácia através de ação declaratória própria, ou mediante incidente ao processo falimentar, pelo procedimento da ação revocatória.

O juízo competente para a declaração de ineficácia é o próprio juízo da falência, nos termos do artigo 134 da Lei 11.101/2005.

QUESTÃO 10 – OAB (2010-3)

Nessa questão, entendemos que a orientação dos administradores deveria ser a de não distribuição de lucros, tendo em vista os prejuízos sofridos pela companhia em seu primeiro exercício, como o próprio problema aduz.

No entanto, não poderiam os administradores deixar de mencionar que os portadores de ações preferenciais poderiam receber dividendos a título de participação à conta das reservas de capital (Lei 6.404/1976, arts. 17 e 201):

"Art. 17. As preferências ou vantagens das ações preferenciais podem consistir:

"(...)

"§ 5.º Salvo no caso de ações com dividendo fixo, o estatuto não pode excluir ou restringir o direito das ações preferenciais de participar dos aumentos de capital decorrentes da capitalização de reservas ou lucros (art. 169).

"§ 6.º O estatuto pode conferir às ações preferenciais com prioridade na distribuição de dividendo cumulativo, o direito de recebê-lo, no exercício em que o lucro for insuficiente, à conta das reservas de capital de que trata o § 1.º do art. 182.

"(...).

"Art. 201. A companhia somente pode pagar dividendos à conta de lucro líquido do exercício, de lucros acumulados e de reserva de lucros; e à conta de reserva de capital, no caso das ações preferenciais de que trata o § 5.º do art. 17."

Sendo assim, havendo previsão estatutária, os portadores das ações preferenciais poderiam requerer a sua participação com base na aplicação do artigo 17, §§ 5.º e 6.º, cumulado com o artigo 201 da Lei 6.404/1976.

QUESTÃO 11 – OAB (IV EXAME UNIFICADO)

Na indagação, temos que a aceitação parcial é válida, haja vista a previsão legal do artigo 26 da LUG (Dec. 57.663/1966), ficando o sacado vinculado ao pagamento da quantia que expressamente aceitou.

Quanto ao emissor do título, ele é, nos termos da lei, garante tanto da aceitação quanto do pagamento do título, conforme regramento do artigo 9.º da LUG.

Para que a credora Maria possa exercer o direito de crédito em face do emitente do título, faz-se necessária a lavratura do protesto por falta de aceite, na forma do artigo 44 da LUG.

QUESTÃO 12 – OAB (IV EXAME UNIFICADO)

No caso em questão, temos a existência de sociedade limitada, para a qual não existe menção de aplicação da Lei de Sociedades por Ações. Sendo assim, a aplicação subsidiária será das normas relativas às sociedades simples.

Nesse enfoque, a dissolução parcial poderá ocorrer, mediante a iniciativa dos demais sócios, em virtude das graves faltas que o sócio Caio vem cometendo, conforme autoriza o artigo 1.030 do Código Civil.

A exclusão deverá ser judicial, devendo os valores relativos à participação de Caio ser apurados com base na situação patrimonial da sociedade, verificando-se as regras contidas nos artigos 1.031 e 1.032 do Código Civil.

QUESTÃO 13 – OAB (IV EXAME UNIFICADO)

A sociedade existente, no caso em questão, é a sociedade em comum, prevista nos artigos 986 a 990 do Código Civil, em virtude de não existir arquivamento dos atos constitutivos da sociedade no órgão competente.

A responsabilidade de Caio, Tício e Mévio, segundo previsão do artigo 990, é ilimitada e solidária, excluído do benefício de ordem, previsto no artigo 1.024 do Código Civil, aquele que contratou pela sociedade.

QUESTÃO 14 – OAB (IV EXAME UNIFICADO)

Em que pese Diogo não ter registro no órgão competente, os atos praticados por ele são perfeitamente válidos, havendo nesse caso responsabilidade pessoal de Diogo.

Quanto aos efeitos da falta de registro, temos a ausência da personalidade jurídica, o que impede Diogo, como empresário, de demandar em juízo contra alguns de seus clientes, de requerer recuperação judicial, de ter proteção de nome empresarial ou de marca dos seus produtos.

QUESTÃO 15 – OAB (V EXAME UNIFICADO)

a) A letra de câmbio que não possui data de vencimento é considerada à vista (artigo 2.º, alínea 2, do Decreto 57.663/1966 – LUG), sendo pagável à apresentação (artigo 34 do Decreto 57.663/1966 – LUG).

Tendo em vista que o prazo de apresentação do título, que é de 1 (um) ano, foi ultrapassado desde 17.10.2011 (a prova foi realizada em 04.12.2011), o portador apenas terá direito de ação contra o devedor principal (artigo 34 do Decreto 57.663/1966 – LUG).

b) O endosso transmite não só a propriedade, mas também os direitos emergentes da letra (artigo 14 do Decreto 57.663/1966 – LUG), sendo certo que também vincula o endossante ao pagamento da obrigação na qualidade de coobrigado (artigo 11 do Decreto 57.663/1966 – LUG). No entanto, tendo em vista que já decorreu o prazo de um ano para apresentação (artigo 34 do Decreto 57.663/1966 – LUG) e que não houve o protesto do título em tempo hábil, o direito só poderá ser exercido contra o devedor principal (artigo 53 do Decreto 57.663/1966 – LUG).

QUESTÃO 16 – OAB (V EXAME UNIFICADO)

a) A medida mais adequada a ser utilizada por Paulo Cabral será a de buscar reaver o veículo através do "pedido de restituição" (artigo 85 da Lei 11.101/2005).

b) Caso o automóvel não mais exista, poderá Paulo Cabral requerer a restituição em dinheiro, receberá o valor da avaliação do bem; ou, caso tenha ocorrido a sua venda, o respectivo preço, em ambas as situações com o seu valor atualizado (artigo 86, I, da Lei 11.101/2005).

QUESTÃO 17 – OAB (V EXAME UNIFICADO)

a) Tendo em vista que o acidente ocorreu durante a continuação provisória das atividades, será o crédito considerado extraconcursal (artigo 84, I, da Lei 11.101/2005).

b) O crédito será pago com precedência sobre os créditos concorrentes classificados nos moldes do artigo 83 da Lei 11.101/2005, sendo certo que no concurso interno entre os credores extraconcursais será pago com prioridade (artigo 84, I, da Lei 11.101/2005), conforme regramento previsto na própria lei de falências (artigo 149 da Lei 11.101/2005).

QUESTÃO 18 – OAB (V EXAME UNIFICADO)

a) A exibição dos livros empresariais poderá ocorrer tendo em vista a sucessão do empresário (artigo 1.191 do Código Civil e artigo 381, II, do Código de Processo Civil).

b) A força probante dos livros empresariais é relativa, sendo afastada por documentos que venham a contradizer o seu conteúdo (artigo 378 do Código de Processo Civil ou artigo 226 do Código Civil). Sendo assim, apresentando Joana documentos que comprovem a locação dos veículos e o recebimento de alugueres, esta prova irá prevalecer.

QUESTÃO 19 – OAB (VI EXAME UNIFICADO)

Neste caso é necessário demonstrar conhecimento a respeito dos dispositivos da Lei de Sociedades Anônimas (Lei 6.404/1976) relativos à oferta pública de aquisição de ações para fechamento de capital (artigos 4.º e 4.º-A).

Na letra a deve ser indicado que o argumento da administração da companhia não está correto, uma vez que o requerimento foi baseado nos requisitos legais dispostos no artigo 4.º-A da Lei 6.404/1976, ou seja, foi formulado por acionistas que atingem o mínimo de representação de mais de 10% das ações em circulação e foi realizado dentro do prazo legal de 15 dias (artigo 4.º-A, § 1.º, da Lei 6.404/1976). O requerimento, ademais, foi fundamentado e devidamente acompanhado de elementos de convicção que demonstram a falha ou imprecisão no emprego da metodologia de cálculo ou no critério de avaliação adotado (artigo 4.º-A, § 1.º, da Lei 6.404/1976).

Com relação à letra b, deve ser indicado que, uma vez decorrido o prazo de 8 (oito) dias, os próprios acionistas podem convocar a assembleia especial, conforme artigo 4.º-A, § 1.º, ou artigo 123, parágrafo único, c, ambos da Lei 6.404/1976.

QUESTÃO 20 – OAB (VI EXAME UNIFICADO)

Na indagação a, deve ser indicado que a cobrança da duplicata poderá ser realizada pelo ajuizamento de uma ação de execução, conforme prevê o inciso I do artigo 15 da Lei 5.474/1968 ou pelo artigo 585, I, combinado com o artigo 566, ambos do Código de Processo Civil.

Também importante destacar que, para a cobrança de duplicata aceita, não é necessária a apresentação do comprovante de entrega dos bens.

Já no item b, deve ser mencionado que o prazo prescricional para a ação de execução em face do obrigado principal é de 3 (três) anos, a ser contado do vencimento do título (30.04.2014), conforme o disposto no artigo 18, I, da Lei 5.474/1968.

QUESTÃO 21 – OAB (VI EXAME UNIFICADO)

Na resposta da letra *a*, deve o examinando indicar que, mesmo não tendo inscrito os atos da sociedade no registro próprio, a sociedade Doce Alegria Comércio de Alimentos Ltda. existe, sendo considerada uma sociedade em comum (artigo 986 do Código Civil).

No mesmo sentido, a falta de personalidade jurídica não pode ser oposta como argumento de defesa pelas sócias da Doce Alegria Comércio de Alimentos Ltda., tendo em vista o disposto no artigo 12, § 2.º, do Código de Processo Civil.

Ademais, a existência da sociedade pode ser provada por terceiros por qualquer meio, de acordo com o disposto no artigo 987 do Código Civil.

Já na resposta da letra *b*, o examinando deve responder que, uma vez provada a existência da sociedade, os bens sociais constituem patrimônio especial, de propriedade comum das sócias, conforme o artigo 988 do Código Civil. A credora poderia acionar este patrimônio, uma vez que ele responde pelos atos de gestão praticados por qualquer dos sócios, conforme o artigo 989 do Código Civil.

A sociedade Algodão Doce poderia acionar também o patrimônio de cada uma das sócias, dado que elas respondem ilimitada e solidariamente pelas obrigações da sociedade, de acordo com o artigo 990 do Código Civil.

QUESTÃO 22 – OAB (VI EXAME UNIFICADO)

A respeito dos desenhos industriais, deve o examinando, na letra *a*, indicar que Jaqueline não pode registrar a cadeira, pois a sua forma é vulgar, conforme previsão do artigo 100, II, da Lei 9.279/1996.

Já no item *b*, o examinando deve responder que, apesar de os artigos 108, § 1.º, ou 120, § 2.º, da Lei 9.279/1996 preverem que o pedido de prorrogação deve ser instruído com comprovante de pagamento da respectiva retribuição, Jaqueline ainda tem 3 (três) meses para efetuar o pagamento, não se extinguindo o registro de imediato, visto que o pedido de prorrogação foi realizado até o termo da vigência do registro (artigo 108, § 2.º, da Lei 9.279/96).

A consequência do atraso desse pagamento é que Jaqueline deve realizar o pagamento de uma retribuição adicional (artigo 108, § 2.º, ou artigo 120, § 3.º, da Lei 9.279/1996).

QUESTÃO 23 – OAB (VII EXAME UNIFICADO)

No item *a*, será possível a CVM instaurar processo administrativo, precedido de etapa investigatória, para apurar atos ilegais de administradores de companhias abertas. O fundamento legal para a resposta encontra-se no artigo 9.º, V e § 2.º, da Lei 6.385/1976.

Já na indagação *b*, deve o examinado mencionar que a situação pode caracterizar uso indevido de informação privilegiada, bem como violação aos deveres de lealdade e/ou sigilo, em razão da alienação em bolsa de todas as ações de emissão da companhia de que o diretor Rogério era titular, antes da divulgação ao mercado do resultado negativo obtido no exercício social. Teria havido infração ao artigo 155, § 1.º, da Lei 6.404/1976. Ademais, como diretor de companhia aberta, Rogério violou o dever de informar, especificamente quanto ao disposto no § 6.º do artigo 157 da Lei 6.404/1976.

Por fim, na indagação *c*, é certo que a Comissão de Valores Mobiliários (CVM) pode aplicar ao diretor Rogério as penalidades previstas no artigo 11 da Lei 6.385/1976.

QUESTÃO 24 – OAB (VII EXAME UNIFICADO)

No item *a*, deve o candidato mencionar que o juiz somente poderá decretar o encerramento da recuperação judicial por sentença após o cumprimento de todas as obrigações previstas no plano que se vencerem até 2 (dois) anos depois da concessão da recuperação (artigo 61, *caput*, c/c artigo 63 da Lei 11.101/2005).

No caso em tela, o plano prevê o pagamento de obrigações em 240 parcelas, mensais e sucessivas, após a concessão da recuperação, e, ao tempo do pedido de encerramento da recuperação, passaram-se apenas seis meses da data de concessão, embora o devedor tenha cumprido todas as suas obrigações até a data do pedido. Contudo, restam ainda obrigações pendentes a vencer no interregno de dois anos entre a concessão e o encerramento legal.

Já no item *b*, tendo em vista que não houve o decurso de dois anos da concessão da recuperação judicial, a recuperação judicial será convolada em falência (artigo 61, § 1.º, c/c artigo 73, IV, da Lei 11.101/2005). Com a decretação da falência, os credores terão reconstituídos seus direitos e garantias, nas condições originalmente contratadas, deduzidos os valores eventualmente pagos durante a recuperação judicial (artigo 61, § 2.º, da Lei 11.101/2005).

QUESTÃO 25 – OAB (VII EXAME UNIFICADO)

No item *a*, considerando que a sociedade tem mais de 10 sócios, será necessária a realização de assembleia (artigo 1.072, § 1.º, do Código Civil).

Já no item *b*, temos ser possível a transferência do direito a terceiros, conforme autoriza o artigo 1.081, § 2.º, c/c o artigo 1.057, ambos do Código Civil.

QUESTÃO 26 – OAB (VII EXAME UNIFICADO)

Na letra *a*, a resposta deve ser "sim", porque a cláusula de proibição de novo endosso não impede a circulação ulterior da nota promissória, sendo possível seu endosso a terceiros pelo endossatário, mas afasta a responsabilidade cambiária do endossante que a após em relação aos portadores subsequentes ao seu endossatário (artigo 15, alínea 2, do Decreto 57.663/1966 – LUG)

Dessa forma, os endossos realizados por Maria e Pedro são válidos: Júlia poderá cobrar dos demais devedores (João e Pedro) com base no artigo 47, alínea 1, ou no artigo 43, alínea 1, do Decreto 57.663/1966 – LUG, exceto de Maria, pois esta só responderá perante o seu endossatário, no caso, Pedro. Júlia não poderá cobrar de Henrique, pois este realizou um endosso sem garantia (artigo 15, alínea 1, do Decreto 57.663/1966).

Já na letra *b*, temos que, em caso de pagamento a Henrique, Pedro poderá ajuizar ação por falta de pagamento, regressivamente, contra Maria e João (artigo 47, alínea 3, do Decreto 57.663/1966 – LUG).

QUESTÃO 27 – OAB (VIII EXAME UNIFICADO)

a) João pode sim ter residência no exterior, tendo em vista que o art. 146 da Lei 6.404/1976 estabelece a necessidade de residir no País os diretores da empresa, não fazendo menção desta necessidade aos membros do conselho de administração.

b) João não precisará renunciar ao cargo de membro do conselho fiscal de Alfa Comércio de Eletrônicos S.A., pois ao que tudo indica a última não exerce no mercado concorrência com Garrafas Produção e Comércio de Bebidas S.A., não incorrendo assim João nas hipóteses do art. 147 § 3.º da Lei 6.404/1976.

c) O fato de João não ser mais acionista não representa nenhum impedimento, visto que o art. 146 da Lei 6.404/76 não indica esta necessidade.

Frise-se que até o advento da Lei 12.431 de 24 de junho de 2011, que alterou o dispositivo do art. 146 da Lei 6.404/1976 o membro do conselho de administração necessitava ser acionista.

QUESTÃO 28 – OAB (VIII EXAME UNIFICADO)

a) João, mesmo tendo sido declarado incapaz poderá permanecer na sociedade continuando a atividade antes exercida por ele enquanto capaz, devendo, neste caso, existir autorização judicial, após exame das circunstâncias e dos riscos da empresa, sendo nomeado curador para representação de João, conforme determinação dos artigos 974 e § 1.º do Código Civil.

b) No caso em questão, a sociedade detém como sócios um menor absolutamente incapaz (Pedro), outro menor relativamente incapaz (Bruno) e um terceiro sócio, maior, porém declarado incapaz mediante sentença judicial.

A junta comercial neste caso, ao registrar o contrato e as alterações contratuais deverá na forma do artigo 974, §3.º, permitir o registro ou alterações quando:

O sócio incapaz não exerça a administração (art. 974, § 3.º, I, do Código Civil) ;

O capital estiver todo integralizado (art. 974, § 3.º, II, do Código Civil);

O sócio relativamente incapaz estiver sendo assistido e o sócio absolutamente incapaz estiver sendo representado por seus representantes legais (art. 974, § 3.º, III, do Código Civil).

QUESTÃO 29 – OAB (VIII EXAME UNIFICADO)

a) O pleito de Northern Instruments LLC não contém legitimidade, visto que a decretação da falência converte todos os créditos em moeda estrangeira para a moeda do País, levando em consideração o câmbio do dia da decisão judicial, conforme prevê o art. 77 da Lei 11.101/2005.

Ainda, o pleito de Northern Instruments LLC seria válido em caso de recuperação judicial, onde o artigo 38, parágrafo único, da Lei 11.101/2005, admite que o crédito em moeda estrangeira seja convertido em moeda nacional pelo câmbio da véspera da data de realização da assembleia.

b) A modalidade de realização do ativo prevista no art. 145 da Lei 11.101/2005 dependerá de aprovação de 2/3 (dois terços) dos créditos presentes na assembleia, conforme determinação do art. 46 da Lei 11.101/2005.

QUESTÃO 30 – OAB (VIII EXAME UNIFICADO)

a) No caso em questão, mesmo que a obrigação cambial seja nula, o aval continua válido conforme regra prevista no art. 32, segunda parte, do Dec. 57.663/1966 (Lei Uniforme de Genebra), senão vejamos.

Art. 32. O dador de aval é responsável da mesma maneira que a pessoa por ele afiançada.

A sua obrigação mantém-se, mesmo no caso de a obrigação que ele garantiu ser nula por qualquer razão que não seja um vício de forma. (...)

b) Caio poderá exercer o direito de crédito contra Pedro na qualidade de devedor principal do título nota promissória.

Também poderá exercer o direito de crédito em face de Bianca, avalista de Pedro, conforme regra do artigo 32 do Dec. 57.663/1966.

O direito também poderá ser exercido em face de João, endossante do título, conforme prevê o art. 15 do Dec. 57.663/1966.

PEÇA PRÁTICA – OAB (VIII EXAME UNIFICADO)

No problema verificamos que em razão da existência de relação de crédito entre XYZ Cadeiras Ltda. e ABC Barraca de Areia Ltda., a última requereu a sua recuperação judicial, porém não consta no quadro de credores a primeira.

Em que pese já ter decorrido o prazo para a apresentação das habilitações de crédito (15 dias, art. 7.º § 1.º, da LFR), informa o problema que o quadro geral de credores ainda não foi homologado, sendo admitido, portanto, habilitação de crédito retardatária na forma do art. 10 § 5.º, da LFR.

PEÇA RESOLVIDA

EXCELENTÍSSIMO SENHOR DOUTOR JUIZ DE DIREITO DA 1.ª VARA EMPRESARIAL DA COMARCA DO RIO DE JANEIRO DO ESTADO DO RIO DE JANEIRO

[Espaço de dez linhas]

Distribuição por dependência aos Autos n.º...

[Espaço de uma linha]

XYZ Cadeiras Ltda., pessoa jurídica de direito provado, inscrita no CNPJ sob o n.º..., com sede [endereço], representada por seu administrador Sr...., [nacionalidade], [profissão], [estado civil], portador da cédula de identidade RG n.º ..., inscrito no CPF/MF sob o nº..., através de seu procurador e advogado devidamente constituído mediante procuração anexa (documento 1), vem à presença de Vossa Excelência propor a presente HABILITAÇÃO DE CRÉDITO em face da Recuperação Judicial de ABC Barraca de Areia Ltda., pessoa jurídica de direito privado da espécie sociedade empresária, com sede na [endereço], devidamente inscrita no CNPJ/MF sob o n.º..., pelas razões de fato e de direito a seguir expostas.

[Espaço de duas linhas]

I - DOS FATOS

[Espaço de uma linha]

A autora, sociedade empresária, é credora de um contrato de compra e venda firmado na data de 04.12.2009, referente a aquisição de 1.000 (mil) cadeiras, pelo preço total de R$ 100.000,00, cujo vencimento ocorreu em 28.01.2010 sem que houvesse o seu pagamento por parte de ABC Barraca de Areia Ltda..

O pedido de recuperação da devedora foi distribuído em 29.01.2010, porém não constava a identificação da requerente no quadro de credores que ainda não foi objeto de homologação judicial.

Conforme já mencionado, o contrato de compra e venda que ora juntamos aos autos (documento 2), demonstra a existência do crédito da autora.

[Espaço de duas linhas]

II - DO DIREITO

[Espaço de uma linha]

Trata-se de pedido de habilitação de crédito retardatário, tendo em vista que o valor relativo ao crédito do requerente não está incluso no quadro de credores, que já foi publicado na imprensa, porém ainda não foi homologado por esse juízo.

Dispõe o artigo 10 caput e seu § 5.º da Lei 11.101/2005 que as habilitações recebidas fora do prazo legal de 15 dias serão recebidas como retardatárias. Senão, vejamos:

"Art. 10. Não observado o prazo estipulado no artigo 7.º, § 1.º, desta Lei, as habilitações de crédito serão recebidas como retardatárias.

(...)

§ 5.º As habilitações de crédito retardatárias, se apresentadas antes da homologação do quadro de credores, serão recebidas como impugnação e processadas na forma dos artigos 13 a 15 desta lei."

Conforme demonstrado, o crédito vencido em 28.01.2010 não consta do quadro de credores, sendo possível a sua inclusão neste, através do procedimento da habilitação de crédito.

Vertente a necessidade de inclusão do valor do crédito atualizado até a data do pedido de recuperação judicial na categoria dos créditos quirografários no quadro de credores, em vista da documentação comprobatória que está sendo juntada.

[Espaço de duas linhas]

III - DOS PEDIDOS

[Espaço de uma linha]

Diante dos fatos e argumentos aduzidos, requer-se:

a) o recebimento da presente habilitação de crédito retardatária na forma de impugnação;

b) o deferimento da habilitação de crédito, incluindo o valor do crédito atualizado no quadro geral de credores na categoria dos créditos quirografários;

c) que as citações e intimações sejam enviadas ao patrono que assina a peça inicial, cumprindo-se o disposto no artigo 39, I, do Código de Processo Civil.

[Espaço de duas linhas]

IV - DAS PROVAS

[Espaço de uma linha]

Protesta provar o alegado por todos os meios de prova em direito admitidos.

[Espaço de duas linhas]

V - DO VALOR DA AÇÃO

[Espaço de uma linha]

Dá-se à causa o valor de R$ 100.000,00 (cem mil reais).

[Espaço de uma linha]

Nesses termos,

pede deferimento.

[Espaço de uma linha]

Local e data.

[Espaço de uma linha]

Advogado ...

Diagramação eletrônica:
Editora Revista dos Tribunais Ltda., CNPJ 60.501.293/0001-12.
Impressão e encadernação:
Prol Editora Gráfica Ltda., CNPJ 52.007.010/0004-03.